Mark Tres

Nibiru

Tod und Geburt

Rediroma-Verlag

Bibliografische Information der Deutschen Nationalbibliothek:
Die Deutsche Nationalbibliothek verzeichnet diese Publikation in der Deutschen Nationalbibliografie; detaillierte bibliografische Daten sind im Internet über http://dnb.ddb.de abrufbar.

ISBN 978-3-96103-470-3

www.rediroma-verlag.de
16,95 Euro (D)

Mark Tres

Nibiru
Tod und Geburt

Inhalt

Prolog

Sie sind hunderte oder tausende Lichtjahre entfernt, getrennt durch lebensfeindliches Vakuum und umhüllt von tödlicher, absoluter Kälte. Und dennoch verspüren wir bei ihrem Anblick eine nicht zu leugnende Sehnsucht. Wir bewundern ihre majestätische Existenz am Firmament. Wir beneiden sie um ihre Gelassenheit, mit der sie jeden Morgen verblassen. Wir wünschten, unser Leben würde mit der gleichen Gewissheit seinen Lauf nehmen, wie sie jeden Abend an ihren Platz zurückkehren: die Sterne.

Wie viele Träume sie wohl beflügelt haben, wie viele Menschen sie wohl leben und sterben sahen. Wie oft wurden sie in Gedanken erkundet? Wie wenig wissen wir trotz allem von ihnen. Unsere Ahnen zählten sie zum Sitz der Götter. Sie erfanden Sternbilder und nutzten lange Beobachtungsphasen zur mathematischen Bestimmung ihrer Laufbahnen. Die Neugierde bleibt ungebrochen. Kinder bestaunen sie, Erwachsene betrachten sie – manch nahem Gestirn galt auch schon der Forscherdrang unserer noch jungen Zivilisation. Doch hinter all dem verbirgt sich die Frage, warum richtet sich unsere Sehnsucht so unbeirrbar an diese fernen Objekte. Ist es nur die Neugierde des Fremden, des Unbekannten?

Ist es, um die von unseren Vorfahren aufgeworfenen Fragen rund um die Gestirne endlich beantworten zu können? Oder gründet diese Sehnsucht vielleicht auf etwas viel Tieferem? Auf einer Art gemeinschaftlicher Erinnerung, die wir nicht bewusst wahrnehmen, die aber doch Teil eines jeden von uns ist?

1 **Der Ältestenrat**

Planet Nibiru im 970sten Schar 422.800 v. Chr.

Die gleißende Sonne spiegelte sich tausendfach in den unzähligen Glasfassaden der eng stehenden Arbeitstürme der Hauptstadt wider. Die Luft zwischen den Türmen war erfüllt vom sirrenden Klang der Klimageneratoren, die sich bemühten, die warme Luft aus dem Inneren der Türme abzusaugen und durch frische, gekühlte Luft zu ersetzen. Im Inneren war weder deren Sirren noch von der Hitze draußen etwas zu spüren. Die hochthermischen Scheiben reflektierten einen Großteil der Strahlen. Sie sorgten mit einem dünnen Gasfilm aus kalter Luft an ihrer Innenseite für eine hervorragende Isolation.

Enki blickte durch das sanft rosa schimmernde Fenster in den Himmel. Er seufzte für die anderen kaum hörbar. Seit vielen Jahren war es ihm und den Seinen vergönnt gewesen, ein unbeschwertes, ja fast sorgenfreies Leben zu führen. Diese Epoche schien sich nunmehr dem Ende entgegen zu neigen.

Erst in jüngster Zeit hatte der Zuzug in die Hauptstadt, insbesondere in die Nähe um den Sitz des Ältestenrates, etwas nachgelassen. Zuvor war jeder Stamm bestrebt, die besten Lagen rund um den Ratssitz für sich in Anspruch zu nehmen. Binnen kürzester Zeit war um den Ratssitz und die darauf zulaufende Allee der Stammesvertreter ein breiter, bunt gewürfelter Stilmix verschiedenster Bauwerke entstanden. Proportional mit zunehmender Nähe zum Zentrum, wuchsen die Bauwerke mehr und mehr in die Höhe. Der Einzug der offiziellen Stammesvertreter in der Allee brachte auch eine Vielzahl von Geschäftsleuten mit sich, die sich ebenso zentrumsnah niederlassen wollten. Diesen wiederum folgten weitere Geschäftsleute, Kunden und schließlich auch deren Familien, um näher bei ihren Liebsten zu sein. Dort, wo bei der Gründung des Ältestenrates Händler auf trockenen Wiesen ihre Wahre feilboten, standen jetzt turmhohe Bauten und seltene Bäume in künstlichen Parkanlagen und schmale Bänder für die Rover führten von Gebäude zu Gebäude. Ein spinnwebengleiches Netzwerk, auf dem die Rover ohne Kollisionsgefahr hin und her zischten. Der starke Zuzug lockte naturgemäß auch weniger seriöse Zeitgenossen an. Dubiose Geschäftemacher ebenso wie Scharlatane oder schlicht aus ihren Stämmen Verstoßene suchten in der rasch wachsenden, neuen Hauptstadt ihr Glück. Je weiter außerhalb die Gebäude standen, desto niederer und einfacher waren sie auch in der Machart. Ganz an der Stadtgrenze gingen die Gebäude eher in Provisorien oder Verschlage über. Hier grenzte die trockene Ebene an die Stadt, hier lebten die Ausgestoßenen und von der Gesellschaft Geächteten.

Im Sitzungssaal des Rates der Ältesten hatten sich die Vorsitzenden der Stämme Nibirus versammelt. Sie rutschten ungeduldig auf ihren Sitzen hin und her. Enki hatte sich erhoben. Er stand am schmalsten Ende des ovalen Tisches. Sein Blick glitt über jeden Einzelnen der Stammesvertreter. Sie hatten sich entsprechend ihres Ranges in feines Tuch gehüllt. Obwohl sie allen Grund hatten, mit sich und ihrer Situation zufrieden zu sein, erkannte Enki an ihrem unruhigen Sitzen ihre Anspannung. Natürlich wussten die Ratsmitglieder weitaus mehr als die sonstige Bevölkerung in Bezug auf die Situation Niburus. Gerade deshalb deuteten viele der Ältesten die Einberufung dieser außerordentlichen Ratssitzung als äußerst besorgniserregend. Ihre Befürchtungen bewahrheiteten sich. Was Enki in kurzen Worten beschrieben hatte, war dermaßen bestürzend und drastisch zugleich, dass den Ratsmitgliedern die Worte fehlten. Etwas Ungläubiges haftete Ihren Gesichtern an. Einige hatten die eng stehenden Augen noch mehr zusammengezogen. So, als würden sie hoffen, Enkis Worte in wenigen Augenblicken als deftigen Scherz entkräftet zu bekommen. Schon öfter hatten die hohen Wände dieses Sitzungszimmers das schallende Gelächter der Ratsherren wiedergegeben. Oft hatten sich die nach außen gerichteten Glaswände im sonoren Vibrieren des Gelächters dieser honorigen Ältesten aufgeschaukelt. Diesmal war niemandem zum Lachen zu Mute.

Enki verharrte unbeweglich am Tischende. Er forderte den Botschafter der Wissenschaft auf, die Situation erneut in klaren Worten darzustellen. Ohne – wie er sagte – die Dinge zu beschönigen oder zu dramatisieren. Dabei beließ er seinen Blick auf dem versammelten Rat der Familien. Die Ratsherren saßen, gleichsam von der schlechten Nachricht gebeugt, rund um das Oval des Entscheidungstisches aus massiven Stein.

„Auf diesem Planeten wird unsere Art keine Zukunft mehr haben", begann der Wissenschafter seine Ausführungen, ohne beschönigende Floskeln zu wiederholen. „Die anhaltend hohe Population sowie der damit verbundene Ressourcenverbrauch zerstören Nibiru. Wir können das Fortbestehen unserer Art nur sichern, indem wir für unsere Nachkommen neue Heimaten finden. Auf Nibiru müssen wir das ökologische Gleichgewicht wieder ins Lot bringen, sofern dies noch möglich ist."

„Ihr sprecht von ins Lot bringen, hoher Herr", unterbrach Rentil, der Älteste der Rentilfamilie, die Ausführungen des Wissenschaftlers. „Doch wie soll das geschehen, hoher Herr? Unsere Wissenschaftler haben meines Wissens verschiedene Ansätze verfolgt. Allein zu guter Letzt sind wenige Möglichkeiten verblieben, um Nibiru zu stabilisieren. Wenn ich mich recht erinnere, sind die meisten dieser Varianten mit den auf Nibiru vorkommenden Rohstoffen kaum umzusetzen." Rentils Stirn wellte sich mit tiefen Sorgenfalten.

„Ihr habt recht, Rentil, Ältester deines Stammes. Unsere Wissenschaftler haben bislang tatsächlich nur wenig umsetzbare Lösungen gefunden. An diesen wenigen Lösungen müssen wir hingegen festhalten. Die Menge an Rohstoffen, die wir für diese Umsetzungen brauchen, gilt es in jedem Fall zu befriedigen. Wer weiß, vielleicht gelingt es uns, mit dieser Anstrengung Nibiru lange genug für unsereins bewohnbar zu gestalten. Vielleicht können unsere Wissenschafter neue, weniger rohstoffintensive Lösungen finden. Das Überleben unserer Art hängt von der unnachgiebigen Verfolgung der vorliegenden Varianten ab."

Enki hielt inne. Wieder glitt sein Blick über die Minen der Ratsherren.

„Ohne Rücksicht auf Kosten, Aufwand oder Opfer?“

„Ganz genau, ohne Rücksicht auf Kosten, Aufwand und Opfer“, bekräftigte Enki die behutsam vorgebrachte Frage Enlils, dem Ältesten der Familien Enlil und Engsor.

„Hier gilt es nicht, die Interessen eines einzelnen Stammes oder einer bestimmten Blutlinie zu vertreten, hier geht es um den Erhalt unser aller Linien“, setzte Enki entschlossen fort.

Die Lage zeigte sich katastrophal. Die Wissenschaftler hatten Nibiru ohne Gegenmaßnahmen den Zusammenbruch der gesamten lebenswichtigen Atmosphäre angekündigt. Diese Voraussagung entsprang keinem unergründlichen Orakel. Sie war das Ergebnis vieler Mannjahre Forschung. Das Bestürzende daran war, dass die Wissenschaftlerteams aus den unterschiedlichsten Fachgebieten allesamt zu dem gleichen Ergebnis gekommen waren: Nibirus Atmosphäre schwand. Seine Rohstoffe gingen unerbittlich zur Neige. Der stetig wachsende Verbrauch der Ressourcen und die damit einhergehende Belastung für die Ökosysteme des Planeten war bereits jetzt spürbar. An einigen Stellen – Gott sei dank nur in weniger besiedelten Gebieten Niburus – war die schützende Schicht der Atmosphäre bereits aufgerissen: In der Hülle der Atmosphäre fanden sich langsam bewegende Löcher. Die Umrandung der Löcher riss immer öfter auf. Wie Blitze aus Thors Hammer brachten die Lücken neue Risse hervor und stießen immer tiefer auch in die bewohnten Regionen Niburus vor. Rund um Nibiru war deshalb ein Frühwarnsystem untereinander vernetzter, geostationärer Satelliten geschaffen worden. Diese sandten rechtzeitig Warnungen an die betroffenen Regionen. Bislang war es auf diese Weise gelungen, die Nibirianer stets rechtzeitig zu warnen. Sie waren aufgefordert worden, in ihren Häusern vor der unsichtbaren Strahlung aus dem Weltall Schutz zu suchen. Zumeist mäanderten die Löcher in der Atmosphärenschutzsicht ebenso schnell wieder in ihre Ausgangslage zurück, wie sie in das jeweilige Gebiet vorgedrungen waren.

Findige Geschäftsleute hatten schnell erkannt, dass sich aus dieser Situation ein guter Vorteil ziehen ließ. Sie propagierten einerseits, wie schädlich die ungefilterte Strahlung für Leib oder Leben war, andererseits boten die Händler zugleich Schutz in Form von besonders beschichteten Dachflächen für die Behausungen der Nibirianer an oder mit Schutzgarn gewobene Oberbekleidung. Jüngst waren sogar einige Cremen und Lotionen am Markt feilgeboten worden, die versprachen, sich wie eine zweite, schützende Haut über die exponierten Hautpartien zu legen.

Allein die Wissenschafter wussten, dass jede der angebotenen Varianten nur unzureichend Schutz bot. Nur um nicht noch mehr Unruhe bei den einzelnen Stämmen der Nibirianer zu entfachen, widersprachen die Wissenschafter den Versprechungen der Werbung nicht. Tatsächlich wussten die Wissenschafter ganz genau, dass selbst der Aufruf, die Häuser nicht zu verlassen, nicht viel mehr war als ein Tropfen auf den heißen Stein. Noch kannten die Gelehrten den Zusammenhang nicht. Aber Fakt war, dass Nibirianer, welche der ungefilterten Strahlung ausgesetzt waren, entgegen ihrer sonst schier endlos langen Lebensspanne binnen weniger Jahre drastisch alterten. Die ungefilterte Weltraumstrahlung schien auf eine noch nicht nachvollziehbare Art und Weise die Teleomere in den Genen der Nibirianer zu verkürzen beziehungsweise deren Regeneration zu unterbrechen. Die Wissenschafter hatten dieses Phänomen bereits mehrfach beobachten können. Bislang war es dem Rat der Ältesten gelungen, den Zusammenhang der drastisch verkürzten Lebensspanne mit dem Phänomen der löchrigen Atmosphärenschutzschicht der Öffentlichkeit vorzuenthalten. So wie es nach dem aktuellen Stand der Untersuchungen aussah, gab es aber noch ein weiteres, am Ende des Tages für die gesamte Bevölkerung Niburus bedrohliches Szenario: Bei fast allen betroffenen Nibirianern, deren Lebensspanne unnatürlich kurz andauerte, trugen auch deren jeweils nach der Exposition der Weltraumstrahlung gezeugten Kinder den Fehler in den Teleomeren in sich. Die Kurzlebigkeit war also vererbbar.

„Die Variante“, setzte Enki fort, „die mitunter am meisten erfolgversprechend erscheint, ist zugleich jene, die sich am schwersten bewerkstelligen lässt.“ Enkis Stirn wölbte sich erneut in Sorgenfalten. „Unsere Wissenschaftlerteams regen an, den natürlichen Schutzschild der Atmosphäre durch einen weiteren, einen künstlichen Schutzfilm zu ergänzen. Wir könnten mit unseren Schiffen am äußeren Rand der Stratosphäre regelmäßig einen feinen Schutzschild ausstreuen. Dieser könnte wie unsere Satelliten geostationär dort verharren. Für unsere Schiffe müssten wir bestimmte Zu- und Abreiserouten von Nibiru festlegen, die nach jedem Start unserer Raumkreuzer durch das dortige Ausbringen einer neuen Schutzschicht wieder verschlossen werden.“

Enki pausierte.

„Oder wir legen die Ein- und Ausfallschneisen so, dass ihr Schatten nur auf unbewohnte Gebiete fällt“, unterbrach Enlil Enkis Pause und gab damit zu verstehen, dass er den Grundgedanken durchschaut hatte. Aber es klang zu einfach, zu banal, als dass nicht ein Pferdefuß diesen Plan begleitet hätte. Enlil hob die Achseln samt der Unterarme an, als würde er sagen wollen, „also, warum packen wir das nicht an?“. Enki verstand es, die Körpersprache Enlils und auch die Blicke der anderen Ältesten zu deuten. „Wie ihr richtig vermutet, hat der Plan einen nicht unwesentlichen Haken.“ Er hielt kurz inne. „Natürlich würde das Ausbringen des Schildes Unmengen an Treibstoff und weiterer Ressourcen benötigen, aber …“ Wieder pausierte Enki und rieb sich mit der Hand das Kinn. „… die Wahrheit ist, dass wir nicht genügend Rohstoff für den Schirm selbst haben werden.“

Ein Raunen ging durch die Ältesten. Es war Enlil, der das Raunen zu guter Letzt zur entscheidenden Frage formulierte: „Aus welchem Stoff muss der Schirm denn sein?“

Enki zog es vor, die Frage nicht selbst zu beantworten. Er wies mit seiner Hand auf einen der anwesenden Wissenschaftler als Zeichen, dieser möge die Antwort formulieren.

Gelehrte haben zuweilen – vermutlich aufgrund ihrer analytischen Denkweise – die Eigenschaft, Dinge unverblümt beim Namen zu nennen. Deshalb fanden sich auch kaum Wissenschaftler in den Räten der Stämme oder gar im Rat der Ältesten. Dinge ungeschminkt beim Namen zu nennen bedeutete, wenn sie aus dem Mund von Wissenschaftlern kamen, gleichfalls mit der Tür ins Haus zu fallen. Der von Enki aufgeforderte Gelehrte wechselte kurz einige Blicke mit seinen Kollegen, wandte sich dann zurück zu Enki, der ihm aufmunternd und resignierend zugleich zunickte. Der Wissenschaftler fasste sich ein Herz. Er atmete tief ein. Er wusste, dass um diesen Rohstoff schon viele Stämme gestritten hatten. Der Rohstoff war Grund vieler Kämpfe zwischen den Stämmen gewesen und hatte in der Vergangenheit hohen Blutzoll gefordert. Die Gier nach diesem Rohstoff hatte wie ein Fluch alle Stämme erfasst. Die Gier hatte viele alte Stämme in die totale Vernichtung getrieben. Ebensoviele dereinst freie Stämme wurden geknechtet, ehe die Ratsversammlung geschaffen wurde. Erst damit hielt ein einigermaßen überschaubarer Handel und kontrollierter Abbau dieses Rohstoffes auf Nibiru und damit ein friedliches Miteinander Einzug.

Der Wissenschaftler räusperte sich, als wollte er zu einer längeren, ausführlichen Darstellung des Stoffes ausholen. Er schürzte die Lippen und dann brach es gleichsam aus ihm heraus. Man vermeinte, seiner Mine entnehmen zu können, er bedauere das Gesagte im selben Augenblick, als es seinen Mund verließ: „Gold. Gold ist der Rohstoff, von dem wir Unmengen benötigen werden. Gold in seiner reinstmöglichen Form."

2 **Der Angriff**

Planet Nibiru im 615sten Schar, 1.7 Mio Jahre v. Chr.

Die Alarmglocken gellten. Ihr schriller, auf- und absingender Ton schnitt die wabernde Hitze, die sich über die staubige Ebene gelegt hatte. Die Sonne hatte die goldgelbe Senke in eine glutheiße Pfanne verwandelt. Aus den einzelnen, in der Ebene verstreuten Sandhügeln quollen mit dem Anheben des Alarms kleine, schwarze Käfer. Sie sprangen in die rund um die Sandhügel stehenden Gefährte, die sich wiederum sofort anhoben und das Weite suchten. Am westlichen Horizont waren dunkle, dünne Sicheln am Himmel aufgetaucht, die Unheil erahnen ließen. Zeitgleich mit der Alarmsirene über den Minen blendete sich die Alarmmeldung auch in Enki Visier ein.

„Verdammt", knurrte Enki. Er kroch rücklings aus dem frisch geschlagenen Stollen, um beinahe im selben Atemzug seine Männer zum Verlassen der Stollen aufzufordern: „Raus hier, los, los, los; wir haben wieder Drohnen über der Ebene."

Im Vorbeilaufen packte Enki einen der Männer, der langsam, viel zu langsam, wenn er überleben wollte, an seinem Werkzeuggurt nestelte, und riss ihn mit sich. Der Mann strauchelte, Enki aber ließ ihn nicht los, bis er Tritt gefasst hatte und im selben Tempo wie die anderen zum Ausgang stürmte.

Die Mitglieder von Enkis Stamm verließen die Minen, eilten sich, um sich mit den Sandrovern vor den Angreifern in Sicherheit zu bringen. Die großen Rover[1], bei denen mehr Personen an Bord waren und die zusätzlich Transportkapazitäten oder gar Bewaffnungen trugen, wurde auf den Effekt der Semitransparenz verzichtet. Mindestens zwei große, zumeist grollende Frequenzlevitatoren[2] hoben diese Rover wenn nötig bis zum Rand der Atmosphäre. Eine transparente, sich der Umgebung in Farbe und Musterung anpassende Kuppel schützte die Besatzung, Passagiere oder Fracht. Bei Start oder Landung wirbelten die beiden Levitatoren unter tosendem Gegroll zu Füßen der Rover große

Wolken von Staub und Feinteilen auf. Innerhalb der Kuppel sorgte eine autarke Luftaufbereitung für gleichbleibenden Luftdruck. Die Sicheln am Horizont wuchsen zu Kampfdrohnen, senkten sich nahe über den Sandboden und begannen die Minenausgänge mit einem glühenden Plasmastrom zu überziehen. Fast zeitgleich reckten sich dunkle, spitze Finger aus dem Sandboden und boxten in schier unendlichen Intervallen Lichtpulsare gegen die Angreifer. Die Männer und Enki sprangen in die Sandrover, die sich in dem Getöse der einschlagenden Plasmaringe scheinbar lautlos erhoben und sich einen Weg durch die Feuersbrunst zu den Bunkern im Nordosten der Ebene bahnten. In den gläsernen Kuppeln der Sandrover spiegelten sich tausendfach die glühenden Plasmazungen. Ein Sandrover rechts von Enki wurde getroffen. Seine Glaskuppel barst unter der Hitze der Plasmaringe, die Glassplitter stoben lodernd und glühend auseinander. Einige bohrten sich tief in Enkis Kuppel. Der Pilot des getroffenen Sandrovers war zu Staub verschmolzen. Die kläglichen Überreste des Vehikels gruben sich glimmend tief in den Sand. An der Oberfläche hinterließen sie krakelig schwarze Eintrittsöffnungen, als ob sich ein Wurm in die Tiefe gebohrt hätte.

Die Angreifer orientierten sich um, nahmen die Abwehrstellungen ins Visier, was diese umso heftiger zurück feuern ließ. Auch schon früher, vor den Jahrtausenden der Wissenschaft, wie der Zeitraum seit dem Millennium genannt wurde, tobte auf Nibiru speziell in den Fundgebieten des Goldes der Kampf zwischen den Stämmen. Unzählbare Mitglieder aller Stämme verloren in den Minen ihr Leben. Ihnen wurde von anderen Stammesmitgliedern aufgelauert, sie wurden hinterrücks oder in offener Schlacht getötet. Doch erst mit dem, dem Millennium nachfolgenden Jahrtausenden waren die Kriege zwischen den Stämmen existenzbedrohend für die jeweils eigene Art geworden. Hochgerüstet mit modernsten technischen Waffen hatte der Flächenmord durch unbemannte Drohnen, Maschinen, die autonom ohne individuelle Steuerung Jagd auf ihre Gegner machten, sich ausgewachsen zu einer völlig neuen Form des Krieges. Dem wurden autonome Verteidigungssysteme entgegengestellt, die auf ihre Art versuchten, das Gleichgewicht zwischen Angreifer und Verteidiger herzustellen. Von da an war es mehr eine Frage der Ressourcen, der finanziellen Möglichkeiten und der Genialität der einzelnen Stämme, durch neu konstruierte Maschinen und einem endlosen Aufgebot an Rohstoffen für deren Fertigung die Oberhand über die Minen zu gewinnen. Damit reduzierte sich auch die Zahl der persönlichen Opfer. Die Stämme und Familien konnten ob ihrer Söhne und Töchter aufatmen. Der Ressourcenverbrauch dieser Zeit stieg ins Unermessliche. Erst eine neue Generation junger und sich der Endlichkeit der Ressourcen bewusster Stammesmitglieder konnte diesem Treiben ein Ende bescheren. Damals wurde der Rat der Ältesten gebildet und der Zugang zu den Minen unter gemeinschaftliche Aufsicht gestellt. Dennoch sollte es Jahrtausende dauern, bis auch die vielen Nebenschauplätze des Todes und der Zerstörung unter Kontrolle gebracht waren. Bis dahin, so zeigte sich erst viel später, waren aber so viele Zerstörungen und Eingriffe in das Ökosystem Niburus passiert, dass es weitere Jahrtausende dauerte, um die gröbsten Schäden aus der Kriegszeit zu beheben.

Zwei Sandrover, zwei Piloten, zwei Stammeslinien waren für immer erloschen. Der Angriff der Drohnen forderte zwei Leben und deren Nachkommen in Jahrtausenden. Unermesslich der Preis. Hinter den einschwebenden Sandrovern schloss sich das schwere Portal der Bunkeranlage. Die Bunkerbeleuchtung ging an. Enki sprang aus seinem Rover. Sein Gesicht spiegelte sich in der Glaskuppel seines Rovers. Der, der ihm entgegen starrte, zeigte kein Verständnis für die dauernden Überfalle. Die Minen waren Enkis Land. Land, welches sein Stamm bereits seit vielen tausenden Jahren bestellt hatte, lange bevor die unsägliche Sucht nach dem goldenen Edelmetall Stamm um Stamm ins Unglück stürzte. Mit dem heutigen Angriff waren für immer zwei Linien des Stammes Enki erloschen. Ihr Gegenangriff würde die eine oder andere Linie Engsors Stammes für immer auslöschen. Wenn es Engsors Drohnen waren, die sie angegriffen hatten. Bereits mehrfach hatten Angreifer sich mit falschen Kennungen getarnt, um der Vergeltung zu entkommen. Dadurch hatten die Kriege sich immer mehr von den Minen entfernt und waren bis tief in die zivile Bevölkerung der Stämme getragen worden. Vergeltungsschläge für nie stattgefundene Angriffe, deren Vergeltung umso härter geübt wurde, waren die Folgen der Täuschung. Ein Flächenbrand des Krieges, eine Feuersbrunst des Leides, und das war der Gesichtsausdruck, der Enki von der Glaskuppel entgegen starrte: die Verachtung vor all dem Gräuel, das Entsetzten, das sich die Scharmützel bei den Minen längst zu stammesweiten Kriegen ausgeweitet hatten, dass die Stämme sich nunmehr gegenseitig nach Vernichtung trachteten. Und wozu? Um der Gier nach dem gelben Edelmetall nachzugeben.

Das Licht im Bunker flackerte. Das Enki anstarrende Gesicht erlosch in der Dunkelheit. Mit leisem Surren sprang die Notbeleuchtung an. Kurz hatte Enki vermutet, die Drohnen hätten auch den Bunker ins Visier genommen. Vermutlich hatten sie aber nur die Verbindungsleitung zu den Minen getroffen, wodurch ein Kurzschluss der Versorgungsleitungen auch die Bunkerinfrastruktur lahmlegte. In der schlierigen, grünen Notbeleuchtung hatten sich die Minenarbeiter rund um Enki versammelt. Auch ihre Gesichter spiegelten Abscheu wider, weniger Furcht und Entsetzen als vielmehr Wut und das Gelüste auf Rache. Enki wusste, was sie von ihm hören wollten. Sie wollten hören, dass der Stamm Enkis mit Härte und ebenso todbringenden Waffen antworten werde, dass der Stamm Enkis mit Tod und Vernichtung den Angriff vergelten werde. Je mehr Enki diesen Blick in den Gesichtern seiner Stammesmitglieder erkannte, desto übler wurde ihm. Leid mit Leid aufwiegen, das war es, was sie bis an diesen Punkt gebracht hatte. Genau das war es, was er ein für alle Mal zu durchbrechen gedachte. Noch wusste er nicht, wie, noch fühlte er sich auch seinen Stammesmitgliedern zu sehr in der Verantwortung, aber es keimte ein Plan in ihm, der nur noch zu Ende gedacht werden musste. Hierfür benötigte er Zeit, Zeit und Ruhe und keinesfalls den Einfluss der nach Rache geifernden Kollegen. Enlil murmelte ein leises „Ja, werden wir", wandte sich von seinen Stammeskollegen ab, setzte ein noch leiseres „später" nach und schlurfte gesenkten Hauptes aus der Landebucht des Bunkers in den dunklen Gang, der zu den Notquartieren führte. Zwei Väter hatte sein Stamm heute verloren und er zwei Freunde, deren Familie er das irgendwie erklären musste.

3 **Wehmut und alte Wunden**

Planet Nibiru im 970sten Schar, 422.800 v. Chr.

Ninhursag stand am breiten Fenster und betrachtete die aufgehenden Planeten. Ihr war, als würde Nibiru stetig den Planeten näher rücken, auch wenn sie wusste, dass die scheinbare Vergrößerung von der sich von Jahr zu Jahr ausdünnenenden Schutzschicht am Rande der Atmosphäre herrührte.

„Wir werden hier keine Zukunft haben. Wir werden nach unzähligen Generationen die Ersten sein, die diesen Planeten verlassen müssen“, bedauerte Ninhursag ein wenig sich selbst, mehr jedoch noch ihre Kinder. Sie drehte sich langsam um und blickte auf den großen Wallmonitor, wo die Sitzung des Ältestenrates live übertragen wurde. Das, was sie dort hörte, schien sie noch mehr zu beunruhigen als die Aussicht, Nibiru eines Tages verlassen zu müssen. Der Vorschlag der Wissenschafter, mit feinem Goldstaub eine künstliche Schutzschicht außen um die Atmosphäre aufzubringen, schien ihr keine allzu große technische Herausforderung zu sein. Doch vor ihrem geistigen Auge blitzten jene Bilder des Grauens und des Entsetzens auf, die sie in den Zeiten der großen Kriege hatte mit ansehen müssen. Damals war der Streit um das Gold aus freilich wesentlich niedereren Beweggründen eskaliert. Kriegswirren hatten ganz Nibiru überzogen. Die Kriegsgräuel hatten in jedem einzelnen Stamm Opfer gefordert. Gerade sie, als Ärztin, hatte damals die ganze tödliche Wucht des Krieges zu sehen und zu behandeln bekommen. Unzählige, mit verbrannten Extremitäten, abgerissenen Gliedern und ausgetretenen Eingeweiden, lagen auf ihrem Operationstisch. Längst nicht alle konnte Ninhursag, die Heilerin, vor dem Tod bewahren. Damals hatte Ninhursag mit ihrem Team, ihren Kollegen und Schwestern viel über die Heilkunst gelernt. Es war ihnen auch gelungen, aus den Todgeweihten zumindest deren DNA zu extrahieren und mit deren Hilfe den trauernden Stämmen fast idente, organische Kopien zu reproduzieren. Doch diesen war weder die Erfahrung der tausende Jahre währenden Leben ihrer Spender zu eigen, noch gelang es Ninhursag, ihnen die fast endlose Lebensspanne ihrer Originale zu vererben. Aus den Kriegen ging dadurch eine neue, den Nibirianern nur verwandte Rasse hervor, deren Reproduktion mit den Friedensverträgen von Oboi auch unter Strafe verboten worden war. Ninhursag verstand dieses Edikt, zugleich aber war damit ihrer Forschung ein abruptes Ende gesetzt. Unverantwortlich, wie Ninhursag fand, denn ihre Forschungen schienen kurz vor dem Durchbruch, um idente Kopien samt deren Eigenschaften zu reproduzieren.

Der Wallmonitor zeigte nun bildschirmfüllend ein Diagramm über die voraussichtlich benötigte Menge Goldes für den Schutz der Atmosphäre. Noch beunruhigender aber war das zweite Diagramm: Dieses stellte die voraussichtlich benötigte Menge in Relation zur gesamten, auf Nibiru vorhandenen Goldmenge dar. Selbst wenn die Stämme das bisher abgebaute Gold zur Verfügung stellten, selbst wenn die Wissenschaftler sich verkalkuliert hatten und Nibiru in den Tiefen seiner Kruste noch unbekannte Goldminen barg, selbst dann würde, das war an diesem Diagramm klar ablesbar, das Gold bei weitem nicht reichen, um Nibiru vor dem sicheren Tot zu bewahren.

4 **Bittere Wahrheit**

Planet Nibiru im 970sten Schar, 422.800 v. Chr.

Enki hätte sich gewünscht, die Sitzung des Rates wäre nicht an die Öffentlichkeit gestreamt worden. Doch das Gebot der Transparenz machte keinen Unterschied, ob die Nachricht jubelnden Beifall oder panische Angst auslösen würde. Das Edikt der Transparenz war unumstößlich. Der Stream zeigte nun die Gesichter der Stammesältesten und Enkis.

„Unsere einzige Chance“, setzte Enki fort, „ist es, irgendwo außerhalb Niburus Gold zu finden und es hierher zu bringen. Deshalb“, und dabei wandte er sich an das Streamingauge, das ihn als Brustbild übertrug, „haben wir bereits vor Monaten begonnen, unsere Raumschiffe umzurüsten. Wir konstruierten unzählige Explorer. Viele unserer bisherigen Kurzstreckentransporter konnten zu Langstreckentransportern umgerüstet werden. In wenigen Jahren werden wir jenen Punkt im Orbit passieren, der nach unseren Berechnungen ideal ist, um eine Mannschaft auf den siebten Planeten dieses Sonnensystems auszusenden.“

Er pausierte kurz.

„Unbemannte Drohnenschiffe haben mit ihren Scans festgestellt, dass der siebte Planet dieses Sonnensystems in seiner Kruste und in seinen Bergen das von uns so sehnlich benötigte Gold enthält. Unsere Mannschaft auf den Explorern soll diese Scans bestätigen, und wenn dem so ist, werden wir zum nächsten geeigneten Zeitpunkt an der Kreuzung der Laufbahn Niburus und des siebten Planeten Minenarbeiter, Materialen und Transporter dorthin schicken,“

Wieder machte Enki eine Pause, denn er wusste, das das, was jetzt kam, irrationalerweise mehr Zündstoff in seinen Worten barg als die Aussicht auf den sterbenden Nibiru: „Bis dahin und bis zu deren hoffentlich erfolgreichen Rückkehr, werden wir die auf Nibiru verbliebenen Minenarbeiter zu einem neuen Höhepunkt der Schürfleistung anleiten sowie neue Goldgewinnungsmethoden vorantreiben müssen. Zur Überbrückung bis zur

Rückkunft unserer Arbeiter ist es zudem unsere Pflicht, alle Stämme Niburus aufzufordern, alles Gold, was sie besitzen, zum Wohle aller einzubringen. Einzubringen in einem Akt nie zuvor dagewesener Solidarität, um so zur Rettung Niburus und unserer ganzen Art beizutragen."

5 **Zurück im Bunker**

Planet Nibiru im 615sten Schar, 1.7 Mio Jahre v. Chr.

In diesem Augenblick grollte über dem Bunker eine Detonation. Die dicken Wände des Gebäudes erzitterten. Die Drohnen hatten ihre Angriffe neu kalibriert. Sie waren den Spuren der Sandrover gefolgt und ergossen statt des tödlichen Plasmas nunmehr nicht minder todbringende Schalldruckwellen über den Feind. Enki wurde fast aus dem Bett seiner Koje geschleudert, so heftig erbebten die Bunkerwände. Eine sanfte Stimme durchdrang sofort die Bunkergänge. Sie mahnte, die Gänge zu verlassen und sich nur mehr in den sichereren Mannschaftsquartieren aufzuhalten. Zugleich kündigte sie an, dass dem Angriff soeben mit einem Gegenangriff geantwortet wurde. Tatsächlich ließ das Schallbombardement schlagartig nach. Vermutlich waren die Jäger Enkis eingetroffen und hatten ihrerseits das Feuer auf die Drohnen eröffnet. Die Notbeleuchtung glomm aus und mit einem grellen Flackern sprang die normale Beleuchtung des Bunkers wieder an. Die Männer werteten das als untrügliches Zeichen, dass der Höhepunkt des Angriffs vorüber war. Enki aktivierte die Übertragungskameras, die sich, um Schäden an ihnen zu verhindern, mit Beginn des Angriffs in die gepanzerten Stationen zurückgezogen hatten. Der Wallmonitor zeigte das übliche Bild der Verwüstung. Die Mineneingänge waren mit glasiertem, geschmolzenem Stein versiegelt. Es würde wohl Tage dauern und viel Arbeit bedeuten, die Zugänge wieder frei zu legen. Die Bunkeranlage selbst war weitaus glimpflicher davongekommen. Gott sei Dank waren Enkis Jäger schnell zur Stelle gewesen. Der nachhaltige Beschuss hatte die Drohnen bis weit über die Ebene hinaus abgedrängt. Auf dem Wallmonitor war das Gefecht in Form kleiner schwarzer Punkte am Horizont mehr zu erahnen als zu beobachten. Einzig die Aus- und Einfahrten für die Sandrover vor dem Bunker schienen gröbere Schäden davongetragen zu haben. Vielleicht war auch ein Teil des Felsgesteins darüber herabgestürzt. Jedenfalls blockierte ein dunkles, felsiges Ungetüm die Ausfahrt. Enlil tippte auf die Übertragungstaste des Quartiers und rief seine Mannschaft in die oberen Etagen des Bunkers, um die Aufräumarbeiten einzuteilen.

6 **Bei Ninhursag zu Hause**

Planet Nibiru, im 970sten Schar, 422.800 v. Chr.

Ninhursag setzte sich auf das mintfarbene Canapé und wandte sich von der Übertragung ab. Ihre Hausdamen trugen das Essen auf, aber Ninhursag empfand keinen Appetit.

„Du kannst es wieder abservieren, heute ist mir nicht nach essen."

„Aber, Ninhursag, Dinge kommen und gehen, du aber musst bestehen, darum esst. Wenn die Lage so verzweifelt ist, wie mir aufgrund eurer Geste scheint, so wirst du umso mehr Kraft brauchen, um die Situation zu einem guten Ende zu führen".

Menerta zwang sich, ein unbekümmertes, ja, ein aufforderndes Lächeln aufzusetzen und stellte die Speisen auf den niederen Beistelltisch des Canapés.

„Vielleicht hast du Recht, Menerta", antwortete Ninhursag.

„Hast du eigentlich etwas von deinem Partner Adeptos vernommen?"

Menerta schüttelte den Kopf. Ihr Partner war vor einem 4/5 Schar zu einer Mission im Auftrag des Ältestenrates aufgebrochen. Kurz darauf hatte sich Menertas Partner nicht mehr bei ihr gemeldet. Menerta zuliebe hatte Ninhursag versucht, beim Rat der Ältesten mehr über die Mission Menertas Partners zu erfahren. Doch selbst ihr wurde nur die Auskunft zuteil, dass sie zu gegebener Zeit mehr erfahren würde. Es war ihr, trotz oder gerade wegen ihrer Stellung, als geboten erschienen, diese Auskunft zum damaligen Zeitpunkt aus Höflichkeit nicht weiter zu hinterfragen. So konnte sie Menerta weder gute noch schlechte Nachricht überbringen. In Ninhursag keimte nunmehr aber der Verdacht, dass die Mission möglicherweise mit der heutigen Übertragung aus dem Ältestenrat in Zusammenhang stand.

„Menerta, wann, sagtest du, war der letzte Kontakt, den du mit deinem Bruder hattest?"

„Vor fünf Dekaden", erwiderte Menerta und wandte sich zu gehen. Ninhursag tat, als würde sie über etwas nachdenken, in

Wahrheit wartete sie, bis Menerta und die anderen Hausdamen den Raum verlassen hatten. Ninhursag war keine Pilotin für kosmische Reisen, aber ihrem Stand entsprechend hatte sie Grundzüge der Navigation erlernen müssen.

„Alexa."

„Ja, Ninhursag, womit kann ich helfen?"

Die Stimme aus dem Off war Ninhursags persönlicher Assistent, ihr ständiger Helfer und Begleiter, der ihr auf Schritt und Tritt folgte. Aus ihrem Armband zu ihr sprach, aus dem Rover oder dem Gleiter oder aus ihrer Behausung. Alexa war Ninhursags Verbindung zu dem gesammelten Wissen der Stämme Nibirus. Alexa war allgegenwärtig, stets bereit, stets unbeeinflusst von persönlichen Gefühlen oder Unpässlichkeiten, stets neutral und loyal. Alexa war eine Software. Eine Software, die auf Ninhursags Stimme kalibriert war, die in den vielen Jahren gelernt hatte, welche Themenbereiche Ninhursag am häufigsten frequentierte und auf Fragen zu diesen Themen besonders schnell und umfassend Auskunft geben konnte. Aber Alexa konnte zu jeder Frage, zu jeder Aufgabe eine Antwort finden.

„Alexa, Navigation: Welche vorteilhaften Flugrouten ergeben sich aus Nibirus Orbitposition vor einem rund 4/5 Schar?"

Alexa ließ den Wallmonitor als Zeichen, dass sie die Anfrage verstanden hatte, kurz aufblitzen. Ninhursag ging in den Garten hinaus und schritt langsam zwischen den verschiedenen Beeten auf und ab. Ihre Sammlung an Pflanzen und Kräutern war in den letzten Jahrtausenden durch unzählige neue Züchtungen zu einer immensen Artenvielfalt angewachsen. Mit Geduld und Liebe hatte sie die einzelnen Sorten kultiviert. Sanft strich sie mit der offenen Handfläche über einige Blätter, just als sollte es das letzte Mal sein. Dass dem nicht so war, noch nicht, das wusste Ninhursag. Aber sie wusste auch, dass es ein letztes Mal geben würde, wenn der Rat der Ältesten nicht erfolgreich war, oder sich die Idee der Wissenschafter nicht als praktisch umsetzbar erwies oder sich die Stämme angesichts der geforderten Solidarität mit den Goldvorräten zu zerfleischen begannen.

„Es gab mehrere bevorzugte Routen, für die sich vor einem 4/5 Schar ein ideales Startfenster auftat.“

Alexa meldete sich über Ninhursags Armband.

„Einige der in erreichbarer Distanz gelegenen Planeten bieten die Möglichkeit für Leben in unserem Verständnis“, setzte Alexa fort.

„In unserem Verständnis?“, replizierte Ninhursag mit fragendem Unterton und hielt zwischen ihren Beeten inne.

8 **Spurensuche**

Planet Nibiru, im 970sten Schar, 422.800 v. Chr.

„Was weißt du über den sechsten und siebten Planeten dieses Systems?“, weitete Ninhursag ihre Anfrage an Alexa aus. Diesmal antwortete Alexa prompt, ohne Recherchezeit.

„Der sechste Planet besteht aus festem Gestein, hat eine dünne Atmosphäre und ausreichend im Gestein gebundenes Wasser, um die Oberfläche bewohnbar zu gestalten. Der siebte Planet ist ein Zwilling, entstanden aus einer Kollision der Planeten. Seitdem umkreist ihn ein abgesprengter Zwergplanet. Auf ihm gibt es eine dichte Atmosphäre und seine Umlaufzeit dauert etwa ein Zehntel der unseren, doch bleibt er dabei nach den offiziellen Berechnungen stets im bewohnbaren Bereich.“

„Entsprechend der offiziellen Berechnungen …“ Ninhursag murmelte den letzten Halbsatz. Entsprechend welcher offizieller Berechnungen? Nibiru war auf seinem langen Weg immer wieder nahe an dieses Sonnensystem geraten, doch schienen die Planeten offiziell nie die Neugierde der Wissenschafter geweckt zu haben. Und doch existierte eine offizielle Berechnung?

„Alexa, welchen Umfang haben diese offiziellen Berechnungen? Welche Zielsetzung lag der Berechnung zugrunde?“

„Die Materialien umfassen alle Planeten dieses Sonnensystems. Die Materialien sind alt und wurden im Zuge der Erforschung Nibirus Geschichte angelegt. Offenbar war es das Durchkreuzen dieses Sonnensystems durch Nibiru vor unzählbaren Schars, das die Planeten durcheinandergewirbelt hat. Vor Millionen von Jahren brach eine Kollision sogar einen Teil des siebten Planeten heraus, der sich zu einem Satelliten entwickelte, der seither um den siebten Planeten rotierte. Nibirus Vergangenheit ist also untrennbar mit diesem System verbunden. Bei der Dokumentation dieser Planeten wurden seinerzeit nicht nur die Auswirkungen Nibirus erforscht, sondern auch die Oberflächenstruktur. Mit jedem erneuten Durchkreuzen dieses Systems wurden die Veränderungen dokumentiert.“

Alexa schwieg, sie schien aus ihrer Sicht die Frage beantwortet zu haben. Ninhursag Kopf war aufgewühlt. Sie verarbeitete einerseits die Information, dass der ideale Startzeitpunkt zu diesen Planeten just mit der Mission Menertas Gatten zusammenfiel und andererseits, dass diese Planeten, obwohl über Jahrtausende kaum beachtet, doch von irgendjemandem im Rat der Ältesten intensiv beobachtet worden waren.

„Warum, Alexa, warum die einstige Beobachtung?“

Diesmal nahm sich Alexa wieder mehr Zeit mit der Antwort. Mag sein, dass die Kürze der Frage „warum“ zu ausufernder Recherche nötigte, Ninhursag aber hatte eher das Gefühl, als überlege Alexa, ob sie die vorliegenden Informationen preisgeben sollte oder gar dürfte. Aber das, da war sich Ninhursag sicher, war sicher Unfug. Alexa wägte nicht ab. Alexa entschied nicht, ob und welche Informationen sie kommunizierte. Wenn dies der Grund für ihr Zögern war, dann hatte sie den Auftrag, diese Informationen nicht frei abzuspielen. Vielleicht erforderte ihre Programmierung vor Preisgabe auch eine Art Freigabe. Zu Ninhursags Überraschung antwortete Alexa gar nicht auf die Frage, warum. Stattdessen meldete sich Enki über das Armband:

„Ninhursag, ich glaube, wir müssen reden.“

Ninhursag schien wie für einen Wimpernschlag wie versteinert: Enki, zu dem ihr Verhältnis seit der Einschränkung ihrer Genforschung als kühl bezeichnet werden konnte, bat sie um eine Unterredung.

„Ich bin gerade in Gesellschaft“, flunkerte Ninhursag.

„Dann verlass die Gesellschaft. Bitte komm in den Rat herüber.“

„Ich werde mich loseisen, sobald ich kann“, klickte Ninhursag Enki aus der Unterhaltung.

9 **Verwandtschaftsbesuch**

Planet Nibiru, im 970sten Schar, 422.800 v. Chr.

Als Ninhursag mit ihrem Townrover auf den Parkplatz des Ratshauses einschwenkte, war es bereits später Nachmittag. Ninhursag hatte sich zuerst bewusst Zeit gelassen. Dann schaute tatsächlich ihre Schwester bei ihr zu Hause vorbei, der sie natürlich nichts von den Ereignissen der letzten Stunden berichtete. Daher konnte sie auch keinen plausiblen Grund für ein schnelles Besuchsende vorbringen. Außerdem waren die Besuche ihrer Schwester ohnedies nicht gerade häufig. Und wenn doch, zumeist mit einer Bitte ihrer Schwester verbunden, dies oder das doch für sie geradezurücken. Dass dies heute nicht so war, stellte sich schnell nach dem ersten Wortwechsel heraus.

Nemeta, ihre Schwester, glich Ninhursag in keiner Weise. Während Ninhursag groß, schlank und hochgewachsen wie die meisten aus ihrem Stamm war und erhobenen Hauptes durchs Leben schritt, war Nemeta zwar auch schlank, aber gut einen Kopf kleiner. Sie trug ihr Haupt stets leicht geneigt. Als würde eine große Bürde auf ihren und nicht auf Ninhursags Schultern lasten. Doch Ninhursag trug von klein auf die Last der Erstgeburt. Ihr schien dies auch keine Bürde zu sein. Nemeta hatte nie darüber gesprochen und auch wenn Ninhursag und Nemeta unter sich waren, wagte Nemeta niemals auszusprechen, was sie fühlte. Sie war stolz, dass Ninhursag sich nicht der Aufgabe entschlagen hatte und doch neidete sie Ninhursags damit verbundene Vorteile. Sie empfand jede an Ninhursag übertragene Aufgabe, als wäre es eigentlich an ihr, diese auszuführen. Das beugte sie im Lauf der Jahre, ließ sie den Kopf auf halber Höhe zwischen den Schultern tragen und, wie Ninhursag es bezeichnete, „als Häuflein Elend“ durchs Leben zu schleichen.

10 **Auf ein Wort**

Planet Nibiru, im 970sten Schar, 422.800 v. Chr.

Ninhursag stieg aus dem Townrover. Das schillernde Cape, das Menerta ihr zurechtgelegt hatte, umspielte in Aufwind zwischen den Häuserschluchten ihre Silhouette. Ganz bestimmt stand Enki oben im Sitzungssaal der Ältesten und beobachtete ihre Ankunft. Sie konnte seinen Blick spüren, auch wenn hinter den goldverspiegelten Fassadenfenstern nichts zu erkennen war.

„Alexa?"

Ninhursags Armband vibrierte zum Zeichen, dass Alexa zuhörte.

„Alexa, kannst du mir sagen, wo Enlil ist?"

Alexa erwiderte prompt: „Ortsdaten von Enlil sind freigegeben. Er befindet sich im Stammesklub."

„Danke, Alexa, dann erinnere mich bitte in Kürze, dass ich eine Verabredung mit Enlil im Stammesklub habe, ungeachtet dessen, dass ich mich im Gespräch befinde."

„Verstanden."

Alexa deaktivierte ihre Bereitschaft wieder. Ninhursag nahm den Schwebelift bis in den 238sten Stock des Ratshauses und ließ sich dort quer durch die leeren Büros bis ganz nachts rechts außen bringen, wo der Schwebelift begleitet von seinem leisen Surren anhielt. Die Glastüren des Schwebeliftes öffneten sich und Ninhursag blickte unmittelbar in den Versammlungsraum der Ältesten. Sie hatte Recht gehabt. Enki lehnte noch immer am parkplatzseitigen Fenster.

„Du hast einen neuen Townrover?", fragte Enki, während er sich langsam vom Fenster abkehrte. Er drehte sich Ninhursag zu. Ein banaler Einstieg ins Gespräch, dachte Ninhursag, sah aber keinen Grund, unhöflich zu sein. So erwiderte sie auf gleichem Niveau: „Ja, und ich sehe, du hast eine neue Haartracht?"

In der Tat war Enkis Haupthaar in den letzten hundert Jahren schütter geworden, sodass er sich entschlossen hatte, den dünnen Rest gänzlich abzurasieren. Dadurch war seine markante Schädelform noch präsenter. Seine Narbe aus den Minenkriegen glänzte knapp über seiner Stirn. Enki überhörte Ninhursags Unterton. Er bat sie an einem der Tischchen, die den großen Ratstisch umgaben, Platz zu nehmen.

„Möchtest du eine Erfrischung?“

Enkis Konversation hatte nichts an Tiefgang gewonnen. Er hielt Ninhursag die Schale mit den Erfrischungen entgegen.

„Gerne, danke.“

Ninhursag griff zwei frische Obststücke. Sie nahm Platz. Von hier oben hatte man einen fantastischen Ausblick über Nibirus Hauptstadt. Ninhursag hatte fast vergessen, wie es war, von hier oben über das Meer der Behausungen zu blicken. Die vielen kleinen Gärten, die langgezogenen Alleen, die alle sternförmig auf das Ratshaus zuliefen. Von hier oben muteten die Stadtrover winzig an, die über die Alleen zu schweben schienen.

„Was möchtest du, warum hast du mich hierherzitiert?“, konzentrierte Ninhursag ihre Gedanken wieder auf das hier und jetzt.

„Herzitiert,“ wiederholte Enki, „herzitiert.“ Er setzte sich zu Ninhursag an den Tisch. „Du weißt genau, dass es mir nicht zusteht, dich herzuzitieren. Ich glaube auch nicht, dass dies meine Wortwahl war.“ Enki schob sich selbst eine der Erfrischungen aus der Schale in den Mund. „Es ist vielmehr so, dass sich unsere Interessen gerade zu überschneiden scheinen.“

Ninhursag reagierte nicht auf diese Anspielung, sondern nahm sich ihrerseits, ohne aufzublicken, eine weitere Köstlichkeit.

„Du hast Alexa eine eigenartige Anfrage gestellt.“

Enki taxierte Ninhursags Gesichtszüge.

„Überwacht der Rat seit neustem Alexa? Oder besser, kontrolliert er, wer welche Anfrage an Alexa stellt?“

Jetzt blickte Ninhursag geradewegs in Enkis Augen. „Nein.“

Enkis Antwort schien aufrichtig.

„Aber es gibt eine Fragekonstellation, bei welcher der Rat der Ältesten Alexa angewiesen hat, keine Auskunft zu geben. Das gilt natürlich nur für Anfragen aus dem einfachen Stand. Bei

Anfragen deinesgleichen haben wir Alexa gebeten, uns zu informieren, damit wir angemessen reagieren können."

Angemessen reagieren, Ninhursag ließ die Wörter im Raum nachhallen. „Was hat das zu bedeuten?"

11 **Der Zwischenruf**

Planet Nibiru, im 970sten Schar, 422.800 v. Chr.

Ninhursags Armband begann in kurzen Abständen zu vibrieren. Ninhursag tat, als würde sie das nicht bemerken, obwohl es die von Alexa eingeforderte Gesprächsunterbrechung war.

„Mir scheint, du wirst gesucht?“, wies Enki sie auf das vibrierende Armband hin, das langsam nun zusätzlich begann Lichtsignale abzugeben. Nur für den Fall, dass die Trägerin das Armband abgelegt hätte, was Alexa natürlich am fehlenden Herzrhythmus sofort gemerkt hätte. Aber Alexa hielt sich schlicht an die Vorgabe. Sie setzte alles daran, Ninhursags Aufmerksamkeit auf die Nachricht zu lenken.

„Du entschuldigst kurz?“

Ninhursag stand auf. Sie ging ein paar Schritte weg von Enki, sodass sie ihn aus unmittelbarer Hörweite wähnte. Dann nahm sie die Nachricht an. Sie tat, als würde sie eine bedeutsame Information erhalten. Dann kehrte sie zu Enki an das Tischchen zurück. Sie setzte sich wieder ihm gegenüber, die Toga wulstig über die verschränkten Knie geschlagen. Seinem fragenden Blick wich sie aus. Sie versuchte, den Anschein zu erwecken, als sei es ihr unangenehm, nach der Nachricht gefragt zu werden. In der Tat wäre es das auch gewesen. Enki hatte so viel Anstand, diese Zurückhaltung Ninhursags zu respektieren. Er insistierte nicht weiter.

„Wir haben nicht mehr viel Zeit“, nahm Ninhursag den Gesprächsfaden wieder auf, „ich muss gleich weg.“

Enki war überrascht. Dass Ninhursag bei so einem wichtigen Gespräch zugunsten eines anderen Umstandes drängte, mutete Enki eigenartig an. Das entsprach nicht seiner Schwester, die bislang nicht nur ausdrückliche Loyalität, sondern auch großes persönliches Engagement in die Agenden Nibirus eingebracht hatte. Ninhursag hingegen wollte genau das verhindern. Sie wollte Enki signalisieren, dass ihr Interesse an den Dingen rund um den siebten Planeten durchaus überschaubar war. Auf keinen

Fall wollte sie in Enki das Misstrauen wecken, sie würde sich gerade nach dem Gespräch umso mehr in die Angelegenheit vertiefen. Hierzu war ihr die Ablenkung mit der fingierten Nachricht mehr als passend erschienen. Es zerstreute die Bedeutung, nahm die Wichtigkeit heraus. Zugleich mahnte sie Enki, rasch auf den Punkt zu kommen, sofern er ihr überhaupt etwas mitteilen wollte und nicht nur versuchte, sie abzuwimmeln. Ninhursag nahm einen Schluck des bereitgestellten Getränkes. Dann richtete sie demonstrativ das Armband, das nunmehr nicht mehr vibrierte, sondern durch ihre durchgehende Signalfarbe hartnäckig an den Termin erinnerte, um Enki anzutreiben.

Enki schien ihren Plan nicht durchschaut zu haben. Er nestelte an seinen Unterarmen. Er rückte ganz an die Sesselkante vor, sodass sein Gesicht bis auf wenige Zentimeter an Ninhursags Gesicht heranreichte. Er konnte ihr Make-up ebenso riechen, wie den sanften, blumig leichten Duft ihres Parfüms, das sie aus ihren selbstgezüchteten Blumen rund um ihr Haus gewann. Ninhursag wich nicht zurück. Sie bot ihrem Bruder die Stirn. Er wusste, dass Ninhursag sich nicht von ihm einschüchtern lassen würde. Früher waren sie ein Herz und eine Seele gewesen. So hatten sie gemeinsam mit Enlil an der Etablierung des Rates der Ältesten gearbeitet. Doch seit Enki auf Beschluss des Rates ihre Genexperimente einstellen lassen musste, war ihr Verhältnis deutlich abgekühlt. Sie hatte ihre Antwort mit der genetischen Zucht ihrer Blumen gegeben. Aus denen gewann sie nun das einzigartige Parfum, das sie nicht zufällig aufgelegt hatte. Er wusste von diesen kleinen Genexperimenten, aber er hatte es nicht gewagt, ihr das zu verbieten. Er gab vor, nichts von den Experimenten mitzubekommen, wiewohl beide wussten, dass das nicht stimmte. Vermutlich wussten dies auch einige Ratsmitglieder, wagten aber ebenso nicht, sich einzumischen. Vielleicht hatten die Ratsbrüder schlicht Verständnis für das ohnedies schon angespannte Bruder-Schwester-Verhältnis.

12 **Die Falle**

Planet Nibiru im 615sten Schar , 1.7 Mio Jahre v. Chr.

Die Sandgleiter hoben sich mit dem typisch leisen Surren der Gravitationsgeneratoren. Enki hatte Anweisung gegeben, jeden Sandrover mit zwei Mann zu besetzen. Die restlichen Rover verblieben in der Garage des Bunkers. So konnte der Fahrer des Gleiters am Fahrzeug bleiben und der Begleiter, für den Fall, dass die Angriffsdrohnen unerwartet zurückkehren würden, rasch von Bord gehen. Enki hatte aufgetragen, die Schäden der Plasmaströme zu begutachten sowie die beiden verlorenen Gleiter in Augenschein zu nehmen. Vielleicht konnten zumindest Teile davon noch funktionstüchtig sein und als Ersatzteile fungieren. Für die Fahrer, das war allen klar, kam jede Hilfe zu spät. Aber es galt auch ihre sterblichen Überreste zu bergen. Sie sollten, wie alle Mitglieder Enkis Stammes, in Frequenzkammern aufbewahrt werden.

Mit einem lauten Knarzen zogen die Ketten das schwere Tor zur Bunkergarage auf. Sand quoll als erstes unter dem sich hebenden Tor herein, ehe das Licht der tief stehenden Sonne die Sandwolken durchdrang. Mit einem Schlag erlosch die Bunkerbeleuchtung. Die Scheinwerfer an den Sandrovern übernahmen die Beleuchtung. Die ersten Sandrover surrten aus der Parkbucht, durchdrangen den aufgewirbelten Staub und Sand mit ihrem Scheinwerferkegel. Kaum 250 Meter vor der Parkbucht war während der Schlacht ein unförmiger Felsblock in die Zu- und Abwege des Bunkers gerollt. Die Sandrover umkreisten gerade das Gestein, da geschah Unerwartetes. Auch Enki, der als Letzter mit seinem Sandrover die Parkbucht verlassen hatte, verstand für einen kurzen Augenblick nicht, was vor sich ging: Der Felsen spaltete sich quer durch, die obere Hälfte sprengte sich sprichwörtlich von der unteren ab und enthüllte sein tödliches Geheimnis: Der Felsen war künstlich, geschaffen, um den Feind zu täuschen, eine Art modernes trojanisches Pferd. Die obere Hälfte schleuderte weg. Zeitgleich begann die unter Hälfte aus metallenen Rohren ihr tödliches Gift zu versprühen. Das Plasma fingerte in die offene Parkbucht des Bunkers. Es geiferte nach den die Felsen noch umrundenden Sandrovern, spie wie eine wild gewordene Furie Tod und Destruktion um sich. Enkis Sandrover verlor das Gleichgewicht, kippte, vorne links getroffen, bedrohlich zur Seite und drohte Enki unter sich einzuklemmen.

„Der Bunker, die Parkbucht“, durchfuhr es Enki in dem Moment, als er realisierte, welch tückisches Spiel der Feind mit dem trojanischen Pferd begonnen hatte zu spielen. Enki brauchte sich nicht um die anderen Sandrover kümmern. Mit den ersten Salven hatten ihre Piloten den wahren Animus des Felsen durchschaut und suchten sich und ihre Gefährte in Sicherheit zu bringen. Enki rollte sich, kaum elegant, dafür aber effizient, aus seinem kopfüber in der Landebucht des Bunkers gestrauchelten Rover. Er duckte sich hinter eine der Greifzangen, die sonst die Sandrover in der Parkposition stabilisierten. Er wartete auf eine Gelegenheit, in der die Plasmazungen des Feindes eine andere Ecke des Bunkers befingerten, um dann hinter der Zange hervorzuspringen, um zur manuellen Ver- und Entriegelung des Bunkertores zu gelangen. Mit einem langen Sprung gelang es ihm, die analoge Schalteinheit an der linken Flanke der Tür zu erreichen. Hier ums Eck war er vor dem Plasmafingern in Sicherheit, unerreichbar, zumindest im Augenblick. Enki tastete mit der Rechten nach der Abdeckung der manuellen Steuerung. Er riss sie ab. Mit der Linken tastete er im Dunklen nach dem Impulsrad. Ras schob es entschlossen nach unten. Das Haupttor setzte sich ruckend in Bewegung. Die Sandrover draußen würden von nun an auf sich selbst gestellt sein. Inzwischen hatte auch das KI-System des Bunkers die Lage korrekt analysiert. Die Finger der Verteidigung fuhren aus. Sie ließen nun ihrerseits tödliches Plasma auf den vermeintlichen Felsen regnen.

13 **Geschwistergespräch**

Planet Nibiru, im 970sten Schar, 422.800 v. Chr.

„Wenn es uns nicht gelingt, mit all dem Gold, das wir aufbieten können, den drohenden Untergang unserer Atmosphäre zu verzögern, dann wird uns auch alles Gold des siebten Planeten nicht retten können.“ Enki sah Ninhursag durchdringend an. „Es kann sein, dass wir mit allen Stämmen Nibiru verlassen müssen, und zwar schon in relativ kurzer Zeit. Jedenfalls aber, wenn sich der Plan der Wissenschafter, unsere Atmosphäre künstlich zu schützen, nicht oder nicht schnell genug in die Praxis umsetzen lässt“.

Enki hielt inne. Er nahm sich erneut eine Erfrischung. Diese Geste gab ihm den Nimbus der Klarheit. Er schien symbolisieren zu wollen, dass der Rat der Ältesten alles bestens im Griff habe. Ninhursag verstand die Symbolik.

„Und wenn es nicht gelingt, soll der siebte Planet dieses Systems unsere neue Heimat werden?“ Sie erwiderte seinen Blick und setzte fort. „Und deshalb ist vor langer Zeit eine Expedition dorthin aufgebrochen?“

Enki wusste, wie rasch seine Schwester Zusammenhänge zu kombinieren verstand, war sie doch nicht umsonst eine der führenden Genwissenschaftlerin Nibirus geworden. Doch Ninhursags Erkenntnis war nicht die ganze Geschichte, und auch Ninhursag spürte, dass sich hinter Enkis Worten noch eine weitere Wahrheit verbarg.

„Sprich weiter“, forderte Sie Enki ungeniert auf.

„Du weißt ebenso gut wie ich, dass ich mir dies auch ohne unser Treffen zusammengereimt hätte.“

Enkis Schweigen signalisierte Zustimmung, sein Blick senkte sich auf die Schale mit Erfrischungen und blieb daran hängen. „Vor vielen, vielen Jahren, als Nibiru durch dieses System zog, kam es zu einer fatalen Kollision. Diese entriss Nibiru ein Stück seiner Flanke, ebenso wie es dem siebten Planeten dieses Systems einen Teil seiner Masse absprengte. In weiterer Folge, so vermutet unsere Wissenschaft, hat sich der Nibiru entrissene

Teil mit den Resten des siebenten Planeten verschmolzen. Wenn unsere Wissenschafter recht haben, hatte sich auf Nibiru bis zum Zusammenstoß bereits eine Flora und Fauna entwickelt. Es besteht die Möglichkeit, dass sich mit der Kollision die damalige Flora und Fauna Nibirus auf den siebten Planeten, dessen Begleiter oder einen der anderen Planeten dieses Systems übertragen haben. Nach unseren Daten könnte auch der siebte Planet dieses Systems Lebensbedingungen für unsere Flora und Fauna bieten."

Ninhursag konnte dunkel erahnen, was dies bedeuten mochte, wollte sich mit dem Gedanken jedoch nicht einlassen. „Habt ihr Hinweise, dass auf einem der Planeten eine ähnliche Entwicklung erfolgte wie auf Nibiru?"

„Wir wissen, dass der siebte Planet nur eine sehr dünne Atmosphäre entwickelte. Es scheint dort Wasser zu geben. Weitere Hinweise für das Bestehen einer Flora und Fauna in unserem Sinn konnten unsere Wissenschafter nicht feststellen. Eine Expedition dorthin, vor langer Zeit gestartet, lieferte keine eindeutigen Daten. Vielleicht erwies sich die Sendestation der Landeeinheit als fehlerhaft. Jedenfalls konnten wir nur bruchstückhaft Daten empfangen. Leider viel zu wenige, um uns daraus ein Bild zu machen. Tragischerweise glückte, vermutlich aufgrund der atmosphärischen Zusammensetzung, die Rückführung der Entsandten nicht. Die Kapsel explodierte beim Startversuch. Die Teilnehmer der Mission kehrten nie mehr nach Nibiru zurück. So steht die Geschichte in den Lehrbüchern."

„Und dennoch entschloss sich der Rat der Ältesten, eine weitere Mission ins Verderben zu schicken?"

Ninhursag konnte das nicht glauben.

„Nein, der Rat schickte keine weitere Mission", fiel ihr Enki ins Wort, da meldete sich Ninhursags Armband mit sanfter Vibration. Alexa: „Ninhursag, ich möchte dich an dein Treffen mit Enlil erinnern."

Ninhursag quittierte das Vibrieren des Armbandes mit einem leichten Druck auf dessen Display. Ninhursag schickte sich an, sich zu erheben.

„Weiß Enlil davon?“

Enki schüttelte den Kopf.

„Und die anderen Ältesten?“

Wieder schüttelte Enki den Kopf. Seine Augen baten Ninhursag um Verschwiegenheit.

„Ich kann es nicht versprechen, aber ich werde es versuchen“, antworte Ninhursag auf das Unausgesprochene. Im Gehen ließ sie die Finger ihrer linken Hand über Enkis Schulter gleiten. Sie wusste, dass er sich seine Entscheidung sicher nicht leicht gemacht hatte.

14 **Vor der Ankunft**

Weltall, im 970sten Schar, 422.800 v. Chr.

In der letzten Zeit hatte er viel an Menerta, seine Partnerin, gedacht. Sie wusste, dass er auf einer Mission war. Eine Mission, deren Bedeutung für sie, ihn und ihre gemeinsamen Nachkommen einzigartig war, weitaus größer als das Missionsziel. Die Durchführung der Mission bedeutete für Menerta und ihren Gatten die Chance, ihren eigenen Stamm ins Leben zu rufen. Das war der Preis, den ihm Enki versprochen hatte, ehe sich Adeptos bereit erklärt hatte, sich allein in dem Raumgefährt auf den Weg zu machen. Auf den Weg, jenem siebten Planeten entgegen, dessen blaue, kreisrunde Silhouette beinahe schon das Kapselfenster ausfüllte. Adeptos strich mit dem Zeigefinger über Menertas Standbild, eingefroren in den letzten Sekunden der für lange Zeit letzten Kommunikationsmöglichkeit mit ihr. Enki hatte unmissverständlich untersagt, dass Adeptos, egal, wem gegenüber, das Ziel oder die Inhalte seiner Mission nannte. Das war seine Bedingung gewesen. So konnte Adeptos auch das wunderschöne Bild diese siebten Planeten, das sich in seinem Kapselfenster bot, nicht mit Menerta teilen. Auf dem siebten Planeten zeichnete sich eine Atmosphäre ab, ähnlich wie auf Nibiru. Wolken schienen diese zu durchziehen. Sie gaben den Blick auf blaue und grünbraune Stellen darunter frei. Dann verhüllten sie den Ausblick wieder. Adeptos hatte von seiner Kapsel drei Drohnen voraus entsandt, um aktuelle Daten von dem siebten Planeten zu erheben. Daten, die Adeptos mit Freude erfüllten, denn sie schienen Enkis Vermutung zu bestätigen: Der siebte Planet besaß nicht nur eine Atmosphäre, durchaus mit der Nibirus vergleichbar, sondern auch die sonstigen Daten wie Temperatur, Zusammensetzung, Dichte etc. klangen in Adeptos Verständnis vielversprechend. Soweit die Berechnungen ergaben, sollte ein Umlauf des siebten Planeten rund ein zehntel Schar dauern. Dabei rotierte der Planet um die eigene Achse, sodass sich an jedem äquatorialen Punkt ein schneller Hell-

/Dunkelrythmus innerhalb einer Rotation ergab. Ein zwölftel hell war gefolgt von einem zwölftel Dunkel, was sich im Laufe eines Schars rund 3600 mal abspielte bzw. nach Umrundung des Zentralgestirns rund 360 mal bei einer Umkreisung. Diese Daten bestätigten die Messdaten und was in den Archiven der Ältesten über den siebten Planeten geschrieben stand. Enki war von einem, für seinesgleichen, ohne großen Aufwand bewohnbaren Planeten ausgegangen. Selbst über die Konsistenz der Oberfläche und zu einem Gutteil auch über die in seinem Inneren verborgenen Bodenschätze lagen in den Archiven der ältesten Daten als auch Schätzungen in Bezug auf die Menge und deren Vorkommen vor. Seine Mission war etwas anders gelagert. Natürlich sollten im Zuge seiner Mission so viele Daten wie möglich erhoben werden, um die vorliegenden Aufzeichnungen zu korrigieren oder zu bestätigen. Doch es gab in allen vorhandenen Dokumenten über den siebten Planeten mit keinem Wort einen Hinweis über dessen Flora und Fauna oder gar über dessen zwischenzeitliche Besiedlung durch eine Spezies ähnlich der Nibirianer. Aus den vorliegenden Daten hatten die Simulationen ergeben, dass angesichts der ähnlichen Ausgangslage wie auf Nibiru sich in den Millionen Jahren seit dem Zusammenstoß mit hoher Wahrscheinlichkeit eine umfangreiche Flora und Fauna entwickelt hatte. Zugrunde lag diesen Simulationen, dass die mit dem Zusammenstoß von Nibiru mit dem siebten Planeten eingebrachten Arten in irgendeiner Weise überlebt und sich in den Folgejahren entsprechend entwickelt hätten. Und genau das herauszufinden war Adeptos Mission.

15 **Nach Hause**

Planet Nibiru im 970sten Schar, 422.800 v. Chr.

Ninhursag startete ihren Townrover und steuerte ihn zurück in Richtung ihres Zuhauses. Von der Seite betrachtet sahen die Rover wie große ovale Eier aus. Mit den Frequenzlevitatoren schwebten sie je nach gewünschtem Fahrmodus wenige Zentimeter über dem Boden oder konnten sich wie Drohnen hoch in den Himmel erheben. Im städtischen Bereich wurden die kleinen Rover, auf denen der Fahrer hauptsächlich rittlings saß, zumeist im erdnahen Modus betrieben. Die semitransparenten Rover unter den Fahrern spiegelten dann die Fahrbahn wider und es schien, als würde der Fahrer schwerelos über der Fahrbahn dahingleiten. Speziell bei den kleinen Rovern hatte man den Eindruck, als umhülle flirrende Luft das Gefährt. In Wahrheit versetzten Frequenzlevitatoren das semitransparente Gefährt in derart feine, tragende Schwingungen, dass die Luft samt Fahrgast ebenso in kaum spürbare Vibrationen versetzt wurde, was diesen Anschein erweckte.

Enki sah ihr am Fenster aus dem Ratshaus so lange nach, bis er ihren Stadtrover zwischen den Behausungen und Gärten aus den Augen verlor. Ninhursag spürte seinen Blick in ihrem Rücken. Seit kleinauf hatten sie eine spezielle Verbindung gehabt und doch fühlte sie, dass ihm die Verantwortung als Ältester im Rat vor ihrem Vertrauen ging. Er war es gewesen, der sich, obwohl er wusste, von wie großer Bedeutung ihre Genforschungen für sie waren, nicht gegen den Beschluss stellte, diese einzustellen. Als Rache hatte sie zumindest mit niederen Lebensformen in ihrem Heimlabor weitergearbeitet. Das war ihr kleines Geheimnis, ihre Rache für den Verrat ihres Bruders. Der Stadtrover surrte durch die Behausungen, vorbei an kunstvoll arrangierten Gärten, prunkvollen Fassaden, von denen diese Allee ihren Namen erhalten hatte. Die meisten der Stammesältesten hatte hier ihr Zuhause in der Hauptstadt, fernab ihrer Stämme gefunden. Jene, welche nicht dauerhaft hier lebten, hatten zumindest ein

Zweitdomizil in dieser Allee mit einem oder zwei namhaften Stellvertretern eingerichtet. Es war ein kluger Schachzug Enkis, den Stammesältesten hier kostenlosen Grund und Boden bereitzustellen. Das einte die Stämme, die unmittelbare Nachbarschaft ließ den jeweils anderen Stamm und seine Gebräuche und Riten binnen kürzester Zeit verständlich erscheinen. Es hilft im Rat, die Position des jeweiligen Gegenüber zu verstehen, hatte Enki seinerzeit argumentiert, als er vorschlug, die Stämme zu einem Hauptsitz hier zu überreden. Er hatte Recht behalten. Während Ninhursags Forschungsarbeiten hatte ihr Enki ebenfalls eine Behausung in dieser Allee zur Verfügung gestellt. Jetzt stand sie leer. Die Vorgärten wucherten über die Begrenzung hinaus, üppige Schlingpflanzen hatten sich bis zur Hälfte an der Fassade empor gehangelt. Jedes Mal, wenn sie diesen Ort passierte, erinnerte sie sich mit Wehmut an jene Zeit. Doch sie hatte seither nie wieder dort angehalten, geschweige denn die Tore geöffnet oder einen Schritt hinein gewagt. Auch jetzt surrte sie mit dem Stadtrover ohne zu verlangsamen daran vorbei.

16 **Im Orbit**

Weltall im 970sten Schar, 422.800 v. Chr.

Die Raumfähre folgte unbeirrbar ihrem programmierten Kurs. Natürlich entsprach Adeptos Raumfähre nicht jenen mit der jüngsten, höchst möglichen Technisierung. Enki hatte keine Möglichkeit gesehen, eine der jüngsten Entwicklungen quasi unbemerkt am Rat der Ältesten vorbei auszuborgen. Aber das, was Enki gefunden hatte, war ein für interstellare Missionen entworfene Frachtfähre. Die Raumfähre bot eigentlich Platz für eine Mannschaft oder besser einer Besatzung von zehn Nibiruanern samt der dazugehörigen Annehmlichkeiten für längere Flüge. Der Laderaum war standardmäßig mit einer Vielzahl von Land- und Lufterkundungsgefährten sowie AI Bots bestückt, die in Erwartung neuer Entdeckungen programmiert worden waren, vielfältige Untersuchungen und Messungen durchzuführen. Die Raumfähre entstammte dem Explorer-Programm. Kaum hatte sich die Zusammenarbeit im Ältestenrat so gefestigt, dass man zumindest die vordringlichsten Probleme auf Nibiru im Griff hatte, hatten Enki und Enlil es für weise empfunden, dem Ältestenrat ein gemeinsames Vorhaben, ein gemeinsames Ziel zu setzen. Dieses gemeinsame Ziel sollte das Explorer-Programm sein. Doch nach anfänglicher Begeisterung und mit Euphorie ausgesandten Expeditionen stellte sich bald Ernüchterung ein. Die Stammesältesten realisierten, dass das Explorer-Programm Unmengen an Ressourcen verschlang, ohne jedoch greifbarem Erfolg zu bringen. Offenbar war in den Herzen der Ältesten die Gier nach Gold wieder entfacht und sie zeigten sich umso enttäuschter, als sie, statt Gold aus dem Programm zu ernten, wertvolles Gold in das Programm zu dessen Finanzierung investieren mussten. Das tat ihrer Begeisterung – vornehm formuliert – rasch einen Abbruch. Für bloße wissenschaftliche Erkenntnisse war den Stammesältesten das über Generationen hinweg aufgebrachte Gold zu schade. So begann das Explorer-Programm zu schwächeln, manch neuere Raumtransporter schaffte es schlussendlich nicht einmal mehr zum ersten Start, sondern wurde eingemottet. Die neuen Technologien wurden in den Labors der jeweiligen Stämme weiterentwickelt und so knausrig die Ältesten bei dem Explorer-Projekt waren, so freigiebig zeigten sie sich beim Einsatz ihrer Mittel für wahrlich prachtvolle, hypermoderne Raumfähren für ihre Stämme.

Vor seiner Landung sollte Adeptos einige Umrundungen des siebten Planeten machen. Diese dienten der Kartographierung speziell jener Planetenteile, die sich in den Archiven als blinde Flecken auswiesen. Die Automatik der Navigation steuerte Adeptos Raumfähre am Begleiter des siebten Planeten vorbei. Ein Begleiter aus totem Stein, übersäht mit tausenden größeren und kleineren Kratern, entstanden durch einen steten Regen durch das Weltall treibender Gesteinsbrocken, deren Weg er kreuzte.

17 **Die Zusammenkunft**

Planet Nibiru im 970sten Schar, 422.800 v. Chr.

Enki hatte den Tag der Zusammenkunft ganz bewusst gewählt. Am heutigen Tag der Union wurde das Ende der Goldkriege gefeiert. An diesem Tag vor vielen Jahren hatten die Stämme sich endlich zusammengefunden. Statt mit Waffen wurde von diesem Tag an mit Worten gefochten. Die Allee der Stämme war mit bunten Fahnen beflaggt. Jeder Stamm hatte vor seiner Dependance eine Art Marktstand eingerichtet und bot für alle Besucher der Parade kostenlose Erfrischungen und stammestypische Snacks an. Der Mittelstreifen der Allee war von tausenden Schaulustigen gesäumt, die gespannt dem Umzug entgegenfieberten. Jedes Jahr versuchten sich die Stämme mit ungewöhnlichen Fahrwerken ausgefallener als die anderen Stämme zu präsentieren. Ein harmloses Relikt aus der Zeit der Muskelspiele um die Vorherrschaft in den Goldminen.

Der Rat der Ältesten hatte sich auf Enkis Einladung hin im 238sten Stock des Ratshauses versammelt. Ungewöhnlich, wie die anderen Stammesältesten fanden, waren sie doch sonst an diesem Feiertag unter ihresgleichen. Sie führten mitunter den farbenprächtigen Umzugswagen ihres Stammes an oder luden zu üppigen Empfängen in ihre Dependancen. Enkis Einladung in das Ratshaus durchbrach diese Tradition zum ersten Mal seit Gründung der Union. Das hatte den Ratsmitgliedern zu denken gegeben. Sie wussten, dass Enki diesen Tag nicht zufällig gewählt hatte. So blieb ihnen kaum etwas anderes übrig, als ihre geplante Teilnahme an den Festtagsumzügen abzusagen, auf die Bankette zu verzichten und die Empfänge ihren Vertrauten zu überantworten. Alle 24 Ältesten folgten Enkis Einladung. Nur Merkur konnte nicht teilnehmen, weil seine Gesundheit es nicht erlaubte. Merkur lag im Sterben. Er hatte seinen ältesten Sohn entsandt.

Als alle eingetroffen waren, schloss Enki die Eingangstür. Er bat Alexa, die Fenster rundum im Sitzungssaal der Ältesten abzublenden. Lautlos veränderten die Fenster ihre Opazität. Sie nahmen die Farbe der Holzvertäfelung der Decke an. Enki nahm am spitzeren Ende des langgezogenen Ovals platz.

„Alexa?“,

„Ja Enki?“

„Bitte Ratsmodus“

„Dann bis später“.

Alexa deaktivierte ihr aktives Zuhören für die Dauer der Ratssitzung. Stattdessen aktivierte sie einen Bot, der die Sitzung protokollieren sollte. Auf dessen erfasste Daten wurde Alexa aber kein Zugriff gewährt. So war gewährleistet, dass die Besprechungen des Rats, die nicht für die Öffentlichkeit bestimmt waren, was entsprechend Ratsbeschluss nur für ganz besonders heikle Agenden galt, weder nach außen gestreamt wurden, noch das das Gesprochene Eingang in das abrufbare Wissen Alexas fand. In all den Jahren war es erst dreimal zur Nutzung des Ratsmodi gekommen. Entsprechend erstaunt zeigten sich die Ratsmitglieder. Einige waren kurz davor – das konnte Enki an ihrer Körpersprache ablesen – den Ratsmodus zu hinterfragen.

Enki deutete den Mitgliedern, sie mögen sich einen kurzen Moment gedulden. Er selbst erhob sich von seinem Platz, um die Sitzung wie jede andere Sitzung des Rates mit dem Gedenken an verlorene Ratsmitglieder zu beginnen. Man entsann sich für einen kurzen Moment der vielen Opfer, der lange zurückliegenden Goldkriege. Enki wünschte im Namen der anderen Ratsmitgliedern Merkurs Sohn beste Genesungswünsche für seinen Vater.

„Danke Enki, wir wissen eure aufrechten Wünsche zu schätzen. Wir danken Euch für euer Mitgefühl.“

Enki ließ das Projektionsgas sich aus der Decke senken.

18 **Die Wahrheit**

Planet Nibiru 970sten Schar, 422.800 v. Chr.

Auf dem Gasgemisch erschien das den Stammesältesten geläufige Bild Nibirus. Der Blick aus dem Weltall auf ihre Heimat. Eine silbern schimmernde Kugel, sich langsam um die eigene Achse drehend.

„So kennen wir Nibiru“, begleitete Enki das Bild, das kaum wahrnehmbar auf Nibiru zu zoomte. „Doch unser bewährtes Bild von Nibiru könnte schon bald der Vergangenheit angehören.“

Die virtuelle Kamera schien die Atmosphärenschicht rund um Nibiru zu durchbrechen. Von diesem Moment an unterscheid sich das Gesehene deutlich von dem Erwarteten. Statt der fruchtbaren Ebenen, der sanften Hügel, statt der glitzernden Wasserströme und erhabenen Gebirgszüge, präsentierte sich Niburus Oberfläche als trockene Sandwüste.

„Unsere Grafiker haben bildlich das vorweggenommen, was uns bei unserem letzten Zusammentreffen die Wissenschafter in wortreichen Ausführungen vor Augen geführt haben. Das Ende Nibirus, wie wir unseren Planeten kannten. Doch diese Animationen zeigen auch, wie sich Nibiru entwickeln wird, selbst wenn wir alles Gold Nibirus aufbringen können, um die Atmosphäre zu schützen, wie dies unsere Wissenschafter vorschlugen. Mit einem Wort, meine sehr verehrten Ältesten,“ Enki strich sich mit der Hand über den Hinterkopf, als würde er selbst das nun Auszusprechende nicht glauben können oder wahrhaben wollen. „Alles Gold Nibirus wird nicht reichen, um unsere Atmosphäre ausreichend verstärken zu können.“

Die Blicke der Ältesten hafteten unverrückbar an der Animation, die inzwischen auf Details an Nibirus Oberfläche hineingezoomt war. Sie zeigte verlassene, steppengleiche Felder, von Sand durchwehte, leere Städte und verfallene Siedlungen ganzer Stämme. Die Ohren der Ältesten vernahmen unterdessen das Unsägliche in Enkis Worten. Merkurs Sohn, entsprechend seiner

Jugend stürmisch, und Enlil wollten das Gehörte annähernd zeitgleich hinterfragen. Doch angesichts der Klarheit, der Bestimmtheit des Vorgebrachten schluckte er seine Frage hinunter. In manchen Situationen lässt sich Betroffenheit spüren. Sie manifestiert sich wie ein materielles Gebilde, kann von jedermann wahrgenommen werden. Genau so geschah es in diesem Augenblick im Saal des Ältestenrates: Das furchteinflößende Ende ihrer Art, ihres Zuhauses, ihres Planeten hatte Gestalt angenommen, erfüllte unsichtbar aber spür- und greifbar die Luft, schwebte über dem Tisch, waberte zwischen den Sesseln der einzelnen Ratsmitgliedern hindurch, verpestete alles.

19 **Die Landung**

siebter Planet im 970sten Schar, 422.800 v. Chr.

Alexa Go bereitete die Raumfähre mit Adeptos an Board für die Landung vor. Die kinektivity Sensoren hatten rund um den siebten Planeten bewegtes Leben geortet. Dies erleichterte es Alexa Go, den richtigen Landeplatz vorzuschlagen. Sie konnte einen Platz grundsätzlich ungeachtet dieser Erkenntnisse auswählen. Die bewegten Lebensformen schienen sich über den Großteil des Planeten ausgebreitet zu haben. Demgemäß orientierte sich Alexa Go, die Mobile und nicht mit Alexa auf Nibiru verbundene Assistentin Adeptos, an anderen Kriterien: Der Landeplatz sollte den Bedürfnissen Adeptos entgegenkommen. Also ein ideales Habitat bilden. Zugleich sollten die Entfernungen zu mehreren georteten Bodenschatzvorkommen in überschaubarer, in jeden Fall aber für Adeptos Drohnen leicht erreichbaren Distanz liegen. Zugleich, und das war ja ebenso Teil Adeptos Mission, sollte der Landeplatz es Adeptos ermöglichen, die Urheber der Kinektivity zu beobachten, ihren Entwicklungsstand zu erforschen. Alexa Go manövrierte die Fähre mit den Steuerdüsen in die ideale Eintrittsposition. Sie drosselte langsam die Geschwindigkeit, sodass die Fähre aus der geostationären Position in einen sanften Landeanflug übergehen konnte. Dabei war sanfter Landeanflug eine beschönigende Darstellung. Kaum hatte der Raumgleiter den Orbit verlassen, begann die Atmosphäre an der Fähre zu zerren, als wollte sie sie in Stücke reißen.

Adeptos zog seinen Gurt am Sessel straffer. Er verriegelte seinen Helm samt Visier mit seinem Raumanzug zu einer autarken, lebenserhaltenden Einheit. Alexa Go schaltete sämtliche für den Anflug nicht benötigten Instrumente ab. Sie änderte die Cockpitbeleuchtung in einen sanft rotorangen Ton, der nachweislich den Augen auch bei schwieriger, diffuser Beleuchtung mehr Kontrast bot. Adeptos‘ Anzug rastete in die Arretierungen in seiner Sitzlehne ein. Von nun an war sein Kopf unverrückbar in der Fähre fixiert. Der enge Helm ließ kaum eine Bewegung seines Kopfes zu. Schwenkte er den Blick so weit wie möglich nach oben, konnte er aus dem Fenster in den Weltraum blicken. Nach rechts und links begrenzte die Seitenwand des Helmvisiers den Blick. Geradeaus konnte er, genau wie vorgesehen, jene wenigen Instrumente kontrollieren, die Alexa Go für den Landeanflug benötigte. Diese hatte sie im Gegensatz zu den anderen Lichtquellen in der Fähre weder abgeschaltet noch gedimmt.

Adeptos ging die Werteskalen durch: Sinkgeschwindigkeit, Eintrittswinkel, Innendruck, Vibrationsgrad, Oberflächentemperatur – alle Werte pendelten sich im zulässigen Normbereich ein.

Wenn man in einer Blechdose sitzt, gegen deren Blechhülle von außen jemand mit einem Vorschlaghammer rhythmisch hämmert, so kann man nachfühlen und sich vorstellen, wie sich der Eintritt einer Raumfähre in eine Atmosphäre anfühlt. Die moderneren Raumgleiter hatten Stabilisatoren an Board, Gravitationsgeneratoren und vieles mehr von den neuen Errungenschaften. Adeptos' Raumfähre fehlten diese Exklusivitäten. Enki hatte ihn gewarnt, dass sich der Eintritt mit dieser Fähre anders als gewohnt anfühlen würde. Adeptos war ein erfahrener Raumrover-Pilot. Seine Ausbildung hatte aber zu einer Zeit begonnen, als Gravitationsgeneratoren und Stabilisatoren längst selbstverständlich waren. Er konnte mit Alexa Go den Eintritt auf seiner lange dauernden Reise zwar unzählige Male simulieren und üben, doch zwischen einer Übung, die man jederzeit abbrechen konnte, oder einer Simulation, deren auftretende Schwierigkeiten die Programmierung im Voraus plant, und dem tatsächlichen Eintrittsprozess gab es gravierende Unterschiede.

Adeptos' Fähre bebte, als wollte sie jeden Moment in seine Einzelteile zerbersten. Die holographischen Anzeigen flirrten. Im steten Rhythmus mit dem Aufschlag des Vorschlaghammers erloschen sie für den Bruchteil einer Sekunde, um sich im Anschluss erneut aufzubauen. Inzwischen war das Fenster über Adeptos' Helm nahezu gänzlich von Feuerzungen umhüllt. Die Außenhülle glühte aufgrund der starken Reibung mit der Atmosphäre. Die Außenkeramik der Kapsel war für Atmosphären mit einer Dichte von 0 bis 4 Bar ausgelegt. Die Drohnen der Fähre hatten für den siebten Planeten je nach Eintrittsort eine Dichte um ein Bar gemessen. Ein Wert, der den Keramikkacheln keine Schwierigkeiten bereiten sollte. Doch was, wenn die Atmosphäre aus welchen Grund auch immer Asymmetrien aufwies? Wenn sie stellenweise Werte weit über dem Gemessenen aufwies? Der einmal begonnene Eintrittsprozess konnte nicht mehr aufgehalten werden. Der Anflug dieses Modells einer veralteten Fähre bot nur diese eine Chance. Für einen Abbruch des Eintrittes, selbst für gravierende nachträgliche Korrekturen, etwa des Eintrittswinkels, reichte der maximal verfügbare Schub der Triebwerke nicht aus. Alexa Go hatte die Atmosphärendichte am Eintrittsort gemessen, die Instrumente kalibriert. Jetzt war es unumkehrbar. Ein Schnarren ging durch die Fähre, das sich zu einem schrillen Pfeifton aufschaukelte. Im Halbdunkel des Cockpits leuchtete die Anzeige für die Außenintegrität auf und begann mit dem schrillen Pfeifton mit einem gellenden Warnton um die Wette zu geifern. Adeptos suchte die Armaturentafel ab, bis sein Blick auf der manuellen Kommunikationsantenne hängen blieb. Verflucht. Als die Verbindung zu Nibiru aussetzte, hatte er in der Hoffnung, noch einige Zeit mit Menerta Kontakt halten zu können, die manuelle Antenne ausgefahren. Auf diese Antenne hatte Alexa Go keinen Zugriff. Sie konnte die Antennenstellung daher bei ihrem Eintrittsmanöver nicht erfassen.

Jetzt zerrte diese Antenne an der Fähre. Sie glomm hellrot. Ihre durch die Stellung hervorgerufene Unwucht drohte den Eintritt zu einem katastrophalen Ende zu führen. Adeptos entriegelte seinen rechten Arm vom Cockpitsitz. Er versuchte, die Armaturentafel zu erreichen. Bei dem Gezerre und Gerüttel keine leichte Aufgabe. Als Erstes deaktivierte er den Warnton. Das schrille Pfeifen, das die Antenne verursachte, war Warnton genug. Dann tastet er rechts unten außerhalb seines Blickfeldes nach den manuellen Schaltsystemen. Eins, zwei, drei vier, gesamt dreimal zählte Adeptos die Schalter, die seine rechte Hand fühlten, um sicher zu sein, dass er nicht das falsche System entkoppelte. Er legte den Schalter um. Adeptos vernahm ein lautes, knarzendes Geräusch. Ein Ruck ging durch die Raumfähre. Augenblicklich verstummte das schrille Pfeifen. Es war nur mehr das Brausen, Ächzen und Grollen des Eintrittvorganges zu hören. Die Antenne, und damit Adeptos private Verbindung zu Menerta, war abgesprengt. Alexa Go meldete sich: „Kurskorrektur, bei drei, zwo eins null".

Adeptos spürte durch eine Änderung der Vibrationen der Kapsel, dass Alexa Go die Positionstriebwerke gezündet hatte, um seine Fähre wieder auf Kurs zu bringen.

20 **Die Bunker**

Planet Nibiru im 615sten Schar, 1.7 Mio Jahre v. Chr.

Mit einen Mal kehrte absolute Stille im Bunker ein. Die Notbeleuchtung glomm in schimmerndem Grün. Die Abwehrflak hatten ihren Beschuss eingestellt. Es war auch kein Feindfeuer mehr zu vernehmen. Enki ärgerte sich über seine Einfalt. Mit einem einfachen Scan hätte er den Trick der Angreifer durchschauen können. Dann wäre die Bunkereinfahrt jetzt nicht beschädigt und die anderen Sandrover nicht ausgesperrt. Nach so vielen Kriegsjahren hätte er diese List durchschauen müssen. Er fuhr sich mit der rechten Hand durch die Haare. Die Finger fühlten etwas warmes, klebriges: Blut. Offenbar hatte er sich den Kopf aufgeschlagen. Er betastet vorsichtig die Wundränder. Nur ein Cut auf der oberen Schädeldecke. Entsprechend der vielen dort verlaufenden, empfindlichen Blutgefäße blutete die Wunde stark. Das Blut begann sich einen Weg über seine Stirn nach unten zu suchen. Enki riss ein Stoffstück aus seinem Oberhemd, wickelte es zu einer Rolle und presste es so fest wie möglich gegen die Wunde.

„Alexa, wie sieht es da draußen aus?"

„Keine weiteren Feindaktivitäten erkennbar."

„Und unsere Sandrover?"

„Von vier Sandrovern erhalte ich ein normales Signal. Rover fünf sendet unzusammenhängende Daten. Rover sechs sendet nicht."

„Danke, Alexa. Kannst du die Rover orten?"

Enki war unterwegs zum Medicent des Bunkers.

„Alle sechs Rover ortbar."

„Kannst du sie mir bitte zeigen?"

Alexa öffnete auf Enkis Armband eine Umgebungskarte des Bunkers, worin die sechs Rover als Markierung ersichtlich waren. Demnach standen zwei Rover fast unmittelbar vor der Bunkergarage, Rover drei und sechs. Rover eins, zwei und fünf hatten sich hinter die Hügel rund um den Bunker verschanzt, als sie die Finte mit dem Stein durchschauten. Rover vier war am weitesten entfernt. Er war auf halber Strecke zwischen dem Bunker und den Mineneingängen schutzsuchend in eine Sandgrube gefahren. Jetzt mühte sich der Rover, diese Grube wieder zu verlassen.

Mit lautem Knarzen hob sich das Bunkertor wieder nach oben. Langsam, scharrend und ruckelig rollte es sich wieder in den Rollokasten zurück. Durch den Staub von außen gliss das Tageslicht in die Bunkergarage und offenbarte den ganzen Schaden. Der einstmals glatte Bunkerboden war übersäht von tiefen Rissen. Noch glosende Buckel übersäten den Boden. Die Fahrzeuge und Gerätschaften waren im Plasmastrom zu breiigen Klumpen verschmolzen. Auch an der Bunkergaragenrückwand hatten die feurigen Finger ihre Spuren hinterlassen. Schwarze Rauchspuren zierten die Decke. Immer wieder hielt das Bunkertor inne, mühte sich sichtlich nach oben zu gleiten, um sich mit lautem Stöhnen und Rucken noch ein Stück weiter zu öffnen. Kurz bevor das Bunkertor ganz geöffnet gewesen wäre, hatte es sich festgebissen. Die Sicherung des Motors nahm ihn vom Netz, damit er nicht an seiner Anstrengung verglühte. Der Medicentraum im Bunker sah aus wie immer. Doch selbst hierher war über die Bunkerlüftung der stechende, kratzige Geruch verschmorten Metalls und Plastik gezogen.

„Alexa, bitte durchlüfte den Bunker."

Alexas Diode im Medicentraum erglomm. Statt einer Antwort begannen die Ventilatoren der Belüftung auf höchste Stufe hochzudrehen. Nach wenigen Augenblicken ergoss sich gekühlte Luft von Ausserhalb in die Bunkeranlage. Der beißende Geruch im Medicentraum durchsetzte sich mit frischer Luft. Enki betrachtete seinen Cut im Monitor, während surrend die Drohne hinter seinem Kopf an der Stelle verharrte. Das Bild der blutverklebten Wunde auf seinem Kopf erschien auf dem großen Medicent-Monitor. Enki versuchte mit seiner rechten Hand die Blutklumpen aus den Haaren zu lösen, was sich aber als schwierig herausstellte. Außerdem hatte er nun Wichtigeres zu tun. Den

Cut ließ er von der Medicentdrohne reinigen. Die Repairpaste verklebte die Wunde, dann wischte er die Drohne weg. Ein zusätzlicher Sprayer Desinfektionsmittel sollte ausreichend sein, um einer Infektion vorzubeugen.

Auf dem Weg zurück zur Bunkergarage versuchte er, über Alexa eine Verbindung zu den Sandrovern aufzunehmen. Rover vier hatte es aus dem Sandloch geschafft. Seine Besatzung war wohlauf, der Rover unbeschädigt. Er befand sich auf dem Weg zurück. Rover drei war manövrierunfähig. Seine Crew unverletzt. Rover sechs versuchte indessen, Rover drei anzuschieben. Eins, zwei und fünf hatten das Desaster in ihren Verstecken abgewartet. Sie befanden sich nunmehr ebenfalls auf dem Weg zurück zum Bunker. Enki schaltete sich ein.

„Rover vier bitte umkehren. Fahrt bitte raus zu den Mienen, Rover fünf wird euch unterstützen. Der Rest hilft bitte zuerst Rover sechs mit Rover drei und dann kümmern wir uns um den Bunker."

Enki trat vor die Bunkereinfahrt in den Sand hinaus. Mit den Schäden am Felsen, den die Verteidigung angerichtet hatte, sah das trojanische Pferd gar nicht mehr nach Felsen aus. Die Außenhülle war an mehreren Stellen geschmolzen und wie Wachs zu Boden getropft. Hinter der künstlichen Felsfassade blitzen nun die Bestandteile der Drohne auf. Jetzt war Enki auch klar, welcher Stamm hinter dem Angriff steckte: Niemand außer dem Stamm Merkurs nutzte üblicherweise diese gelbbraune Metallart.

21 **Antworten**

Planet Nibiru im 970sten Schar, 422.800 v. Chr.

Als Ninhursag auf ihr Zuhause zubog, stand Menerta bereits in der Einfahrt. Das Zufahrtstor öffnete und Ninhursags Townrover glitt hinein. Natürlich erkannte Ninhursag die Frage in Menertas Gesicht, beschloss aber, um weder sie noch Menerta in Verlegenheit zu bringen, Menertas Blick zu ignorieren. Auch Menerta wusste Ninhursags Blick zu deuten. Doch sie brachte ihrerseits Ninhursag nicht in Verlegenheit. Ninhursag parkte den Townrover und ging gefolgt von Menerta ins Haus.

Im Haus roch es nach Frische, ein sanfter Blumenduft durchzog die Räume. Alexa hatte Ninhursags Stimmung wahrgenommen. Mit aufmunternden Bildern und Wohlfühlmusik hatte sie ihr Zuhause entsprechend vorbereitet.

Ninhursag liebte den frischen Duft geschnittener Blumen. Ihr ganzer Garten war von üppigen Blumenbeeten durchzogen. Einige davon wuchsen nur in ihrem Garten, nirgendwo sonst auf Nibiru, hatte sie sie doch selbst geschaffen. Ninhursags Freundinnen hatten sie oft um diese Blumenzier beneidet. Ninhursag hätte ihnen auch Setzlinge angeboten, war sich aber unsicher, ob dies nicht gegen ihren Kodex verstoßen hätte. Als Genetikerin und damit Schafferin neuen Lebens unterlag ihr Beruf einem besonderen Ehrenkodex. Dieser sah auch strikte Regeln in Bezug auf die Verbreitung künstlich geschaffenen Lebens vor. Streng genommen waren diese Blumen auch Teil Ninhursags verbotenen Schaffungsprozesses. Sie zog es vor, das Risiko eines Regelverstoßes nicht zu wagen. Wer weiß, welch Unmut ihr aus dem Rat der Ältesten sonst entgegengebrandet wäre. Daher schwieg sie in der Öffentlichkeit über ihr Schaffen. Ihre stille Genugtuung bestand darin, alle ihre erschaffenen Formen fein säuberlich von Menerta dokumentieren zu lassen. Im Laufe der Zeit kam dabei ein umfassendes Kompendium, nicht nur über ihre Erschaffungen, zustande. Menerta hatte ihre Aufzeichnungen ausgeweitet und Zug um Zug die Lebenswelt Nibirus erfasst, dokumentiert und verewigt. Dafür hatte Menerta eigens die alte Schrift Nibirus erlernt. Eine Schrift aus jener Zeit, in der die Stämme noch unterschiedliche Schriften kannten. Das war vor der Zeit, als es mit Alexa einfacher wurde, alles jederzeit speichern und bei Bedarf an jedem Ort wieder aufrufen zu können. Ninhursag hatte das grobe Verzeichnis selbst auf Bögen eines sehr alten Kommunikationsmittels angefertigt. Menerta feilte an den Skizzen und Details. Das war zwar wesentlich aufwendiger, als Alexa etwas anzuvertrauen, es erforderte hinlänglich Geschick. Menerta war es auch, die sich als äußerst geschickt darin erwies, mit der Hand jene von Ninhursag beschriebenen Lebensformen in bunten Bildern abzuzeichnen. So hatte Menerta nicht nur die Fauna und Flora Nibirus, sondern über die Schars hinweg auch die heimliche Arbeit Ninhursags dokumentiert.

23 **Landung**

siebter Planet im 970sten Schar, 422.800 v. Chr.

Das Landemodul Adeptos koppelte sich bei rund 10.000 Metern aus. Adeptos' Kapseltriebwerke gaben Schub. Seine Fähre drang rot glühend immer tiefer in die Atmosphäre ein. Alexa Go zündete die Bremsraketen, ehe sich mit einem Ruck am Landemodul die riesigen Fallschirme entfalteten. Zusehends – mit jedem gefallenen Meter – verlangsamten die Schirme den Fall des Landerovers. Alexa begann in Hunderterschritten die verbliebene Fallhöhe rückwärts mitzuzählen. Durch die Bremsfallschirme hatte sich der Landerover gedreht. Das Fenster des Landerovers lag jetzt unten. Adeptos hing geradewegs darüber mit Blick nach unten, spürte die zunehmende Schwerkraft an den Halterungen seines Anzugs, wie sie an den Fixierungspunkten seines Stuhls zerrte. Er hing quasi vornüber mit freiem Blick auf die ihm rasend näher kommende Oberfläche des siebten Planeten. Jetzt konnte er schon gut verschiedene Wolkenstrukturen ausmachen, dazwischen die darunter liegenden verschiedenen Oberflächen. Laut Alexa Go bot der siebte Planet abwechselnd Meere und Landflächen. Die von Alexa Go ausgewählten Koordinaten für die Landung sahen eine scheinbar endlose, kaum überblickbare Ebene südlich des Äquators des siebten Planeten vor. Groß genug, um selbst stärkere Abweichungen im Landeanflug zu tolerieren. Die geplante Landeposition befand sich im Dreieck zu einer Sumpflandschaft im Osten, einem Meer im Norden und den vermuteten Bodenschätzen im Westen. Dort durchzog ein großer Strom die Ebene. Wolkenfetzen stromerten am Fenster vorbei. Dazwischen gaben sie immer wieder den Blick auf den siebten Planeten frei.

Das Zittern und Zerren des Landerovers hatte nachgelassen. Der Fall war in ein Gleiten, ein Schweben übergegangen, das Adeptos sichtlich genoss. Seine Augen musterten das Land unter ihm. Es fühlte sich vertraut an, es kam ihm vor, als würde er auf Nibiru zusteuern. Das lenkte seine Gedanken an Menerta, die er auf Nibiru im Ungewissen zurückgelassen hatte.

8000, 7900, 7800, 7700 Alexa Gos Zählen brachte Adeptos‘ Gedanken wieder auf das Hier und Jetzt zurück. Er checkte die Systemangaben. Eine reine Gewohnheit, denn wäre eine der Anzeigen nicht im grünen Bereich gewesen, hätte Alexa Go längst Alarm geschlagen oder Maßnahmen ergriffen.

6400, 6300, 6200; ein Teil der Landschaft unter Adeptos‘ Landerover lag im Dunkel, Adeptos konnte die Licht-Schattengrenze unter ihm wandern sehen. Von Ost nach West, Sonnenaufgang, wenn Alexa Gos Berechnungen stimmten;

5200, 5100, 5000; mittlerweile füllte die grüne Landezone fast das gesamte Cockpitfenster aus. Adeptos konnte kahlere und üppigere Stellen unterscheiden.

4300, 4200, 4100; einzelne Baumgruppen unterbrachen die Ebene. Adeptos konnte den langen Schatten ausmachen, den sie im Morgenlicht nach westen, warfen.

2000, 1900, 1800, Alexa Go zündete zwei weitere Bremsfallschirme, wodurch sich die Bewegung des Landerovers auf die Oberfläche zu weiter verlangsamte. Adeptos erkannte nunmehr schon einzelne Büsche, die sich mit dunklerem Laub von den Grasflächen abhoben. Er meinte, das Wiegen der Gräser im Wind zu erkennen, als Alexa Go ihn ermahnte, sich zur Landung vorzubereiten. Adeptos schloss sein Visier. Er aktivierte das autarke System seines Anzuges. Alexa Go spiegelte die Instrumentenanzeigen nun auf die Innenseite seines Visiers. Die Automatik des Anzuges steigerte den Druck im Anzug, bis sich die Ärmel und Hosenbeine aufplusterten und Adeptos – ganz im Gegensatz zur gerade empfundenen Schwerkraft – das Gefühl der Schwerelosigkeit des Weltalls zurückbrachten. Ein Sicherheitsmechanismus, für den Fall, dass die Landung außer Kontrolle verlief.

500, 400, 300, 200; Alexa Go variierte die Schrittweite der Zählung auf Zehnereinheiten.

190, 180, 170; Alexa Go löschte die ohnehin schon düstere Kabinenbeleuchtung in der Anflugphase gänzlich. Sie zündete erneut die Steuerdüsen.

80,70, 60, 50; der Landerover schien nunmehr fast über der Oberfläche zu schweben.

10, 9, 8, 7; langsam, fast in Zeitlupe, senkte sich der Landerover die restlichen Meter, bis Adeptos den Widerstand spürte, mit dem die Federbeine den Landerover auf der Oberfläche des siebten Planeten in Empfang nahmen.

„Landerover aufgesetzt“, bestätigte Alexa Go den ersten kleinen Zwischenschritt der Mission.

24 **Der Ausstieg**
siebter Planet im 970sten Schar, 422.800 v. Chr.

Die LES (Low Energy Sensoren) zeigten keine Bioelektrizität in unmittelbarem Umfeld der Landefähre. Adeptos entschloss sich, angesichts der sämtlich grün leuchtenden Warnlampen, den Schritt nach außen zu wagen. Er löste die Sitzarretierungen und schwang sich mit der geübten Seitwärtsrolle in eine stehende Position. Dann befahl er Alexa Go, die Außentüren zu entriegeln. Mit drei knarzigen Schlägen entriegelten sich die Schließmechanismen. Adeptos zog die Tür zum ersten Vorraum auf und kletterte über die hohe Schwelle in den angrenzenden Raum. Hinter sich zog er die Luke wieder zu und hörte, wie der Riegel sie wieder verschloss. Ein zweites Mal zog Adeptos die nächste Tür auf, überstieg wieder die hohe Schwelle. Nun trennte ihn nur mehr die Tür der Außenhaut der Fähre von Draußen. Sorgfältig verschloss Adeptos auch die zweite Türe hinter sich, die wieder mit lautem Klacken des Riegels ins Schloss fiel. Ein letzter Check des Anzuges. Adeptos las die Anzeigen ab, der Anzug und der Helm waren dicht. Zur Not konnte ihm der Anzug für eine bestimmte Zeit den Schutz einer autarken Atmosphäre bieten. Sollte sich wider aller Messdaten die Atmosphäre des siebten Planeten als toxisch oder sonstwie unerwartet präsentieren, würde der Anzug ihn schützen, bis er zurück in der Fähre war.

Adeptos hielt kurz inne. Dann hob er den Riegel der letzten Tür zwischen sich und dem siebten Planeten an. Er drehte ihn dem Mechansimus folgend nach links auf, sodass die Tür langsam nach aussen aufschwang. Ein kaum wahrnehmbares Zischen bestätigte Adeptos den Druckausgleich zwischen dem Druck in der Fähre und der Atmosphäre am siebten Planeten. Nach der roten Landebeleuchtung blendete das durch die Luke gleißende Licht Adeptos. Es dauerte ein paar Augenblicke, bis Alexa Go das Helmvisier leicht getönt hatte und Adeptos' Augen sich an das grelle Licht gewöhnt hatten. Adeptos steckte seinen Kopf weiter durch die Tür und blickte sich um. Der Landeplatz der Fähre war umgeben von niederem, buschartigem Bewuchs. Unmittelbar unter der Fähre hatten die Landetriebwerke das Buschwerk und Gras versengt. Vereinzelt stiegen noch dünne Rauchfahnen auf.

Adeptos kletterte durch die Tür auf die kleine von Alexa Go vor der Tür ausgefahrene Plattform. Das Buschwerk reichte bis etwa zur halben Höhe der Plattform empor. Am äußeren Ende der Plattform führte eine Treppe hinunter auf den Boden des siebten Planeten. Adeptos richtete sich auf der Plattform auf und musterte die Umgebung. Eine sanfte Hügellandschaft, so weit das Auge reichte, unterbrochen von in Gruppen zusammenstehenden, etwas höheren Bäumen. Auf der einen Seite grenzten in der Ferne Berge die Ebene zum Horizont ab. Auf der anderen müsste laut Plan das große Wasser das Ende der Ebene bilden. Sehen konnte Adeptos dies jedoch nicht. Die Ebene schien sich endlos in die Ferne zu erstrecken. Langsam reduzierte Alexa Go die Tönung des Helmvisiers. Der Himmel gewann eine tiefblaue Farbe, durchzogen von einzelnen weiß bis grau schattierten Wölkchen. Adeptos hob den Arm, um mit der ausgestreckten Handfläche seine Augen zu beschatten. Selten zuvor hatte er einen so blauen Himmel und so klare Luft gesehen. Vielleicht ganz im Norden oder Süden Nibirus, jedoch sicher nicht in den besiedelten Gebieten Nibirus, wo er lebte.

Die in das Helmvisier projizierten Messwerte der Außenluft bestätigten immer noch die von den vorausgeeilten Drohnen ermittelten Werte. Ein letztes Mal versicherte sich Adeptos der Anzeigen. Dann nahm er die Arme hoch und entriegelte zu beiden Seiten des Helms die Arretierungen, die den Helm luftdicht mit dem Anzug verbanden. Es zischte kurz – Adeptos hob den Helm über seinen Kopf hinweg und nahm ihn seitlich unter den Arm.

Die Luft roch leicht süßlich. Er schmeckte Feuchtigkeit, frische und zugleich angenehme Wärme. Er holte tief Luft für seinen ersten Atemzug. Er spürte, wie die Luft in seine Lunge strömte. Sein Oberkörper blies sich förmlich auf. Er ließ die Luft wieder aus seinen Lungen und atmete ein zweites Mal tief ein. Er genoss die Luft des siebten Planeten.

25 **Tagebuch Adeptos: erste Erkundung,**
siebter Planet im 970sten Schar, 422.800 v. Chr.

Heute habe ich mich erstmals aus dem unmittelbaren Landebereich hinaus in der näheren Umgebung umgesehen. Die Bots haben mit der Rodungsarbeit rund um die Landefähre begonnen. Mein Rover verweigerte sich anfangs. Es kostete mich einige Versuche, die Frequenzlevitatoren auf die Gravitation des siebten Planeten einzustellen. Ein modernerer Rover mit Autokalibration wäre kein Nachteil gewesen. Egal, nach einigen Fehlversuchen klappt es jetzt und der Rover schwebt stabil knapp über dem Buschwerk der Oberfläche. Meine Erkundungsrouten dehnte ich spiralförmig mit wachsendem Radius aus. Nachdem Alexa Go auch in größerem Umkreis keine erfassbare Bioelektrizität registriert hat, gehe ich davon aus, dass die Ebene sicher ist. Mehrfach habe ich bei meinen Kreisen angehalten und Markierungen für die Außengrenzen der zu rodenden Fläche für die Bots gesetzt. Das Buschwerk und die wenigen innerhalb dieser Begrenzung befindlichen Bäume dürften für die Bots keine Herausforderung darstellen. Die Sonne am siebten Planeten steigt von Osten in den Himmel und bringt eine angenehme Wärme. Während die dunkle Phase frisch ist, wird es bis zum Höchststand der Sonne ähnlich warm wie auf Nibiru. Nach diesem Gesichtspunkt ist der Landeplatz mit dem hier herrschenden Klima offenbar gut gewählt. Der hell-dunkel-Wechsel am siebten Planeten vollzieht sich in unglaublicher Schnelligkeit. Kaum ist die Sonne im Osten aufgegangen, senkt sie sich gen Westen schon wieder. Die Vorausberechnung durch Alexa Go hat mich zwar auf diesen Umstand vorbereitet, doch in der Realität wird es sicher einige Zeit dauern, bis ich mit diesem Rhythmus klar komme.

Nachdem ich die Rodungsfläche für die Bots abgesteckt hatte, habe ich die kreisförmige Erkundung abgeschlossen. Im Winkel von 90 Grad zueinander habe ich mich dann, jeweils einer virtuellen Geraden folgend, weiter vom Landeplatz entfernt. Gegen

Norden geht die Ebene langsam in immer hügeligere Landschaft über. Nachdem Alexa Go dort eindeutig Bioelektrizität registriert hat, beschloss ich, meine Erkundung in diese Richtung abzubrechen, um kein unnötiges Risiko einzugehen. Gegen Süden hin bin ich nach etwa gleicher Distanz an das Ufer des dort kartografierten großen Wassers gelangt. Leider musste ich auch diese Erkundung abbrechen, denn die Sonne senkte sich schon, sodass ich das letzte Stück der Rückfahrt bereits im Dunkeln bewältigen musste.

26 **Der siebte Planet**

siebter Planet im 970sten Schar, 422.800 v. Chr.

Der siebte Planet war famos. Adeptos hatte inzwischen nicht nur die umliegende Landeumgebung erkundet, er hatte den Sandrover startklar gemacht. Er war im Umkreis von mehreren hundert Kilometern um den Landeplatz ausgeschwärmt. Phase 1, wie es in seiner Missionsbeschreibung genannt wurde. Darin war die Befestigung des Landeplatzes, Exitstart, weg vom siebten Planeten ebenso enthalten wie der Aufbau eines kleinen Camps mit den notwendigsten Teilabschnitten einer bewohnbaren, dauerhaften Behausung. Der siebte Planet wies eine etwas andere Zusammensetzung der Luft auf als Nibiru. Er enthielt weniger Sauerstoff, doch dies war kein Problem. Nach wenigen Monaten hatte sich Adeptos an die etwas dünnere Luft gewöhnt. Es war, als würde er in Nibiru auf dessen hohen Bergen verweilen. Nach der kurzen Gewöhnungszeit funktionierten seine Lungen wie gewohnt. Die anfängliche Mattheit, Abgeschlagenheit, war kaum mehr wahrnehmbar. Das tägliche Entdecken auf seinen Touren rund um den Landeplatz, seine Neugierde, verdrängte dieses Gefühl. Er verdrängte, so ungern er dies eingestand, selbst seine Gedanken an Menerta. So beeindruckend präsentierte sich der siebte Planet.

Noch sammelte Adeptos seine Eindrücke, arbeitete mit Alexa Go das vorgegebene Protokoll durch. Er ergänzte Zahlenreihen, vervollständigte Wertetabellen, sammelte, maß und testete, um sich in seinem ersten Bericht der Mission würdig zu erweisen. Wie gerne hätte er in dem Bericht seiner Begeisterung über die ersten Eindrücke Raum gegeben, von seinen Ausfahrten erzählt. Doch er hielt sich strikt an das Protokoll. Er widerstand auch der Versuchung, beim Punkt seiner persönlichen Eindrücke ins Schwärmen zu geraten. Er wollte schließlich auch keine Hoffnung schuren, die sich in weiterer Folge, vielleicht bei längeren Entdeckungsfahrten, als unberechtigt erwiesen. Diesem Schwärmen gab er allein in seinem persönlichen Tagebuch nach.

27 **Tagebuch Adeptos: Eindrücke**
siebter Planet im 970sten Schar, 422.800 v. Chr.

Wie kann ich die Reize dieses Planeten in Worte fassen, wie seine Vielfältigkeit erfassen?

Heute bin ich mit drei Bots im Gepäck in den Süden gefahren und ein Stückchen dem Ufer des großen Wasser entlang, bis ich eine geeignete Stelle für das Wassern der Bots gefunden hatte. Das Ufer wechselt seine Beschaffenheit in kurzen Abständen. Dort, wo ich, von der Landefähre kommend, direkt an das große Wasser gelangte, brechen Felsen das in Wellen anlaufende Wasser. Es ist kaum möglich, dort an das Wasser zu gelangen, außer man überklettert die Steine. Um kein Risiko einzugehen, sah ich davon ab und folgte der Wasserlinie so nahe wie möglich. Wenig weiter entlang Osten steigt die Uferböschung und das nackte Gestein weicht einem in einen Wald übergehenden Buschland. Folgt man der imaginären Uferlinie entlang dem Waldrand, wird man zuerst immer weiter ins Hinterland abgetrieben, ehe sich der Wald nach einiger Zeit lichtet und das niedere Buschwerk wieder eine Fahrlinie knapp entlang des Ufers ermöglicht. Hier geht die Uferböschung nach anfangs kleinen Kieseln in rotgelben Sand über und ich konnte mit dem Rover bis unmittelbar an das Wasser heranfahren. Hier setzte ich einen Markierungspunkt und ließ die drei mitgebrachten Bots zu Wasser. Erste Analysen bestätigten auch hier die Diagnose von Alexa, nach der es sich um Salzwasser handelt, das den siebten Planeten zu einem Großteil bedeckt. Ich bin schon gespannt, welche biologische Analyse die Bots übermitteln werden. Nachdem ich die Bots zu Wasser gebracht hatte, gönnte ich mir eine Pause an diesem Strand. Ich beobachtete das Wellenspiel und konnte den einen oder anderen Vogel über dem Wasser erspähen. Zur Sicherheit aktivierte ich an Alexa Go den Bioelektroscan, um nicht überrascht zu werden. Tatsächlich erfasste Alexa Go neben den Vögeln eine Vielzahl an kleinen Impulsen. Das Buschwerk und der nahe Wald beherbergen eine Vielzahl von verschiedenen Lebewesen auf bioelektrischer Basis. Die Impulse wiesen aufgrund ihrer Stärke aber ausschließlich auf kleine Lebewesen hin.

Fast der gesamte Planet ist von tiefdunklem Wasser bedeckt. Die riesigen Wasserflächen, deren Oberfläche von Wind und Sturm zu turmhohen Wellen aufgepeitscht werden kann oder je nach Windstärke einem riesigem Spiegel gleicht, wird durchbrochen von gewaltigen, teils schroffen Landmassen. Einzelne Inseln durchsetzen diese Meere. Die Landmassen brechen entweder mit kantigen Klippen die Wogen des Wassers oder bieten in sanft ansteigendem Sand, Kies oder Steinen der wogenden Gischt einen sanften oder tosenden Einhalt.

Die Landmassen selbst sind durchaus vergleichbar mit Nibirus Landschaften: weite Ebenen, karstige Berge, sanfte Hügel, tiefe Schluchten, unwirtliche Eiswüsten und nach Wasser lechzende Dürrezonen. Es gibt wohl kaum eine Variante, die sich auf dem siebten Planeten nicht finden lässt. Je nach Lage der Erdmassen variiert auch das jeweils vorherrschende Klima: Es gibt sehr heiße Gegenden nahe der Äquatorialpunkte und Zonen, deren Temperatur weit unter dem Gefrierpunkt liegen. Diese sind von dicken Eispanzern umgeben. Feucht warme Dschungelwälder grenzen an ebenso feuchte, morastige Ebenen. Trockene Steppe heizt die Luft auf und grenzt an fruchtbare Hochplateaus. Karges Ödland an steilen Berghängen mündet in unendlich fruchtbar scheinende Grünzonen zum Fuße der Berggipfel. Bäche und Flüsse, die aus den Gebirgen entspringen, mäandern durch die Landschaften, stürzen in tosenden Wasserfällen steile Klippen hinab oder schieben sich kaum wahrnehmbar durch flache Ebenen. Warmer Sonnenschein erwärmt die Luft, trocknet Nebel und Dunst und bringt andernorts tödliche Trockenheit und unbarmherzige Hitze. Lauer, frischer Wind umspielt die Flora während er andernorts mit unglaublicher Stärke Staub, Sand und Erde zu riesigen Wolken auftürmt.

28 Tagebuch Adeptos: Umland
siebter Planet im 970sten Schar, 422.800 v. Chr.

Heute war ich wieder am Rand des sehr großen Wassers. Laut unserer Kartographie wird die Landestelle im Norden und im Süden von riesigen Wasserflächen begrenzt. Demnach bin ich heute im Süden wieder zur Grenze der Landestelle gekommen. Das Wasser, vom Wind aufgepeitscht, ist in Form großer Wellen auf die sandigen Ufer zugelaufen und dort versiegt. Eine Welle folgte auf die andere, just so, wie wir es auch auf Nibiru kennen. Doch hatte dieser Anblick für mich etwas Frisches, Unberührtes. Das Wasser war klar, schillerte in Blau- und Türkistönen. Am Rande der sandigen Bucht donnerten die Wellen gegen das rötliche Gestein und zerstoben in tausende kleine Tropfen. So muss es auf Nibiru in den Anfängen gewesen sein, ehe wir jede Stelle Nibirus eroberten, besiedelten und kultivierten. Der helle Stern über dem siebten Planeten strahlt so unglaublich rein und klar, so als ob der siebte Planet keine Atmosphäre hätte. Die Luft ist klar. Es riecht nach verschiedensten Pflanzen und dem großen Wasser. Alexa Go hat eine Unzahl verschiedener Lebewesen im riesigen Wasser geortet. Ich habe erneut zwei Unterwasserdrohnen ausgesetzt, um nähere Informationen über das Leben im großen Wasser zu erhalten. Mir scheinen die Tiere hier allesamt eine große Ähnlichkeit mit unseren Tieren auf Nibiru zu haben. Zumindest die Landtiere zeigen kaum eine Scheu vor dem Sandrover oder mir. Auf dem Weg hierher in den Süden sind wir einer Vielzahl von Tierherden begegnet, die Alexa Go säuberlich dokumentiert hat. Bis wir nähere Informationen von den Unterwasserdrohnen erhalten, werde ich gemäß des Missionsprotokolls der Versuchung widerstehen, in das glitzernde Wasser einzutauchen, wenngleich es mir keine Gefahren zu beherbergen scheint. Ich bin dem Ufer wieder lange Zeit gefolgt. Das Ufer des Wassers wechselt in rascher Folge von sandigen, flach abfallenden Buchten zu schroffen, kahlen, unwirtlichen Felsen. Ebenso wechselhaft zeigt sich der Bewuchs an der Küs-

te. Während ich auf dem Weg an dieser Küste über lange Strecken durch stets gleichartigen Bewuchs fuhr, scheint sich am Rande des Wassers eine größere Vielfalt an Pflanzen angesiedelt zu haben. Flacher, grüner Bewuchs, beinahe moosartig, wird von einzelnen Büschen mit grünen Blättern und verschiedenfarbigen Blüten unterbrochen. Dazwischen reichen dunklen Wäldern, die kaum ein Durchkommen erlauben, bis an die Wasserlinie heran.

29 **Tagebuch Adeptos: an der Landefähre**
siebter Planet im 970sten Schar, 422.800 v. Chr.

Heute habe ich erstmals die ganze Zeit zwischen Sonnenuntergang und Sonnenaufgang außerhalb der Landefähre verbracht. Mithilfe einer wasserfesten Plane habe ich mir eine Art Unterstand auf der windgeschützten Seite der Fähre gebaut. Die Bots sind mit den Rodungen gut vorangekommen. Die Plane habe ich wie einen Zaun rund um meine Position beginnend und endend an den Triebwerken der Landefähre gespannt. Innerhalb dieses Bereiches habe ich einige leere Frachtcontainer und Botstransportkisten so aufgestapelt, dass ich mir zwischen den Kisten eine Art Bett einrichten konnte. Leider konnte ich aufgrund des ungewöhnlich raschen Tag- Nachtzyklus nicht schlafen. Die mitgebrachte Beleuchtung musste ich bald nach Einbruch der Dämmerung ausschalten. Offenbar fanden unzählige kleine Insekten das Licht anziehend und folgten ihrem Instinkt bis in dessen Schein. Manche davon versuchten mich zu stechen. Daraus schloss ich, dass es in den Wäldern und dem Buschwerk Tiere geben musste, die sich üblicherweise als Nahrungsquelle für diese Insekten anboten. Ich habe mir vorgenommen, in naher Zukunft mit einer empfindlicher kalibrierten Alexa Go den Wald nach diesen Tieren abzusuchen.

Mit Sonnenuntergang präsentierte sich mir mit Erlöschen der künstlichen Beleuchtung eine wahre Sternenpracht am Firmament. Leider konnte ich ohne Alexa Go, bedingt durch meine ungewöhnliche Ausgangsposition, keine mir bekannten Sternenbilder identifizieren. Ich kann mich nicht erinnern, auf Nibiru jemals so klare Sternenkonstellationen gesehen zu haben. Selbst in den atmosphär ausgedünnten Stellen weit im Norden Nibirus wirken unsere Sternbilder gegen dieses Firmament verwaschen. Vermutlich liegt das an der geringfügig anderen Zusammensetzung der Atmosphäre oder deren Dicke.

30 **Bunker**

Planet Nibiru im 615sten Schar, 1.7 Mio Jahre v. Chr.

Enki holte mit der Frequenzaxt weit aus. Er ließ sie mit rundem Schwung hart auf das verschmorte trojanische Pferd niedersausen. Die Frequenzklinge durchtrennte die Plastik- und Metallklumpen. Sie teilte gut das obere Drittel der Falle in zwei Hälften. Enki wartete einen Augenblick, bis sich das Plastik und Metall ausgekühlt hatte, ehe er mit der Hand in den Spalt griff. Mit einer raschen, kraftvollen Bewegung brach er Platinenteile, Prozessoren und andere Plastikteile heraus. Er steckte sie in den Sack in seiner anderen Hand. Dieser Vorgang wiederholte sich einige Male. Dazwischen schnitt er mit der Frequenzaxt noch tiefer in das trojanische Pferd des Gegners, bis sich der Sack mit allerlei Kleinteilen gut gefüllt hatte. Mit etwas Glück befand sich auf einem dieser Teile noch eine Seriennummer, die ein schlampiger Mitarbeiter in der Fertigung nicht ordentlich entfernt hatte. Mit etwas Glück konnte, aufgrund der Zusammensetzung des Plastiks oder eines der anderen Teile, die Herkunft der Teile bewiesen werden. Nicht, dass es eine technische Herausforderung wäre, die Zusammensetzung zu analysieren. Seit einiger Zeit mussten alle Hersteller ihre Produkte mit Seriennummern kennzeichnen. Es wurden Verzeichnisse geführt, die anhand der Materialzusammensetzungen Teile auf die Hersteller zurückführbar machten. Aber natürlich gab es schwarze Schafe, die neben der offiziellen Produktion noch eine Sondercharge produzierten. Zur Verschleierung der Herkunft mengten manche im letzten Produktionsabschnitt noch Füllstoffe bei, um den Materialmix zu verfremden. Auch hatten sich manche Hersteller – nicht zuletzt die Assemblatoren – darauf spezialisiert, ja brüsteten sich sogar damit, die Seriennummern aller Teile unwiederbringlich entfernen zu können. Dieses Angebot war per se legal. Es sollte den hohen technischen Standard der Fertigung oder der Assemblierung bezeugen. Doch der Handel beziehungsweise Verkauf solcher Teile unterlag strengsten Verboten. Eine Ironie, wie Enki fand, und ausserdem reichlich zahnlos, da kaum ein Stamm auf der Einhaltung dieses Verbotes, geschweige denn auf der Verfolgung derartiger Verstöße bestand. Wie auch, waren es doch in der Regel die Stämme, die sich diese Möglichkeiten zu Nutze machten, um unerkannt einen der anderen Stämme angreifen zu können.

Enki trat vom Gefährt zurück und gab es damit für den Abtransport frei. Sogleich packten einige Rover das verschmorte Teil. Enki blickte ihnen nach, wie die Rover das Fragment des Gefährts bis weit in die Ebene hinaus zogen. Dort stellten sie es gut sichtbar in deren Mitte – quasi wie ein mahnendes Symbol des misslungenen Angriffs – vor Enkis Minen auf. Wer auch immer der Urheber dieses Angriffes war, er sollte wissen, dass Enki nicht bereit war, dies zu ignorieren, auch wenn seine Antwort nicht, wie von seinen Gefährten gefordert, ein direkter Gegenschlag sein sollte. Enki dachte an seinen Sohn Marduk, der eben erst geboren worden war. Er stellte sich vor, wie es sich anfühlen müsste, diesen irgendwann einmal in einer ähnlichen Schlacht zu verlieren. Und er stellte sich vor, wie sich ein Kind fühlen musste, dessen Vater nie wieder zurückkehren würde und wie dessen Mutter nach begreiflichen Gründen suchen würde.

31 **Ninhursag zu Hause Ältestenrat**

Planet Nibiru im 970sten Schar, 422.800 v. Chr.

Menerta und Ninhursag belauerten sich auf eine freundschaftliche, durch viele Schar gemeinsam verbundene Art und Weise. Menerta wagte angesichts Ninhursags Schweigen nicht, sie in einen Gewissenskonflikt zu bringen. Sie wusste, sie spürte, dass Ninhursag seit ihrer Rückkehr vom Großen Rat mehr über Adeptos Mission wusste. Zugleich schien sie Ninhursags Kampf mit sich selbst zu spüren: Was durfte, sollte sie Menerta preisgeben? Wo lag die Grenze zwischen der ihr von ihrem Bruder abgebetenen Verschwiegenheit und Menertas Recht, dank langjähriger Gefährtenschaft doch mehr über Adeptos Schicksal zu erfahren? In gleicher Weise spürte Ninhursag, dass auch Menerta mehr über die Mission Adeptos wusste, als ihr Menerta anvertraut hatte. Vermutlich hatte Adeptos selbst, entgegen seines Eides und der Vertraulichkeit der Mission, seiner Liebe gegenüber einen Teil seiner Verschwiegenheit gebrochen. Vermutlich hatt er Menerta einige Eckdaten über seine Mission verraten.

Eine Pattsituation, der sowohl in Ninhursags als auch in Menertas Augen am besten durch gegenseitiges Schweigen zu entkommen war. Ohne bohrende Fragen an den jeweils anderen konnte diese Situation am ehesten ertragen werden.

Ninhursag wies Alexa an, die raumhohen Fenster im Wohnraum opak zu stellen und eine Waldstimmung zu generieren. Alexa quittierte die Aufforderung prompt. Die Fenster wandelten sich umgehend in milchig trübes Glas und stellten über die Scheiben verteilt ein zusammenhängendes Waldpanorama dar. Ninhursag füllte sich in ihr Glas von dem Likör ein, den ihr Enlil kürzlich als Präsent gebracht hatte. Sie überdachte die Situation. Menerta machte sich in der Gartenanlage zu schaffen, blickte nur kurz auf, als sich die Fenster verschleierten.

Wenn Enkis Ausführungen stimmten, dann stand Nibiru kurz vor dramatischen Veränderungen. Seltsamerweise fürchtete Ninhursag dabei weniger das absehbare Ende des Planeten bzw.

dessen Besiedelung als die einer Umsiedelung seiner Bewohner vorangehenden Schwierigkeiten. Ninhursag kannte die Möglichkeiten der Technik. Sie wusste, dass eine Umsiedelung zumindest für eine kleine Gruppe Nibirianer, so sich denn ein geeignetes Habitat finden ließ, rasch zu bewerkstelligen war. Dies aber nur, wenn es gelang, den Stämmen das Gefühl der Gleichberechtigung zu geben. Wenn es möglich war, die vorher nötigen Anstrengungen und Opfer – dabei dachte sie primär an das Gold und die ewigen Kriege, die darum geführt worden waren – den Stämmen als unabwendbare Notwendigkeit darzustellen. Ninhursags Gedanken kreisten um die möglichen Reaktionen der Stämme. Dann fixierten sich ihre Gedanken auf einen ganz anderen, ihr wesentlich näher liegenden Aspekt: Wenn es irgendwo da draußen eine neue Welt gab, eine Welt, die groß genug war, um den Völkern als neue Heimat zu dienen, eine Welt, deren Umstände ein Leben in ihrem gewohnten Stil möglich erscheinen ließ, wer sollte dann diese Welt aufbauen? All die Städte, die Fertigungen? Die Stämme waren längst zu satt, um nicht zu sagen, zu faul geworden, sich solcher Dinge anzunehmen. Würde es gelingen, deren Eifer wie dereinst beim Aufbau Nibirus wieder zu entfachen? Ihre Genexperimente bzw. ihre Errungenschaften hierbei könnten plötzlich wieder sehr gefragt sein.

32 **Tagebuch Adeptos**: **Der Funkturm**
siebter Planet im 970sten Schar, 422.800 v. Chr.

Seit meiner Landung sind nach Alexa Gos Berechnung ein fünftel Schar vergangen. Tag und Nacht wechseln hier auf diesem Planeten extrem schnell. Wenn diese Berechnung stimmt, wechselte während dieser Zeit der Tages und Nachtrhythmus geschlagene 219.000 mal. Zur Zeit arbeite ich jeweils zehn Hell-Dunkelwechsel durch, um die nächsten zehn zu ruhen. Ich denke, das ist ein guter Wert gegenüber den Wechseln auf Nibiru. Wenngleich mir vorkommt, dass sich auch mein Körper langsam an einen anderen, mehr dem hier vorgegeben Rhythmus anpasst. Mir scheint, mein Stoffwechsel funktioniert hier wesentlich schneller als auf Nibiru. Aber soweit sich das jetzt sagen lässt, hat dies keine Auswirkung auf mein Befinden. Meine Aktivphasen werden kürzer und wiederholen sich dafür öfter, analog geht es mit meinen Ruhephasen. Alexa Go hat meinen Biorhythmus gecheckt. Ihre Messungen bestätigen die schnellere Taktung. Aktuell liegt mein Takt bei dem zweifachen des Wertes auf Nibiru. Wenn meine Überlegungen stimmen, läuft hier der Tages/Nachtrhythmus – und vermutlich alles daran gebundene – rund zehnmal mal schneller ab als auf Nibiru. Gesamt weist Alexa Go meine Vitalfunktionen als unbeeinträchtigt aus. Im Gegenteil. Etwas auf diesem Planeten scheint meiner Leistungsfähigkeit zuträglich zu sein. Vielleicht scheint dies auch nur im Vergleich mit meinem Aufenthalt im Weltraum so zu sein.

Teil eins des Protokolls ist fast fertig abgearbeitet. Nach unseren ersten Rodungen konnte die Raumfähre gestern unmittelbar neben meinem Landeplatz sanft aufsetzen. Die Drohnen haben zu Wasser und zu Land unendlich viele Lebensformen dokumentiert und analysiert. Es gibt ähnlich wie auf Nibiru zwei große Gruppen, die auf unterschiedlicher Systematik beruhen. Die einen, zumeist stationäre Lebewesen funktionieren auf Basis eines von Solarenergie gespeisten Stoffwechsels. Die zweite Gruppe zersetzt Nahrung und dieser Prozess setzt Energie für die Vitalfunktionen frei. Beide Lebensformen interagieren. In beiden gibt es eine unüberschaubare Vielfalt an Arten und Variationen.

Ein Großteil der bei den seinerzeitigen Erkundungen weiß verblieben Flecken konnte von den Drohnen inzwischen kartografiert und dokumentiert werden. Wie bereits bekannt, haben die Drohen an den Polen des Planeten jeweils dicke Eiskappen bestätigt. Diese Bereiche und einige äußerst trockene Gebiete auf den Landmassen weisen die geringste Dichte an Lebensformen auf. Zugleich ist an den vereisten Polkappen der Magnetmantel dieses Planeten derart gekrümmt, dass ich basierend auf den Berechnungen Alexas die Drohnen angewiesen habe, dort mit der Errichtung des Kommunikationsturms zu beginnen. Die dünne Dichte an Lebensformen scheint mir hierzu ebenso förderlich. Mein Landemodul wurde bereits kurz nach dem Auskühlen von einigen hiesigen Lebensformen begutachtet. Ohne Scheu sind diese schlussendlich so nahe an das Modul herangekommen, dass ich sich es auch für sinnvoll hielt, eine elektronische Barriere zu errichten.

Der Kommunikationsturm ist bis auf das Kalibrieren fertig. Um eine bestmögliche Verbindung zwischen meiner Landeeinheit und dem Kommunikationsturm herzustellen, musste ich eine der Drohnen auf halbem Weg zur Verstärkung des Bodensignals zwischenschalten. Die Atmosphäre dieses Planeten erwies sich als schwerer durchdringbar als vermutet. Ein weiteres Argument für die exponierte Lage der Kommunikationseinheit an der Polkappe. Die Atmosphäre ist dort nach Alexa Gos Berechnungen am dünnsten. Die benötigte Drohne zur Zwischenschaltung konnte ich entsprechend umfunktionieren. Ich positionierte sie auf einem Berggipfel, den ich bei einem meiner unzähligen Überflüge über die Landmassen entdeckte. Der Gipfel ist ähnlich hoch wie jene auf Nibiru, nur eben weniger hoch. Überhaupt ist, wie auf der nun vollständigen Kartographierung ersichtlich, der ganze Planet im Wasser und zu Lande von hohen Gesteinserhebungen durchzogen. Einige Formationen erinner-

ten mich an die Berge Nibirus, wieder andere deuteten durch ihre schroffe, kantige Form auf umfangreiche Vulkantätigkeiten hin.

Ich schätze, dass es noch einige Tage- und Nachtwechsel dauern wird, bis der Kommunikationsturm kalibriert ist. Bis dahin werde ich die Daten für die erste Übertragung noch einmal überprüfen und dann protokollgemäß vorab die wichtigsten Eckdaten übermitteln. Sobald ich mir über die signaltreue Verbindung mit Nibiru gewiss bin, werde ich mit der Übermittlung des restlichen Materials beginnen. Nach so langer Zeit freue ich mich schon auf Zuspruch von meinesgleichen.

33 **Tagebuch Adeptos: der Kommunikationsturm**

siebter Planet im 970sten Schar, 422.800 v. Chr.

Mein Rover zeigt eine Außentemperatur von weit unter dem Gefrierpunkt an. Alles rund um mich ist mit einer dicken Eisschicht überzogen. Gut, dass ich für die Fahrt zum Aufbaupunkt des Kommunikationsturmes den Raumanzug angelegt habe. Das Wetter ist klar. Die Sonne spiegelt sich zigfach in den blanken Eisflächen. Alexa Go hat die Halbkugel der Roverabdeckung zunehmend polarisiert und nun mit in einer reflektierenden Tönung eingefärbt. Dadurch blendet mich das Weiß nicht mehr ganz so. Vor mir kann ich die Spuren der vorausgeeilten Bots erkennen. Ich hoffe, sie sind mit dem Aufbau des Kommuniktionsturmes gut vorangekommen. Seit mich meine Route aus den Waldflächen nördlich des Landeplatzes geführt hat und der zuerst niedere, tundraähnliche Bewuchs in fast durchgehend eine Schnee- und Eislandschaft übergegangen ist, zeigen die bioelektrischen Sensoren von Alexa Go kaum mehr Ausschläge. Die weiten Eisflächen bieten offenbar kaum Raum für Lebewesen. Nach Angabe von Alexa Go befindet sich unter weiten Strecken des Eises kein fester Untergrund. Zumindest auf den letzten Abschnitten überquerte ich mit dem Rover dickes Eis, das das Meer der nördlichen Halbkugel bedeckt. Erst der letzte Abschnitt, unmittelbar um den festgelegten Aufstellort des Kommunikationsturmes, liegt wieder auf festem Untergrund. Der Hell- und Dunkel-Rhythmus in dieser Gegend des siebten Planeten scheint anderen Regeln als beim Landeplatz zu unterliegen. Die Sonne senkt sich zwar bis zum Horizont, geht aber nicht wie nahe des Landeplatzes unter, sondern beginnt knapp über dem Horizont wieder in den Himmel zu steigen. Ein überaus angenehmer Effekt, wodurch ich endlich in den Genuss längerer Hellphasen komme. Bislang haben die Bots keine Schwierigkeiten beim Aufstellen des Kommunikationsturmes gemeldet. Wenn alles wie geplant und berechnet funktioniert, kann ich bei meiner Ankunft am Kommunikationsturm diesen sogleich in

Betrieb nehmen. Je früher ich die Kommunikation startet, desto eher habe ich Gewissheit, ob die Verbindung mit Nibiru zustandekommt.

Die Landschaft so weit im Norden bietet ein wahres Kontrastprogramm zu dem Gebiet zwischen den zwei Flüssen. Laut der kartografischen Ergebnisse ist die Südspitze des siebten Planeten ähnlich wie die Nordseite. Wenn das stimmt, darf ich nicht vergessen, zumindest eine der beiden Pole Menerta zu zeigen. Vielleicht kann ich meine Rückfahrt zum Landeplatz für ein paar Zwischenstopps nutzen, um die Gegend zu dokumentieren. Das spiegelnde Eis und die riesigen Schneeflächen sehen schlicht atemberaubend aus. Wenn der Kommunikationskanal ausreichend stabil funktioniert und die für Enki wesentliche Daten gesandt sind, werde ich versuchen, einige der Eindrücke virtuell zu übermitteln. Ich nehme an, dass mit Bestand und stabiler Kommunikationsverbindung die Geheimhaltung der Mission obsolet wird. Vielleicht ist Enki bereit, diese Eindrücke Menerta in meinem Namen zu übermitteln.

Die Außentemperatur ist weiter gefallen. Trotz der intensiven Sonneneinstrahlung zeigt Alexa Go nunmehr den doppelten Wert unter dem Gefrierpunkt an. Der Wind hat etwas zugelegt. In der Ferne glaube ich bereits, die Umrisse des Kommunikationsturmes zu erkennen und die Bots, die diesen umkreisen. Ein Zoom mit Alexa Go hat meine Wahrnehmung bestätigt. In der Vergrößerung waren der Turm und die Bots deutlich zu erkennen. Demnach steht der Kommunikationsturm bereits und die Bots sind am Ausrichten der Antennen. Eine gute Nachricht, zumal die Heizung in meinem Rover einen Defekt zu haben scheint. Alexa Go meldet ein Problem mit der Energieversorgung des habitaren Systems meines Rovers. Für alle Fälle habe ich den Helm aufgesetzt und mit dem Anzug fest verbunden. Das Visier lasse ich offen, solange die Temperatur im Rover einigermaßen erträglich bleibt. An der Innenscheibe der Roverkuppel legt sich die Luftfeuchtigkeit in feinen Eiskristallen an. Mit dem Hand-

schuh kann ich darin ein kleines Fenster frei kratzen, sodass ich den Kommunikationsturm im Auge behalten kann. Gleichzeitig kann ich beobachten, wie die freigeschabte Stelle binnen weniger Augenblicke wieder von einer hauchfeinen Eisschicht verschlossen wird. Ich denke, wenn ich die Innentemperatur in meinem Anzug höher einstelle, kann ich mit der über das Visier entweichenden Luft für genug Wärme in der Kuppel sorgen, dass das kleine Sichtfenster offenbleibt. Abgesehen von diesem kleinen Handicap sehe ich der Errichtung und Inbetriebnahme des Kommunikationsturmes positiv entgegen.

34 **Allein im Ältestenrat**

Planet Nibiru im 970sten Schar, 422.800 v. Chr.

Selten hatte Enki auf ein Ereignis so hingefiebert wie auf den ersten Bericht, den er von Adeptos erwartete. Alexa hatte einen Countdown herabgezählt, aber Enki wies Alexa an, dies nicht mehr zu tun. Wann immer er in der letzten Zeit durch ihren auf Monitoren, Uhren oder sonst wo eingespiegelten Countdown angeregt an Adeptos Mission dachte, erfüllte ihn primär Unbehagen. Er war überzeugt, nein, er wusste, dass seine Entscheidung unabdinglich nötig und auch ungeachtet der zu erwartenden Ergebnisse richtig war. Hätte er den Rat eingebunden, hätte dieser schon viel früher von der ausweglosen Situation Nibirus erfahren. Eine unnötige Beunruhigung, weil sich dadurch an der Situation nichts mehr verändert hätte. Aber wie Enki die 24 Ratsherren einschätzte, hätten diese kaum die Verschwiegenheit gewahrt, sondern zumindest die Nachfolger ihrer Stämme informiert. Diese wiederum hätten vermutlich ihre Frauen und Kinder eingeweiht. Schon wäre die Situation eskaliert. Eine unüberschaubare Anzahl von Mitwissern brachte unüberschaubar viele Bruchstellen mit sich. Das konnte Enki nicht verantworten. Zusätzlich gab es noch einen Aspekt, den er sich gar nicht ausmalen mochte. Nämlich, wenn die Mission ein anderes Ergebnis erbrachte, als von Enki erhofft. Wer weiß, vielleicht waren die alten Aufzeichnungen mehr als unvollständig, vielleicht bargen sich in den Details Lücken, die den Planeten unbenutzbar für ihre Art machte? Vielleicht waren die alten Aufzeichnungen bewusst unvollständig gehalten, weil es zum Wohl der Nibirianer Dinge zu verbergen gab. Genau mit diesem letzteren Hintergrund spekulierte Enki. Er dachte weniger, dass es Gefahrenmomente sein könnten, die die alten Aufzählungen aussparten, sondern eher die Vorstellung, möglicher umfangreicher Goldvorkommen. Dies hätte seinerzeit zwischen den ohnedies rivalisierenden Stämmen noch mehr Gier entfacht. Das Blutvergießen wäre noch unerbittlicher erfolgt. Er war fest davon überzeugt, dass der Planet nicht nur ein bewohnbares Habitat bot, sondern auch, dass es mit dessen Goldvorräten gelingen konnte, Nibirus Atmosphäre zu stabilisieren. Das war die gute Nachricht, die er sich von Adeptos Erkenntnissen erhoffte. Doch er musste auch eine schlechte Nachricht Adeptos ins Kalkül ziehen. Ein abgestorbenes Habitat. Kaum nennenswerte Goldvorkommen oder gar eine sich entwickelt habende Lebensformen, die den Nibiruanern bestenfalls gleichgültig, schlimmstenfalls feindselig gesinnt waren und den Nibiruanern auch technisch die Stirn bieten mochten. Speziell aus beiden letzteren Gründen bevorzugte Enki den Weg der geheimen Mission. Er ersparte seinen Ratskollegen die Enttäuschung einer nicht möglichen Option und – soweit es um die feindliche Gesinnung einer anderen Lebensform ging – wollte er es sich vorbehalten, zuvor eine Abwägung zu treffen. Nibiru zu retten war natürlich die oberste Priorität, aber wenn diese Rettung nur nach langem Kampf mit unsicherem Ausgang für die Stämme der Nibirianer einhergehen konnte, dann mochte er dies vorab abwägen. Ein sinnloser Kampf, mit dem sich unsägliches Leid der Nibirianer über viele Schar hinzog, mit dem gewissen Ende, dass der Kampf verloren und Nibiru untergehen würde, das mochte er seiner Art ersparen. Und diese Abwägung, dessen war er sich sicher, mochte er unabhängig von den einheitlich kampfeslustigen Ältesten der Stämme treffen. Deren Situationseinschätzungen oder besser Überschätzung der eigenen Fähigkeiten füllten die Kriegslogbücher vieler Generationen zurück. Enki hatte ausführlich darin gelesen, wie sich Stämme auf Geheiß ihrer Ältesten aufrieben, auch wenn bereits zuvor die Niederlage als fix galt. Genau hiervor wollte er Nibiru bewahren. Wenn denn Nibiru zum Sterben verurteilt sein sollte, dann sollte es ein Sterben mit Würde sein. Auch wenn niemand anderer als das Universum selbst dieser nach dem Ende Nibirus gewahr werden sollte oder konnte.

Alexa signalisierte Enki, dass die ersehnte Kommunikationseinheit Verbindung aufnahm. Aus der Tiefe des Universums, über kaum vorstellbare Distanzen hinweg, war es dieses Wunderding der Technik, dass an Nibirus Pforte klopfte. Alexa synchronisierte mit der Kommunikationseinheit und informierte Enki, dass einer Übertragung von nun an nichts mehr im Wege stand. Auch Enki kannte das Protokoll, war er es doch gewesen, der viele Teile daraus entworfen hatte. Der entscheidendste Schritt war, ohne vorab zu viel zu verraten, die nötigsten Eckdaten über einen Erfolg oder Misserfolg der Mission zu übermitteln. Dabei galt es Missverständnisse, allenfalls Interpretationen, negative oder positive Auslegungen zuverlässig zu verhindern. Demgemäß legte das Protokoll als erstes fest, den Standort der Kommunikationseinheit zu verifizieren und diese Daten zugleich als Verschlüsselungscode für die weiteren, zu übermittelnden Daten zu verwenden. So gedachte Enki, sicherzustellen, dass die empfangenen Daten – und die ersten Übermittlungstranchen würden vorwiegend aus Datenmaterial bestehen – tatsächlich vom siebten Planeten kommend übermittelt wurden. So wollte er auch außenstehende Mithörer nachhaltig aussperren.

Er wies Alexa an, den Sitzungssaal des Rates der Ältesten von außen hermetisch abzuriegeln. Alexa verschloss die Zugänge, kappte die hausinterne Kommunikation, änderte die Fenster auf opake um allenfalls spähende Zuseher aus der Ferne auszuspielen. Dann machte sich Alexa an einen nieder- und hochfrequenten Scan des Sitzungssaales. Auch wenn Enkis Befürchtungen hier unbegründet schienen, mochte doch ein Stammesmitglied eines der Handkommunikationsgeräte hier liegen gelassen haben. Wer weiß. Absichtlich, was Enki keinem der Ratsmitglieder unterstellen mochte, oder schlicht unachtsam in deren Sitzungsunterlagen.

Alexa scannte die Frequenzen und gab grünes Licht. Nach Alexas Ermessen war die Übetragung in den Saal der Ältesten sicher. Sicher vor Zusehern, sicher vor Zuhörern und sicher vor Datenspionen, da die Übermittlung verschlüsselt erfolgen sollte.

Dennoch bestand Enki darauf, vorerst nur die Schlüsselsequenz zu übermitteln. Er wies Alexa an, nur das Handshake zu vollziehen und die Verschlüsselungs-Algorithmen, die ja den Standort der Kommunikationseinheit enthielten, in Empfang zu nehmen. Alexa tauchte in ein langes,, beklemmendes Schweigen ab.

Enki zupfte, wie immer, wenn er bis aufs Äußerste gespannt war, an seinem linken Ohr. Er ertrug das bange Warten kaum. Unsinnig, er wusste das, klopfte er auf Alexas Terminal, als ob er hören wollte, ob sie noch da drin steckte, ob sie noch online war oder ob er ihr sonst ein Lebenszeichen entlocken konnte. Enki hatte diese Angewohnheit, wie den Griff zum Ohr, aus der langen Zeit vor der perfekten Technik übernommen. Damals konnte es schon passieren, dass sich Alexa in den Untiefen eines Terminals verlor. Manchmal riss abrupt der Kontakt über das Handtool zu Alexa ab, weil sich irgendwo zwischen die elektronischen Bauteile dank eines Stoßes ein Haarriss eingeschlichen hatte. Weder damals noch heute konnte das Klopfen der Finger helfen. Seit die Platinen mit selbstheilenden Fähigkeiten ausgestattet wurden, hatten sich viele Fehlerquellen jedoch erledigt. Haarrisse wurden vom Material selbst ohne äußerliches Zutun gekittet. Wenn Alexa dennoch einmal versagte, so lag das nicht an einem Haarriss. Eine grobe mechanische Beanspruchung, die sich auch von außen meist gut erkennen ließ, konnte Alexa mundtot machen. Dann wechselte Alexa auf das nächstliegende Terminalgerät und umging so die Zerstörung. An der Gewohnheit des Klopfens freilich hielt Enki fest, weil es ihm in den vielen Schars lieb vertraut geworden war. Ein wenig hoffte er vermutlich, das sentimentale Klopfen würde Glück bringen, den Berichtes positiv beeinflussen.

Alexa erwachte wieder. Sie projizierte über den Tisch der Ältesten eine beschriftete Sternenkarte. Darin umgeben von weiteren Planeten, die Alexa im Raum schweben ließ, konnte Enki den siebten Planet ausmachen. Auf eben jenem Planeten, wenn Alexas Projektion seitenrichtig war, leuchtete auf dessem nördlichen Pol ein kleines Kreuz. Darüber erhob sich das holografische Symbol eines Kommunikationsturmes.

„Ja!“ Enki entfuhr ein lauter Schrei der Befreiung. Er schlug zugleich mit der Faust auf den Tisch. „Das ist es!“

Die Mission war an ihr Ziel gelangt. Er hätte vor Begeisterung durch den Raum laufen können, doch sein Körper blieb angespannt am Tischrand stehen. Er starte auf das rote Kreuz am siebten Planeten. Jetzt galt es, die Daten in Empfang zu nehmen.

Nicht weit von Enki entfernt, in Sichtweite aus den Fenstern des Saals der Ältesten, klappte Enlil in der Botschaft seines Stammes die stammeseigene Infotafel zu. Von den Getreuen in seinem Stamm war eine Nachricht an den Rat der Ältesten abgefangen worden. Und diese Nachricht kam von verdächtig weit her.

35 **Ninhursag trifft Enlil**

Planet Nibiru im 970sten Schar, 422.800 v. Chr.

„Enlil will sich mit dir treffen", unterbrach Menerta Ninhursags Gedankenspiele.

„Enlil?", wiederholte Ninhursag gedankenversonnen.

„Ja, er lässt fragen, ob ihr euch draußen am Rand der Stadt im Diner treffen könntet."

„Im Diner?"

„Ja, das hat er zumindest gesagt."

„Er hat dich selbst kontaktiert?"

„Ja, er hat quasi formal um ein Treffen gebeten."

Ninhursag schüttelte kaum merklich den Kopf. Das war nicht Enlils Art. Üblicherweise meldete er sich direkt bei ihr, zumindest hatte er das in der letzten Zeit eher öfter als selten getan. Enlil bemühte sich schließlich schon länger um Ninhursags Gunst. Dass er jetzt aber über Menerta ein Treffen arrangierte, musste einen anderen Hintergrund haben. Ninhursag schwankte. Sie schien unentschlossen. Andererseits war das von Enlil vorgeschlagene Diner sehr wohl Teil Enlils Avancen. Schließlich hatten sie sich dort mehrmals getroffen. Das Diner, hart am Stadtrand gelegen, bot zumindest die Spur von Privatsphäre. Laut Betreiber wurden die Gäste dort weder registriert oder gefilmt noch gewährt der Betreiber Alexa oder ihren mobilen Varianten Zugang. Dazu betreibt er einen aufwenigen Störsender, der jede Kommunikationsübertragung innerhalb des Diners unterband. Das Diner war so natürlich schnell auch dem Rat der Ältesten aufgefallen, um nicht zu sagen ein Dorn im Auge. Jeder konnte sich dort mit jedem treffen. Das Diner bot einen trefflichen Rahmen für dunkle Geschäfte jeder Art. Der Rat der Ältesten hatte auch mehrfach versucht, den Betreiber zu einer Aufgabe dieser Privatsphärenpolitik zu überreden. Nachdem das Diner die Störsender so eingerichtet hatte, dass damit auch auf dem Parkplatz rund um das Gebäuder die Kommunikation gestört worden war, ließ der Rat der Ältesten den Störsender untersagen. Zu Recht, wie sich herausstellen sollte. Zumindest für die Parkplatzfläche. Innerhalb des Diners durfte der Betreiber jedoch seinen Traum einer Gesellschaft ohne digitalen Assistenten, ohne Kommunikation verwirklichen. Der Betreiber konfigurierte seine Störsender so um, dass tatsächlich nur mehr die umschlossenen Räume von der Störung erfasst wurden. Auf den offenen Flächen rund um das Diner wurde der Störsender unterbunden. Wer nun denken könnte, dass sich das Diner, vermutlich nicht das einzige Lokal mit Störsender auf Nibiru, aber mit Sicherheit das einzige so nahe am Zentrum der Macht und des Rates der Ältesten zu einem Pfuhl für zwielichtige Gestalten entwickelte, der irrte gewaltig. Offenbar war es salonfähig geworden, Zeit außerhalb und ohne digitale Assistenten zu verbringen. So kam es, dass es besonders unter den Mitgliedern der Botschaften der Stämme als hip angesehen wurde, sich sozusagen privat im Diner zu treffen. Auch wenn sich hier und da ein zwielichtiger Kumpan unter die Gäste mischte, fiel er hier unter den ganzen Botschaftsmitarbeitern weitaus schneller auf als in irgendeiner sonstigen Lokalität.

„Hat er eine Zeit vorgeschlagen?"

„Es schien ihm dringend", erwiderte Menerta. „Ich denke, er ist bereits auf dem Weg dorthin."

„Ohne auf meine Antwort zu warten?", wunderte sich Ninhursag. Das mochte auch einiges über die Bedeutung dieses Treffens mitteilen. „Dringend, halb offiziell, weil über dich eingefädelt und doch vertraulich, darum die Wahl des Diners. Na dann sollten wir ihn mal nicht zu lange warten lassen. Ich werde gleich losfahren, aber antworte ihm nicht. Er rechnet nicht mit einer Antwort", wies Ninhursag Menerta an.

36 **Verbindungsaufbau.**

Planet Nibiru im 970sten Schar, 422.800 v. Chr.

Enki starrte gespant auf die holografische Projektion Alexas. Neben der Abbildung der verschiedenen Planeten rund um den siebten Planeten bauten sich mit rhythmischer Regelmäßigkeit grüne Blöcke auf. Sie reckten sich fast bis zum oberen Ende der Projektion, um im Anschluss ganz zu erlöschen und sich umgehend wieder aufzubauen. Enkis Augen glänzten, symbolisierten die sich aufbauenden und verlöschenden, grünen Balken doch das Eingehen der ersten Datenblöcke aus Adeptos Mission. Die Verbindung stand. Die Kommunikation war eingerichtet und offenbar hatte Adeptos auch planmäßig Daten gesammelt, die nun in Blöcken zu Gigabytes von Alexa Go aus Adeptos Mission von Alexa übernommen wurden.

Plötzlich gefror vor Enkis Augen der Aufbau der Datenblöcke. Der grüne Balken hielt auf halber Höhe inne. Alexa meldete sich, förmlich, sachlich und wie gewohnt ohne Emotion: „Jemand hat unser Kommunikationssignal übernommen."

Enki war sich sofort der Bedeutung dieser Worte gewahr: Jemand hatte seine Daten angezapft. Jemand hatte die Verbindung zwischen ihm und dem weit entfernten Kommunikationsturm erfasst.

„Alexa, bitte unterbrich die Datenübermittlung. Recherchiere, wer sich in unsere Verbindung eingelockt hat."

„Die Unterbrechung habe ich bereits veranlasst", bestätigte Alexa Enkis Befehl.

37 **Im Diner**

Planet Nibiru im 970sten Schar, 422.800 v. Chr.

Als Ninhursag mit ihrem Rover auf die Allee, an deren Ende das Diner lag, einbog, stand die Sonne schon tief über dem Horizont. Entlang der Allee illuminierten bereits einige Hologramme die darunter liegenden Verkaufsgeschäfte. Ninhursags Rover schwenkte in die Einfahrt des Diners.

Das Diner schien gut besucht. Unzählige große und kleine Rover parkten vor dem Lokal. Darunter auch einige Gruppenrover, schließlich war das Diner auch zu so etwas wie ein Sightseeing-Hotspot in Nibirus Hauptstadt geworden. Mehrere Agenturen hatten einen Besuch des „verruchten" Diners in ihre Tourenpläne zur Erkundung der Hauptstadt und des Sitzes des Rates der Ältesten aufgenommen. Ein weiterer Grund, warum das Diner längst nicht mit soviel Zwielicht aufwarten konnte, wie das manch Tourist sich vor dem Besuch ausmalte, wenngleich das Lokal in seinem Inneren zwei Gästebereiche streng voneinander trennte. Gruppen wurden ausschließlich im sogenannten Randbereich reserviert. Dort ermöglichte die Einstellung des Störsenders, zumindest Hologramme von sich und den anderen Besuchern zu machen, um sie später außerhalb des Diners auf die digitale Reise zu schicken. Nicht unschlau, trugen diese Hologramme von sich und anderen Besuchern in der unendlichen digitalen Welt ein Gros zur Werbung des Diners bei. Im Innenbereich des Gebäudes unterbanden die Störsender auch die Option, Hologramme aufzunehmen.

Ninhursag verließ ihren Rover. In diesem Augenblick flammte das große Hologramm über dem Dach des Diners auf. Das Flirren des Hologrammes erfüllte den Parkplatz mit einem leisen, hellen Pfeifton. Zugleich begann Alexa am Handgelenk von Ninhursag zu vibrieren, mit jedem Schritt stärker, bis Ninhursag den Eingang erreicht hatte und Alexa mit einem letzten Rüttler signalisierte, von nun an offline zu sein.

Im Diner war es angemessen düster. Ein Scanner am Eingang

buchte den Eintritt von den Konten der Gäste automatisch ab. Ein Bodyscanner checkte, ob jemand unerlaubte Mitbringsel, Waffen, Drogen oder gar Flüssigkeiten mit sich brachte. Dann öffnete sich die Pforte. Ninhursag befand sich im äußeren Bereich. Die Dunstnebel der Hologrammpfeifen vermengten sich im sanften Licht der Scheinwerferkegel. Auf der Bühne tanzte ein holografisches Quintett zu atmosphärischen Klängen. Die Tische, speziell im äußeren Bereich, waren eng gestellt, Sessel an Sessel, und der Platz dazwischen reichte kaum, um sich durchzuschlängeln. Wozu auch? Die Pauschalgäste hatten im Arrangement fixe Getränke inkludiert. Diese Art von Gast nutzte nur äußerst selten die Möglichkeit, an der Bar oder bei einem der Servierbots gegen happigen Preis mehr Getränke zu ordern. Kommen, trinken, Hologramm machen, wenn überhaupt umsehen und wieder raus. Damit war für die Pauschalgruppen das Diner ein weiterer Haken auf ihrer „Must have seen" Liste.

Ninhursag schlängelte sich an den Tischen vorbei, ignorierte die entweder bohrenden oder abwesend durch sie hindurch wabernden Blicke der Pauschalisten, bis sie am hinteren Ende des Saals angekommen war und von dessen Scanner erfasst wurde. Die Pforte zum inneren Kreis öffnete sich. Selbstredend wurde einige weitere Einheiten von ihrem Konto abgebucht. Hier im inneren Bereich fanden sich weitaus weniger Tische auf einer fast gleich großen Fläche. Die Luft war weitaus weniger von holografischem Wasserdampf durchzogen und ein Gutteil der Tische in der Raummitte war leer. Die Besucher zogen es vor, sich primär an den Randtischen zu treffen. Etwas abseits der Bühnenshow, die sich im Übrigen gegen weitere Units vom eigenen Konto zumindest für eine bestimmte Zeit nach den persönlichen Vorstellungen des Kunden gestalten ließ. Ninhursag hatte schon erlebt, dass ganze Abende bestimmten Themen gewidmet waren. Jeweils dann, wenn Konzerne neue Produkte zu launchen versuchten. Dies gelang am besten, wenn vorab die Mitarbeiter der Botschaften oder gar die Stammesältesten selbst von der Notwendigkeit, der Praktikabilität oder schlicht dem

Unterhaltungsgewinn der neuen Produkte überzeugt werden konnten.

Ninhursag hatte Enlil schon ausfindig gemacht. Er saß im hinteren Drittel. Nicht in den Suiten, jenem nochmals etwas privateren Teil, der seinem Treffen mitunter einen zweifelhaften Anstrich gegeben hätte. Enlil lächelte Ninhursag entgegen. Ninhursag erwiderte sein Lächeln. Sie mochte Enlil und beide hatten schon gemeinsam viele schöne Zeiten verbracht. Enlil war es auch gewesen, der zumindest Enkis Entscheidung über das Ende ihrer Genforschungen in Frage gestellt hatte. Aber Enlil hatte auch eine äußerst liebenswerte Art, der Ninhursag kaum widerstehen konnte. Das mochte sich Ninhursag nicht eingestehen, doch sie wusste, dass Enlil und sie irgendwann einmal zueinander finden würden.

„Setz dich doch." Enlil sprang auf, um Ninhursag den Stuhl zurechtzurücken.

„Danke." Ninhursag setze sich.

Enlil musterte ihr Gesicht, ohne ein weiteres Wort zu sagen.

„Was ist mit Enki?", beschloss Ninhursag, unmittelbar das anzusprechen, was sie sich zusammengereimt hatte.

„Das wollte ich dich fragen", erwiderte Enlil. „Wieso glaubst du überhaupt, dass unser Treffen etwas mit deinem Bruder zu tun haben sollte?"

„Weil ich dich lange genug kenne, um zu wissen, dass du dich nicht so mir nichts dir nichts aus heiterem Himmel bei mir meldest. Zumindest vereinbarst du sonst nicht über Menerta einen Termin und nimmst an, dass ich widerspruchslos deinem Vorschlag folge. Es sei denn …" Ninhursag hielt inne. „Es sei denn, es handelt sich um eine Stammesangelegenheit von ungemeiner Wichtigkeit, blaa bla bla."

Enlil schüttelte den Kopf, während der Bot eine Auswahl verschiedener Erfrischungen auf die Ablage am seitlichen Tischrand servierte. Ninhursag quittierte den Service. Sie gab dem Bot zu verstehen, dass dieses Treffen keine Störungen wünschte.

„Also ist es nicht so?", fragte Ninhursag mit aufforderndem

Blick.

Enlil schwieg. Er griff nach einer der Erfrischungen.

Ninhursag lehnte sich zurück. „Dachte ich es mir doch. Also was ist es?“

„Sag du es mir“, setzte Enlil fort. „Sag du mir, warum dein Bruder heute eine Nachricht von einem Kommunikationsturm aus über 4/ 5 Schar Entfernung erhalten hat.“

„Was ist daran so ungewöhnlich?“, spielte Ninhursag die Unwissende, wiewohl sie sehr wohl eins und eins zusammenzählen konnte.

„Das Ungewöhnliche, meine liebe Nina, ist, dass diese Nachricht sich nur kurz anmeldete. Die Nachricht ging direkt im Saal der Ältesten ein und das ebenso schnell, wie sie dort eingelockt wurde, jeder weitere Teil der Nachricht verschlüsselt einging. Und …“ Enlil setzte eine gedankliche Pause. „Dass die Nachricht laut offizieller Lesart eigentlich nie eingegangen ist.“

Ninhursag blickte Enlil an. Er erwiderte ihren Blick mit der stillen Aufforderung, ihm ihr Wissen zu offenbaren. Ninhursag überlegte.

38 **Mithörer**

Planet Nibiru im 970sten Schar, 422.800 v. Chr.

Alexa konnte den Urheber der Abhörattacke nicht ausfindig machen. Enki zürnte und zugleich evaluierte er die Wahrscheinlichkeiten. Für die Abhörattacke gab es mehrere Optionen. Es konnten die abtrünnigen Stämme im Osten Nibirus sein, aber genauso gut einer der rivalisierenden Stämme hier aus dem Ältestenrat.

„Alexa, entriegeln."

Sogleich schien die Sonne wieder durch die nun transparenten Fenster. Ihr Licht erhellte den Raum. Die Türen gaben mit einem deutlichen Klicken die Verriegelung auf und selbstverständlich hatte Alexa daran gedacht, rechtzeitig das Hologramm zu beenden.

Fast im gleichen Augenblick, wie sich für Enki eine erfolgreiche Mission abzeichnete, schien diese Mission trotz des guten Starts auch reichlich Ärger der besonderen Art mit sich zu bringen. Es stellte sich die Frage, wie viel Informationen die Abhörattacke preisgegeben hatte. War es nur das Bestehen einer Verbindung außerhalb der offiziellen Kanäle? War es genug, um dem Angreifer die Quelle des Handshakesignals zu übermitteln? Oder hatte der Angreifer sogar noch mehr erreicht? Hatte er vielleicht gar die Verschlüsselungscodes und damit die ersten Datenblöcke auslesen können?

Enki verließ den Sitzungssaal der Stämme mit schnellen Schritten, getrieben vom Ärger und wohl auch etwas von der Furcht ob dessen, was der oder die Angreifer bereits herausgefunden haben könnten. Draußen vor dem Haus der Ältesten stieg er auf seinen Townrover. Er schoss sprichwörtlich die Allee der Stämme hinauf. Vor einigen Schars hatte er einem noch jungen Stammesvertreter die Tür zu einem nicht schlecht bezahlten Engagement im Zentralen Daten- und Rechenzentrum, der Geburtsstädte Alexas, verschafft. Jetzt schien Enki der richtige Zeitpunkt, diesen Mann um Hilfe zu bitten. Noch nie zuvor hatte

Enki jemanden getroffen, der so in seiner digitalen Welt aufging wie Eltron. Eltron betrieb ein nicht ganz konformes Datencenter und konnte damit Dinge bewerkstelligen, die selbst die Experten unter dem Rat der Ältesten zu verblüffen vermochten. Offenbar gab es jenseits der von Alexa zugängigen Datenstrukturen digitale Welten voller Daten, die, wie Eltron es nannte, brach lagen. Nicht, weil die dort gespeicherten Informationen unwesentlich oder gar falsch waren, sondern schlicht, weil kaum jemand wusste, dass jede in der digitalen Welt Alexas gesammelte Information auch außerhalb von Alexas Datenwelt eine Redundanz hervorrief. Dazu kamen unzählige Daten aus den privaten Anwendungen, die die Nibirianer offiziell oder inoffiziell zum Zeitvertreib nutzten. Eltron schwor, dass in diesem grauen Datenmoloch weitaus mehr Informationen parat lagen, als Alexa für ihre Aufgaben zur Verfügung hatte. Es fehlte nur an einer übergeordneten Instanz, die diese Daten systematisierte, katalogisierte und damit auslesbar machte. Genau für diesen Zweck tüftelte Eltron an einem Bot, einem lernfähigen Bot, der – ging es nach seiner Vorstellung – irgendwann Alexa Paroli bieten sollte. Eben durch dieses Projekt war Eltron dem Rat der Ältesten aufgefallen. Seine Suchanfragen über Alexa ließen den Rat zu dem Schluss kommen, dass hier jemand ernsthaft versuchte, die Informationstransparenz durch ein paralleles, nicht kategorisiertes System zu ergänzen, wie es der Rat vornehm nannte. Dabei verhehlte der Rat nicht, dass dieses Ergänzen aus seiner Sicht nicht unbedingt erwünscht war. Deshalb hatte der Rat einige Schars darauf verwendet, Eltrons Treiben zu beobachten. Da der ganze Rat von den digitalen Fähigkeiten Eltrons überzeugt war, schlug Enki schlussendlich vor, ihn in die Programmierung und Betreuung Alexas zu integrieren. Enki konnte Eltron überreden, das Angebot des Ältestenrates anzunehmen. Die Auflage war, dass er sein Wissen und seine Errungenschaften rund um Alexas Intelligenz in seine Arbeit einbrachte. Eltron besaß gewiss das nötige Knowhow, um diese eine Aufgabe, um die Enki ihn nun bitten würde, zu bewerkstelligen.

Enki drosselte den Rover auf eine angemessene Geschwindigkeit und gab ihm mit der Adresse Eltrons die Zielvorgabe.

39 **Digitale Welt**

Planet Nibiru im 970sten Schar, 422.800 v. Chr.

Der Raum wurde ausschließlich durch die Hologramme erleuchtet, die sich über den einzelnen Arbeitstischen in den feinen Wassernebel fluoreszierten. Das war Eltrons Welt. Nicht seine Arbeitsstätte, sondern sein privates digitales Eldorado. Hier hatte Eltron mehrere Arbeitsplätze als Zugang zu seiner digitalen Welt aufgestellt. Das Zimmer war ursprünglich das Wohnzimmer in Eltrons Zuhause gewesen, ehe er den Raum mit elektromagnetischen Ferritplatten nach außen hin komplett abgeschirmt hatte und sich allein über eine mehrpolige Lichtfaserleitung Zugang nach draußen und damit Anschluss zur digitalen Welt schuf. Selbst die Eingangstür war doppelt mit elektromagnetischem Ferrit beplankt. Von außen konnte man glauben, vor der Tür eines Kühlhauses zu stehen. Doch Enki wusste, was sich dahinter verbarg. Er wusste auch, dass Eltrons digitale Bots ihn längst angemeldet hatten. Dennoch hämmerte er gegen die Ferrittür. Es dauerte ein Weilchen, ehe Eltron die Verriegelung löste und Enki hereinbat.

„Willkommen in meinem Reich“, begrüßte Eltron Enki überschwänglich, wenngleich er ahnte, dass es sich nicht um einen Höflichkeitsbesuch handelte.

„Hier verbringst du also deine Zeit, wenn du nicht für Alexa knechtest“, gab Enki den Erstaunten, obwohl er diesen Umstand von den seinerzeitigen Bespitzelungen her ganz genau kannte. Enki war auch überzeugt, dass Eltron nie wirklich aufgehört hatte, an einer Redundanz oder besser einer Alexa II zu arbeiten. Doch er war nicht gekommen, um Eltron eine Standpauke zu halten. Dafür kannten und schätzten sich die beiden mitlerweile zu sehr. In den Jahren in Alexas Systemzentrale hatte Eltron viele wertvolle Beiträge gelestet, um Alexa treffsicherer, nutzerfreundlicher und sicherer zu machen. Im Gegenzug hatte Enki im Rat der Ältesten dafür gesorgt, Eltron gewisse Freiheiten zu gewähren. Eine dieser Freiheiten war Eltrons kleines Privatlabor.

„Was führt dich zu mir? Gilt es irgendwen auszuspionieren?“, spielte Eltron auf Enkis jüngste Bitte an.

Enki überhörte die Anspielung geflissentlich. Er schob sich einen Sessel zurecht, indem er ihn von einem der Arbeitsplätze weg und damit in das Dunkel des Raumes zog. Ein süßlicher Duft waberte zwischen den Hologrammen.

„Wir werden hier doch keine unerlaubten Substanzen finden? Oder?“, erwiderte Enki stattdessen.

„Wir würden wohl schon“, konterte Eltron, „doch ich sehe hier kein wir sonder nur dich. Dich ganz allein. Das lässt mich ahnen, dass du wieder einmal etwas, sagen wir, nicht ganz mit dem Rat akkordiertes von mir verlangst. Wie war das doch damals mit den Kommunikationsverbindungen deiner Schwester?“

Wieder spielte Eltron auf eine von Enkis vergangenen Bitten an. Damals war Enki überzeugt, Ninhursag würde aus Rache für das eingestellte Gencode-Programm mit einigen anderen Ältesten einen Plan zu seiner Absetzung aushecken. Besonders die Verbindung Ninhursags zu Enlil weckte damals Enkis Interesse. Am Ende entpuppte sich die Verbindung Ninhursags mit Enlil allenfalls als Romanze. Leider war Enkis Neugierde damals auch den Agenten von Enlil nicht entgangen. Das führte zu einem längeren Funkstillstand zwischen ihm, Ninhursag und natürlich Enlil. Aber es war, wie Eltron mehrfach beteuerte, nicht seine Schuld. Vielmehr hatten die Agenten Enlils Ninhursags Signal getrackt, was natürlich kein gutes Licht auf den Stamm Enlil warf. Vermutlich hatten auch andere Mitglieder Enlils Stammes die Liesance zwischen ihm und Ninhursag näher hinterfragen wollen. Wie dem auch sei, machten Enlils Agenten durch ihre widerrechtliche Aktion auch Enkis Überwachung ein unrühmliches Ende, was auf beiden Seiten ordentlich Erklärungsbedarf auslöste.

„Nein und ja“, entgegnete Enki. „Diesmal geht es nicht darum, jemanden oder etwas zu observieren, diesmal geht es schlicht darum, ein gelocktes Signal zurückzuverfolgen.“

„Ein gelocktes Signal?“ spielte Eltron den Verwunderten.

„Warum lässt du das nicht von den Experten bei Alexa ausheben?“

„Alexa allein konnte den Urheber nicht finden und für die nötigen Experten …“ Enki hielt inne. „Um die Experten beizuziehen, ist die Sache zu heikel.“

„Du meinst so heikel, wie die Ratssitzung am Tag der Einheit?“

Eins zu null für Eltron. Enki ignorierte den Zwischenruf. Er machte sich im hintersten Teil seines Gehirns eine Notiz für später. Offenbar wusste Eltron etwas über die Ratssitzung am Tag der Einheit. Das war mitunter besorgniserregend. Konnte das Trackingsignal von Eltron selbst stammen? Enki war kurz verunsichert, ließ sich aber nichts anmerken.

„Ähnlich heikel“, spielte Enki das Spiel mit. „Ich habe heute ein lange erwartetes Signal eines weit entfernten Kommunikationsturmes erhalten. Das Signal war stark und als wir mit der Übermittlung der Daten begannen, entdeckte Alexa den Hook eines Mithörers oder einer Mithörerin. Und ja, bevor du mir die Frage stellst, es handelt sich um eine private Kommunikation.“

„Du meinst privat im Sinne von dem Rat der Ältesten vorenthalten?“

„Ja, und das aus gutem Grund.“

40 **Vorbereitungen**

siebter Planet im 970sten Schar, 422.800 v. Chr.

Die Bots hatten rund um Adeptos' Landeplatz eine weite Fläche gerodet. Der ebene Platz erstreckte sich zu allen Seiten der Landefähre gut zweitausend Schritt. Rund um den gerodeten Kreis hatten die Bots auf Weisung Adeptos' eine elektronische Barriere errichtet. Diese sollte die Fauna des siebten Planeten davon abhalten, der Landefähre zu nahe zu kommen, und würde jede Berührung unmittelbar den Bots melden.

Als der Alarm losging, fuhr Adeptos unvermittelt aus dem Schlaf, in dem er eben noch von Nibiru geträumt hatte. Die gellende Sirene riss ihn förmlich aus der Schlafkabine. Seit er hier gelandet war, hatte sich der elektronische Zaun bewährt. Nie hatte ihn etwas durchbrochen, geschweige denn ein derartiges Geheul ausgelöst. Als Adeptos aus der Landefähre blickte, erschrak er. Vor den Fenstern der Landefähre stoben dicke Staubwolken, dazwischen blitzten vereinzelt Hörner auf. Begleitet von einem mächtigen, tiefen Gebrüll zog in rasantem Lauf eine gewaltige Herde Paarhufer an der Landefähre vorbei. Sie kam der Fähre beängstigend nahe. Offenbar hatte die Herde die elektronische Barriere in ihrer Hast einfach überlaufen. Adeptos wusste, dass nichts und niemand diese Horde würde stoppen können. Die Tiere liefen, als wäre der Teufel hinter ihnen her. Sie wühlten den trockenen Staub der gerodeten Fläche mit ihren Hufen auf, sodass sich bis auf halbe Höhe der Landefähre ein Staubmeer gebildet hatte, aus dem nunmehr vereinzelt Details der Herde aufblitzten. Bald sah Adeptos auch den Grund der Stampede. Als ein Großteil der Tiere die Landefähre passiert hatte, Gott lob ohne sie dabei zu rammen, denn die schweren Tiere hätten sicherlich nachhaltige Schäden verursachen können, folgte der Herde im sich langsam ausdünnenden Staub ein Rudel kleiner Raubtiere. Das Rudel hatte es offenbar auf die letzten und somit schwächsten Tiere der Herde abgesehen. Nach wenigen Minuten war der Spuk ebenso rasch wieder vorüber, wie er gekommen war. Aber für Adeptos war klar, dass die elektronische Barriere der Landefähre zu wenig an Schutz bot. Dieser Vorfall hatte deutlich gezeigt, dass Adeptos mehr in die Sicherheit der Mission investieren musste. Was, wenn er irgendwo da draußen rund um die Landefähre unterwegs gewesen wäre und in diese Stampede geraten wäre? Nicht auszudenken. Selbst die Bots hätten sich der kopflosen Herde kaum wirkungsvoll entgegenzustellen vermocht. Adeptos beschloss, den Landesplatz durch ein massives Bollwerk an Baumstämmen errichtet von den Bots wirkungsvoll nach außen abzugrenzen. Dazu instruierte er die Bots den Kreis um die Landefähre in gut dem doppelten Umfang zu roden, als dies schon bisher der Fall gewesen war. Die elektronische Barriere sollte auf die neuen Außengrenzen verlegt werden. Die ursprüngliche Außengrenze ließ Adeptos nun durch ein verzahntes Geflecht halb in das Erdreich eingebetteter Baumstämme abschotten.

Im Grunde hatte Adeptos seit seiner Landung kaum unangenehme Erfahrungen mit dem siebten Planeten gemacht. Ähnlich wie auf Nibiru gab anscheinend verschiedene Jahreszeiten, in denen sich im ebenso raschen Wechsel wie zwischen Tag und Nacht auch die klimatischen Verhältnisse abwechselten. Es gab Regen, Sonne, Gewitter, Wind und an den Polen sowie auf den Erhöhungen Schnee. Schnee soll es früher auch auf Nibiru gegeben haben, wenngleich Adeptos Schnee nicht aus eigener Erfahrung kannte. Er war fasziniert von den einzelnen Flocken, die leicht wie eine Feder vom Himmel herab sackten, um sich auf seiner Hand im Nu in einen Wassertropfen zu verwandeln. Wie er am Pol unterwegs war, hatten sich binnen weniger Minuten an seinem Anzug diese kleinen weichen Flocken zu einem harten, eisigen Belag festgefroren. Den letzten Schnee auf Nibiru soll es gegen Ende der Stammeskriege gegeben haben. Alexa hatte einige Dokumente aus jener Zeit archiviert. Adeptos hatte sich mit Menerta vor langer Zeit einige dieser Aufzeichnungen angesehen. Sowohl in Menertas als auch in Adeptos Familie erzählten die Alten oft und viel aus jener Zeit.

41 **Tagebuch Adeptos': Schutz**
siebter Planet im 970sten Schar, 422.800 v. Chr.

Heute habe ich die Barriere rund um den Landeplatz inspiziert. Die Bots haben gründliche Arbeit geleistet. Der Landeplatz ist nun zu drei Seiten hin von Holzbarrieren abgesichert. Die vierte Seite habe ich bis zum Wasser hin roden und die Holzbarrieren zu beiden Seiten bis ans Ufer fortführen lassen. Auch hier haben die Bots gute Arbeit geleistet. Sie zogen die Barrieren sogar noch einige Schritte in das Wasser hinein. Von Land aus ist die Landefähre somit nicht mehr überraschend besuchbar. Außerhalb der Holzbarrieren haben die Bots das Gelände wie aufgetragen weiter gerodet und entlang der Rodungsgrenze wieder die elektrische Barriere installiert. Zusätzlich haben wir in regelmäßigen Abständen an der elektronischen Barriere Kameras installiert, sodass ich in der Landefähre jederzeit die Geschehnisse außerhalb der gerodeten Fläche einsehen kann.

Die übrige Fauna zeigte im Übrigen kein Interesse, weder an den Bots noch an der Landefähre. Gelegentlich landen Flugtiere auf und rund um die Fähre. Sie scheinen eher scheu zu sein und mehr oder weniger zufällig die Fähre als Landeplatz zu nutzen. Ich konnte sie mit lautem Klatschen jederzeit vertreiben. Weniger erfolgreich war ich bei den kleinen Flugtieren. Diese treten einzeln und in Gruppen auf. Manche von ihnen können stechen. Vermutlich ernähren sie sich auf diese Art. Ein Stich von ihnen scheint sich aber nicht weiter auf mich auszuwirken. Nach einigen Tag- und Nachtwechseln ist der Biss abgeklungen. Das Medicent meldete keine beunruhigenden Veränderungen. Den Biss selbst konnte ich kaum wahrnehmen, jedoch begann er nach einiger Zeit zu jucken. Andere dieser kleinen Flugtiere scheinen sich gezielt auf Feuchtigkeit zu stürzen. Meine Bots haben einen kleinen Brunnen ausgehoben. Die Zahl der kleinen Flugtierchen dort scheint mir um ein Vielfaches höher als in den anderen Bereichen rund um die Landefähre.

Alexa Go ist rund um die Uhr beschäftigt, die von den Bots erhobenen Daten auszuwerten und Flora und Fauna des siebten Planeten zu katalogisieren. In vielen Bereichen scheint mir der siebte Planet eine ähnliche Tier- und Pflanzenwelt wie Nibiru aufzuweisen. Auch wenn sich die Tiere mitunter optisch nicht immer gleichen, scheinen sie auf den gleichen Grundstrukturen wie auf Nibiru zu basieren. Bei der gestrigen Tag- und Nachtgleiche habe ich lange den Sternenhimmel betrachtet. Ich glaube, dass es hier einige Sternkonstellationen gibt, die wir auch von Nibiru aus beobachten können. Irgendwo müsste auch unser Nibiru seine Bahn ziehen, erkennen konnte ich ihn nicht.

Ich wünschte, die Entfernungen wären nicht so groß, damit sie sich leichter überwinden ließen. Der Kommunikationsturm hat heute den ersten Kontakt mit einem Handshake mit Nibiru bestätigt. Demnach ist es gelungen, eine Verbindung herzustellen. Wenig später wurde die Verbindung – wahrscheinlich manuell – aber beendet. Zumindest konnte Alexa Go keine beunruhigenden Kommunikationsstörungen ausmachen. Doch kurz nach Start der ersten Datenpakete scheint auf Nibiru die Kommunikation gestoppt worden zu sein. Ich habe den Kommunikationsturm für alle Fälle neu kalibriert und so programmiert, dass er in regelmäßigen Abständen ein neues Handshake einleitet. Offenbar ist der Empfang auf Nibiru gerade unmöglich.

42 **Schuldzuweisung**

Planet Nibiru im 615sten Schar, 1.7 Mio Jahre v. Chr.

Enki knallte die verkohlten Teile des trojanischen Pferdes mit solcher Wucht auf den Schreibtisch, dass Teile davon absplitterten und dem Ältesten des Stammes Wurm entgegen flogen. „Willst du leugnen, dass dies auf euer Konto geht?", herrschte Enki den Ältesten an. Es galt als unwiedergutmachbarer Frevel, wenn ein Stammesältester das Gesuch um ein Gespräch dem anderen verweigerte. Und gerade angesichts der tobenden Kriege, deren Urheber im Ungewissen lag, legten die Ältesten großen Wert, an dieser Tradition festzuhalten. Warum hätte der Älteste der Wurm Enki auch nicht empfangen sollen? Gerade wenn es seine Kriegsdrohnen gewesen waren, hatte er doch noch weniger Grund, durch eine Verweigerung den Verdacht auf sich zu ziehen. Auch wenn der Älteste der Wurm Enki lieber zweigeteilt hätte, musste er die Contenance bewahren. Am liebsten hätte er die Eingeweide Enkis, anstatt der verräterischen Plastikteile, auf seinem Schreibtisch gewusst. „Ich kann mir nicht vorstellen", erwiderte der Älteste der Wurm betont ruhig und gelassen, „dass meine Leute so einen Angriff ohne mein Wissen gestartet hätten. Natürlich hätte ich, gerade angesichts der langen Verbundenheit unserer Stämme, solch einem Angriff nie zugestimmt."

Des Ältesten Lippen bildeten eine schmale, dünne Linie. Enki echauffierte diese kaltschnäuzige Antwort nur noch mehr.

„Deine Leute haben nicht sauber gearbeitet, wir konnten allein hierauf vier Seriennummern finden, die auf Ankäufe deines Stammes zurückzuführen sind."

Enki schob die Teile am Schreibtisch bis auf wenige Zentimeter an den Ältesten heran, als wolle er jeden Augenblick dessen Kopf packen, um ihn in die Teile zu stoßen. Das war gewiss der Gedanke, der Enki durch den Kopf ging. Doch als Ältester seines Stammes musste auch er die Tradition wahren. Bei diesen Gesprächen war Gewalt tabu, egal wie feindselig die Stämme sich gegenüber standen.

„Es liegt sicher ein Irrtum vor!“

„Ein Irrtum?“

„Ja, oder es handelt sich um einen Diebstahl. Du musst wissen, dass erst kürzlich in eines unserer Lager eingebrochen wurde. Uns wurden unzählige Teile entwendet. Wenn du möchtest, kann ich diese Teile untersuchen lassen. Wir werden feststellen, ob es sich dabei um die uns entwendeten Teile handelt. Ich bin mir sicher, dass sich alles aufklären wird. Und …“ Nach einer kurzen Pause fügte er an: „Wer sagt uns denn, dass nicht deine Leute mir die Teile gestohlen haben? Vielleicht um mir einen wie von dir beschriebenen, hinterhältigen Angriff in die Schuhe zu schieben?“

Jetzt schien der Älteste der Wurm sogar zu lächeln. Enki musste an sich halten, damit er seinem Gegenüber nicht hier und jetzt an die Kehle sprang, um das Thema ein für alle mal zu beenden. Enki winkte verächtlich ab. Er wandte sich grußlos um, um zu gehen, während sich der Älteste der Wurm gemütlich zurücklehnte. Er war mit sich und dem Gang der Dinge offenbar sehr zufrieden.

43 **Friedenstraum**

Planet Nibiru, im 732sten Schar, 865.000 v. Chr.

Enki war mit einigen seiner Stammesangehörigen mit den Rovern bis an den Rand der Stadt hinausgefahren. Von hier erstreckte sich bis zum Horizont wüstengleich eine fast endlose Ebene. Genau hier wollte Enki seine Idee eines Hauses der Stämme verwirklichen. Er träumte von einem Haus, in dem sich alle Ältesten der Stämme regelmäßig trafen. Hier sollte es die Möglichkeit geben, Unterschiedlichkeiten in den Traditionen ebenso anzusprechen wie Gebietsbeanspruchungen. Hier konnte ein gemeinsamer Kodex die Nutzung und Erschließung der Minen regeln. So wollte Enki den sinnlosen Kriegen ein Ende setzen. In allen Stämmen war mehr als genug Blutzoll vergossen worden. Selbst in den unerbittlichsten Stammesältesten war die Einsicht gereift, dass es so nicht endlos weitergehen konnte. Das Haus der Ältesten sollte nach Enkis Idee von einem Park umgeben sein. Er wünschte sich eine Allee, in der von allen Stämmen Vertreter, Botschafter wohnhaft waren. Oder in deren Häuser alle Stämme zumindest regelmäßig Vertreter entsandten, damit im Haus der Ältesten kein Stamm ohne Wissen und Zustimmung des anderen handeln konnte. Enki wollte, dass auch die entferntesten Stämme die Traditionen der anderen Stämme kennen- und schätzen lernten. Vor Enkis imaginärem Auge bauten sich aus dem staubigen Sand der Ebene schnurgerade von Bäumen gesäumte Alleen auf. Er sah villengleiche Stammesbauten – aufgereiht wie an einer Perlenschnur, die allesamt sternförmig das neue Zentrum Nibirus und damit das Haus der Ältesten umbauten. Enki war zutiefst von seiner Idee überzeugt, dass er sogar seine Stammesangehörigen überredet hatte, Land des Stammes für die Errichtung des Haus der Ältesten bereitzustellen. Nun lag es an ihm, die anderen Ältesten der Stämme von seiner Idee zu überzeugen. Noch hatte er ihnen nichts zu bieten als diesen Flecken staubigen Landes und eine Idee. Aber Enki war sich sicher, dass es ihm gelingen würde. Er hatte die Ältesten aller Stämme

Nibirus eingeladen, sich hier in dieser Ebene zu treffen, damit er ihnen seine Vision der Zukunft Nibirus präsentieren konnte. Einige Abordnungen waren bereits angereist. Sie hatten weit verstreut in der Ebene ihr Quartier aufgeschlagen. Vielleicht zwanzig bis fünfundzwanzig an der Zahl, die es sich mit ihren Rovern soweit wie möglich häuslich eingerichtet hatten. Gut die Hälfte der Stämme würde Enki schätzen, mitunter aber nicht die bedeutsamsten waren bereits angereist. Das war verständlich, denn gerade den kleineren Stämmen lag verstärkt daran, das Kriegstreiben zu unterbinden. Aber würden die starken Stämme aus dem Norden und Süden auch Enkis Einladung folgen? Zu all den bereits niedergelassenen hatte Enki jeweils eine Art Empfangskomitee gesandt, um sicherzustellen, dass es den Gästen an nichts fehlte. Seine Leute hatten Auftrag, soweit wie möglich den Bitten und Ersuchen der Gäste nachzukommen. Ninhursag stellte sich neben Enki. „Sie nimmt langsam Form an, deine Vision“.

Enki nickte. „Aber noch sind weder alle Stämme gekommen noch haben sich die bedeutsamsten unter ihnen hier eingefunden. Ohne deren Mitwirkung wird sich meine Vision nicht verwirklichen lassen.“

„Du wirst sehen, sie werden alle kommen. Sei es nur, um zu prüfen, wie unser Stamm auf die Idee kommen konnte, sich in die Geschicke Nibirus derart einzumischen.“ Ninhursag lachte schelmisch. Enki wusste, dass sie das nicht ernst meinte, fühlte sich aber herausgefordert. „Wir sind Teil Nibirus, nicht mehr und nicht weniger. Wie jeder andere Stamm auf diesem Planeten auch sind wir ein Teil des Ganzen. Jeder der Stämme hätte die Initiative ergreifen können. Ich hätte jeden Einzelnen dabei unterstützt. Ich glaube, dass es unser aller Ziel sein muss, die verheerenden Kriege zwischen unseren Stämmen endlich zu beenden.“

„Schon gut, das klingt ja wie der Auftakt deiner Ansprache bei der Versammlung“, unterbrach Ninhursag ihren Bruder. „Aber mich brauchst du nicht überzeugen. Ich weiss, dass die Idee eines gemeinsamen Rates die einzig zielführende Variante ist. Meine Zustimmung hättest du, würdest du sie denn auch brauchen."

Enki lächelte. Ninhursag verstand es, ihren Einfluss und ihr Wirken kleinzureden. Doch in Wahrheit war sie es gewesen, die bei seinen Besuchen der anderen Stämme das Wort geführt hatte. Bei dem einen oder anderen Stammesältesten ging die Einwilligung für die Versammlung auf ihre charmante Werbung zurück. Enki wusste das. Er war sich auch bewusst, dass Ninhursag, wenn sie es für richtig hielt, ihren Preis dafür einfordern würde.

44 **Enlil trifft in der Wüste ein.**
Planet Nibiru, im 732sten Schar, 865.000 v. Chr.

Die Vorboten Enlils waren zwei Wüstengleiter, die unter sich den Sand aufwirbelnd im Tiefflug die Ebene kreuzten. Sie trugen stolz das Stammesemblem an ihren hohen Flanken aufgemalt. Sie schossen fast senkrecht in die Luft, um sich im Trudelfall vom höchsten Punkt herabstürzen zu lassen, ehe die Piloten die Maschinen knapp vor dem Boden wieder auffingen. Hinter dieser verspielten Vorhut folgten zwei Transportschiffe. Schlank und wohlgefallend in der Bauart. Kaum ein anderer Stamm verstand sich so darauf, Zweckmäßigkeit mit Eleganz zu vereinen, wie der Stamm Enlils. Enlil war es gewesen, der Enki zu seinem Entschluss der großen Versammlung ermutigt hatte. Er hatte es ebenso satt, im ständigen, undurchsichtigen Krieggewirr mit anderen Stämmen zu kämpfen. Er wollte nicht mehr sehen müssen, wie gute Leute, aufrechte Väter eigener Linien bei den Kämpfen starben, nur um einem Stamm den Zugang zu neuen Minen zu ermöglichen. Enlils Begleiter ließen sich im Osten der Ebene nieder. Die zwei eleganten Transporter senkten sich in deren Mitte. Noch während des Landeanfluges löste sich aus einem der Transporter ein Sandrover in Richtung zu Enki und Ninhursag.

„Enlil will dich persönlich begrüßen“, kommentierte Ninhursag das Geschehen.

„Mir scheint eher, er will dich persönlich begrüßen“, erwiderte Enki und spielte dabei auf Ninhursags Sympathie für Enlil an, die ihm natürlich nicht verborgen geblieben war. Der Sandrover hielt am Rande des Balkons. Enlil stieg aus. Er ging auf Ninhursag und Enki zu. „Es scheint, als ob euer großes Treffen Form annimmt“, grüßte er Enki und Ninhursag.

„Es scheint so“, erwiderte Enki.

„Seid gegrüßt“, umarmte Enlil Enki und Ninhursag mit einer Andeutung.

„Einige starke Stammesvertreter fehlen jedoch noch“, gab Enki zu bedenken.

„Du wirst sehen, auch die werden noch kommen. Dann liegt es ganz an dir, sie alle zu überzeugen." Enlil zwinkerte Enki zu.

„Wir werden versuchen dich dabei zu unterstützen", bekräftigte Enlil seine Überzeugung von der Sache.

„Ich kann das Haus der Stämme schon förmlich sehen. Und hier …" Enlil machte eine ausholende, kreisende Bewegung mit dem rechten Arm. „Hier werde ich unserem Stamm eine Botschaft einrichten, deren Eleganz die Botschaften der anderen übertrumpft", schwärmte Enlil. „Und hier kann ich dann auch ganz häufig in der künftigen Hauptstadt weilen, um mich um alles zu kümmern", fuhr er den Blick auf Ninhursag geheftet fort.

„Warten wir erstmal die Versammlung ab. Warten wir, ob denn überhaupt alle kommen, und dann, ob wir uns auf etwas einigen können, was den Vorstellungen der Stammesältesten gerecht wird", bremste Enki Enlils Schwärmerei.

„Enlil hat recht", unterstütze Ninhursag Enlils Optimismus. „Der Tod kann eine sehr treibende und mitunter auch vereinende Kraft sein."

Damit spielte Ninhursag auf die jüngst bei schweren Kämpfen im Norden zu Tode gekommenen, angesehenen und hoch in der Hierarchie stehenden Repräsentanten verschiedener Stämme an.

„Vielleicht ist das auch eine Chance für unsere Forschungen", fügte sie kleinlaut hinzu.

„Du meinst deine Forschungen auf dem Gensektor?", hinterfragte Enlil ihren Nachsatz, wohlwissend, dass dies damit gemeint war.

„Man hört, dass dein Haus in diesem Bereich den anderen Häusern weit voraus sei?"

„Wie gewöhnlich wird hier maßlos übertrieben", versuchte Ninhursag die Bedeutung ihrer Forschung gegenüber Enlil herabzuspielen.

„Man sagt, dass ihr von allen Gefallenen eures Stammes eine Gendatenbank angelegt habt und alle Opfer in Frequenzkammern aufbewahrt. Für den Fall das es euch einmal gelingt, aus Gensequenzen den Organismus wieder zu reparieren und zu reanimieren."

„Das liegt gewiss noch in weiter Zukunft", beharrte Ninhursag darauf, ihre Errungenschaften nicht überzubewerten.

„Aber das hat man seinerzeit bei den künstlichen Befruchtungen auch gedacht. Erinnerst du dich noch, wie moralisch umstritten es damals war?"

Enki stellte sich zwischen Ninhursag und Enlil. „Und heute werden manche Stämme nur mehr auf diesem Weg verjüngt. Niemand käme heute auf die Idee, das als unmoralisch anzusehen. Ganz davon zu schweigen, wie rasch sich diese Technologie damals entwickelt hatte."

„Du hast Recht, du hast wie fast immer recht", räumte Enlil ein.

„Aber längst nicht alle Stämme verjüngen sich nur auf diese Weise. Es gibt da noch etwas anderes", erlaubte sich Enlil anzuführen, während er Enki aus seinem Blick entließ und auf diesen an Ninhursag heftete.

45 **Die große Versammlung**

Planet Nibiru, im 732sten Schar, 865.000 v. Chr.

Inmitten der Ebene war zu Beginn der großen Versammlung ein riesiges Feuer entfacht worden. Dieses Feuer schwor man brennen zu lassen, bis alle Stämme eine gemeinsame Basis gefunden hatten. Schlussendlich waren alle Stammesältesten gekommen. Manche waren in prunkvollen Schiffen angereist, samt Entourage, um die Bedeutung ihres Stammes zu unterstreichen. Andere waren fast allein gekommen, obwohl ihre Stämme nicht zu den kleinsten, geschweige denn ärmsten gehörten. Vermutlich fürchteten sie, dass die Versammlung sie beneiden könnte oder gar etwas von ihrem Vermögen fordern hätte können. Dazu wollten sie ganz sicher keinen Anlass geben. Die meisten waren mit ein, zwei Schiffen und kleiner Begleitung gekommen, so wie Enlil. Ein einziger Stamm hatte statt des Ältesten seine beiden Söhne, die Zwillinge Emt und Ment gesandt. Nicht aus Missachtung der Einladung, sondern weil der Älteste dieses Stammes zu den ältesten der Stämme überhaupt gehörte. Weil er seit vielen Schars nicht mehr gesehen worden war, munkelte man seit geraumer Zeit, dass er schon zu den Vorfahren übergangen war. Das bestritten Ment und Emt vehement, gestanden aber ein, dass es ihrem Vater nicht mehr möglich war zu reisen. Sie würden aber über alle nötigen Vollmachten verfügen, um ihn bei der Ratsgründung wirksam vertreten zu können. Sie wiesen bei ihrer Ankunft Enki sogar die Vollmacht vor, nach der Zugeständnisse von Emt oder Ment unwiderruflich auch für den Ältesten bzw. ihren gesamten Stamm galten.

Die Gespräche zogen sich über lange Zeit hin. Manchmal schien es, als würde die Versammlung platzen, dann wieder schien eine gemeinsame Basis zum Greifen nah. Enki mühte sich, mit all seinem Verhandlungsgeschick die Versammlung zusammenzuhalten. Enlil und Ninhursag taten es ihm gleich, auch wenn sie nie das Wort ergriffen, sondern die Verhandlungspausen geschickt nutzten, um einzelnen Stammesältesten die Positionen und Anschauungen zu erklären. Sie hoben die Vorteile hervor und klagten in beinahe mitleideregender Art von den vielen Toten aus den Kriegen. Je länger das Feuer in der Wüste brannte, desto mehr Schaulustige aus Enkis Stadt zog es in das Tiefland. Anfangs hielten sich die Zaungäste bedacht zurück. Als einige Händler ihre Gunst der Stunde erkannten, mit den sonst so fern lebenden Mitgliedern der fremden Stämme das eine oder andere Geschäft zu machen, schwand die Distanz zusehends. Schon nach kurzer Zeit waren die freien Flächen zwischen den Schiffen von fahrenden Händlern ebenso belagert wie von Schaulustigen. Enki hatte Auftrag erteilt, um jede Landestelle eines Ältesten einen Schutzkorridor aufzustellen, um mögliche Übergriffe zu vermeiden. Enki wollte keinem Stammesältesten einen Vorwand bieten, unter irgendeinem Vorwand in Zusammenhang mit der Vollversammlung vorzeitig die Ebene zu verlassen. Die Wachen hielten sich strikt daran. Sie sperrten jedes der Schiffe durch einen ausreichend breiten Korridor hermetisch ab. Nur zur Mitte hin, in Richtung Versammlungsplatz und dem bis weit in den Himmel hinauf lodernden Feuer erlaubten Enkis Leute die Begegnung. So ungewöhnlich und gewöhnungsbedürftig manch Brauch eines entfernten Stammes wohl für Enkis Leute oder die Gäste untereinander war, so ungewöhnlich und exotisch mussten die Waren der hiesigen Händler auf die unterschiedlichen Stammesbediensteten wirken. Manch Händler konnte gar nicht ausreichend Ware zum Versammlungsplatz bringen, so begierig war bei manchen Dingen die Nachfrage der Angereisten. Läge dem Ganzen mit der Vollversammlung nicht ein für Nibiru entscheidendes und ernstes Anliegen zugrunde, man hätte meinen können, in der Ebene würde ein Volksfest bisher noch nie da gewesener Dimension stattfinden.

46 **Hacker**

Planet Nibiru, im 970sten Schar, 422.800 v. Chr.

Eltrons Finger wischten durch das Hologramm vor seinem Arbeitsplatz. Er kommentierte Eingaben und in wenigen Augenblicken begannen die Hologramme der anderen Arbeitsplätze, wie von einem magischen Taktstock instrumentalisiert, sich rhythmisch aufzubauen, in sich zusammen zu brechen, um sich erneut zu entfalten. Enki wusste um die Fähigkeiten der KI. Auch wenn er selbstredend deren Nachteile kannte, konnte er nicht umhin, die moderne KI stets aufs Neue zu bewundern. Seine Bewunderung galt dabei in gleicher Weiser jener Freaks, die sich mit Haut und Haaren der Weiterentwicklung, der Betreuung und der Programmierung – soweit man dies noch so nennen konnte – widmeten. Für die einfachen Dinge hatte die KI selbst einen Algorithmus entwickelt, um sich fortzuentwickeln. Aber es gab immer noch genügend Bereiche, in denen die KI eine führende Hand brauchte. Auch wenn sich viele, so wie auch Enki, die Frage stellten, ob das zu erreichen denn überhaupt so erstrebenswert sei. Schon jetzt konnten die autonomen Bereiche, wie die Disziplinen der KI genannt wurden, in dem sie sich selbst weiterentwickelte, nur noch von Experten, von solchen Freaks, wie Eltron einer war, verstanden werden.

„Hab ihn“, unterbrach Eltron Enkis Gedanken ob der bunten Hologrammwelt.

„Du hast wen?“

„Den Datenstrom der eigentlich nur zu deinen Händen hätte gehen sollen. Er startete heute Morgen. Begann mit einem ungewöhnlich langen Handshake. Vermutlich, um einen Chiffriercode zu übermitteln“ Eltron warf einen fragenden Blick auf Enki. Dann setzte er fort: „Könnte aber auch bereits der Hook des Mithörers sein.“

Enki winkte ab. Er nickte für die erste Variante. Er wollte nicht, dass Eltron sich unnötig mit Dingen befasste, die vielleicht viel Zeit kosteten. Am Ende würde Eltron sowieso herausfinden, dass der ungewöhnlich lange Handshake auf die Übermittlung der Chiffrierung zurückzuführen war.

„Nicht schlecht", murmelte Eltron. Er zollte damit dem KI-Novizen Enki so etwas wie Respekt der untersten Stufe. „Siehst du?" Eltron deutete auf eine endende lilafarbene Linie mitten im Hologramm. „Hier endet der Datenstrom. Er endet unmittelbar nach Sendung der ersten Datenpakete. Ich vermute, du hast die Verbindung unterbrochen, als du den Mithöhrer entdeckt hast."

„Sagen wir, als ich von der Möglichkeit eines Hacks erfuhr. Noch ist es ungewiss, ob jemand die Datenverbindung gehackt hat. Mitunter deshalb bin ich ja bei dir."

Eltrons Konzentration galt wieder der Holographie vor ihm. Diese begann sich langsam vom bestehenden Halbkreis zu einem Eltrons Kopf umspannenden Kreis auszuwachsen. Eltron glitt auf seinem Rollsitz etwas von der Arbeitsfläche zurück. Er widmete sich dank des Drehsitzes unterschiedlichsten Bereichen des Hologrammes. Je rascher er dabei die Blickrichtung wechselte, desto mehr Hologramme vor den anderen Arbeitsplätzen begannen sich in Luft aufzulösen. Der Raum wurde zusehend dunkler. Schlussendlich erhellte nur mehr das kreisrunde Hologramm um Eltrons Kopf und dessen Spiegelungen auf glatten Flächen an den Seitenwänden den Raum. Als auch dieses Hologramm begann, sich Segment für Segment auszuschalten, aktivierte Enki, kurz, bevor es stockdunkel wurde, das Raumlicht.

„Du hattest einen Mithörer auf dem Datenstrom", schnitt Eltron die Stille des Raumes. „Einen Mithörer, der partout nicht gefunden werden wollte. Im Gegenteil, er hat Vorkehrungen getroffen, um das Aufspüren seiner Spuren fast unmöglich zu machen. Unmöglich für Alexa. Du hast es eben selbst gesehen."

Enki zuckte die Schultern, er war sich nicht sicher, ob er verstand, was Eltron ihm sagen wollte. Offenbar sprach seine Mine Bände, sodass Eltron begann, ihn aufzuklären: „Das Abschalten der anderen Hologramme, der Shutdown meines Arbeitsplatzes. Das ging nicht von mir aus. Wer immer deinen Datenstrom abgegriffen hat, er hat einen Mechanismus eingebaut, der effektiv seine Spuren vernichten sollte".

Enki verstand. Aber Enki verstand nicht die Konsequenz. „Und das bedeutet, du kannst die Spur nicht zurückverfolgen?"

„Ich sagte, der effektiv seine Spuren vernichten sollte. Sollte, du verstehst?"

Enki war nicht in Laune für Ratespiele. „Kannst du nun den Urheber dieses Hacks ausfindig machen, oder kannst du nicht?"

In seiner Stimme begann das leichte Timbre von Ärger mitzuschwingen.

„Na na." Eltron nahm das Dataset vom Kopf. „Ich kann und werde den Urheber des Hacks finden. Es wird nur etwas länger dauern. Im Übrigen wäre es in diesem besonderen Fall von Vorteil gewesen, die Verbindung nicht so umgehend zu beenden. So kann es sein, dass ich zwar den Urheber finden kann, aber wir werden wohl erst wissen, ob und welche Daten er bei dem Hack erbeutet hat, wenn wir ihn fragen."

„Das lass nur meine Sorge sein", verlieh Enki seinem Ärger eine nachdrückliche Stimme, „wenn wir wissen, wer den Hack lanciert hat, werden wir uns um den Rest schon kümmern."

47 **Ninhursag und Enlil im Diner**

Nibiru, im 970sten Schar 422.800 v. Chr.

Auch wenn sich das Treffen formal anschickte, die Vertrautheit zwischen Enlil und Ninhursag war sofort wieder da. So als wäre in den letzten Schars nichts Störendes zwischen sie geraten. Enlil musterte Ninhursag in dem auf- und abglimmenden Licht des Bühnenhologrammes. Sie hatte sich gegenüber damals, als sie mit Enki und ihm mit der Gründung der Stammesversammlung für Nibiru ein neues Zeitalter einleiteten, kaum verändert. Dennoch war seit damals viel geschehen. Die Kriege waren in Vergessenheit geraten. Das Leben aller Nibirianer hatte sich überall auf Nibiru zum Besseren gewandelt und doch lag Nibiru mitten in einer gewaltigen Krise. Nicht, weil Nibiru, wie von Enki angesprochen, dem Untergang geweiht war, sondern weil die Gesellschaft Nibirus tief gespalten war.

In einigen Kolonien, weitab der Hauptstädte, hatten sich jene zu stammesartigen Gebilden zusammengefunden, die aufgrund der Auswirkungen der höheren Sonnenstrahlung nicht mehr mit der langen Lebensdauer der Nibirianer gesegnet waren. Sie sammelten sich in den Kolonien, um mit den Worten der an Lebensspannen von tausenden Schars gewohnten Nibirianern zu sprechen, um zu sterben. Ninhursag hatte mit ihren Genversuchen verzweifelt ein Mittel gesucht, um auch diesen Todgeweihten wieder eine längere Lebensspanne zu verschaffen. Doch ihre Forschungen fruchteten nicht. Sie kannte zwar die genetische Programmierung, sie kannte die nötigen Enzyme, um in der Theorie die Lebenserwartung zu erhöhen, doch ihre Forschung ließ sich lange nicht in die Praxis übertragen. Plötzlich kursierte das Gerücht, Ninhursags Forschungen wären nicht auf Heilung ausgerichtet, sondern durch ihre genetischen Entwicklungen habe sie das Problem der sich verkürzenden Lebensspanne überhaupt erst geschaffen. Ninhursag hatte eine schwere Zeit. Ihre genetischen Produkte wurden verboten. Die Wahrheit, dass die Lebensspanne der Nibirianer durch das Wegbrechen schützender

Teile der Atmosphäre verursacht wurde, durfte den Nibirianern ebenfalls nicht gesagt werden. Das hätte die Situation außer Kontrolle gebracht. Deshalb hatte der Rat der Ältesten Ninhursag auch weitere Genforschungen untersagt. Mit dem klaren Verbot wollte man auch ein Zeichen setzen. Natürlich war das Problem damit nicht beseitigt, bestenfalls die Volksmeinung gezähmt.

„Sag schon“, drängte Ninhursag Enlil. So wie er, so konnte auch sie in seiner Miene lesen. schließlich hatte er zu diesem halboffiziellen Treffen gebeten.

„Es ist schwer, weil ich mir nicht sicher bin, auf welcher Seite du stehen wirst.“

„Was meinst du mit stehen wirst?“, erwiderte Ninhursag.

Enlil machte eine Pause, so als ob er nicht wüsste, wie er das Thema beginnen sollte. Ninhursags Blick wandelte sich in einen bohrenden. Enlil versuchte dem Blick auszuweichen. Vielleicht war es doch ein Fehler gewesen, sich mit Ninhursag zu treffen. Er schwieg sie weiter an.

„Lass mich raten, es geht um Adeptos‘ Mission“, überraschte Ninhursag Enlil.

„Adeptos‘ Mission?“ Enlil war zumindest überrascht über diesen Vorstoß Ninhursags. Den Namen Adeptos hatte er noch nie in Zusammenhang mit seinen Erkenntnissen rund um Enkis außerrätlichen Tätigkeiten gehört. Er beschloss zu pokern: „Ja um Adeptos Mission. Mir ist da etwas zu Ohren gekommen.“

Enlil spielte sein Spiel. Doch Ninhursag durchschaute es. Sie wusste nicht, warum, aber sie wusste, dass Enlil den Namen Adeptos‘ gerade zum ersten Mal von ihr gehört hatte. Auch wenn sie von Enlil nichts zu befürchten hatte, so bereute es Ninhursag nun, diesen Vorstoß gemacht zu haben. Auch Enlil erkannte, dass er durchschaut worden war. Er wusste, dass es nun kein Zurück mehr gab. Er musste Ninhursag etwas Handfestes als Grund für dieses Treffen liefern.

„Wir haben eine Nachricht erhalten“, beschloss Enlil eine Wende im Gespräch herbeizuführen.

„Eine Nachricht an Enki. Sie kam, sagen wir, von ganz, ganz weit weg."

„Eine Nachricht an Enki, sagst du", replizierte Ninhursag. „Und wieso hast du diese dann erhalten?"

„Da habe ich mich wohl etwas undeutlich ausgedrückt. Wir haben, sagen wir, etwas aufgeschnappt, was eigentlich an Enki gerichtet war."

„Meinst du mit aufgeschnappt, ihr habt seine Kommunikation gehackt?"

„Nein, wir haben nicht seine Kommunikation gehackt", widersprach Enlil. Und diesmal war es die Betonung, mit der er das Wort „seine" wiedergab, die Ninhursag alles verriet.

„Also habt ihr nicht nur seine Kommunikation gehackt, sondern die des gesamten Ältestenrates?"

Enlil zuckte entschuldigend mit der Schulter.

„Seid ihr wahnsinnig? Wisst ihr denn nicht, was das auslöst, wenn es publik wird. Ihr habt jeden Einzelnen der Ältesten hintergangen. Und das, wo euer Stamm doch so am Entstehen dieses Ältestenrates beteiligt war", entrüstete sich Ninhursag.

„Betrachte es als Sicherheitsmaßnahme, damit das, was wir geschaffen haben, auch Bestand hat," suchte Enlil nach einer Entschuldigung. Eine bessere plausiblere Erklärung hatte er nicht.

„Ich kann mir kaum vorstellen, dass deine Bespitzelungsaktion hierfür irgendwie förderlich sein könnte. Was hast du denn so dringendes erspitzelt?"

Ninhursag spielte die Verärgerung nicht. Sie sah sich in Enlil getäuscht.

„Das ist etwas heikel", begann sich Enlil wieder an das Vertrauen Ninurtas heranzutasten.

„Heikel für wen?", feixte sie und fügte hinzu: „Heikler als den Stammmesältesten zu unterbreiten, dass sie bespitzelt worden waren?"

Ninhursag wusste, dass, was auch immer Enlil ihr zu erzählen hatte, sie ihn mit der Drohung der Veröffentlichung der Bespitzelung in seine Schranken weisen konnte. Aber Enlil hätte diesen Hinweis gar nicht benötigt. Er wusste selbst, dass der von ihm beschrittene Grad mit der Bespitzelung, vornehm ausgedrückt, heikel war. „Genau deshalb wende ich mich an dich. Es betrifft deine Familie.“

Ninhursag vermochte bestens eins und eins zusammenzuzählen. Vor ihrem geistigen Auge begann sich das, was sie von Enki wusste, mit dem von Menerta über Adeptos und dem, was Enlil ihr gleich sagen würde, wie ein Puzzlestück zu einem Ganzen zusammenzusetzen.

48 **Besuch bei Ninhursag**

Planet Nibiru, im 970sten Schar, 422.800 v. Chr.

Enki hatte Eltron verlassen. Er verstand, dass seine Anwesenheit bei der Suche nach dem Ursprung des Hacks weder hilfreich noch besonders klug war. Wer konnte schon sagen, ob der oder die Urheber des Hacks nicht auch die Mitglieder des Ältestenrates bespitzelten. Es konnte gut sein, dass sie jeden Einzelnen von ihnen oder auch nur bestimmte Mitglieder trackten. Eine Einsicht, die Enki reute, sie nicht schon vor seiner Rage gehabt zu haben. Mit seiner nicht reflektierten Vorgangsweise hatte er womöglich den oder die Urheber des Hacks gewarnt. Zudem hatte er die Spitzel womöglich auf Eltrons Fährte gebracht. Dabei machte er sich zugegebenermaßen weniger Sorge um Eltron als um die damit verbundene Warnung. Eltron konnte, das hatte er schon mehrfach bewiesen, ganz gut auf sich selbst aufpassen. Seine Bots registrierten alles rund um ihn herum. Es war stets Eltron gewesen, der den anderen einen Schritt voraus war. Hätte Eltron Enki nicht in sein Haus lassen wollen, wäre dessen Townrover gar nicht bis an seine Adresse gekommen. Wahrscheinlich hätte sich der Rover einige Straßen vorher schlicht verfahren oder aus unerfindlichen Gründen hätte der Rover einen Fehler angezeigt. Er wäre einfach stehen geblieben. Weit genug von Eltrons Haus, um keinen Zusammenhang herstellen zu können. Jetzt, wo Enki dies bedachte, schien ihm der Gang zu Eltron auch aus diesem Gesichtspunkt unklug. War Eltron Teil des Hacks? War Eltron der Ursprung des Hacks? Hielt Eltron ihn deshalb hin, um Zeit zu gewinnen, die Spuren zu verwischen? Enki wischte diese düsteren Gedanken beiseite. Er brauchte jetzt dringend etwas Ablenkung. In Sachen Hack und Eltron waren ihm – zumindest bis sich Eltron bei ihm meldete – die Hände gebunden. Enki lenkte den Townrover in Richtung Ninhursags Anwesen.

Menerta öffnete ihm. Sie lud ihn ein, einzutreten. Wie es sich für eine Hausdame gehört, bot sie Enki auch Erfrischungen.

„Ist Ninhursag nicht da?“

„Nein, sie ist am frühen Nachmittag aufgebrochen.“

Enki sparte sich die Frage noch dem Wohin, denn er wusste selbstverständlich, dass Menerta ihm diesbezüglich keine Auskunft geben würde. Die dunklen Gedanken verfolgten ihn: Hatte Ninhursag mit Menerta über seine Begegnung und ihr Gespräch im Rat der Ältesten erzählt?

„Nein danke“, wies Enki die Erfrischungen ebenso zurück wie die Einladung, Menerta ins Wohnzimmer zu begleiten. „Sag ihr, wenn sie zurückkommt, bitte, dass ich hier gewesen bin.“

Enki wandte sich wieder dem Ausgang zu.

„Du hast meinen Mann weggeschickt“, stellte sich Menerta zwischen Enki und die Ausgangstür. „Ist es nicht so?“

Beide verharrten wie erstarrt. Menerta ob dem, was sie gerade gesagt hatte. Sie konnte es selbst kaum fassen, dass sie sich das gerade getraut hatte. Enki war ebenso erstaunt über die Direktheit Menertas. Die Stille und das Erstarren der beiden dauerte gespenstisch lange an. Wieder galt es für Enki abzuwägen, was Menerta wohl schon wusste. Zugleich wollte er ihr nicht mehr an Details preiszugeben, als für eine zufriedenstellende Antwort unbedingt nötig schien: „Adeptos ist auf einer sehr bedeutsamen Mission. Ich hoffe, seine Mission ist mit Erfolg gekrönt. Ja, um deine Frage zu beantworten. Ich habe ihn auf eine lange und sicher nicht ungefährliche Reise gesandt. Soweit ich das jetzt beurteilen kann, hat er wohlbehalten sein Ziel erreicht. Wir werden in Kürze von ihm hören.“

Enki sah keinen Grund, warum er dem Blick Menertas ausweichen sollte.

„Und du bist sicher, dass es ihm gut geht?“, wollte Menerta noch nachstoßen.

„Glaub mir, wenn ich das genau wüsste, würde es auch mir viel besser gehen. Alles, was ich bislang mit Gewissheit sagen kann, ist, dass er sein Ziel erreicht hat. Mehr werden wir sicher in Kürze wissen.“

Enki schob sich an Menerta vorbei, deren Haltung angesichts

der gehörten Worte emotional entglitt. Sie sackte in sich zusammen. Enki konnte sie gerade noch auffangen, damit sie nicht zu Boden stürzte.

49 **Tagebuch Adeptos': Der Außenposten**

siebter Planet im 970sten Schar, 422.800 v. Chr.

Seit einiger Zeit lege ich vor meinem Lager kleine Mengen verschiedener Nahrungsmittel aus. Ich beobachte, wie sich die unterschiedlichsten Bewohner des siebten Planeten daran sättigen. Je nach ausgelegter Nahrung locke ich damit mehrere, auch gegenseitig in Konkurrenz stehende Arten an. Apropos Arten. Bislang ist mir von keinem der ausgesandten Bots ein Zeichen höher entwickelten Lebens auf diesem Planeten übermittelt worden. Nachdem das Kartografieren des siebten Planeten abgeschlossen war, haben die Bots konsequent begonnen, die Lebewesen auf dem Planeten zu erfassen. Sie katalogisierten die verschiedenen Arten.

Wie schon erwähnt, scheint neben der Flora auch die Fauna eine ähnliche Entwicklung wie auf Nibiru gemacht zu haben. Es gibt nach den ersten Erkenntnissen viele miteinander verwandte Arten. Jede dieser Art birgt in sich teils unzählige Unterarten. Die Unterarten ähneln sich zum Teil so stark, dass es den Bots kaum möglich ist, zu beurteilen, ob es sich um eine Unterart oder die gleiche Art in einem früheren oder späteren Entwicklungsstand handelt. Besonders schwierig ist diese Einordnung bei Tieren, die im Laufe ihres Lebenszyklus verschiedene Gestaltformen annehmen. Die zum Beispiel die erste Phase als Kokon und in weiterer Folge als Flügler ihre Lebensspanne durchleben. In Summe und ohne abschließende Gültigkeit dürfte der Evolutionsstand auf dem siebten Planeten in etwa dem Nibirus vor den großen Zeiten entsprechen. Erfreulicher- und erstaunlicherweise basiert die hiesige von den Bots bislang erfasste Fauna und Flora auf den gleichen biologischen Grundlagen wie auf Nibiru. Manche der von den Bots erfassten Geschöpfe ähneln in Form und Aussehen sehr unseren Tieren auf Nibiru. Daraus würde ich schließen, dass der siebte Planet über lange Zeiträume ähnliche Lebensbedingungen wie Nibiru bot. Denn für mich scheint es logisch, dass nur gleiche Bedingungen im

Ergebnis bei der Evolution auch zu ähnlichen Ergebnissen führen. Das bestätigt die Erkenntnisse der seinerzeitigen Forscher, die auf die Ferne hin aus den Ergebnissen der seinerzeitigen Sonden dem siebten Planeten ein geeignetes Habitat für uns Nibirianer zuschrieben. Noch ist es zu früh, um dies endgültig zu bestätigen, jedoch deuten alle gesammelten Daten bislang auf die Bestätigung dieser damaligen Expertise hin.

Bei meinen Futterstellen hat sich eine Tierart als besonders intelligent und zugleich vorsichtig herausgestellt. Sie läuft abwechselnd auf zwei oder vier Beinen. Diese Tierart ähnelt unseren Urahnen aus lange vergangen Zeiten, aus denen sich nach unseren Wissenschaftlern vor Jahrmillionen wir Nibirianer entwickelt haben. Diese Tierart hat bislang als einzige auch schwierige Versuchsanordnungen zur Aufnahme des ausgelegten Futters gemeistert. Stimmt die Annahme unserer Wissenschafter über unseren Ursprung und die damit einhergehende Zeitskala, so könnte diese Tierart uns ein Zeitfenster in die Vergangenheit unserer eigenen Spezies eröffnen. Zumindest wenn ihre biologische Anatomie der unseren annähernd vergleichbar ist.

Auftragsgemäß habe ich die Bots instruiert, gezielt nach den Vorkommen dieser mir am höchsten entwickelt scheinenden Spezies Ausschau zu halten. Offenbar ist diese Gattung in unterschiedlichsten Besiedlungsdichten auf den vielfältigen Landmassen des siebten Planeten in unterschiedlichen Arten vertreten. Die Artenvielfalt dieser Gattung führe ich auf ein besonders hohes Assimilierungsvermögen an die regionalen Gegebenheiten zurück. In den nächsten Tag- und Nachwechseln werde ich mit Alexa Go versuchen, eine Art Übersicht zu erstellen, in wie viele Arten sich diese Gattung einteilen lässt.

50 **Enlils Drohung**

Planet Nibiru, im 970sten Schar, 422.800 v. Chr.

„Es gibt nur einen Weg“, zog Ninhursag ihre Hand von Enlils Hand zurück und wiederholte: „Es gibt nur einen Weg für euch beide, aus dieser Situation zu entkommen. Du musst Enki mit deiner Abhöraktion konfrontieren. Er kann es sich nicht leisten, deine Maßnahme an den Pranger zu stellen, denn das würde bedeuten, er muss seine Exkursion im Ältestenrat offen legen.“

„Er wird es nicht gutheißen“, widersprach Enlil Ninhursag.

„Er wird mir Verrat vorwerfen, gerade wegen unserer Freundschaft.“

Enlil schüttelte den Kopf. „Was wäre die Alternative? In den Rat zu gehen und Enki anzuprangern? Das kannst du genauso wenig, denn dann würdest du deine Abhöraktion beichten müssen. Ganz zu schweigen von der Auswirkung auf eure Freundschaft.“

„Meine Idee war, dass du ihn fragst. Du könntest sagen, du hast ein Gerücht gehört, oder so“, versuchte Enlil einen neuen Anlauf.

„Ich kann Enki schwerlich zu einem angeblichen Gerücht befragen, wenn er mich vor kurzem zu ebendiesem gesprochen hat“, lehnte Ninhursag ab.

„Die Frage wird eher sein, was ist mit eurer Freundschaft, wenn Enki die Spuren der Anhörung entdeckt und diese auf dich zurückführen“, unterstrich Ninhursag ihre Idee der Aussprache. „Du kennst Enki. Ich wette, dass er von der Abhöraktion bereits Wind bekommen hat. Mit Sicherheit sind bereits Spürhunde darauf angesetzt, um den oder die Urheber ausfindig zu machen.“

Enlil nickte. „Ja die Übertragung wurde umgehend gestoppt. Das bedeutet, dass die Abhöraktion aufgeflogen ist“, bestätigte er Ninhursags Vermutung. „Aber darüber mache ich mir keine weiteren Sorgen. Der Spürhund ist in diesem Fall hinter sich selbst her.“ Enlil setzte ein äußerst gezwungen wirkendes Lächeln auf.

„Du willst sagen, dass die Quelle des Hacks zugleich jener Spürhund ist, den Enki losgeschickt hat, um den Hack zu identifizieren?“

„Exakt. Alles, was dieser Spürhund am Ende des Tages findet, würde ihn selbst preisgeben. Also verschafft uns der Spürhund fürs Erste mal viel Zeit. Gute Hacks sind schließlich schwer zu finden. Und das dauert.“ Das Lächeln Enlils verfiel wieder.

„Hast du das auch zu Ende gedacht? Was ist mit dem Spürhund, wenn Enki die Zeit zu lange dauert, wenn er andere darauf ansetzt?“

„So war es ja auch nicht geplant. Zum einen sollte der Hack unbemerkt bleiben, was er über lange Zeit ja auch blieb. Und zum anderen war nicht absehbar, dass der Hack just bei so einem heiklen Thema auffliegt. Das macht die ganze Sache kompliziert.“

„Verrat ist nie einfach“, murmelte Ninhursag.

„Nenn es nicht so“, bat Enlil.

„Ursprünglich war der Hack gedacht, um Enki zu schützen, ihn zu unterstützen. Das musst du mir glauben. Mir war klar, dass er so einen Hack nie gouttieren würde. Auch wenn wir damit nur sicherstellen wollten, dass die Mitglieder des Ältestenrates keine Verschwörung oder sonstige Mauscheleien anzettelten. Du weißt, wie unsicher unsere Allianz geschmiedet ist. Ich für meinen Teil halte Kontrolle für ein legitimes Mittel. Ich würde sogar behaupten, der Zweck heiligt in diesem Fall die Mittel. Sieh dir den Erfolg der Allianz an. Wann hatte es je auf Nibiru so harmonische Zeiten gegeben?“

Ninhursag schüttelte kaum wahrnehmbar den Kopf. „Aber mit genau diesem Misstrauen bringst du die Allianz doch zum Einsturz. Die Allianz beruht auf dem Vertrauen der Stammesvertreter. Stell dir vor, einer der Stammesälteren wäre Urheber einer derartigen Bespitzelungsaktion? Das würden die anderen als Affront sehen. Die Allianz würde vielleicht sogar deswegen zerbrechen.“

In Ninhursags Stimme klang der Unterton der Verzweiflung mit. Noch nie waren Enlil und Ninhursag bei einer Sache so unterschiedlicher Meinung. Noch nie hatten sich ihre unterschiedlichen Positionen so festgezimmert wie in diesem Punkt. Enlil war mindestens ebenso Architekt der Allianz wie Enki oder seine Schwester Ninhursag. Doch nie war zu Tage getreten, dass Enlil diese Allianz aus einem so anderen Blickwinkel zu formen gedachte. Nicht Vertrauen, sondern Kontrolle schien seine oberste Maxime. Für umso wichtiger befand es Ninhursag nun, dass Enki und Enlil an einen Tisch zusammenkamen. Denn in Wahrheit mangelte es beiden an Vertrauen: Adeptos' geheime Expedition belegte Enkis mangelndes Vertrauen in seine Ratskollegen, wie umgekehrt Enlils Hack.

„Du must mit Enki sprechen", insistierte Ninhursag.

Es folgte eine Gedankenpause, in der weder Ninhursag noch Enlil das Wort ergriffen.

Nach einigen Minuten schien Ninhursag zu einer Entscheidung gekommen zu sein. „Ich werde euch ein Treffen vermitteln", teilte sie Enlil dann mit. „Ich werde dafür sorgen, dass ihre beide Gelegenheit habt, die Angelegenheit um eurer Freundschaft und um der Allianz willen wieder geradezurücken. Aber …" Und wieder pausierte Ninhursag. „Ich werde nicht die Mediatorin geben. Ich gebe euch die Gelegenheit, aber mehr nicht. Es ist weder meine Aufgabe, das Vertrauen Enkis in mich zu enttäuschen, noch möchte ich unser beiden Basis aufs Eis führen. Das Wie müsst ihr schön mit Euch selbst ausmachen, ich sorge nur für das Wo und Wann."

Das war Enlil entschieden zu wenig, hatte er doch gehofft, mit Ninhursag auch die Wogen glätten zu können. Aber Enlil wagte angesichts von Ninhursags Entschlossenheit nicht, ihr zu widersprechen. Er hatte begriffen, dass er sich diesem Weg fügen musste und dass er auch nicht mehr fordern durfte.

„Eines würde mich noch interessieren", wandte sich Ninhursag im Aufstehen zu Enlil um. „Hattest du aufgrund deines Hacks viel zu intervenieren?"

Enlil blickte auf. „Nicht ein einziges Mal“, gestand er. „Nicht ein einziges Mal gab es die Notwendigkeit einzugreifen. Offenbar steht die Allianz auf besseren Füßen, als wir das befürchtet hätten.“

Ninhursag ließ die Worte auf sich wirken. „Das gibt Hoffnung“, sagte sie und verließ das Diner.

Kaum hatte Ninhursag mit dem Rover den Parkplatz verlassen, schob sich Alexa mit einer Vielzahl an Benachrichtigungen wieder in ihr Leben und begann vorzulesen. Darunter auch eine alarmierende Nachricht von Ninhursags Zuhause. Demnach war Menerta in Enkis Händen zusammengebrochen. Der Townrover beschleunigte und legte sich fast schon wagemutig in die Kurven, um Ninhursag rasch nach Hause zu bringen. Falls Enki noch dort war, schien ihr das die beste Gelegenheit, um ihrer Vermittlerrolle gerecht zu werden.

51 **Ende einer Freundschaft**

Planet Nibiru, im 970sten Schar, 422.800 v. Chr.

Die Sonne war bereits lange untergegangen, als Enki in den Sitz des Ältestenrates zurückkehrte. Er wusste, dass Enlil dort auf ihn wartete, aber er wollte sich zuvor noch bei Eltron nach dem aktuellen Stand der Nachforschungen über den Hack informieren. Leider vergebens. Eltron hatte keine neuen Informationen für Enki. Er machte ihm nunmehr sogar weniger Hoffnung, den Urheber des Hacks zu entlarven als in ihren vorangegangen Gesprächen.

Enlil war allein in den Ältestenrat gekommen. Sein Rover stand unmittelbar neben dem Aufgang zur Eingangshalle. Enlil schien auch noch nicht allzu lange dort zu sein. Die Triebwerke des Rovers schimmerten noch heiß von der Anfahrt. Enki nahm die wenigen Stufen zur Eingangshalle empor, sinnierend, was Ninhursag ihm wohl verschwiegen hatte, als sie ihn zu dem Treffen mit Enlil überredete, und trat ein. Die Halle roch nach Frische, vermutlich hatte einer der Reinigungsbots gerade seine Runden gezogen und den Boden mit ätherischen Ölen zum Glänzen gebracht. Die Halle war rund angelegt. In der Mitte des Raumes gruppierten sich mehrere Sitzgelegenheiten. Vor diesen Ruhegelegenheiten führten die Aufzüge in die oberen Stockwerke. An den Außenrändern der Halle waren die Servicecounter untergebracht. Fast jeder Stamm unterhielt hier ein Büro und eine Kontaktstelle für jedermann. Aber es gab auch einen Servicecounter des Ältestenrates, sozusagen Enkis Bürostab. Zu beiden Seiten der Aufzüge, die sowohl von vorne als auch von hinten betreten werden konnten, gab es jeweils eine Bar. Eine Bar, die neben kleinen Erfrischungen auch eine Besonderheit parat hielt: Die Bar offerierte keines der traditionellen Stammesgetränke. Vielmehr waren die Barbetreiber stolz darauf, bewusst auf die traditionellen Getränke zu verzichten, oder wie sie es darstellten, diese zu neuen, Stämme verbindenden Mixgetränken weiterentwickelt zu haben. Manche der aus der Mischung unterschiedlichster Stammesgetränke entstandenen Mixgetränke empfand Enki tatsächlich als gelungene Bereicherung. Andere hätte seiner Meinung nach besser nicht den Weg auf die Karte gefunden. Geschmackssache.

Enlil saß am rechten Bartresen. Er unterhielt sich mit der Barfrau, als er Enki bemerkte: „Du kommst spät“, umarmte er Enki.

„Ich hatte noch einen kleinen Abstecher zu machen. Der hat etwas länger gedauert, als ich gehofft hatte“, erwiderte Enki Enlils Umarmung.

„Hat sich der Abstecher denn wenigstens gelohnt?“

Eine eigenartige Frage, dachte sich Enki, überspielte seine Verwunderung aber mit einem tonlosen „leider nein“.

Er setzte sich neben Enlil. Er war schon hunderte Male durch diese Halle geeilt, hatte sich auch schon öfter hier unten mit Stammesältesten oder deren Vertretern getroffen, doch noch nie zuvor war ihm der riesige Raum so leer und kahl vorgekommen wie an diesem Abend.

„Sie sind alle längst weg.“

Enlil schien ähnlichen Gedanken nachzuhängen. „Wir sind die Letzten, die wie so oft gemeinsam die Stellung halten.“

Enki spürte, dass auch dieser zweite Satz Enlils eigenartig war, aber er verstand es noch nicht, sich auf Enlils Äußerungen und Ninhursags Vorschlag des Treffens einen Reim zu machen.

Enlil deutete der Barfrau. Umgehend stellte diese zwei Getränke vor Enki und Enlil auf den Tresen.

„Lass uns da drüben hinsetzen.“, deutete Enlil auf eine Sitzgarnitur deutlich abseits der Bar und insbesondere der Barfrau.

Eigenartig, dachte Enki bei sich, folgte der Aufforderung aber umgehend. Enki und Enlil setzten sich auf die samtweiche Garnitur. In eben diesem Moment verband Enki eins und eins. Plötzlich war ihm klar, dass Enlil von dem Hack wusste.

„Wir müssen darüber reden“, begann Enlil. „Ich bitte dich, mir zu sagen, was du vor uns allen zu verheimlichen suchst.“

Jetzt war Enki überrascht. Ja, offenbar wusste Enlil von dem Hack, aber offenbar hatte er auch über den Inhalt des Hacks

Kenntnis.

„Ninhursag?“, fragte er, wiewohl er im gleichem Atemzug seine Frage bereute. Sie war ihm herausgerutscht, seiner ersten Emotion gefolgt, was es mitnichten besser machte, wie er sich eingestehen musste. Er musste sich unbedingt und dringend ein besseres Bild seiner Schwester verinnerlichen.

„Nein“, widersprach Enlil, „ich denke, du weißt, von wem wir die Information haben. Schließlich warst du gerade bei ihm, weil du uns entlarven wolltest.“

Enki sortierte seine Gedanken neu. Eltron arbeitete für Enlil? Oder war die Information an Enlil nur ein Nebenprodukt eines anderen Auftrags, der Eltron von wem auch immer gegeben worden war? Für einen Augenblick und um ihrer langen Freundschaft willen, dachte Enki, so und nur so könnte es gewesen sein.

„Eltron hatte den Auftrag von mir“, stellte Enlil klar und riss Enki damit aus seinem bewahrenden Gedankenspiel. Eltron hatte den Auftrag von Enlil. Enlil, sein Vertrauter seit langen Zeiten, hatte veranlasst, ihn zu bespitzeln? Wären andere in der Eingangshalle gewesen, hätten sie mitansehen können, wie die stattliche Figur Enkis augenscheinlich in sich zusammenzusinken begann. Er schien mit dem Sessel unter sich eins zu werden. Enki war sprach- und haltlos. Er fühlte sich schwindelig, wie im freien Fall, in dem er auf sein nahendes Ende zutrudelte, das aber nicht näherzukommen schien.

„Du bist der Hack?“, fragte Enki, als er sich aus der Spirale gelöst hatte. „Du spionierst meinen Amtsgeschäften nach? Hast du denn alles vergessen, was uns an jenem Ältestenrat so wichtig, so bedeutungsvoll und so unwiderlegbar nötig war? Warst es nicht du, der jedem einzelnen Ratsmitglied die Bedeutung von Vertrauen für die Gemeinschaft ins Gewissen geredet hat? Bist du jener Enlil, der an meiner Seite Schritt um Schritt zur Errichtung dieses Ältestenrates gegangen ist? Ausgerechnet du spionierst meinen Geschäften nach? Sag mir, was ist es, dass dich hierzu antreibt? Hättest du dir den Ratsvorsitz erhofft? Ist es das? Ist es, weil du dich in meiner Funktion gesehen hast?"

Enkis Worte brachen aus ihm heraus, weitaus lauter, als er es je vorgehabt hätte. Ein kurzer Blick zur Barfrau bestätigte ihm, dass sie ob seines Ausbruches auf sie aufmerksam geworden war.

„Ich habe nicht *deinen* Amtsgeschäften nachspioniert und ich habe nicht mit *deinem* Ratsvorsitz spekuliert", widersprach Enlil.. Enki blickte Enlil mit großen, überraschten Augen an. Er verstand. Der Verrat war nicht explizit gegen ihn gerichtet, sondern – noch besser oder unglaublicher – Enlil hatte den ganzen Rat unterwandert.

„Du hast uns alle abgehört?"

Enlil nickte stumm. Er war sichtlich nicht stolz auf diesen Verrat. Die Lichter in den Servicecountern der Ältesten erloschen mit einem leisen Pfeifton. Die Öffnungszeit des Hauses der Ältesten für heute war vorüber. Durch das Abdunkeln der Servicecounter verschmolzen die äußeren Ränder der Halle unsichtbar mit dem Dunkel draußen zu einer unendlichen Einheit. Mit einem zweiten kurzen Pfeifton erlosch auch das Licht hinter dem Bartresen. Die Barfrau hatte Feierabend gemacht und war gegangen. Zurück blieben Enki und Enlil.

„Aber lass es mich erklären", versuchte Enlil die Gesprächsführung wieder zu übernehmen.

„Du willst mir den Verrat an alledem, was uns bei der Erschaffung des Rates wichtig und von Bedeutung war, erklären?", fragte Enki mit ironisch überspitztem Unterton, ehe er einen großen Schluck des Mixgetränkes nahm.

„Nein, das nicht. Lass mich erklären, was ich getan habe und welche Beweggründe mich hierzu führten."

52 **Das Eingeständnis**

Planet Nibiru, im 970sten Schar, 422.800 v. Chr.

Nach Enlils Geständnis, den gesamten Rat und nicht nur Enkis Kommunikation überwacht zu haben, blieb es lange Zeit ganz still zwischen Enki und Enlil. Inzwischen hatten die Reinigungsbots begonnen, leise surrend über den blanken Steinboden den Rückzug in ihre Ladestationen anzutreten. Ihre wischenden und saugenden Extremitäten hatten den feinen Stein aus den Anhöhen von Normalu wieder auf Hochglanz gebracht. Ihr leises, schlurfendes Polieren war das einzige Geräusch, das noch zu hören war Es wirkte im Abklingen seltsam beruhigend, fast medidativ.

Enlil hatte mehrfach während seiner Ausführungen betont, dass sein Unterfangen ausschließlich und nur der konstruktiven Sicherheit der Bündnisse im Ältestenrat gegolten hatte. Es hatte, und das führte seine Skepsis gegenüber den anderen Ratsmitglied ins Leere, bislang niemals Anhaltspunkte für eine sich zusammenbrauende Gefahr oder Verschwörung welcher Art auch immer gegeben. Dadurch war sich Enlil der Außenwirkung seiner illegalen Kontrolle nie bewusst geworden. Es hatte schlicht nie der Anlass bestanden, hierüber näher nachdenken zu müssen. Als er die Idee gebar, war er vom Feuer des Eifers der Allianz so geblendet, dass ihm jedes Mittel richtig und gerecht erschienen war, um diese junge Allianz zu festigen. Er wollte auseinanderdividierende Ansätze im Keim ersticken. Enki konnte das bis zu einem gewissen Teil nachvollziehen. Andererseits war ihm sehr klar gegenwärtig, dass dieser Vertrauensmissbrauch auch ihm zur Last gelegt worden wäre. Denn jeder musste aufgrund ihrer Kameradschaft vermuten, er wäre in diese Bespitzelung eingeweiht gewesen. Unter diesen Umständen wäre die Allianz binnen kürzester Zeit zerbrochen. Dies mochte Enki jetzt zum Vorteil gereichen. Würde Enlil seine zweifelsohne im Hack erlangte Information dem Ältestenrat darlegen, würde ihrer beider Positionen hinterfragt werden.

„Und nun?“, durchbrach Enki die Düsterheit. „Was wirfst du mir vor, was nicht durch deine Bespitzelung übertrumpft worden wäre?“

„Es geht gar nicht um Vorwerfen, um gegenseitiges Anprangern. Ich glaube, Ninhursag hat Recht, dass wir um unserer Freundschaft willen reden sollten. Du hast irgendwo da draußen etwas Großes am Laufen. Etwas Großes, von dem ich fest überzeugt bin, dass der Rat der Ältesten es erfahren muss. Um der Gemeinschaft des Rates Willen.“ Enlil lehnte sich in den Sessel zurück und betrachtete Enkis Reaktion.

„Es ist schwer, abzuwägen, wo die Torheit anfängt und worin in manchen Dingen die Weisheit liegt“, antwortete Enki. „Wenn du von der Notwendigkeit einer Sache unbedingt überzeugt bist, so wie du von der Abhörsache offenbar überzeugt warst und es nur einen richtigen Weg gibt die Sache zu machen, dann steht man vor nicht allzu vielen Optionen.“ Enki machte eine kurze Pause und beobachtete die Bots. „Als mir bewusst wurde, dass Nibiru sterben wird, und damit meine ich nicht, dass wir nur Handlungsbedarf haben, um das Schlimmste abzuwenden, sondern als mir klar wurde, dass, wie wir kürzlich im Rat dargelegt haben, Nibirus Ende unausweichlich kommt, da hielt ich es für selbstverständlich, dass wir uns auch an Strohhalme klammern müssen. Als mir von unseren besten unabhängigen Wissenschaftlern jeweils das Endszenario dargestellt wurde, habe ich beschlossen, eine Alternative zu erkunden. Die Wissenschaftler haben, wie im Rat gesehen, den Auftrag erhalten, mögliche Rettungsvarianten zu erarbeiten. Währenddessen habe ich vor nunmehr langer Zeit die günstige Sternenkonstellation genutzt, um auf einen alten, unseren Vorfahren wohl bekannten Planeten eine Erkundungsmission zu schicken.“ Wieder pausierte Enki. Enlil wollte gerade fragen, warum im Geheimen, als Enki fortsetzte: „In unseren alten Archiven gibt es Unterlagen über den siebten Planeten dieses Sonnensystems, der vor Anbeginn unserer Evolution mit Nibiru fast zu einem Planeten verschmolzen wäre. Zumindest gab es eine gewaltige Kollision. Seit damals sind wir immer wieder in die Nähe dieses Planeten gekommen. Wobei Nähe hier relativ ist. Unsere Vorväter nutzten eine dieser Annäherungen, um das Resultat der seinerzeitigen Kollision zu untersuchen. Sie nahmen an, dass damals zwischen den Planeten trotz der Kollisionshölle ein Austausch stattgefunden hatte. Jedenfalls haben unsere Vorfahren Millionen Jahre später beschlossen, diesen Planeten einmal etwas näher zu betrachten, was mit den damaligen Mitteln gar nicht so einfach gewesen sein dürfte. Trotzdem gelang es ihnen, einige sehr interessante Daten über diesen Planeten zu gewinnen. Die Daten waren zwar sehr lückenhaft, aber aufschlussreich. Sie belegen immerhin, dass dieser Planet, analog zu Nibiru in den der Kollision folgenden Zeit, eine ähnliche Evolution wie unser Heimatplanet durchmachte. Meine Idee war daher, so schlicht sich das anhört, mit einer überschaubaren Mission im letzten idealen Startfenster jene lückenhaften Daten zu ergänzen. Vielleicht würde sich ja herausstellen, dass der siebte Planet als Fluchtort für Nibirus Bevölkerung geeignet sei."

„Aber das hätte doch keiner Geheimmission bedurft?

„Damals hatten unsere Wissenschafter noch keinen fertigen-Plan B wie zum Erhalt unserer Atmosphäre entwickelt. Die Ausgangslage war weitaus drastischer: Nibiru stirbt, wir mit ihm. In dieser Situation wäre das Zeichen einer Mission, um einen Fluchtplaneten zu finden, fatal gewesen. Unser gesamtes gesellschaftliches Gefüge, weil ohnehin im Nichts endend, wäre schlagartig zusammengebrochen. Ich mochte mir gar nicht ausmalen, wie rasch wir jeden Anschein von Zivilisation über Bord geworfen hätten angesichts der Hoffnungslosigkeit."

Enki schüttelte den Kopf angesichts seiner eigenen Fantasie ob dem totalen Zusammenbruch. „Und wenn die Mission als Katalysator gedient hätte, um unsere Ordnung aufrecht zu erhalten, dann wären wir auf das nächste Desaster zugeeilt, indem es unabschätzbar war, was sich im Ergebnis der Mission wiederfinden würde. Ein bewohnbarer Planet, eine unwirtliche Wüste? Oder vielleicht ein schon von wem auch immer bewohnter Planet, deren Bewohnern wir ihre Heimat streitig machen müssten? Bei dieser Mission gab es nur eine kleine Wahrscheinlichkeit einer durchgängig positiven Perspektive.“

„Dann sollten wir dringend die Verbindung wieder aufbauen, um genau das zu erfahren“, schwenkte Enlil von der Erklärung Enkis zu hier und jetzt. „Wir müssen, egal, was wir erfahren werden, dies umgehend dem Rat der Ältesten mitteilen. Besser gesagt, du musst ihnen das erklären“, forderte Enlil. „Und an dieser Mission, selbst wenn sie die erlösende Nachricht bringt, möchte ich mich auch weiterhin als unbeteiligt betrachen.“

Es brachte Enki jetzt nichts, Enlil mit der Veröffentlichung seiner Abhöraktion zu drohen. Er wusste, dass Enlil dies in Kauf nehmen musste. Er würde sie im Zweifel sogar abstreiten. Wahrscheinlich hatte Enlil sogar recht, dass es jetzt darum ging, die Mission mit einer vernünftigen Darstellung offenzulegen. Positive Daten von Adeptos würden hierbei natürlich ungemein gelegen kommen, könnte Enki die Mission doch damit als Retter Nibirus ausschmücken.

53 **Offenlegung**

Planet Nibiru, im 970sten Schar, 422.800 v. Chr.

Ninhursag hatte den ganzen Morgen im Garten zwischen ihren Blumen verbracht. Sorgsam hatte sie deren Entwicklung beobachtet. Jene, die ihrer Meinung nach etwas mehr Wasser zu schätzen wussten, als es die Gartenbots diesen bei ihrer routinemäßigen Verteilung zukommen ließen, hatte sie zusätzlich gegossen, andere sorgfältig von welkem Blätterwerk oder abgestorbenen Blumenköpfen befreit, die unter dieser Altlast von pilz- und Käferbefall bedroht waren. Ninhursag bewunderte die Pflanzen- und Tierwelt in gleichem Maße. Gelang es ihr, einige Sorten ihrer Blumen resistent gegen bestimmte Schädlinge zu züchten, was oftmals nur einer geringen genetischen Änderung bedurfte, so dauerte es nicht lange, bis die Käferwelt auf natürliche Weise neuen Fressfeinde aufbot. Ein Wettlauf inmitten der Natur, bei dem die Natur sozusagen genetisch nachzog. Ein ewiges Wettlaufen, wie Ninhursag richtig konstatierte, und so, wie sie zufrieden feststellte, eine ewig neue Herausforderung. Das war ganz nach ihrem Geschmack. Ninhursag streichelte ihre Blumen beinahe. Sie sah sich als deren Verbündete im Bestreben, besser, robuster und natürlich prachtvoller zu werden, wie es sich für Blumen geziemt.

Manche ihrer Schützlinge standen um diese Jahreszeit in voller Blüte, andere begannen erst, sich aus dem Boden herauszuschälen, während wieder andere ihren Zyklus bereits abgeschlossen hatten und das Feld zugunsten ihrer Nachkommen räumten. Ninhursag blieb vor den hüfthohen, in leuchtendem Rot blühenden, handtellergroßen Blütenkelchen aus den Bergen von Normalu stehen. Die Normalukelche, wie diese Blumen genannt wurden, galten als eine inzwischen selten gewordene Blumensorte, die ursprünglich nur in höchsten Lagen in Normalu gedieh. Der dünne Sauerstoff dort oben begünstigte ihr Wachstum. In der Ebene wuchs die Pflanze überhaupt nicht. Ninhursag hatte sie genetisch umgeformt. Ninhursag konnte sie damit vor der sicheren Ausrottung in den Anhöhen von Normalu bewahren. Denn die Normalukelche galten lange Zeit als exquisite Mitbringsel aus diesen Bergen. Jetzt, wo ihre Anzucht auch in der Ebene möglich war, war dieser Nimbus verschwunden. So konnte sich jeder über eigene Normalukelche freuen und Ninhursag im Besonderen über Exemplare, denen sie eine ganzjährige Blütenpracht angezüchtet hatte. Sie strich über die Blütenkelche, als ihr Menerta von der Terrasse zurief: „Es geht gleich los."

Ninhursag ging über den kleinen Schotterweg an der Ostflanke ihres Hauses vorbei. Sie setzte sich zu Menerta auf die Terrasse. Alexa hatte den Schattenspender bis weit über die Terrasse ausgefahren, sodass es angenehm schattig darunter war. Insbesondere ließ sich so ihre Einspielung auf den großen Terrassenfenstern besser erkennen: der Livestream aus dem Rat der Ältesten. Enki hatte zu dieser außerplanmäßigen Sitzung eingeladen, um dem Ältestenrat seine Mission zu gestehen. Das wusste Ninhursag, was sie aber noch nicht wusste, war, zu welchem Ergebnis die von der Mission gemeldeten Daten geführt hatten. War Adeptos erfolgreich gewesen? Konnte der siebte Planet als Zufluchtsmöglichkeit genutzt werden oder barg er gar so viel Goldmetall, dass eine Flucht von Nibiru gar nicht mehr nötig wurde?

Auch Menerta war äußerst angespannt. Ninhursag hatte ihr nur verraten können, dass die Verbindung zu Adeptos wohl geklappt hatte. Weiteres war auch ihr selbst nicht bekannt. Immerhin schien Adeptos zum Zeitpunkt der ersten Kontaktaufnahme wohlauf gewesen zu sein.

Die Fensterfronten leuchteten in den Logofarben des Ältestenrates, während eine Laufschrift quer durch das Bild die unmittelbar bevorstehende Übertragung ankündigte. Nachdem in der letzten Zeit einiges an Gerüchten über diese angebliche Mission und deren Zusammenhang mit der Rettung Nibiru kolportiert worden war, gab es auf ganz Nibiru vermutlich kaum jemanden, der diese Übertragung nicht auf seinem Bildschirm, Handheld, Mobile oder zumindest von Alexa akustisch vorgetragen, verfolgte. Die Logofarben wurden zunehmend transparenter und gaben den Blick in den Sitzungssaal des Ältestenrates frei. Da saßen die altehrwürdigen Stammesvertreter, diesmal 25 an der Zahl, da es sich der hinscheidende Merkur nicht nehmen lassen wollte, letztmalig an dieser offenbar ebenso einzigartigen Sitzung teilzunehmen, auch wenn ihn persönlich das Schicksal Nibirus nicht mehr berühren mochte. An seiner Seite saß sein Sohn.

Enki hatte bewusst auf den Livestream gesetzt, wiewohl es ihm die Tragweite der Sitzung durchaus ermöglicht hätte, verdeckt zu tagen. Enkis Platz war noch leer, ebenso wie Enlils Sitz an dessen Seite, beide genau gegenüber des von der Kamera erfassten Bildes. Enki trat ein, dicht gefolgt von Enlil. Ninhursag war überrascht ob dieses symbolhaften Auftritts in trauter Einigkeit, wusste sie doch um die Differenzen. Enlil nahm Platz, während sich Enki hinter seinen Stuhl stellte. Sein Mobiledevice legte er quer vor sich auf den Tisch. Vermutlich hatte er seine Rede darauf vorbereitet.

„Werte Ratsmitglieder, hohe Versammlung, ehrenwerte Bürgerinnen und Bürger Nibirus."

Enki sorgte binnen Augenblicken für konzentrierte Aufmerksamkeit bei den Ratsmitglieder sowie vermutlich Millionen Followern auf ihren Geräten.

„Ich bitte Sie um Ihre Aufmerksamkeit, denn was wir Ihnen nun mitteilen möchten, ist von größter Bedeutung für uns alle."

Enki schürte noch mehr die Aufmerksamkeit.

„Ich möchte Sie gar nicht lange auf die Folter spannen, geschweige denn möchte ich Ihnen erneut darstellen, wie prekär unsere Lage auf Nibiru schon ist und noch viel mehr in kurzer Zeit schon sein wird. Ich möchte Ihnen in freien Worten", Enki nahm sein Mobile zur Hand und legte es mit der Bildschirmseite nach unten vor sich hin, „ohne Umschweife und in gebotener Kürze mitteilen, was sich zugetragen hat."

Schlau inszeniert, dachte Ninhursag und betrachtete Menerta, deren Aufmerksamkeit gebannt auf die Bildschirme gerichtet war.

„Auf eigene Verantwortung hin, und ich darf dies ausdrücklich betonen, ohne Zustimmung oder Wissen des Rates, habe ich vor langer Zeit ein Mitglied unserer Gemeinschaft auf eine äußerst gefährliche Reise gesandt. Auf eine Reise, deren Ausgang mir, aber auch dem tapferen Mitglied unserer Gemeinschaft, das ich auf diese Reise entsandte, völlig ungewiss war."

Alexa blendete in den Livestream einzelne Momentaufnahmen Adeptos' bei der Vorbereitung der Mission ein, die vermutlich Enki oder einer der Techniker selbst angefertigt hatten.

„Und dennoch hat sich dieses junge Mitglied, in Erkenntnis der Bedeutung der Mission, bereiterklärt, sich auf diese lange Reise zu begeben."

Ninhursag sah aus dem Augenwinkel, wie Tränen aus Menertas Augen langsam ihre Wangen herabliefen.

„Die Mission begann vor mehr als einem vier fünftel Schar. Damals brach Adeptos auf, ein günstiges Startfenster nutzend, um für uns den siebten Planeten zu erreichen. Viele Ältere unter uns kennen den siebten Planeten aus den überlieferten Erzählungen. Die Jüngeren kennen ihn vorrangig aus dem Geschichtsunterricht als den Planeten, der entscheidend die Entstehungsgeschichte Nibirus beeinflusst hat, da vor Millionen von Jahren mit Nibiru kollidiert ist. Diese Kollision hat im Ergebnis Nibiru und allesamt auf Nibiru, einschließlich uns",Enki hielt kurz inne, „so geformt, wie wir es heute kennen. Das damalige Ziel der Mission, der Auftrag, war einfach wie schwierig zugleich. Konnte uns der siebte Planet als Fluchtort dienen, falls sich die düsteren Perspektiven, die es schon damals im engeren Kreis gab, bewahrheiten sollten? Bot der siebte Planet Lebensbedingungen für unsere Zivilisation im biologischen, aber auch im ethischen Sinn? Oder hatte sich auf dem siebten Planeten eine Lebensform analog der unseren entwickelt, mit der es galt, um das Habitat zu kämpfen?"

„Oder in Koexistenz zu leben", flüsterte Ninhursag auf ihrer Terrasse. Eine Variante, die möglich sein könnte, wenngleich auf die eigene, kriegerissche Vergangenheit schauend, unwahrscheinlich, fügte sie in Gedanken hinzu.

Die Übertragungskamera für den Livestream schwenkte über die Köpfer der Ratsmitglieder im Kreis, um sich an Ende wieder auf Enki zu fokussieren.

„Nun meine lieben Nibirianer. Ich darf berichten, dass die Mission zum siebten Planeten technisch betrachtet ein Erfolg war. Es gelang Adeptos tatsächlich, auf dem siebten Planeten Fuß zu fassen. Seine Aufgabe war es, das Habitat des Planeten zu erkunden, uns aktuelle biometrische und geologische Daten zu liefern und unsere vorhandenen Daten in den alten Archiven um diese zu ergänzen."

Enki blickte in die Runde, gefolgt von der Kamera, die sich in fortgeführter Kreisbewegung gleich wieder auf Enkis Gesicht fokussierte. Die Gesichter der Ratsmitglieder spiegelten Hoffnung, Neugierde aber auch Ungehaltenheit ob der Heimlichkeit der Mission wider.

„Inzwischen hat sich das Anforderungsprofil der Mission auch insofern verschoben, als es gilt, primär eine Quelle für Goldmetall aufzutun, mit deren Hilfe es uns gelingen mag, unsere Heimat Nibiru zu retten. Dank der ersten Auswertungen der übermittelten Daten scheinen beide Missionsvorgaben realistisch: Der siebte Planet kann als geeignetes Habitat gelten. Was aber noch wichtiger erscheinen mag: mit den Goldmetallvorkommen des siebten Planeten können wir ausreichend Rohstoff gewinnen, um unsere Atmosphäre und damit Nibiru zu retten. Damit würden wir Nibiru als Habitat bewahren. Dabei gibt es auf dem siebten Planeten den ersten Daten nach keinerlei Gegenkraft, die uns den Abbau und den Abtransport des Goldmetalles streitig machen könnte. Die ethisch moralische Frage stellt sich mangels höher entwickelter Lebewesen auf dem siebten Planeten nicht. Ich betone, dass dies die Basis der ersten Auswertung der übermittelten Daten ist."

Enki schien damit am Schluss seiner Ausführungen angekommen zu sein und setzte sich, während der Livestream weiterhin eine Großaufnahme seines regungslosen Gesichts übertrug.

„Und jetzt geht es los“, murmelte Ninhursag. Jetzt würden die anderen Ratsmitglieder nicht mehr nur ihre Neugierde stillen wollen, jetzt würden sie das Verhalten Enkis, seine Heimlichkeit und damit seine Eignung für den Ratsvorsitz in Frage stellen. Auch oder gerade weil seine Weitsicht vor 4/5 Schar nicht nur von Klugheit zeugte, sondern auch verdächtig war. Wusste er damals schon mehr als sie, wurden sie bereits damals übergangen? Auch wenn Enkis Botschaft quasi eine heilbringende war, so war sie zugleich unheilvoll für Enki selbst.

„Ich glaube, wir können uns hier aus der Übertragung ausklinken, was meinst du, Menerta?“

Menerta nickte stumm. Sie wischte sich die Tränen von den Wangen. Alexa stoppte die Übertragung und änderte die Opazität der Fenster wieder auf transparent.

„Es geht ihm gut“, versicherte Ninhursag der still ins Leere blickenden Menerta.

„Wie kannst du das wissen?“, entgegnete Menerta.

„Ich kenne meinen Bruder sehr genau“, erwiderte Ninhursag. „Währe dein Verlobter Adeptos nicht wohlauf, hätte Enki ihn nicht namentlich und per Bildzuspielung erwähnt. Er würde nicht eine gute Nachricht mit einem tragischen Schicksal des Missionars kontrakreditieren. Wäre dem so, würde er Adeptos nicht erwähnt haben. Ich denke eher, er möchte Adeptos bewusst für etwas aufbauen, vielleicht für eine anstehende große Expedition auf den siebten Planeten, um das Goldmetall ab zu bauen.“

„Meinst du?“

Menerta konnte sich Adeptos nicht in solch einer Funktion vorstellen. Er war mehr der Einzelgänger, der exakte, der auf sich vertrauende. Die Führung anderer lag ihm nicht unbedingt, dachte sich Menerta und sie sollte in diesem Punkt Recht haben. Denn hier irrte Ninhursag.

54 **Enki wird der Missionsleiter**

Planet Nibiru, im 970sten Schar, 422.800 v. Chr.

Enki hatte mit Protest gerechnet. Er erwartete von den anderen Stammesälteren, Missfallensbemerkungen zu seiner verheimlichenden Vorgangsweise. Doch wider all seiner Erwartung blieben die anderen Stammesälteren zurückhaltend, geradezu verdächtig besonnen. Die Stammesältesten sichteten auf ihren Monitoren die Details zu Adeptos' Mission. Sie hinterfragten im Zwiegespräch mit Alexa vielerlei Fakten. Sie erkundigten sich naturgemäß auch über die Wahrscheinlichkeit eines Erfolges einer großangelegten Mission: Wie hoch stand die Erfolgsquote, um auf Adeptos' Spuren den siebten Planeten zu erreichen? Wie konnte es gelingen, dessen offenbar in ausreichender Menge vorhandenen Rohstoff, Gold, abzubauen und anschließend nach Nibiru zurückzubringen? Alexa bezog ihre Berechnungen auf die unzähligen Unabwägbarkeiten und gab schlussendlich eine Prognose von unter 50 Prozent Erfolgsaussicht aus.

Die Stammesältesten stellten auch Enki Fragen. Enki versuchte, die Erfolgsaussichten gar nicht erst zu beschönigen. Er wusste, dass den sachlichen Fakten Alexas ohnedies nichts Stichhaltiges entgegenzusetzen war. Er wusste aber auch, dass es keine Alternativen gab. Unerwarteterweise sprang ihm Enlil zur Seite. Enlil, dessen Freundschaft zu Enki bekannt war, nutzte die Gelegenheit, um Enki verbal für die unangebrachte Vorgehensweise zu tadeln. Dabei wählte Enlil seine Worte bedächtig. Er beschritt einen schmalen Grat zwischen seiner Freundschaft mit Enki und der Loyalität zu den anderen Stammesältesten, als hätte er Angst, mit dessen Fehltritt in die Tiefe zu stürzen. Dann wandte er seine Ausführungen der Mission zu: „Sehen wir von der Erringung der Daten ab, so muss ich, so wie vermutlich wir alle, eingestehen, dass Enki uns mit dieser Mission einen großen Schritt näher an das Überleben unserer Art gebracht hat. Auch wenn ich es nur ungern zugebe,"

Enlil stand auf, um mehr mit seinen Händen gestikulieren zu

können und um den Tisch mit den Ältesten besser zu überblicken. „Auch nach meinem Dafürhalten ist eine Mission auf den siebten Planeten nicht nur eine Möglichkeit, unser Forstbestehen zu sichern, sondern es ist – zumindest aktuell – die einzige Möglichkeit, die sich uns anbietet. Wir wissen durch die aufopfernde Bereitschaft Adeptos in etwa, was uns auf jenem siebten Planeten erwartet. Wir können entsprechend planen und unsere Mission auf Basis seiner Daten und Erkenntnisse ausstatten. Auch wenn uns Alexa mit unter 50% Erfolgsaussicht keine allzu guten Karten voraussagt, so meine ich dennoch, dass es im Sinne unserer Arterhaltung unerlässlich ist, umgehend mit der Zusammenstellung einer solchen Mission zu beginnen." Enlil wandte sich an Alexa: „Alexa, wann ist mit dem nächsten günstigen Startfenster zu rechnen?"

Alexa antwortete prompt. „Dieses Startfenster sollte uns ausreichend Zeit bescheren, um eine Mission mit alledem auszustatten, was wir für eine möglichst auf Erfolg ausgerichtete Mission brauchen."

Enlil hielt inne. „Ich glaube auch nicht, dass uns die Nibiruaner, die unsere Sitzung soweit verfolgen, eine Wahl lassen. Wir werden ..."

Da fiel Rentil Enlil mit barschem Unterton ins Wort: „Verehrter Kollege, wer, dachtet Ihr, soll sich denn auf diese waghalsige Reise begeben? Wenn der Ausgang derart unsicher ist, wird es mitunter schwierig sein, eine entsprechende Mission zusammenzustellen."

„Da macht Euch mal keine Sorgen", unterbrach ihn der Älteste vom Stamm Engsors.„Vielleicht wird ja Enki selbst die Mission leiten. Das wäre ein nur fairer Abtausch für die Täuschung, die uns widerfahren ist", grinste Engsors Ältester.

Enlil sah sich mit dem Verlauf der Diskussion zufrieden, verkniff sich aber jede Gemütsregung.

„Ja, das wäre ein fairer Handel", bekräftigte Rentil den Vorschlag Engsors. Natürlich hatte Engsor diesen Vorschlag nur gemacht, weil er sich durch die mit der Mission verbundene langfristige Abwesenheit Enkis Hoffnungen auf Enkis Nachfolge als Vorsitzender im Ältestenrat machte. Wiewohl, und das schien Engsor außer Acht zu lassen, bei einem Scheitern der Mission sein Vorsitz nicht von nachhaltiger Dauer wäre.

Enlil nahm den Faden wieder auf.

„Wie wahr, verehrte Kollegen, auch mir scheint es der Fairness entsprechend, wenn wir Enki mit der Mission betrauen. Nicht, weil wir dadurch seinen Fehler abgelten, sondern weil er mit Sicherheit jener ist, der sich schon jetzt am meisten mit den nötigen Details einer solchen Mission befasst hat. Wir dürfen nicht vergessen, dass er es war, der Adeptos‘ offenbar erfolgreiche Mission ausgestattet hat. Es wäre frevelhaft, diesen Wissensvorsprung nicht bestmöglich zu nutzen. Ich schlage Enki offiziell als Leiter und Anführer dieser Mission vor. Ich rufe alle Stämme auf, in ihren Reihen nach Freiwilligen zu fanden, die sich zur Begleitung dieser Mission zur Verfügung stellen. Dabei denke ich natürlich einerseits an den Erfolg der Mission, der mir umso eher gegeben scheint, wenn alle Stämme ihre Vertrauten, ihr Wissen und auch ihr Engagement einbringen. Aber es gibt noch einen Punkt, den ich euch bitte, bei der Betrachtung dieser Mission nicht aus den Augen zu lassen. Die Mission wird uns in eine neue Welt führen. Eine uns fremde und dadurch nicht ungefährliche Welt. Aber eine neue Welt birgt selbstredend unabhängig von unserer Mission auch Raum für neue Möglichkeiten. Wer weiß, vielleicht ist es der richtige Ort, um für den einen oder anderen von uns eine Kolonie seines Stammes zu schaffen. Vielleicht ist es der richtige Ort für einen von unseren Stämmen, um dessen Reichtümer zu erschließen.“

Man konnte förmlich spüren, wie sich in manchen der Stammesältesten der Gedanke an Reichtümer ebenso festsetzte wie die Idee, mit seinem Stamm über eine ganz neue Welt zu herrschen. Enlil hatte seine Kollegen richtig eingeschätzt. Enki konnte sich nunmehr der bestmöglichen Unterstützung durch die Stämme Nibirus sicher sein.

„Nun denn, dann ist es beschlossen“, begann Enlil Nägel mit

Köpfen zu machen, „dass unser verehrter Vorsitzender die Mission leitet. Wir werden ihn mit unseren Ressourcen nach Kräften unterstützen und alle Stämme“, Enlil versicherte sich des zustimmenden Nickens der Ältesten, „Werden ihn bei seinem Weg auf den siebten Planeten unterstützen. Wollen wir hoffen, dass er zu unserer aller Rettung samt seiner Missionkollegen mit den rettenden Erzen zu Nibiru zurückkehrt.“

Enlil hob sein Glas vom Schreibtisch auf und hielt es vor sich in die Luft: „Auf Enki, den möglichen Retter Nibirus.“

Die anderen Stammesältesten taten es ihm gleich. Sie erhoben ebenfalls ihr Glas und besiegelten so Enkis nahe Zukunft.

55 **Adeptos Freude**

siebter Planet im 970sten Schar 422.800 v. Chr.

Selten löste eine Ankündigung so viel Freude trotz der damit verbunden Arbeit aus wie jene Nachricht, die Adeptos über den nunmehr besser funktionierenden Kommunikationsturm erhalten hatte: Seine Mission war als durchschlagender Erfolg gewertet worden. Der Ältestenrat hatte in seiner jüngsten Sitzung eine große, nachhaltige Expedition der vereinten Stämme Nibirus auf den siebten Planeten in Angriff genommen.

Adeptos wusste, dass damit seine Tage ganz allein auf diesem Planeten in zumindest absehbarer Zeit vorüber waren. Er wusste auch, dass es an ihm, an seinen Messungen und an seiner Datenauswertung lag, für die gesamte Expedition einen geeigneten Ausgangspunkt zu finden. Einen Ausgangspunkt, der klimatisch dem Zuhause auf Nibiru am meisten ähnelte, der nicht, wie an manchen Gebieten dieses siebten Planeten, einer starken saisonalen Schwankung, einhergehend mit dem Lauf der Sonne, unterlag. Adeptos spürte die Versuchung in sich aufkeimen, der Expedition Orte als Ausgangspunkt vorzuschlagen, die er als Orte unglaublicher Schönheit empfunden hatte. Diese Orte widersprachen aber leider den für eine Expedition als geeignet angesehenen Eckdaten. Und doch schwelgte Adeptos in Erinnerungen. Er schritt in Gedanken jene Orte des siebten Planeten erneut ab, die sich ihm dank ihrer beeindruckenden Schönheit eingeprägt hatten. Er beschloss, allen Ankömmlingen diese Orte zu zeigen. Zugleich begann er, die kartographierte Oberfläche des siebten Planeten von Alexa Go mit den vorgegebenen Expeditionseckdaten abzugleichen. Niemand in der Expedition, dessen war er sich bewusst, würde nach der langen Raumfahrt den Eindruck einer imposanten Landschaft in die Wolken ragender Bergspitzen, tief stürzender Wasserfälle, weiß glitzernder Wüsten oder dampfender Urwälder voll unabwägbarer Gefahren einem banalen, sicheren und somit entsprechend qualifizierten Landeplatz bevorzugen.

Alexa Go hatte mehrere Orte auf der virtuellen Darstellung des siebten Planeten als geeignet ausgemacht. Alle boten große, ebene Flächen, um als Lande- und Startort ebenso zu dienen wie als Standort der Unterkünfte. Alle ausgewiesenen Gebiete zeichneten sich durch kaum veränderliche Bedingungen in den einzelnen Jahreszeiten aus und boten Süßwasser in ausreichender Menge in unmittelbarer Nähe. Selbst die Distanzen zu den erhobenen Goldvorkommen hielten sich in etwa die Waage. Nachdem die Lokalisierung der Goldvorkommen nur unzureichend Auskunft über die zu erwartenden Menge des Erzstättenlagers gab, ließ Alexa Go hier – weil nicht berechenbar – keine Präferenz der verschiedenen Gebiete erkennen. Es lag also an Adeptos, die Entscheidung über den Ort der Erstbesiedlung zu treffen. Und dieser traf eine gleichsam praktische, wie vernünftige Entscheidung: Nachdem er den Großteil seiner Zeit auf dem siebten Planeten hier, in unmittelbarer Nähe seines Landeplatzes, verbracht hatte und schon seinerzeit der Landeplatz nach ähnlichen Gesichtspunkten ausgewählt worden war, entschied er sich für jenes der Gebiete in unmittelbarer Nähe zum Landeplatz. Diese Gegend war ihm schließlich vertraut geworden. Adeptos wählte das riesige, leicht hügelige Gebiet, das Alexa Go ausgewiesen hatte. Es befand sich leicht nordwestlich von seinem Landegebiet. Seine ausgewählte Zone lag nördlich des großen *Sumpflandes*, wie Adeptos die Marschflächen rund um seine Landestelle an der Küste nannte. Es wurde nach Westen wie auch nach Osten hin durch zwei mächtige Flüsse in die Zange genommen. Gen Norden und Süden hin begrenzte es ein Meer. Diese Gegebenheiten bildeten natürliche Grenzen und Barrieren, genau so, wie es die Vorgaben für den Landeplatz der Expedition waren. Adeptos nannte das Gebiet das Zweistromland aufgrund der Eingrenzung und wies die Bots an, die Gegend nach den für die Landung erforderlichen Maßstäben exakt zu kartografieren und mit den nötigen Begrenzungssendern zu versehen. Alexa Go fasste die Koordinaten samt geologischem Befund, weiteren Details wie lokaler Bewuchs, Wasserquellen, Überschwemmungszonen beidseits der Flüsse zu einem Bulletin zusammen. Adeptos wollte noch die detaillierten Rückmeldungen der Bots einarbeiten, ehe er das Bulletin zum Versand über den Kommunikationsturm im Norden freigab.

56 **Marduk, Enkis Sohn**

Planet Nibiru im 971sten Schar 426.400 v. Chr.

Marduk war Enkis ältester Sohn. Hochgewachsen wie kein anderer von Enkis Nachkommen oblag ihm die nicht leichte Bürde, dereinst in seines Vaters Fußstapfen zu treten. Eine Perspektive, die Marduk wenig attraktiv fand. Er hatte an der Seite seines Vaters die Mühen, die Höhen und Tiefen bei der Gründung des Ältestenrates miterlebt. Die umgarnende Art, die sein Vater an den Tag legte, um die Ältesten der anderen Stämme von seiner Idee zu überzeugen, entsprach nicht Marduks naturell. Dementsprechend hatte sich zwischen Marduk und Enki ein von Diskussion, Streit und kontaktlosen Phasen geprägtes Verhältnis entwickelt. Marduk wandte sich lieber an Ninhursags Schwester oder einen von Enlils Nachkommen, wenn es wichtige Fragen zu beantworten galt. Ninhursags Schwester erlitt in Marduks Augen ein ähnliches Schicksal wie er selbst. Auch wenn der Vergleich hinkte. Er war der Erstgeborene, Ninhursags Schwester, Nemeta, hingegen stand zu Recht hinter Ninhursags zurück, war sie doch die Jüngere. Doch zwischen Marduk und ihr hatte sich ein regelrechtes Vertrauensverhältnis entwickelt, das selbst Marduks Bindung zu seiner Mutter in den Schatten stellte. Seine Mutter empfand Marduk als unnahbar. Sie hatte sich wenige Schar nach seiner Geburt sowohl von der Familie als auch aus dem öffentlichen Leben zurückgezogen. Ninhursag, seine Tante, war die letzte, die noch länger zu seiner Mutter Kontakt hatte.

Bei all den Differenzen, die Marduk mit Enki austrug, war Marduk auf seinen Vater und dessen Ältestenrat doch ziemlich stolz. Nur sein Weg dorthin wäre der Weg der Stärke gewesen. Er, Marduk, hätte die Stämme gezwungen, sich dem Rat anzuschließen, selbst wenn dadurch die Kriege noch lange Zeit weitergeführt werden hätten müssen.

„Du willst also wirklich die Mission auf den siebten Planeten anführen?“ Marduk wollte es nicht wahr haben.

„Ich bin mir sicher, dass es keine Alternative zu unserer Rettung gibt“, erwiderte Enki.

„Wenn die Mission scheitert, wird niemand unserem Stamm einen Vorwurf machen können, denn wir haben alles versucht.“

„Niemand kann dir einen Vorwurf machen, auch wenn du dieses Wagnis nicht eingehst.“ In Marduks Worten spiegelte sich die Sorge um seinen Vater wider. „Es ist keine Frage, was die anderen darüber denken. Es ist vielmehr bedeutsam, was ich darüber denke.“

Enki hatte über lange Zeit versucht, Marduk seine Sichtweise von Verantwortung zu vermitteln. Marduk war aber nicht bereit, dies anzuerkennen. Marduk stellte, vielleicht gezeichnet durch den frühen Kontaktverlust zu seiner Mutter, die Bande der Familie über die Verantwortung gegenüber der Stämmen. Eine Herangehensweise, die Enki nicht gelten ließ: „Dieser Mission muss ich vorstehen. Selbst wenn der Ältestenrat mich nicht vorgeschlagen hätte, hätte ich um die Missionsleitung angesucht. Es ist ein Zeichen, ein Zeichen der Hoffnung, ein Zeichen der Planbarkeit und der Überzeugung, damit eine gute Zukunft zu finden.“

„Überschätzt du dich nicht? Symbolik hin oder her, es gäbe gewiss andere Missionsleiter, die kraft ihrer Profession mehr zum Gelingen der Mission beitrage könnten.“

„Gewiss gäbe es berufene Experten für eine Mission wie dieser. Wir werden Experten der verschiedenen Fachbereiche an Bord haben und diese werden vor Ort das Heft in der Hand haben. Doch für den Aufbruch zum siebten Planeten gilt es, ein Zeihen seitens des Ältestenrates zu setzen. Und welches Zeichen könnte eindringlicher sein, als wenn der Ratsvorsitzende sich selbst anschickt, diese sicher gefährliche Reise anzutreten.“

„Du könntest einen der anderen Stammesältesten schicken“, beharrte Marduk.

„Gewiss, doch es ist meine Verantwortung. Es wird deine Verantwortung sein, hier auf Nibiru gemeinsam mit Nemeta unserem Stamm vorzustehen, solange, bis sich der Erfolg oder Misserfolg der Mission abzeichnet.“

„Wenn ich das richtig sehe, dann kommt ein Misserfolg dem Ende Nibirus gleich?“

Enki nickte. „Selbst dann gilt es, die öffentliche Ordnung zu wahren. Der Ältestenrat wird größte Mühe haben, diese aufrecht zu erhalten, wenn durchsickert, dass sich ein Misserfolg anbahnt. Sie werden den Misserfolg mir zurechnen und du wirst an meiner statt ihren Zorn, genährt aus ihrer Angst, abbekommen“.

57 **Der Aufbruch**

Planet Nibiru im 971sten Schar 426.400 v. Chr.

Nie zuvor hatten Nibirianer ähnlich weite Reisen in die Tiefen des Weltalls unternommen. Adeptos hatte mit seinem Unterfangen im Auftrag Enkis das Tor zu einer sprichwörtlich neuen Dimension aufgestoßen. Noch dazu mit nahezu antiquiert anmutender Technik hatte Adeptos dem Ältestenrat bewiesen, dass die Grenzen bisheriger Expeditionen durchaus erweiterbar waren. Diese Grenzen galt es mit der nachfolgenden Mission zu durchkreuzen. Die Nibirianer wussten, dass vor den Stammeskriegen ihre Ahnen schon weitaus weitere Forschungsreisen unternommen hatten. Mit der damaligen Technik war jedes dieser Unterfangen ein Wagnis. Verborgen in den unerlaubten Archiven konnte man von Reisen zu fernen Planeten lesen, die selbst Adeptos' Mission an Dauer und Entfernung übertrafen. Doch längst nicht alle der damaligen Unternehmungen fanden ein glückliches Ende. Dies und vermutlich die zwischen den Stämmen auflodernden Fehden, die schließlich zu den Kriegen führten, setzten dem Forschungsdrang der Nibirianer ein endgültiges Ende. Nur mehr vor sich hin rottende, teils ausgeschlachtete Raumkapseln entlang der Aus- und Eintrittsrouten der seinerzeitigen Startbasen zeugten von jener Zeit. Adeptos Mission war von einer dieser Basen gestartet worden. Abseits des öffentlichen Interesses fristeten die Basen ein trostloses Dasein, das nur in der Zeit der Kriege kurz als Start- und Landebasis für die todbringenden Rover zu zweifelhaftem Ruhm gereichte. Seit der Errichtung des Ältestenrates mit dem Ende der Kriegshandlungen waren die Basen wieder in Vergessenheit geraten. Selbst der Start Adeptos hatte – zu Enkis Glück – keine nachhaltige Aufmerksamkeit auf sie gelenkt.

Das zeitliche Startfenster sollte eine ganze Weile hindurch fortbestehen. Dennoch drängte Enki, möglichst die ersten Möglichkeiten für den Start der Mission zu nutzen. Niemand um ihn herum konnte sagen, ob es der Eifer der Mission war, der ihn trieb, oder die Begierde, Nibiru zu retten, oder der Wunsch, der reichlich unangenehmen Situation im Ältestenrat zu entfliehen.

Die modernen Raumkreuzer hatten kaum mehr Ähnlichkeiten mit den Raumschiffen aus Nibirus Kriegszeiten. Die Zeit der Stammeskriege waren unzweifelhaft schrecklich, kosteten unzähligen Stämmen ihre Nachkommen und verursachten unendliches Leid unter den Nibiruanern. Zugleich aber spornten sie in nie zuvor da gewesener Art und Weise den technischen Fortschritt an. Mit der Befriedung der Stämme wurden die technischen Errungenschaften, die zuvor tunlichst vor den Rivalen verborgen waren worden, zu Allgemeingut. Ein Nebeneffekt der Gründung des Ältestenrates, der sich auf den Entwicklungsstand der Kommunikation, der Transporttechnik und der Medizin impulsgebend auswirkte. Die Raumkreuzer der Mission simulierten in ihrem Inneren ein Nibiru ähnliches Habitat. Während vor und während der großen Kriege nüchterne Zweckmäßigkeit das Maximum darstellte, brachte der Technikssprung nach der Ratsgründung neue Materialien, die leichter, flexibler und zugleich robuster waren. Die neuen Frequenzmodulatoren konnten ein x-faches der bisherigen Last gegen die Schwerkraft stemmen und benötigten nur mehr einen Bruchteil des bisherigen Energieeinsatzes. Die Kombination dieser beiden Neuerungen ermöglichte, die Raumschiffe geräumiger zu gestalten und ohne Verlust an Reichweite oder Kapazität der Besatzung oder den Passagieren mehr Annehmlichkeiten an Bord zu bieten. Den bis dahin unverkleideten Innenwänden waren – ähnlich wie in den Häusern der Nibirianer – ansteuerbare Wandverkleidungen gewichen. Diese ermöglichten durchsichtig den Blick nach außen oder verbargen, opake mit jedwedem gewünschtem Szenario, die dahinterliegende Technik. Das von den Rovern bekannte, täuschende Flirren der Luft außen herum war im Zuge der Kriege zu einer Art Tarnmechanismus weiterentwickelt worden. Kleine Frequenzlevitatoren generierten an bestimmten Außenstellen der Raumschiffe beabsichtigtes Flirren, wodurch einerseits der Luftwiderstand um ein Vielfaches gesenkt und zugleich die Umrisse der Raumschiffe undefinierbar wurden. Ein weiterer bei der Entwicklung ungewollter positiver Nebeneffekt der Levitatoren war die Schaffung eines starken Gravitationsfeldes in unmittelbarer Nähe der Aktuatoren. Bei geschickter Anordnung der Frequenzlevitatoren wurde es so möglich, auf den Raumschiffen eine Art künstlicher Schwerkraft für die Bereiche der Besatzung und Passagiere zu schaffen. Da dieses Gravitationsfeld zulasten der Effizienz der Triebwerke ging, war während der Kriege auf dessen Einsatz verzichtet worden. Für die Missionsteilnehmer war dieses Goodie – im Gegensatz zu Adeptos' einfacher Raumfähre – ein willkommenes und praktisches Extra.

Die Laderäume der Transporter waren schon bei Zeiten bis an die Decke mit allem Nötigen für die Expedition beladen worden. Die Bestände zigmal inventiert, jedes technische Teil mehrfach auf die Funktionalität hin überprüft worden. Freiwillige hatten sich gemeldet, auch unter den Besoldeten waren die Freiwilligen bevorzugt worden und auch von den Stämmen wurden Freiwillige beigestellt.

Wobei sich Enki hier nicht sicher war, inwieweit die Stämme den Begriff der Freiwilligkeit interpretiert hatten. Offenbar wollte sich kein Stamm mangelnde Beteiligung nachsagen lassen. Kein Stamm wollte einen kleineren Anteil am möglichen Erfolg für sich verbuchen als der Nachbarstamm.

Die Startebene war gesäumt von tausenden Schaulustigen. Es ging, wie der Ältestenrat es verkündet hatte, um nichts Geringeres, als eine neue Welt zu erkunden. Ob diese Erklärung letztendlich überhaupt noch ein Nibirianer für bare Münze hielt, darf jedoch hinlänglich bezweifelt werden. Natürlich hatten die Ratsmitglieder im engsten Kreis der Familie die Mission ungeschönt dargestellt. Natürlich ist der engste Kreis der Familie ein schwammiger Begriff. Binnen kurzer Zeit wogten über Nibiru die Gerüchte, dass die Expedition zusammengestellt wurde, um einem nahe liegenden Planeten Berge von dem zu entreißen und nach Nibiru zu verbringen, worum sich seinerzeit Generationen von Nibirianern stritten. Gold. Die Sorge um Nibiru und dessen

Atmosphäre galt in diesen Gerüchten nur als Vorwand. Und in den Augen derer, die die Gerüchte weitertrugen, vermeinte man, das Blitzen des Goldes zu erhaschen, wenn sie hinter vorgehaltener Hand dem nächsten Opfer der Gerüchtebörse von der sagenhaften Operation zuflüsterten.

Enki ließ das Volk gewähren. Er fand es erstaunlich, wie dank dieses aufgekeimten Gerüchts offenbar niemand mehr über die weitere Verwendung des Goldes und des möglichen Scheiterns dieser Aufgabe nachdachte. Obwohl das nahende Ende Nibirus durchaus in einigen Übertragungen des Ältestenrates dargestellt und angesprochen worden war, schien die Lust und Gier auf das zu erwartende Gold die eigentliche Bedeutungsschwere der Mission in den Hintergrund treten. Nicht zuletzt deswegen hatte sich Enki vorgenommen, unmittelbar nach dem Start die Bedeutung und Zielsetzung der Mission den Teilnehmern erneut vor Augen zu führen.

Die Startebene erinnerte Enki an die seinerzeitige Feststimmung, als alle Stämme zur Gründung des Ältestenrates genau hier zusammenkamen. Enki hatte den Startplatz nicht zufällig, sondern wegen seiner symbolischen Bedeutung gewählt. Auch jetzt tummelten sich zwischen den Schaulustigen Händler, Verkäufer und Gaukler verschiedenster Stämme. Sie suchten ihr Glück in einem schnellen Geschäft.

Alexa Go intensivierte den Schub der Triebwerke, Enki wurde stärker in den Stuhl gedrückt, nicht unangenehm, aber spürbar fester als noch eben zuvor. Die Frequenzlevitatoren stemmten sich gegen die Schwerkraft und hoben ein Schiff nach dem anderen auf langsam anwachsende Kissen flirrender Luft. Mit mächtigem Donnerschlag zündeten die Triebwerke der Raumschiffe. Der Knall der Zündung hallte über die Startebene[3]. Die Schiffe bäumten sich auf. Die Luftkissen unter ihnen verloren zunehmend an Kontur und wie in abnehmender Zeitlupe schoben sich die Riesen in steilem Winkel schräg nach oben in Richtung Horizont. Wenige Augenblicke später waren sie nur mehr als kleine, schwarze Punkte am fernen Himmel erkennbar. Das leise Flirren der Luft am Startplatz legte sich. Die Mission war gestartet.

Langsam ließ der Druck nach. Die Schwerkraft war überwunden. Alexa Go lenkte die Steuerdüsen und brachte die Expedition im Weltraum auf Kurs. Enkis Ansprache wurde über alle Transporter übertragen. Er räusperte sich, hielt kurz inne: „Vor wenigen Augenblicken haben wir unsere Heimat verlassen. Dabei trägt jeder von uns verschiedene Gefühle mit sich. Es gibt jene, die aufbrechen, weil es ihre Pflicht ist, gleichwohl gibt es jene die aufbrechen, weil sie es für ihre Familien und Stämme tun, deren Überleben auf Nibiru wir sichern wollen. Es gibt jene, die unsere Mission als Abenteuer verstehen, was es gewiss auch ist und es gibt sicher auch jene unter uns, die vor etwas auf Nibiru geflüchtet sind. Egal, was wir hinter uns lassen, egal, was wir zu finden hoffen oder zu finden glauben, es gibt ein Credo unserer Mission, das Leitfaden für all unser Handeln auf dem siebten Planeten sein soll. Schon einmal, vor langer Zeit, sind unsere Ahnen diesem siebten Planeten näher getreten. Sie haben ihn erforscht, ungenau, lückenhaft, aber doch so intensiv, dass sie zu einem Schluss kamen: Der siebte Planet ist ein noch junger Planet, er beginnt gerade sich einen Platz im Universum zu suchen. Wie schon für unsere Ahnen, so muss auch für uns gelten: Wir werden uns vom siebten Planeten das Notwendige holen, genug, um damit Nibiru zu retten. Dann werden wir nach Nibiru zurückkehren und unsere Spuren auf dem siebten Planeten wieder verwischen. Wir werden unsere Eindrücke samt unserer Erinnerungen an den siebten Planeten mitnehmen, aber ansonsten gilt die Devise, wie wir es auch auf Nibiru halten: Unverändert, soweit wie möglich unverändert möchten wir den Planeten seinem weiteren Schicksal überlassen. So, als wären wir nie da gewesen. Bedenkt immer, auch angesichts der sicher aufsteigenden Euphorie, wenn wir ankommen, dass dies für uns nur ein vorübergehender Ort sein kann. Wir werden die Vergänglichkeit unseres Besuches gemäß unseres Auftrages über alles andere stellen. Was wir errichten, werden wir wieder zerstören, was wir verändern, werden wir wieder zurechtrücken. Nur so können jene auf uns stolz sein, aus deren Augen wir gerade entschwunden sind. Nur so können jene unter euch die Ehre und den Anstand zurückerhalten, deren Triebfeder die Flucht ist."

Enki hielt inne, um die Worte nachhallen zu lassen, während hinter dem seitlichen Fenster seines Transporters mit jeder weiteren Beschleunigung die Sonne mehr hinter der Bordwand versank.

„Wir haben keine leichte Aufgabe vor uns. Von unserem Erfolg hängt in wahrstem Sinn des Wortes das Überleben unserer Heimat ab. Umso mehr ist es bedeutsam, dass wir durch eine nachhaltige Vorgangsweise, durch Planung, Berechnung und Disziplin, diese Mission zu einem erfolgreichen Ende führen. Nein, ich will auch nicht verschweigen, dass auf dem siebten Planeten Herausforderungen auf uns warten, denen mancher von uns vielleicht nicht gewachsen ist. Es mag sein, dass einige von uns nie mehr lebend nach Nibiru zurückkehren, weil unvorhersehbare Komplikationen aufgetreten sind, weil sich der siebte Planet als weniger gastfreundlich entpuppt, als wir zur Zeit annehmen. Egal, ganz egal, welche Opfer jeder einzelne von uns erbringen muss, wir selbst waren es, die Nibiru durch dessen Ausweidung dorthin gebracht haben, dass er jetzt überlegt, uns abzuschütteln. Unsere Opfer werden der Preis sein, den wir für unsere Habgier – den wir für unserer Ahnen Ausbeutung – nunmehr zahlen müssen."

Wieder stoppte Enki kurz. Alexa hatte zum Ausgleich für die versunkene Sonne die Boardwand warm weiß aufleuchten lassen. Sie hatte einen nahtlosen Übergang zwischen dem natürlichen Licht und der künstlichen Beleuchtung geschaffen.

„Auf jeden, der diese Mission begleitet, bin ich schon heute stolz. Ich bin stolz auf euren Mut und eure Entschlossenheit. Dieser Mut, diese Entschlossenheit, lässt keinen Zweifel darüber aufkommen, dass unsere Mission von Erfolg gekrönt sein wird. Lasst uns die Anreise nutzen, um uns bestmöglich auf unser

Vorhaben vorzubereiten. Ich wünsche euch allen, jedem einzelnen von euch, viel Glück für unsere Mission. Ich wünsche, dass eure Hoffnungen, die ihr in den siebten Planeten setzt, allesamt erfüllt werden."

Enki ging offline. Er musste sich setzen. Tatsächlich war auch er vom Erfolg dieser einzig möglichen Mission überzeugt. Tatsächlich glaubte er jedes einzelne Wort. Er hatte alles ernst gemeint, genau so, was er seinen Begleitern auf den unzähligen Schiffen gerade gesagt hatte. Doch Enki wusste, ungeachtet der positiven Berichte Adeptos', ungeachtet der peniblen Vorbereitungen und Planungen, nur zu genau über die unabwägbaren Schwierigkeiten von Missionen derartiger Größe und Komplexität Bescheid.

Enki suchte Trost bei Ninhursag. Ninhursag war gerade vom Startplatz nach Hause gekommen, hatte ihren Townrover vor den Blumenbeeten geparkt, als sich Enki meldete. Alexa stellte ihn auf das große Fenster im Lebensraum.

„Vermisst du deine Schwester schon?" Ninhursag versuchte die Stimmung aufzuhellen.

„Ja", gestand Enki. „Weniger ob der schon vergangenen Zeit seit dem Start, sondern vielmehr vorausschauend auf die noch vor mir liegende Zeit."

„Es ist dein Auftrag. Deine Mission ist der einzig mögliche Plan, diesen Planeten zu retten. Du hast diesen Plan ausgearbeitet. Also bist du auch du der einzig logische Missionsleiter."

„Ich weiß. Es ist richtig voranzugehen. Und doch spüre ich, wie schnell mir alles fehlen wird: der Rat der Ältesten, die Hauptstadt, du ..."

„Danke", unterbrach Ninhursag Enkis Aufzählung. „Danke auch für die eben genannte Reihenfolge. Ich würde wetten, hättest du eine Partnerin, wären noch einige weitere Aufzählungspunkte gefolgt, ehe du sie genannt hättest. – Grüße Menerta von mir, wenn ihr euch an Bord begegnet."

Ninhursag wusste, dass Enki es nicht böse meinte, aber sie kannte ihren Bruder gut genug, um ebenfalls zu wissen, dass seine Wertung wohl tatsächlich der genannten Reihenfolge entsprach. Der Ältestenrat war immerhin seine Schöpfung. Ninhursag vermisste schon jetzt Menerta, die sich verständlicherweise dem Aufbruch angeschlossen hatte. Sie reiste Adeptos entgegen. Zurück blieb ein in Ninhursags Augen leeres Haus.

58 **Anflug auf den siebten Planeten**

Weltall im 971sten Schar 426.400 v. Chr.

Alles im Leben ist relativ. Das gilt für Maßstäbe, für Sichtweisen und ganz besonders für die Zeit. 4/5 Schar war nicht kurz, gemessen an der nibirianischen Lebensspanne, aber wenig mehr als ein paar Wimpernschläge. Und doch galt es die Dauer der Reise auszuharren.

Die Missionsschiffe bargen selbstverständlich eine kaum begrenzte Auswahl an Virtual-Reality-Unterhaltungskonserven in den Mediatheken. Doch die Fülle der Anwendungen konnte nicht über deren künstlichen Charakter hinwegtäuschen. Die Länge der Reise unterstrich einmal mehr, dass die Virtual Reality einem lebenden Charakter nicht ebenbürtig war. Nicht, dass man im Umgang einen Unterschied bemerkt hätte, es war vielmehr die subtile, hölzerne Emotion, die trotz ausgefeilter KI nicht die Nuancen lebender Charakter traf. Interessanterweise konnte die KI, wenn man ihr eine Kommunikation vorlegte, diesen Umstand korrekt herausfiltern und den jeweiligen KI-Part identifizieren. Doch diese Analyse führte trotz mehrfacher, vielversprechender Ansätze zu keiner dokumentierbaren Verbesserung der Unterhaltungen. Die subtile Emotionswelt blieb ein Manko. Die Missionsteilnehmer trafen sich mit zunehmender Häufigkeit in den Gemeinschaftsräumen. Das mediale Angebot trat in den Hintergrund. Ein Effekt, der auf Nibiru nie zum Tragen kam. Der geringe persönliche Kontakt nebst dem übermäßigen Mediakonsum der Masse reichte offenbar aus, um dieses Manko zu vertuschen.

Die Flotte kreuzte irrlaufende Kometen. Sie durchflog deren Schweife, ehe sich die Kometen in der unendlichen Schwärze des Weltalls verloren. Alexa Go hielt die Flotte auf Kurs, achtete darauf, nicht die kleinste Abweichung zuzulassen, außer um gelegentlich einem Schwarm im Weltall treibender Gesteinsbrocken oder Eisklumpen zugunsten der Unversehrtheit der Flotte auszuweichen.

Bei den Missionsmitgliedern wechselten sich unterschiedliche Zustände ab. Am Anfang triumphierte die Euphorie, die nicht zuletzt von der verabschiedenden Menge mit auf den Weg genommen worden war. Die Missionsteilnehmer waren auf eine bestimmte Art Helden Nibirus. Mit zunehmender Entfernung zu Nibiru gewann ein eigenartiges Gefühl von Angst die Oberhand bei vielen von ihnen. Dabei ging es weniger um das zu Erwartende auf dem siebten Planeten als um das Fehlen der Rückkehrmöglichkeit. Sie hatten den sicheren Schoss Nibirus verlassen und waren nun auf die Technik angewiesen, auf die Navigation, auf die Funktionalität der Triebwerke, der lebenserhaltenden Systeme. Noch nie war den Nibirianern ihre Abhängigkeit von der sie auch sonst umgebenden Technik so deutlich geworden. Nachdem in dieser Phase die Technik anstandslos ihren Dienst versah, dauerte es nicht lange, bis der Aspekt der Abhängigkeit der Monotonie gewichen war. Die immer gleichen Kollegen begegneten sich auf stets gleichen Wegen, tägliche Routinetätigkeiten wiederholten sich immer und immer wieder. Eigenartig dabei war, dass vermutlich ein Großteil der Missionsteilnehmer auch auf Nibiru täglich die gleichen Kollegen trafen und gleiche Wege gingen. Der Unterschied war offenbar, dass auf Nibiru die Möglichkeit einer Abweichung aus dieser Monotonie gegeben war. Das Wissen um diese Möglichkeit schien ein wesentlicher Faktor zu sein, denn hier auf den Schiffen der Flotte fehlte diese Möglichkeit und damit auch das Wissen um dieses „Können".

Enki wies die Schiffsführer an, in regelmäßigen Abständen die Aufgaben an Bord unter den Missionsmitgliedern neu zu verteilen und in größeren Abständen ließ er die Besatzungen der Schiffe untereinander durchmengen. Das hatte den gewünschten Effekt. Die Zeit verging und mit der Annäherung an den siebten Planeten kehrte jene Euphorie wieder zurück, die auch den Aufbruch begleitet hatte.

Alexa hatte die Missionsroute entsprechend der zur Verfügung stehenden Ressourcen berechnet. Die Ausgangslage war ungleich ungünstiger als zu Adeptos‘ Start. Nibiru hatte sich mittlerweile wieder etwas vom siebten Planeten entfernt. Alexa schlug eine flache Parabel als Idealroute für die lange Anreise zum siebten Planeten vor. Dabei nutzte die Flugroute geschickt die Gravitation der dem siebten Planeten nächstliegenden Sterne um die Raumschiffe katapultähnlich mit dem Vorbeiflug zu beschleunigen. Zugleich brachte diese Parabel die Raumkreuzer, um den Beschleunigungseffekt optimal zu nutzen, zumindest zweimal ungewöhnlich nahe an Planeten heran. Der eine barg, von einer undurchdringbaren Gashülle umwolkt, die Geheimnisse seines kleinen festen Kerns hinter gewaltigen Stürmen und Wirbeln, der andere umgab seine Gasoberfläche mit hundertfachen Ringen losen Gesteins, feinster Partikel und kantiger Eisbrocken, den Resten seiner einst festen Gestalt. In Form gehalten wurde die Hundertschaft der Ringe durch einige ihn umkreisende Monde und deren Gravitation. Beide Gestirne übertrafen nach Analyse Alexas die Größe des siebten Planeten um ein Vielfaches, bargen aber nicht den ersehnten Rohstoff.

Als sich in der Ferne der siebte Planet abzuzeichnen begann, drohte die Euphorie beinahe überzuschwappen. Enki musste die Missionsteilnehmer an ihre Sachlichkeit, an ihre Aufgaben und an ihre Sorgfalt erinnern, um auch im letzten Abschnitt der Anreise die Teilnehmer bei der nötigen Konzentration zu halten. Auch Enki selbst verspürte dieses erhebende Gefühl, als er länger den sich in der Ferne als Punkt abzeichnenden siebten Planeten betrachtete. Er erinnerte sich an die Daten, die Adeptos in seinem Bericht gesandt hatte und die er stetig während ihrer Anreise um neue Details ergänzt hatte. Demnach musste der siebte Planet wunderschön sein. Vielleicht so, wie Nibiru vor vielen tausenden Jahren einmal war. Seit sich die Flotte dem siebten Planeten näherte, konnte Adeptos in weitaus kürzeren Abständen und wesentlich tiefer strukturierte Datenmengen senden. Adeptos überspielte bewegte Bildaufnahmen der Landschaften, der Kreaturen, der unendlichen Meere und mitunter auch ganz winzige Details, von denen er hoffte, Enki dadurch einen Gesamteindruck von der Vielfalt und Komplexität des siebten Planeten zu übermitteln. Alexa Go speicherte diese Übermittlungen. Doch so unterhaltsam und zeitverkürzend diese Aufzeichnungen auch waren, Enki hatte klare Anweisungen gegeben, der Besatzung nur reine Daten zu übermitteln. Er wollte seine Mannschaft nicht von der wesentlichen Aufgabe ablenken. Er wollte vor allem keine Zweifel über die Richtigkeit des bevorstehenden Goldmetallabbaus aufkommen lassen.

59 **Die Missionsflotte ist gelandet.**

siebter Planet im 971sten Schar 426.400 v. Chr.

Es ist ein veritabler Unterschied, wenn man etwas in einer holografischen Übertragung sieht oder wenn sich diese etwas in der Realität am Horizont abzeichnet. Selbst wenn dieses Abbild am Horizont kaum erkennbar ist, birgt es das Potenzial für Euphorie, wenn die Wartezeit darauf nur groß genug war. Als sich die annähernde Missionsflotte als schwarze Punkte erstmals erkennen ließen, war Adeptos außer sich. Seit die Kommunikation mit der Missionsflotte fließend und ohne die Wartepausen zwischen der Übermittlung möglich war, schien diese wiedergewonnene Kommunikationsmöglichkeit für Adeptos schön und faszinierend zugleich. Am liebsten hätte er sich permanent zu Wort gemeldet. Es machte einen Unterschied, ob man zu einem Logbuch sprach, zu einem Bot oder mit Alexa Go oder eben mit Seinesgleichen.

Adeptos senkte das Fernfeldokular, mit dem er die Punkte am Himmel ausgemacht hatte. In den letzten Wochen vor der geplanten Ankunft hatte Adeptos mit den Bots große Flächen von Gestrüpp, Buschwerk und Bäumen gerodet. Dazwischen wurden ebenso gerodete Verbindungswege geschaffen. Es ging dabei langsamer voran als erhofft. Die Solarladestationen der Bots konnten aufgrund der merklich geringeren Sonnenintensität gegenüber Nibiru die Bots nicht so schnell laden. Deshalb, und um die Sonnenstunden ideal zu nutzen, hatte Adeptos die Bots auf weniger Leistung kalibriert. Zudem nutzte er die dunklen Nachtstunden für die Arbeit der Bots, damit die Solarpaneel währende der gesamten Sonnendauer in idealem Winkel zur Sonne ausgerichtet belieben konnten. Das Busch- und Strauchwerk der Ebene erwies sich als äußerst widerstandsfähig, war ineinander verwachsen, wie in einem Urwald, den Adeptos aus alten Aufzeichnungen von Nibiru kannte. Dazwischen bremsten riesige, ausladenden Bäume, die zuerst gefällt und abtransportiert werden mussten, den Rodungsvorgang. Adeptos hatte auch einige alternative Rodungsmethoden ausprobiert. Doch die Frequenzschneider funktionierten nur bei Gestein gut und hier auch erst, nachdem Adeptos sie mühevoll kalibriert hatte. Lebende Zellkomplexe wie Bäume, Sträucher und Büsche boten den Frequenzschneidern und Frequenzlevitatoren zu wenig Widerstand, um sie effektiv einzusetzen. Eigens für die Minen auf Nibiru hatten die Techniker kleine, handliche Frequenzlevitatoren entwickelt. Kaum größer als Handteller vermochten diese Levitatoren, auf dem Transportgut angebracht, schwere und unhandliche Güter fast jeder Beschaffenheit durch Schwingung der natürlichen Gravitation zu entziehen. Dabei galt, je dichter die Materialstruktur des Transportgutes war, desto leichter übertrug sich die Frequenz der Levitatoren auf das Transportgut. Meist schwebte, je nach Einstellung, das Transportgut knapp über dem Boden. Bei Bedarf ließen sich auch mehrere Levitatoren koppeln, wodurch selbst ausladende oder besonders schwere Güter unkompliziert zu manövrieren waren. In den Minen Nibirus hatten sich die Frequenzlevitatoren ebenso bewährt wie beim Aufbau der Hauptstadt. Speziell für das Gebäude des Ältestenrates wurde erstmals in der Architekturgeschichte Nibirus völlig auf herkömmliche Hebevorrichtungen verzichtet und sämtliche Bauabschnitte ausschließlich mit Hilfe der Levitatoren errichtet. Was zum damaligen Zeitpunkt eine Herausforderung darstellte, war inzwischen, nicht zuletzt aufgrund verbesserter Frequenzlevitatoren mit auf das Transportgut abgestimmt modulierbarer Frequenz, Normalität. Ein Arbeiter konnte dank der neuen Technik in kürzerer Zeit mehr Baufortschritt erzielen als zuvor selbst ein eingespieltes Arbeiterteam mit Kränen, Seilen und Winden. Die lebenden Zellen am siebten Planeten sprachen auf die Frequenzmodulatoren zur Levitation bedeutend schlechter an.

Das kannte Adeptos von Nibiru anders. Nach seinen ersten Analysen zu urteilen, enthielten die biologischen Zellen auf Nibiru einen wesentlich höheren Feststoffanteil aus Silizium und Grafit.

Dazwischen musste Adeptos immer wieder mal auch einen der Bots reparieren, weil sich Verbindungen gelöst hatten oder gefällte Bäume und Äste unglücklich darauf gestürzt waren. Die Bots schienen überrascht von der Geschwindigkeit fallender Dinge. Diese schienen auf dem siebten Planeten fast unmerklich aber doch ausreichend schneller zu passieren als auf Nibiru. Genug um die Sensoren und Berechnungen der Bots zu täuschen, was einen Teil der Unfälle und der ausgefallenen Bots erklärte.

Die großen Raumtransporter hätten auch einer derartigen Landefläche, wie Adeptos sie vorbereitete, nicht bedurft. Sie hatten eigentlich ausreichend hohe Landungsstützen. Doch Adeptos empfand die Ankunft der Mission wie einen Besuch längst erwarteter Freunde, entsprechend wollte er sie in seiner Welt, wie er es empfand, entsprechend überwältigend empfangen.

Von Alexa Go gelenkt folgten die Schiffe dem Traktionsstrahl genau auf die vorbereiteten Flächen. Von Augenblick zu Augenblick wurden die Schiffe größer. Nunmehr waren sie schon mit bloßem Auge am Himmel zu erkennen. Adeptos zählte vierzehn Transporter und war froh, die Landeflächen trotz der Anstrengung ausreichend groß gerodet zu haben. Der Anblick der Schiffe glich durch den Glanz der Atmosphäre sich drehender Feuerräder. Begleitet von einem stetig anschwellenden Tosen, zuerst wie ein immer größer werdender Gebirgsbach, dann wie ein Donnergrollen. Adeptos aktivierte das Noisecancelling an seinem Headset. Die Schiffe schwebten ein, stoppten unmittelbar ober den Landeflächen und begannen sich unter dem martialischen Gebrüll der Triebwerke in die davonstobende Sandstaubwolke unter ihnen zu senken. Adeptos klappte das Sichtvisier seines Headsets herunter, um seine Augen vor dem peitschenden Sand zu schützen. Es dauerte einige Augenblicke, bis sich die Wolke nach Verstummen der Triebwerke gelegt hatte: Die Missionsflotte war gelandet.

60 **Das Wiedersehen**

siebter Planet im 971sten Schar 426.400 v. Chr.

Adeptos wusste, dass Menerta an Bord eines der Schiffe war. Auf dem Kommandoschiff? Oder weiter hinten bei einem der Frachtschiffe und den Personentransportern?

Der erste Rover, der zu ihm herschwebte, war Enkis Verbindungsoffizier. Enki hatte Anweisung gegeben, dass niemand eines der Schiffe verlassen durfte, ehe der Verbindungsoffizier von Angesicht zu Angesicht mit Adeptos gesprochen hatte. Enki war entsprechend seiner Verantwortung vorsichtig. Es galt daher, jegliche Gefahr für seine Missionsteilnehmer zu vermeiden. „Verbindungsoffizier Ment", begrüßte Ment Adeptos, während er seinen Rover neben Adeptos beidrehte. Adeptos kannte ihn wohl und wusste, wen er vor sich hatte. Enki hatte sich offenbar mit dem Verbindungsoffizier in besonders verantwortungsvoller Rolle die uneingeschränkte Unterstützung des vermutlich ältesten Stammes auf Nibiru gesichert.

„Ich grüße dich, Ment", erwiderte Adeptos, „wollt ihr nicht aussteigen und diesen herrlichen Planeten erkunden?", feixte Adeptos, obwohl er wusste, dass Enki seinem Protokoll folgen würde, ganz egal, wie verlockend es den für lange Zeit auf den Schiffen festgesessenen Missionsteilnehmern vorkommen mochte, den siebten Planeten sofort zu betreten. Im Hintergrund sah Adeptos aus den einzelnen Schiffen diverse Bots ausströmen, die vermutlich Adeptos' Messungen in Bezug auf die habitaren Eigenschaften des siebten Planeten überprüfen und bestätigen sollten.

„Wenn deine Daten korrekt waren, werden die Bots diese bestätigen", wies Ment auf das Treiben zwischen den Schiffen hin, „und wie ich sehe, bist du selbst auch kein Trugbild, sondern scheinst dich auf diesem Planeten gut arrangiert zu haben."

Adeptos zuckte die Schultern.

„Aber du verzeihst meine Direktheit, du scheinst in kurzer Zeit merklich gealtert zu sein?"

„Ja, es scheint eine Besonderheit dieses Habitats zu sein, dass alle Abläufe einer völlig anderen Zeittaktung als auf Nibiru unterliegen. Anfangs war das mehr als ungewöhnlich für mich, aber im Laufe der Zeit nahm ich und vermutlich auch mein Körper samt meinem Stoffwechsel diesen Rhythmus an. Das Ergebnis ist ein etwas beschleunigter Alterungsprozess.“

„Na, so viel gealtert scheinst du mir nicht zu sein“, rief Menerta gegen den Lärm ihres Rovers an, der hinter Ments Rover an die Unterhaltenden herangeprescht war.

„Menerta“, rief Adeptos aus und konnte sein Glück kaum fassen. Menerta schwang sich von ihrem Rover, lief die paar Schritte zu Adeptos und warf sich ihm entgegen. Sie umarmte Adeptos mit all ihrer Kraft und er erwiderte ihre Umarmung.

Offenbar hatten die Bots die Lebensbedingungsdaten Adeptos‘ bestätigt. Enki gestattete unmittelbar nach der Übertragung des Gesprächs zwischen Adeptos und Ment die Erlaubnis zum entborden. Aus allen Schiffen begannen nun Rover zu gleiten. Die Ladebuchten öffneten sich. Aus ihnen traten Nibirus Missionsteilnehmer zum ersten Mal seit langer Zeit auf festen Boden. Manche schwankten leicht, weil sich die Schwerkraftstabilisatoren der Schiffe doch von der natürlichen Schwerkraft des siebten Planeten unterschieden. Andere sogen schnaubend die Luft des siebten Planeten ein. Sie rochen und schmeckten den Duft. Der Geschmack war so ganz anders als zu Hause, er gab sich so klar und rein, wie sie es auf Nibiru noch nie hatten erleben können, von dem künstlichen Luftgemisch auf den Raumschiffen ganz zu schweigen.

Enki stand auf der Brücke seines Schiffes. Er überblickte die große Ebene vor den Schiffen. Adeptos hatte gute Arbeit geleistet. Ein perfekter Platz zur Landung, dachte er sich. Er ließ seinen Blick bis zu den sanften Hügeln in der Ferne schweifen. Enki hatte Adeptos‘ Berichte aufmerksam studiert, das Bildmaterial genau analysiert, sodass er eine ziemlich konkrete Vorstellung von dem gehabt hatte, was ihn erwartete.

61 **Menertas Geschenk**
siebter Planet im 971sten Schar, 426.400 v. Chr.

Wiedersehen verbreiten Freude. Wenn eine Trennung allzu lange zurückliegt, nähern sich die Getrennten zumeist vorsichtig aneinander an, um die neuen Lebensumstände des jeweiligen Gegenübers auszuloten. Um sicherzugehen, dass das Gegenüber die gleiche Freude ob des Wiedersehens empfindet. Bei Menerta und Adeptos schien es, als wären die beiden nie getrennt oder nur kurz verhindert gewesen, sich zu sehen. Unmittelbar nach der überschwänglichen Begrüßung zogen sich die beiden in Adeptos‘ Landefähre zurück.

Dabei konnte Adeptos es kaum erwarten, Menerta den fantastischen siebten Planeten zu zeigen. Er schwärmte ihr von den von ihm besuchten Orten vor. Er beschrieb mit blumigsten Worten die eindruckvollsten Gegenden. Er überschlug sich wahrlich vor Begeisterung. Dem hatte Menerta wenig entgegenzusetzen. Die dramatische Entwicklung mit dem prophezeiten Untergang Nibiru war Adeptos nur zu gut bekannt. Da sich auf Nibiru alles jener Dramatik verschrieben hatte, gab es kaum sonstigen Klatsch, Tratsch oder Skandalöses über die Stämme zu berichten. Menerta dachte an das Hier und Jetzt und an Enkis Versprechen, das es Adeptos und ihr ermöglichen sollte, einen eigenen Stamm zu gründen. Schließlich hatte Enki Adeptos versprochen, mit seiner Mission in den Rang und Namen eines Stammesältesten aufzusteigen. Nun war es an Enki, dieses Versprechen im Rat der Ältesten einzulösen und Adeptos die Gründung eines eigenen Stammes zu gewähren.

Als sich Menerta in Adeptos‘ Heim sicher vor Beobachtungen dritter wähnte, zog sie aus ihrer Umhängetasche ein in weichen Kunststoff gehülltes Geschenk für Adeptos hervor und überreichte es ihm.

„Was ist das?“, beäugte Adeptos das Geschenk und nahm es an sich.

„Mach es auf“, drängte Menerta Adeptos. „Ich dachte, nach so langer Abwesenheit von zu Hause fehlen dir vielleicht unsere gewohnten Pflanzen und Tiere."

Adeptos riss die Kunststoffumhüllung auf. Darunter verbarg sich ein wahrlich seltener Anblick: ein Buch, nicht von Druckern oder Maschinen gefertigt, kein Displaypapier oder sonstige technische Raffinesse. Adeptos klappte den Umschlag auf.

„Ich habe sorgfältig jede Pflanze und jedes Tier gezeichnet und beschrieben", strahlte Menerta.

Adeptos bewunderte die feinen, handgezeichneten Linien, die sorgsam gezogenen Buchstaben und strich mit den Fingern über eine der Abbildungen, die detailverliebt eine ihm wohlbekannte Pflanze aus seiner Heimat darstellten. Er blätterte weiter, Seite um Seite, und Menerta ereiferte sich darin, ihm zur Auswahl der Pflanzen zum Zeitpunkt rund um ihre Niederschrift zu erzählen. Zu jeder Skizze, zu jedem Absatz wusste Menerta etwas zu berichten. Nichts Bewegendes, Kleinigkeiten aus ihrem Alltag als Hausdame bei Ninhursag. Einige Darstellungen bestimmter Pflanzen konnte Adeptos keiner Pflanze in seinem Gedächtnis zuordnen. Menerta bemerkte natürlich sein dann zögerliches Blättern. „Diese sind Züchtungen aus Ninhursags besonderem Garten", erklärte sie ihm. „Vielleicht ein guter Grund, um dieses Geschenk besser aus der Reichweite von Enki und den anderen Ratsmitgliedern", Sie pausierte kurz, um dann stolz anzufügen, „vor deinen künftigen Kollegen, verborgen zu halten."

„Künftigen Kollegen?", fragte Adeptos. „Die Mission hat erst begonnen. Noch kehren wir nicht zurück. Noch kann Enki sein Versprechen nicht einlösen. Wenn ich das richtig einschätze, ist Enki als Leiter dieser Mission mehr als Strafe für meine Mission entsandt worden denn wegen seiner herausragenden Führungsqualitäten. Wenn wir scheitern, wird unsere Aussicht auf einen eigenen Stamm in gleichem Maße schwinden wie Enkis Einfluss im Ältestenrat. Das solltest du unbedingt bedenken."

„Wir werden aber nicht scheitern", konterte Menerta.

„Du hast sicherlich gute Vorbereitungsarbeit geleistet und ich bin mir sicher, dass Enki diese Vorarbeit zum Nutzen der Mission einsetzen wird. Dann werden wir mit unseren Schiffen nach Nibiru zurückkehren. Du wirst der Vorsitzende von Adeptos' Stamm sein.", bekräftigte Menerta ihre Vorstellung.

Adeptos blickte zuerst Menerta an, dann über ihre Schulter hinweg durch eines der Bullaugen der Landefähre auf die sich in der Ferne abzeichnenden Hügel des siebten Planeten.

„Lass mich Dir zuerst diese Welt zeigen." Er klappte das Buch sorgfältig zusammen und verschweißte die Kunststoffhülle wieder, um jeglichen Außeneinfluss von dem empfindlichen Buch fernzuhalten. Dann schob er das Manuskript in eine der mit hachdünnem Erz beschlagenen Kunststofftruhen, in denen er seit seinem Aufbruch von Nibiru seine persönlichen Gegenstände verwahrt hatte.„Ich danke dir, Menerta", umarmte Adeptos Menerta so herzhaft, dass ihr fast die Luft wegblieb. „Komm jetzt, lass dir von mir einige Plätze auf diesem siebten Planeten zeigen, die sich in meine Erinnerung gebrannt haben. Manches ist hier ähnlich wie zu Hause. Manches weckte in mir Erinnerungen an zu Hause, wie es wohl lange vor unserer Zeit gewesen sein musste – und natürlich an dich. Doch du wirst schnell merken, dass sich alles hier maßgeblich von Nibiru unterscheidet."

Er zog Menerta an der Hand aus der Landefähre und steuerte mit ihr einen seiner Rover an. Menerta beäugte das wohlbekannte Gefährt misstrauisch, wies es doch eine Vielzahl von Gebrauchsspuren, Macken, Kratzer und auch Dellen auf. Adeptos lachte. „Keine Angst, das meiste ist meiner etwas ruppigen Fahrweise geschuldet, nichts Ernstes. Mal hier eine kleine Kollision, mal da eine zu schmale Furt. Aber mit dir an Bord werde ich mir Mühe geben und den Rover nur in sanftes Gelände ausführen."

Sie bestiegen den Rover, die Antigravitationslevitatoren zischten auf, der Rover hob sich einige Zentimeter über den erdigen Boden. Adeptos gab Schub. Der Rover brauste, eine kleine Staubwolke hinterlassend, aus der von den Bots gerodeten Lichtung, einem in das Dickicht geschlagenen Pfad folgend, Richtung Westen davon.

62 **Die Besiedelung beginnt**

siebter Planet im 971sten Schar 426.400 v. Chr.

Adeptos hatte Enki ausführlich seine Entscheidung für die Lage der Basisstationen erklärt. Enki lobte Adeptos für die gute strategische Vorbereitung. Er stimmte ihm schlussendlich zu, hier im Tal zwischen den beiden großen Flüssen Eridu zu errichten. Eridu, das Haus der entlegenen Welt, qualifizierte sich als Schnittpunkt der bereits von den Bots entdeckten Erzstätten auf dem siebten Planeten. Zudem bot die Lage Eridus für alle Nibirianer eine ihrem Heimatplaneten nicht unähnliche klimatische Zone. Die klimatischen Lebensbedingungen schienen jenen auf Nibiru – und zwar ganzjahreszeitlich – am ähnlichsten, wie Adeptos Messwerte über die lange Zeit seines Aufenthaltes ergeben hatten.

Auch aus strategischer Sicht schien Enki diese Lösung zu überzeugen. Die flache Gegend eignete sich ideal, um einen größeren Raumhafen anzulegen. Sollten sich in den künftigen Erzabbaustätten ungeahnte Schwierigkeiten ergeben, so bot dieser neutrale Platz samt Basisstation einen geeigneten Rückzugsort. Auch wenn sämtliche Auswertungen keine höher entwickelten Arten vermuten ließen, durfte Enki sich als Missionsleiter nicht zu unsicherem Vorgehen verleiten lassen. Eridu und der noch zu planende Raumhafen waren als gesicherter Bereich mit kontrolliertem Zugang zu errichten. Die Kontrolle konnten geeignete Bots übernehmen, vor zufälligen Störungen sollten Bollwerke aus Stein rund um die zentralen Anlagen dienen. Dabei stellte sich schon bald ein nicht unwesentliches Problem: Während der ganzen Zeit seines Aufenthaltes hatte Adeptos kaum Bedarf nach Nutzung der Frequenzwerkszeuge gehabt. Seine Bots hatten es bei der Rodung der Flächen belassen. Dabei hatte er die Flächen so ausgewählt, dass dabei keine großen Gesteins- oder Erdreichmassen bewegt werden hatten müssen.

Schon bei den ersten Versuchen der Missionsarbeiter, Gesteinsblöcke mit den Frequenzwerkzeugen zu bearbeiten, stellten sie deren Fehlfunktion fest. Die auf Nibiru Gestein kalibrierten Werkzeuge versetzten das Gestein am siebten Planeten zwar in die gewünschten, kaum wahrnehmbaren Schwingungen, doch jegliches weitere Bearbeiten schien aus irgendeinem Grund nicht zu funktionieren. Das bezog sich sowohl auf die auf Nibiru hervorragend funktionierenden Gestaltungsmöglichkeiten, wie schneiden, schleifen, bohren, als auch auf die Transportmöglichkeiten. Das vibrierende Gestein löste sich kaum vom restlichen Gestein, geschweige denn, dass es sich ohne Kraftaufwand von einem Ort zum nächsten transportieren ließ. Ohne diese Werkzeuge war weder an die Errichtung ausgedehnter Bollwerke zu denken, noch konnten die Werkzeuge später für die Errichtung der Erzabbaustätten genutzt werden.

Enki wies die Missionsarbeiter an, sich vorerst auf eine voraussichtlich größere Abbaustätte weit im Süden des siebten Planeten zu konzentrieren. Dort, wo die Landmasse weiter südlich in tosendes Meer überging, ließ er parallel zu den Aufbauarbeiten in der Zone rund um Eridu die Landschaft roden und die Erzvorkommen an der Oberfläche grob abstecken. Die Techniker waren derweil damit beschäftigt, sich der Frequenzwerkzeuge anzunehmen. Ihrer Ansicht nach konnte es sich nur um eine Dissonanz der Frequenz handeln, um die Frequenzwerkzeuge ihre gewohnte Arbeit verrichten zu lassen. Aber die Kalibrierung, wie sie es nannten, mochte vor allem Zeit beanspruchen. Zeit, die auf dem siebten Planeten zu verfliegen schien. Die Umstellung der Missionsteilnehmer inklusive Enki auf den hier so raschen Tag- und Nachzyklus dauerte länger, weil anfangs Enki die Raumschiffe nicht an den hiesigen Tag- und Nachtwechsel angleichen wollte. Er dachte, er könne durch den von Nibiru gewohnten Takt die sonst als Nacht untätig vergehende Zeit im langen Rhythmus Nibirus nutzen. Doch die Zweigleisigkeit im Rhythmus hatte über kurz oder lang ihren Preis. Nicht nur, dass die Baustellen in der Nacht mit viel Energieaufwand mühsam beleuchtet werden mussten. Die Nacht schlug sich auch auf die Arbeit der Nibirianer negativ nieder. So entschied Enki bereits nach kurzer Zeit der Mission, die Tag-Nachwechsel der Raumgleiter an die hiesige Regelmäßigkeit anzupassen. Nunmehr konnte zwar nur mehr weniger Arbeit – weil nur zu den hellen Stunden – verrichtet werden, aber die Moral und Geschicklichkeit kehrte zusehends in die Missionsarbeiter zurück. Als es dann den Forschern gelang, die Frequenzwerkzeuge entsprechend der Eigenschwingung des siebten Planeten zu kalibrieren, nahmen die Vorbereitungsarbeiten zügig Fahrt auf.

Enki hatte genaue Pläne über die zu erbauenden Liegenschaften anfertigen lassen. Inspiriert durch die klassischen Bauten auf Nibiru wuchsen nunmehr Unterkünfte für die Missionsarbeiter ebenso rasch aus dem Boden wie Lagerhallen, Forschungsabteilungen, Unterhaltungsbereiche und mit geringfügig versetzter Priorität auch der Raumhafen, den Enki schlicht mit Sippur benannte. Sippur gliederte sich in zwei unterschiedliche Bereiche: Ein Bereich war geplant für die Schiffsbewegungen von und zu den Abbaugebieten auf dem siebten Planeten. Auf dessen Fertigstellung drängte Enki, da erst mit dieser der nachhaltige Bergbau in den Erzstädten begonnen werden konnte.

Der zweite, größere Bereich eilte nicht. Denn dieser Bereich war geplant als Lande- und Startrampe für die Raumkreuzer, die das gewonnene Erz dereinst nach Hause nach Nibiru bringen sollten.

63 **Der mühvolle Bergbau**

siebter Planet im 971sten Schar 426.400 v. Chr.

Enki leitete die Mission generalstabsmäßig. Nachdem er sich selbst von Adeptos viele Orte auf dem siebten Planeten zeigen lassen hatte, teilte er die Missionsteilnehmer, die sich nicht unmittelbar mit der Erbauung der Infrastruktur befassten, in zwei Gruppen. Eine hatte die Aufgabe, die langfristige Versorgung mit Nahrung für die Missionsteilnehmer sicherzustellen. Die in den Frachtschiffen mitgebrachte Nahrung mochte noch für lange Zeit am siebten Planeten ausreichen, schien Enki aber auch bestens geeignet, um als Verpflegung für die Rückkehr aufgehoben zu werden. Daher betraute er diese eine Gruppe mit dem Anbau von Nutzpflanzen. Entsprechend Adeptos‘ übermittelter Daten hatten sie ausgewählte Nutzpflanzen in keimfähigen Zustand mit auf ihre Reise genommen und ebenso Saatgut, das nach dafürhalten der Biologen auf Nibiru mit den Gegebenheiten des Planeten bestens zurechtkommen sollte. Es wurden große Felder angelegt, teils auf den schon gerodeten Flächen und teils schickten sie die Bots los, um weitere Flächen zu roden und so für den Anbau der Nutzpflanzen zu kultivieren. Adeptos Vorschlag, diesen vegetarischen Speiseplan durch gejagtes Wild zu ergänzen, teilte Enki eine Abfuhr. Nur gelegentlich sollte es den Missionsteilnehmern gestattet sein, den Speiseplan derart aufzubessern. Enki verspürte eine große, vielleicht wissenschaftlich unbegründete Furcht vor der allzu intensiven Vermengung des hiesigen Nahrungsangebotes mit den genetisch reinen Anbaupflanzen aus Nibirus Züchtungslabors. Vielleicht dachte er, hierin den Grund für Adeptos‘ schnelleres Altern zu finden oder er hatte Angst vor nicht identifizierten Viren oder Bakterien, die auf diese Weise die Missionsteilnehmer befallen hätten können. Doch seine Angst war nicht so groß, sein Unbehagen nicht so vorherrschend, dass er die Aufnahme des hiesigen Nahrungsangebotes strikt verboten hätte. Zu verlockend für alle Missionsteilnehmer präsentiertes sich das vielfältige Angebot an Wildtieren oder Früchten, die in den Wäldern und auf den Wiesen des siebten Planeten vorkamen. Vielleicht wollte er sich auch bei späteren Untersuchungen nicht Unvorsicht unterstellen lassen und baute diesem Vorwand durch seine inkonsequente Vorgabe nur vor.

Die mitgebrachten Nutzpflanzen entwickelten sich entsprechend den Erwartungen der Biologen jedenfalls prächtig und wie alles auf dem siebten Planeten in für Nibirianer unvorstellbar kurzer Zeit. Mit dieser rasanten Entwicklung ging auf der anderen Seite aber auch ein unglaublich rascher Verfall der geernteten Nutzpflanzen einher, sodass die Bautrupps relativ rasch beginnen mussten, große Kühlhallen für das Erntegut zu bauen. Diese füllten sich rasch, bis Enki einen Erntestopp verhängte, weil sämtliche Reservoirs bis unter das Dach gefüllt waren. Mehr Vorrat, als die Mission je verbrauchen würde, so der straffe Zeitplan ja eine Rückkehr nach Nibiru in absehbarer Zeit vorsah. So begannen die Früchte und das Getreide auf den Feldern ihr eigenes Schicksal zu beschreiten oder wurden von den neugierigen Tieren und Insekten für deren Speisetisch genutzt.

Die andere Gruppe war, Enkis Anweisung folgend, in den Süden zu einer der vermutet größten Erzlagerstätten aufgebrochen. Sie hatte begonnen, die für den Abbau nötige Infrastruktur zu errichten. Ein kleiner Fährhafen stellte die Fluganbindung mit dem inzwischen fertiggestellten kleinen Teil des Flughafen Sippurs her. Auf diesem Weg wurden die Gerätschaften in den Süden gebracht und die nötigen Nahrungsmittel von den großen Feldern rund um die Landestelle der Nibirianer verteilt. Die Erkundungen der Erzlagerstätten im Süden versprachen ein reichhaltiges Vorkommen von Gold und auch anderen Erzen. Zudem sollten laut Georadar die Lagerstätten bis knapp unter die Erdoberfläche reichen. Es sollte also gelingen, an die Erzflöße im Tagebau heranzukommen. Die Raupenfahrzeuge schoben Mutterboden zur Seite und mit den Frequenzwerkzeugen wurden große Felsbrocken aus den vorgesehenen Fluren entfernt. Doch schon bald merkte die Baugruppe, dass die Messungen in Bezug auf die Erzvorkommen ähnlich wie die Frequenzwerkzeuge anfangs nicht funktioniert hatte. Für die Beschaffenheit des siebten Planeten musste auch dieses Werkzeug anders konfiguriert werden. Das Vorkommen des Erzes, selbst in der ausgewiesenen Menge, blieb unzweifelhaft. Doch die Lagerstätten waren nach den ersten Probebohrungen und Sondierungen in der Realität um einiges tiefer anzusetzen, als dies die Hologramme angezeigt hatten.

Die Geologen Nibirus fanden zwar umgehend den Fehler in der Tiefenmessung, doch das herausfordernste Problem war, dass dies vom Tagbau eine Änderung hin zum Untertagebau bedeutete. Kein Problem für die mitgebrachten Werkzeuge, doch Bergbau unter Tag war nicht nur weitaus zeitintensiver, er war trotz der modernen Technik ein gutes Stück gefährlicher als Tagebau. Enki willigte nur zögerlich in die Umstellung von Tage- auf Untertagebau ein. In Wahrheit blieb ihm kaum eine andere Wahl. Kleine Abbaugruppen, die er von der Haupttruppe abgezweigt hatte und die die anderen von Adeptos ausgekundschafteten Abbaugebiete untersuchten, mussten ebenso rasch feststellen, dass auch hier nur in den seltensten Fällen mit Tagebau Erz zu gewinnen war. Und in den überschaubaren Fällen, wo sich das Erz an der Oberfläche des siebten Planeten gewinnen ließ, lag der prophezeite Ertragswert weit hinter den Werten zurück, die für eine Rettung Nibirus benötigt wurden. Weil der Abbau in den Stollen länger dauerte, würde es auch länger dauern, um die kritische Masse Gold für die Heimreise zu gewinnen.

Wie gefährlich der Untertagebau tatsächlich war, zeigte sich schon kurz nach Beginn der Arbeiten. Kaum ein Schichtwechsel verging, an dem Enki nicht einen seiner Missionsteilnehmer als verletzt oder, noch schlimmer, als tot gemeldet bekam. Die Ausfallquote konnte zwar durch den Einsatz von noch mehr Technik insgesamt etwas reduziert werden, doch der Untertagbau blieb ein hartes Brot für jene Missionsarbeiter, denen der Abbau direkt oblag. Enki ließ Alexa GO aufgrund der aktuellen Ausfalls-

und Erzgewinnungsarten eine Perspektive für das Ergebnis der Mission errechnen und war nicht einmal erstaunt, als ihm Alexa, mit verschiedensten Zahlen untermauert, das Scheitern der Expedition vorrechnete. Selbst wenn es gelang, die Ausfallrate weiter zu reduzieren und in gleichem Masse die Erzförderung zu intensivieren, was auch in Enkis Augen einem Widerspruch gleichkam, hatte er Handlungsbedarf.

In der drauf folgenden Zeit besserte sich die Ausfallrate zumindest geringfügig. Dennoch nannten die Bergleute den Stollen bald Apsu.

Enki hatte gemeinsam mit seinen Sicherheitsbeauftragten einen umfassenden Maßnahmenkatalog ausgearbeitet. Dieser garantierte mehr Sorgsamkeit bei der Bedienung der schweren Bergbaugeräte. Allesamt Standards, wie sie auf Nibiru ohnedies längst üblich waren. Jeder Nibirianer, der an einem der großen Geräte arbeitete, musste eine fixe Auszeit zur Erholung und Regeneration fern der Bergbauanlage einhalten. Auch wenn diese kurzen Intervalle zwischen Tätigkeit und Erholung für die Nibirianer anfangs gewöhnungsbedürftig waren, zumal die Intervalle mit dem raschen Tag- und Nachtwechsel am siebten Planeten einhergingen, so zeigte die Maßnahme dennoch rasch Wirkung. Zu Enkis Verwunderung ging der Erzabbau in dieser Anfangszeit des Abbaus kaum zurück, wiewohl die Nibirianer sich buchstäblich mit jedem Wechsel von Licht- und Dunkelphase mehr über die Mühen der anstrengenden Bergbauarbeit beschwerten. Zumindest die Unfälle konnten in erträglichem Maß gehalten werden. Doch eines war klar: Ohne zusätzliche Bergbauleute würde es die Mission niemals schaffen, in der zur Verfügung stehenden Zeit ausreichend Gold zu schürfen bzw. für den Abtransport nach Nibiru zur Verfügung zu stellen. Mit dem Baufortschritt der anderen Einrichtungen, wie dem Raumhafen in Sippur und der Vervollständigung von Eridu samt seinen umgebenden Anlagen, wurden zwar stetig Arbeitskräfte frei, doch diese konnten aufgrund der anfänglich hohen Ausfälle kaum zur Ertragssteigerung beitragen.

Abseits der Bergbauanlagen hatten die Begleiter, wie Enki die nicht unmittelbar am Bergbau beteiligten Missionsteilnehmer nannte, ganze Arbeit geleistet. Sie hatten so etwas wie eine kleine Stadt erschaffen. Die Raumgleiter waren durch überdachte Tunnel verbunden worden, die auch zu den errichteten Gebäuden zwischen den Gleitern und den Behausungen führten. Die Gebäude aus Stein waren geräumig. Dank der massiven Steinwände boten sie sowohl vor den Sonnenstunden als auch vor den kühleren Nächten ein angenehmes Raumklima. Die meisten der Wohnunterkünfte waren aus den Raumgleitern ausgebaut und in die Steinhäuser integriert worden. Der frei gewordene Platz in den Raumgleitern sollte wie geplant als zusätzliche Transportfläche für das abgebaute Erz dienen. Erst wenn die Mission abgeschlossen war, sollten einige dieser Habitats wieder in die Gleiter eingebaut und für den Rückflug der Missionsteilenehmer genutzt werden. Die modernen Habitats waren von den Nibiruanern in Verbindung mit den Steinhäusern zu sehr wohnlichen Anlagen ausgebaut worden. Selbst die Nasszellen aus den Habitats waren zerlegt, und in die Steinwände eingearbeitet worden. Mit den richtig kalibrierten Frequenzwerkzeugen war dies jetzt ein Kinderspiel. Die Steinplatten und Quader ließen sich in jedwede nötige Form schneiden, Öffnungen und Rohrdurchführungen exakt bohren und schlussendlich zu einer Wand oder Abdeckung zusammenfügen. Die Unterkünfte bei den Abbaustädten waren weitaus weniger komfortabel. Sie glichen eher Kasernen oder Kantinen. Kein Wunder, dass die Bergbauarbeiter die Missionsteilnehmer in und um Eridu beneideten. Mit der Maßnahme, dass einem Einsatz zwingend ein Erholungsurlaub in Eridu oder einer der wenigen Außenstellen einherging, dachte Enki, diesen Neid und diese Missgunst in den Griff zu bekommen. Auch der Umstand, dass in Eridu immer weniger Arbeiter verblieben und immer mehr für die Arbeit in den Bergbaustädten eingeteilt wurden, sollte helfen. Doch am Ende galt es auch den Betrieb in Eridu aufrechtzuerhalten. Die Anlagen mussten gepflegt und nicht zuletzt die Versorgung mit Nahrungsmitteln aufrechterhalten werden. So kam Enki zu dem einzig logischen Schluss, der ihm zwar nur schwer über die Lippen kam, aber der ihm als einziger Ausweg zur Rettung Nibirus erschien. Er wies Alexa Go an, Kontakt mit Nibiru aufzunehmen.

64 **Enlil wird neuer Vorsitzender**

Planet Nibiru im 971sten Schar, 426.400 v. Chr.

Die regelmäßigen Berichte an den Ältesten Rat lasen sich durchwachsen. Enki berichtete von der erfolgreichen Landung, den gut voranschreitenden Bestrebungen, eine Siedlung zu etablieren und auch von den bestätigten Erzvorkommen, genau, wie Adeptos es gemeldet hatte.

Der Ältestenrat war mehrfach zusammengekommen, um gemeinsam die Meldungen vom fernen siebten Planeten zu hören und auszuwerten. Die Stammesältesten folgten aufmerksam den Berichten.

„Wir nehmen die Berichte wohlwollend zur Kenntnis“, ergriff nach der letzten Übertragung Engsor das Wort. Dabei strich er sich mit der rechten Hand langsam über den linken Unterarm. „Aber mir wurde auch berichtet, dass diese Berichte nur ein Teil dessen sind, was auf dem siebten Planeten tatsächlich vor sich geht.“

Die anderen Ältesten horchten auf, manche überrascht, weil ihnen nichts zu Ohren gekommen war, andere bestätigend, weil auch sie von Gerüchten gehört hatten, die freundlich formuliert den offiziellen Bericht zumindest ergänzungswürdig erscheinen liessen.

Enlil, Ahn der Häuser Engsors und Ronans, meldete sich zu Wort: „Wir alle wissen, dass die Mission zur Rettung Nibirus keine einfache Aufgabe war und ist. Doch bevor wir uns mit der Mission und ihrem Gelingen oder auch Scheitern befassen, würde ich anregen, in Abwesenheit Enkis einen Nachfolger zu nominieren. Auch wenn der Rat in jüngster Zeit seit dem Aufbruch der Mission regelmäßig zusammengekommen ist und aus meiner Sicht gute Beschlüsse gefasst hat, so denke ich doch, dass es an der Zeit ist, den Ältestenvorsitz durch einen gewählten Vertreter aus dieser Runde abzulösen. Selbst wenn die Mission ein Erfolg wird, dürfen wir nicht vergessen, mit welcher Absicht wir Enki zum Missionsleiter bestellt haben. Für meinen Teil halte ich eine nachhaltige Lösung, ungeachtet eines des Missionserfolges oder Misserfolges, für dringlich. Wird die Mission ein Erfolg, so gilt es Enki zu ehren, allenfalls seinen Mut auszuzeichnen. Er wird dann den Vorsitz dieses Rates nicht mehr benötigen, sondern als Retter Nibirus in unser aller Herzen und Erinnerung eine höhere Stufe innehaben. Misslingt die Mission, werden wir einen Vorsitzenden benötigen, der die Geschicke Nibirus bis zum tatsächlichen Untergang mit Bedacht lenkt, der für Ruhe und mehr noch Besonnenheit angesichts des drohenden Endes sorgt."

Ein Nicken durchlief die Ältesten.

„Es ist erstaunlich, wie klar man die Dinge sieht, wenn man mit dem eigenen Ende konfrontiert wird", pflichtete Engsor seinem Ahn bei. „Ihr habt recht, wir sollten aus unserer Mitte einen Nachfolger zum neuen Vorsitzenden des Ältestenrates wählen."

Merkurs Ältester fühlte sich angesprochen. „Mein Vater ist der Älteste in eurer Runde. Ihr alle wisst seit langem über seinen Gesundheitszustand und über seine schwindende Lebenskraft. Nur durch seine Vollmacht wurde ich zu eurem Interim. Doch ich denke, dass Engsor weise sprach. Niemand weiß, wie lange ich mich mit meinem Vater noch beraten und damit den Vorsitz dieser Runde führen kann. Er spürt genauso wie ich die Last der Verantwortung, die als Ältestem auf seinen Schultern ruht. Auch wenn die Zeit seit dem Aufbruch der Mission gut verlaufen ist, so muss ich eingestehen, dass mir und meinem Vater das Lob der Vorsitzführung sicher auch deshalb zukam, weil die Mission alle dringlichen Aufgaben überschattete. Es mussten kaum andere Beschlüsse gefasst werden. Auch mir sind unterschiedliche Gerüchte über das Schicksal unserer Brüder auf dem siebten Planeten zu Ohren gekommen. Es wird die Zeit kommen, an dem es über Erfolg oder Misserfolg zu urteilen gilt. Das möchte ich weder meinem Vater anlasten noch mir selbst zutrauen. Ich denke, und so stimme ich den Worten Engsors zu, dass es an der Zeit ist, den Vorsitz von meinem Stamm an einen neuen, an einen gewählten Vertreter aus eurer Mitte abzugeben."

Der Älteste des Merkur-Stammes setzte sich wieder. Man konnte spüren, wie der Schatten der Verantwortung sich von seinem Körper loslöste und ihn freigab.

„Dann wollen wir aus unserer Mitte einen würdigen Nachfolger Enkis bestimmen.“ Offenbar rechnete sich Engsor Chancen auf dieses Amt aus. Er wusste, dass Enlil aufgrund seiner einst engen Bande mit Enki als belastet galt, so er überhaupt einer Neuwahl zustimmte.

„Es wird euch überraschen“, schien Ronan Engsors Gedanken zu ahnen, „dass auch ich es für richtig halte, aus unserer Mitte einen neuen Vorsitzenden zu wählen. Ihr wisst, dass auch mich mit Enki immer enge Bande der Freundschaft verbunden haben, die im Vorfeld der Mission auf eine harte Probe gestellt wurden. Gerade jene Freundschaft rät mir, mich euch anzuschließen. Ich wäre ein schlechter Freund, würde ich Engsors Argumente nicht in Enkis Sinn deuten. Noch wissen wir nicht, welchen Ausgang die Mission haben wird. Noch wissen wir nicht, ob Nibiru gerettet werden kann und ob Enki mit den Lorbeeren des Siegers, mit dem Fluch des Verlierers oder ob er überhaupt je zurückkehrt. Für Nibiru und damit im Sinne Enkis seine Idee der vereinten Stämme verfolgend, gibt es auch aus meiner Sicht nur diese eine Möglichkeit. Nämlich an seiner statt aus unserem Kreis einen neuen Vorsitzenden zu wählen. Wenn ihr mir nur eine Bitte gewähren wollt, so jene, dass ich mich dieser Wahl nicht stellen werde. Ich halte es vielmehr für richtig und vorausschauend, gerade in einer so bedeutsamen Stunde für Nibiru einen unserer Ahnen zum Vorsitzenden zu wählen, und darf euch daher Enlil als Kandidaten vorschlagen“

Engsor zog überrascht die Augenbrauen hoch. Ein ehrlicher Zug Ronans, dachte er, auch wenn er selbst damit genauso aus dem Rennen war, wie sich Ronan der Kandidatur verweigert hatte. Mit Engsors hochgezogenen Augenbrauen ging zugleich ein Raunen durch die anwesenden Stammesältesten. Offenbar hatten auch diese mit einem Zweikampf Engsors und Ronans gerechnet. Enlil stand weder im Verdacht, einem bestimmten

Stamm zugewandt zu sein noch empfand einer der anderen Stämme Ronans Vorschlag als Drängerei. Enlil galt als umsichtig, war einer der ältesten Ahnen und seine Gene wurzelten in vielen der an diesem Tisch versammelten Stammesvertreter. Sowohl die Familien Engsor als auch Ronan, die sich in den Zeiten der Kriege stets befeindet hatten, wurden durch ihn wie durch eine Klammer zusammengehalten, galt er doch als Ahn und Gründer beider Familien. Die anderen Stämme, die in früheren Zeiten sehr wohl mit dem Vorsitz im Ältestenrat geliebäugelt hatten, schienen angesichts der aktuellen Situation Nibirus kein unbändiges Verlangen nach dem Vorsitz zu haben. Aus ihrer Sicht bot die Wahl nur eine Option: Der Vorsitzende würde bei erfolgreicher Mission im Schatten Enkis stehen oder bei Scheitern der Mission als unbedankter Nachlassverwalter eines sterbenden Planeten in den gemeinschaftlichen Tod gehen. Eine Perspektive, die allen wenig reizvoll erschien.

Enlil wurde mit uberwältigender Mehrheit zum neuen Vorsitzenden gewählt. Unmittelbar nach seiner Wahl, noch vor seiner ersten Ansprache zu den Nibirianern, bat er Ninhursag zu sich. Er empfing sie in einem nüchternen Sitzungszimmer einen Stock unter dem Sitzungssaal des Ältestenrates. Ninhursag konnte sich nicht ausmalen, worum Enlil sie bitten würde.

„Du weißt, dass ich dich immer sehr geschätzt habe“, leitet Enlil das Gespräch ein.

„Nun, zumindest hast du dich bei der Diskussion um meine Forschungen im Hintergrund gehalten“, erwiderte Ninhursag, auch wenn sie vermutete, dass Enlil über seine Familien damals sehr wohl die Stimmung beeinflusst hatte. Sie setzte sich neben Enlil auf das Sofa, während Enlil aufstand und langsam vor dem Fenster auf und ab ging. „Was glaubst du?“, fragte er unvermittelt und drehte sich von ihr weg, als ob er ihr Gesicht bei der Antwort nicht sehen wollen würde.

„Was meinst du?“ Ninhursag zuckte die Schultern

„Was glaubst du? Wird die Mission deines Bruders uns alle

retten?“ Enlil blieb stehen und wandte sich Ninhursag wieder zu.

„Enki wird alles geben um die Mission zu einem Erfolg zu führen“, zeigte sich Ninhursag überzeugt.

„Ja das wird er wohl“, bestätigte Enlil. „Und wir alle sind in Gedanken bei ihm und vertrauen auf seine Fähigkeiten. Wir möchten ihn in seiner Aufgabe keineswegs ablenken und doch halte ich es für richtig und unumgänglich, ihm die heutigen Beschlüsse im Ältestenrat mitzuteilen.“

„Ihr wollt, dass ich ihm die Nachricht von seiner Absetzung überbringe, nicht wahr?“ Ninhursags Vermutung war augenscheinlich richtig gewesen.

„Ja und nein. Es ist mehr, was ich heute von dir erbitte.“ Enlils Blick hatte sich auf Ninhursag festgesaugt.

„Es geht nicht um Enkis Absetzung?“

Enlil machte eine bedächtige, lange Pause, ehe er fortsetzte: „Enki selbst hat mich gebeten, die Neuwahl des Vorsitzenden in die Wege zu leiten.“

Mit diesen Worten schien aus Ninhursags Gesicht jegliche Farbe verbannt zu sein. Eine fahle Blässe hatte sich stattdessen ausgebreitet. Selbst Enlil erschrak darüber, was seine Worte ausgelöst hatten. „Nein, nein, keine Sorge, nach meinem Wissenstand ist Enki wohlauf“, bemühte sich Enlil Ninhursag zu beschwichtigen.

„Aber dann verstehe ich nicht, warum Enki ...“

„Es ist so“, unterbrach Enlil Ninhursags Zwischenruf, während er auf sie zuging und sich auf den ihr nächsten Sessel setzte, „dass Enkis Mission an einem Scheidepunkt angekommen ist. Seinen Berichten zufolge, die ihr alle und auch der Ältestenrat mitverfolgen konntet, ist die Mission auf einem guten Weg. Die Basisstation ist errichtet, die Daten Adeptos‘ entsprechen der Realität. Mit dem Erzabbau geht es voran.“ Wieder zögerte Enlil. „Doch es ist auch so, dass gerade die erste Zeit unter den Missionsteilnehmern viele Opfer gefordert hat. Enki musste offenbar viele der für die Versorgung gemeldeten Missionsteilnehmer für die schwere Arbeit an den Erzlagerstädten einteilen.

Auch wenn das noch zu keinem Versorgungsengpass führte, scheint dies samt der zu verrichtenden, schweren Arbeit auf die Stimmung zu schlagen. In einem seiner letzten Berichte beschreibt Enki, dass einige der Missionsteilnehmer aus Eridu quasi geflüchtet sind, um dem Los der Zuteilung in die Minen zu entgehen. Sie sind aus Eridu in die Wildnis des siebten Planeten geflohen. Sie versuchen dort zu überleben. Aufgrund der unterschiedlichen Planetenstruktur hat es anfangs wohl auch Schwierigkeiten mit unseren Werkzeugen gegeben."

Ninhursag zeigte sich überrascht. Auch sie hatte Gerüchte über die Mission gehört, aber die Gerüchte waren bei weitem nicht so konkret und stellten längst nicht den Erfolg der Mission als so zweifelhaft dar, wie es Enlil nun formulierte. „In Anbetracht dieser Schwierigkeiten war es Enki wichtig, auf Nibiru einen rasch agierenden und besonnenen, handlungsfähigen Ältestenrat samt eines ausgeglichenen Vorsitzenden vorzufinden. Enki lag immer schon mehr am Schicksal Nibirus als an seinem persönlichen Fortkommen. Ich dachte, das würdest du wissen."

Ninhursag schluckte. „Ja, das weiß ich, aber ich war mir um die Lage der Mission nicht im klaren. Ich wusste nicht, dass es so schlecht um die Mission steht", bedauerte Ninhursag.

„Die Lage ist keineswegs aussichtslos, ich würde sie nicht einmal zwingend als schlecht bezeichnen", beschwichtigte Enlil. „Uns war von allem Anfang an klar, dass diese Mission auf einem weit entfernten Planeten mit vielen Unabwägbarkeiten einhergehen würde. Die Reise selbst konnte sich als tückisch erweisen. Unser Wissen und unsere Daten vom siebten Planeten konnten falsch oder trügerisch sein. Es gab viele Möglichkeiten für Fehler und Fallstricke und stets war klar, dass die Mission viele Opfer aller Beteiligten verlangen würde. Im Kern ist, und das würde ich jederzeit so bestätigen, die Mission sogar nach Plan verlaufen. Aber jetzt steht Enki an einem entscheidenden Punkt, an dem er uns um unsere Hilfe bittet."

„Er bittet uns um Hilfe?", wiederholte Ninhursag Enlils letzte Worte.

„Enki – und das ist ihm sicher nicht leicht gefallen – hat nicht nur gebeten, den Ältestenrat mit einem neuen Vorsitzenden zu besetzten, er hat bei der gleichen Kommunikation auch um unsere Unterstützung gebeten. Um die Mission auf Kurs zu halten oder besser gesagt die vorherberechneten Mengen und Lieferzeitpunkte erbringen zu können, bittet uns Enki um Nachschub. Wir müssen die Mission aufstocken um den Erzabbau zu beschleunigen und“, wieder hielt Enlil inne, bevor er eine weitere Bedeutsamkeit aussprach, „du sollst diese Mission begleiten.“

Ninhursag traute ihren Ohren nicht. Sie sollte diese Mission begleiten? Das war der Wunsch ihres Bruders? Niemals konnte er diesen Gedanken geäußert haben. Wie zum Teufel ...

Wieder unterbrach Enlil Ninhursags Gedanken. Er konnte an ihrem Gesicht ihre Ungläubigkeit ablesen. „Du hast Recht, es ist nicht Enkis Wunsch, dass du diese Ergänzungsmission begleitest. Es ist mehr als das. Es ist unumgänglich.“

Ninhursag hörte wohl Enlils Worte, konnte seiner letzten Äußerung aber keinen Sinn entnehmen. „Wie meinst du das mit unumgänglich?“, versuchte Ninhursag, den Sinn Enlils Worte zu verstehen.

„Du sollst dein Forschungsprogramm wieder aufnehmen. Du sollst alles, was du für deine Genforschungen brauchst, in einen der Raumkreuzer mit den Ergänzungstruppen laden lassen. Du musst dort am siebten Planeten deine Arbeit wieder aufnehmen.“

Nicht zum ersten Mal in diesem Gespräch starrte Ninhursag verwundert auf ihr Gegenüber. Enlils Gesicht wirkte emotionslos, sachlich. Er wusste, wovon er sprach. „Alexa, starte bitte Enkis Nachricht für Ninhursag vom siebten Planeten.“

Die wenigen Außenfenster des Sitzungsraumes änderten ihre Opazität. Zwischen Ninhursags und Enlils Sitzposition und den nunmehr undurchsichtigen Fenstern entwickelte sich das Hologramm der für Ninhursag von Enki gesandten und letztlich bestimmten Nachricht.

Während Alexa die Nachricht startete, verließ Enlil Ninhursag. Er hatte den Nibiruanern eine Mitteilung zu machen: Es würde eine zweite Mission auf den siebten Planeten geben und mit ihr würde keine Geringere als Ninhursag, Enkis Schwester, reisen.

Enlil schloss leise die Tür zu dem Sitzungssaal, in dem Ninhursag gebannt der holografischen Nachricht folgte. Er ging zufrieden in den Übertragungsraum ein Stockwerk tiefer, von wo aus er seine Ansprache an das Volk und die Stämme der Nibirianer richtete.

65 **Ninhursags Experimente**

Planet Nibiru im 971sten Schar, 426.400 v. Chr.

Ninhursag wusste, dass sie sich weder Enlils Ruf noch Enkis Bitte entziehen konnte. Der Stadtrover verlangsamte. als sie in der Allee zu ihrem ehemaligen Sitz gelangten. Sie stellte das Triebwerk ab und stieg ab. So lange hatte sie es gemieden, dieser Stätte ihres einstigen Wirkens noch einmal näherzukommen. Für ihre Experimente mit den niederen Blumen zu Hause hatten ihr jene Gerätschaften gereicht, die sie bei ihrem überstürzten Verlassen dieses Hauses rasch eingepackt hatte. Für ihre gegenwärtige Aufgabe würde sie den Großteil ihres Equipments aus ihrem Labor benötigen. Sie öffnete das Gartentor, das sich nur schwer gegen den Wildwuchs der Pflanzen aufschieben ließ. Das obere Scharnier des Tores hängte zudem nur mehr lose in den Gartensäulen. Vermutlich hatten Jugendliche oder Rastlose im Garten und vielleicht auch im Inneren gewütet. Ninhursag durchschritt den Anweg, musste über Unkraut und kleine Sträucher hindurch und hinweg balancieren. Sie schob das Gestrüpp mit den Händen zur Seite, bis sie schließlich vor der Eingangstür ihres alten Hauses stand. Energie war offenbar vorhanden. Die Scanner auf der Veranda hatten sie erfasst. Mit dem letzten Schritt auf die Eingangstür hin schob sich diese wie von Geisterhand langsam auf. Die Beleuchtung des Flurs begann zu glimmen. Sie steigerte stufenlos die Helligkeit im Inneren des Hauses. Offenbar war seit Ninhursags Verlassen niemand eingedrungen. Ninhursag schritt langsam vorwärts. Alles wirkte seltsam vertraut, alles schien an seinem angestammten Platz zu sein und doch hatte Ninhursag das Gefühl, etwas Fremdes zu betreten, etwas Unerlaubtes. Es dauerte eine Weile, bis sie dieses Gefühl abschütteln konnte.

„Willkommen zu Hause", mengte sich Alexas Begrüßung zu Ninhursags Eindrücken. Mit der langen Zeit als Abstand merkte Ninhursag, wie wenig wohnlich doch ihr einstiges Zuhause war: nüchtern, kahl, opazierende Wände, funktionell. Kein Nippes, keine Erinnerungen an ihr Leben vor den Forschungen oder während ihrer Forschungen. Ninhursag erschrak förmlich. Sie musste sich eingestehen, dass sie neben ihrem Enthusiasmus für die Forschungen offenbar kein Leben zugelassen hatte. Mit der in der Absenz gewonnen Distanziertheit schauderte sie vor ihrem eigenen Leben: So hatte sie Enkis Entscheidung niemals gesehen. Hatte er ihr mit dem Verbot der Forschungen auch ihr Leben zurückgegeben?

„Danke für das Willkommen", antwortete sie Alexa, während sie weiter in ihr Zuhause vordrang. Im eigentlichen Wohnbereich stand ein einzelnes kleines Sofa, in der Farbe dem Canapé im Sitzungszimmer des Ältestenrates fast ident. Den restlichen Raum füllten lange Schreibtische, auf denen Gensequenzierer, Proberöhren, leere und volle Ampullen sowie verschiedenste Laborausstattungen aufgereiht waren. Hinter den Schreibtischen stapelten sich Kühlgeräte bis zu Decke. Dort hatte Ninhursag ihre kleinen Genkreationen tiefgefroren. Sie trat an eine der Kühlmaschinen heran und stellte fest, dass die Kühlung seit ihrem Verlassen durchgehend aufrecht erhalten worden war. Der Ältestenrat hatte die Energieversorgung zu den Kühlterminals also nicht unterbrochen. Auch in den anderen Räumen hatte der Ältestenrat für eine Fortführung der Energieversorgung gesorgt. Als Ninhursag in den Keller zu den großen Kühlzonen hinabschritt, fiel ihr auf, dass sogar die großen Genexperimentexemplare unverändert in ihrer Kühlung lagen. Sie hatte eigentlich angenommen, dass der Rat diese Belege für ihr Tun umgehend entsorgt hätte. Sie wischte mit dem Handrücken den kaltfeuchten Beschlag einiger Scheiben weg und betrachtete ihre Werke. Ein sonderbares Gefühl befiel sie: Sie war stolz darauf, was sie vollbracht hatte. In ihren Stolz mischte sich der Ärger, dass ihr letztendlich die Experimente nicht besser geglückt waren, und auch ein wenig Ehrfurcht. Jetzt, mit dem nötigen Abstand, erkannte sie, was ihre Forschungen hätten entfesseln können.

Die unterirdischen Verbindungstunnel zum Rat der Ältesten

und in die Freianlage, die sie zum Testen benötigt hatten, waren vom Rat verschlossen worden. Sie konnte nicht sagen, ob die Hoverloopbahnen dahinter noch existierten, ob die Tunnel zum Einsturz gebracht worden waren oder ob die Bahnen nur im Dämmerungsschlaf auf jemanden warteten, der sie erneut in Betrieb nahm. Zu den Hochzeiten ihrer Forschung herrschte speziell hier in den unterirdischen Labors ein geschäftiges Treiben. Unzählige Assistenten und Helfer standen hier bereit, ihre Aufträge umzusetzen. In den oberen, sozusagen in ihrem Wohnbereich, waren nur wenige zugelassen. Hauptsächlich einige Laboranten, von denen sie gehoffte hatte, dass der oder die eine ihr an Enthusiasmus und Wissen nachkommen werde.

„Hallo?“

Von oben vernahm Ninhursag eine durchaus vertraute Stimme.

„Ninhursag, wir haben Besuch“, bestätigte Alexa den Ruf von oben. Ninhursag wandte sich um. Sie stieg die Treppe nach oben. Ehe sie etwas zu sagen im Stande war, hatte der Besuch schon das Wort ergriffen: „Enlil hat mich geschickt. Er meinte, ich würde dich hier finden, und siehe da.“

Ninhursag traute ihren Augen kaum. Enlil wusste, dass sie die neue Aufgabe am siebten Planeten nicht alleine bewältigen konnte. Also hatte er Hilfe geschickt. Tumudingir breitete ihre Arme aus, bereit, Ninhursag zu umarmen.

„Tumu“, rief Ninhursag aus und erwiderte ihre Umarmung. Tumu war eine der ersten und besten Assistentinen in Ninhursags Labor gewesen. Mit dem Verbot der Forschungen hatte sich Tumudingir völlig zurückgezogen. Ninhursag wusste auch warum: Tumudingir liebte einen der von Ninhursag geschaffenen Duplianten. Tumudingirs Ehrgeiz war es gewesen, auch den Duplikanten die lange Lebensspanne der Nibirianer zu verleihen. Mit dem Edikt von Oboi waren die Duplikanten jedoch noch mehr ins gesellschaftliche Abseits gestellt worden, als dies bis dahin schon der Fall gewesen war. Selbst innerhalb der Stämme, deren verblichene Erstgeborene die Duplikanten ersetzen hätten sollen, wuchs das Misstrauen gegenüber Ninhursags

Schöpfungen. Nicht besser wurde es, als bekannt wurde, dass einige Duplikanten mit der Erkenntnis, dass sie nur Kopien berühmter Stammeskinder waren, den Freitod dem ohnehin früher als bei Nibiruanern zu erwartenden Tod vorzogen. Mit dem Aus für Ninhursags Forschungen sah Tumudingir auch das Ende ihrer Träume. Sie beschloss die verbleibende Zeit bestmöglich mit ihrem Verlobten – einem Duplikaten – zu verbringen, bis dessen Zeit gekommen war.

„Hat dir Enlil auch Enkis Botschaft gezeigt?", fasste sich Ninhursag.

Tumudingir machte einen Schritt zurück. „Nein, aber er hat mir eine Übertragung jener zweibeinigen Rasse gezeigt, die du fortentwickeln sollst."

„Einer zweibeinigen Rasse?" Ninhursag war tatsächlich erstaunt. Davon hatte Enlil ihr nichts gesagt und davon war auch in Enkis Ersuchen keine Rede gewesen.

„Du sollst diese Rasse weiterentwickeln, damit sie unsere Missionsarbeiter entlasten kann, hat Enlil dir das nicht gesagt?"

Ninhursag schüttelte den Kopf und verneinte. Das hatte Enlil ihr so nicht mitgeteilt.

Ninhursags bevorstehende Abreise brachte Nemeta in die ungeliebte Position in der ersten Reihe. Enki war zum siebten Planeten aufgebrochen. Ninhursag würde zum siebten Planeten aufbrechen. Mit Marduk rblieb nur mehr sein Sohn auf Nibiru zurück. Marduk hatte sich noch nie in die Geschicke des Stammes eingebracht. Bedeutsame Fragen würden nun ihr zur Entscheidung vorgelegt werden. Nemeta sinnierte, ob sie Marduk an ihre Seite bitten sollte. Diesen Gedanken verwarf sie aber umgehend. Marduk, der wusste, dass es an ihm oder Nemeta lag, die Geschicke seines Stammes während Enkis Abwesenheit zu lenken, hatte sich vorsorglich zur Jagd zurückgezogen. Alexa hatte seinen Ausstieg aus dem digitalen Netzwerk mit einem entsprechenden Vermerk am nördlichen Rand der bewohnbaren Zonen festgehalten. Marduk hatte sich, wie schon oft zuvor, seiner Leidenschaft der Jagd hingegeben. In eigener Verantwortung und ohne Beistand von Alexa brach er in die von den Atmosphärenlöchern durchsetzten Gebiete hoch im Norden Nibirus auf. Damit, und das war sein Kalkül, stellte sich die Frage für Nemeta nicht mehr. Er war bis auf weiteres unerreichbar und die Last der Entscheidungen würde bis zu seiner Rückkehr in jedem Fall Nemeta zu tragen haben.

66 **Ninhursags kommt**

siebter Planet im 971sten Schar, 426.400 v. Chr.

Die zweite Mission erreichte den siebten Planeten, als Enki die Arbeiter schon fast nicht mehr unter Kontrolle hatte. Trotz weitreichender Zugeständnisse, trotz Appelle um Nibirus Zukunft willen, hatte sich während der Wartezeit auf die zweite Mission die Lage merklich zugespitzt. Mit dem Ausdünnen der Missionskräfte, die für die Nahrungsgewinnung zuständig waren, war Enki zuletzt gezwungen, in verstärktem Masse auf die mitgebrachten Nahrungsdepos in den Raumgleitern zuzugreifen. Dies schwächte zusätzlich die Moral unter den Arbeitern. Sie sahen die Mission als zeitlich befristetes Abenteuer, als eine Notwendigkeit für das Wohl Nibirus und als Chance für schnellen Profit. Was aber sollten sie mit schnellem Profit, wenn durch das Anbrauchen der Nahrungsreserve für die Rückreise diese in Frage gestellt wird?

Enki hatte vergeblich versucht, den Zugriff auf die Depots als vorübergehende Maßnahme darzustellen. Nur wurde ihm kein Glauben geschenkt. Da der Bergbau zusehends strapaziöser verlief, überlegten auch erste Stammesvertreter, ob die Mission überhaupt geeignet war, um den für die Stämme in Aussicht gestellten Reichtum auch tatsächlich zu bringen.

Adeptos hatte bei einer seiner ersten Expeditionen, als er noch allein auf dem siebten Planeten war, eine Tierart entdeckt, die jenen auf Nibiru am weitesten entwickelten Zweibeinern, den Primaten, sehr ähnlich waren. Vielleicht eine frühe Form der Evolutionsstufe. Damals hatte Adeptos diese Rasse erfasst, typisiert, die Lebensräume dokumentiert und sie im gesammelten Werk über Fauna und Flora an Nibiru übermittelt. Enki entsann sich dieser Rasse und hatte einen, wie ihm schien, genialen Plan zur Entlastung der Nibirianer in den Bergwerken geschmiedet: Diese Rasse könnte die schwersten Arbeiten für die Nibirianer übernehmen. Doch diese Rasse, die unmittelbar nach bekannt werden Enkis Idee zu hunderten eingefangen worden war, schien sich nicht im geringsten zur Domestizierung zu eignen. Dazu kam noch, dass die Primaten als Nomaden, Jäger und Sammler in losen Verbänden durchs Land zogen. Auf diese Weise fanden und erjagten sie ihr Futter. Doch für die von Enki festgesetzten Exemplare musste zusätzlich Futter von den Nibiruanern besorgt werden.Viele der prächtig gedeihenden Pflanzen und Früchte aus dem Anbau der Nibirianer mit mitgebrachten Samen schienen für diese Rasse unverträglich.

Als sich auf den Kontrollgeräten in Eridu und Sippur die Schiffe der zweiten Mission abbildeten, kehrte die Hoffnung in die Herzen der Nibirianer zurück. Sie wussten, dass Enlil und Ninhursag an Bord eines der Schiffe sein sollten. Enki hatte auch die Idee verbreitet, dass es Ninhursag mit ihren Genexperimenten gelingen mochte, die taupe Rasse an die Nahrung der Nibirianer anzupassen und ihnen jenen Entwicklungsschub zu geben, der sie für die Minen einsatzfähig machen sollte.

Enlil hatte es binnen kurzer Zeit geschafft, wieder eine stattliche Flotte von Nibiru zu senden. Dass er dabei nicht alle Umstände auf dem siebten Planeten ausführlich darstellte, sondern sich in ähnlicher Schönrederei übte wie dereinst Enki zeigte am Ende Nutzen.

Am Tag der Landung am siebten Planeten ordnete Enki, entgegen der drängenden Zeit, an, den Bergbau ruhen zu lassen. Fast alle Missionsteilnehmer waren nach Sippur gekommen, um der Landung der Verstärkung beizuwohnen. Die Rümpfe der prächtigen Schiffe glitzerten, als die Gleiter begannen, sich auf die Landeplattformen abzusenken. Das ohrenbetäubende Tosen der Triebwerke wirbelte auf den letzten Metern vor dem Aufsetzen Sand und Staub neben den großen Landeplattformen aus Stein auf. Die nahe stehenden Nibirianer hielten sich die Ohren zu. Sie versuchten, so gut wie möglich, die Augen mit der Hand zu schützen. Erst als sich die Raumgleiter auf den Stein gesetzt hatten und die Triebwerke gedrosselt wurden, legten sich die Staubwolken und der Lärm dämpfte sich, bis die Triebwerke schließlich ganz erstarben.

67 **Ninhursag ist gelandet**

siebter Planet im 975sten Schar, 419.200 v. Chr.

Die Freude war auf beiden Seiten groß. Die Ankommenden wussten festen Boden unter den Füßen wieder zu schätzen. Die Missionsteilnehmer der ersten Stunde sahen in den Ankömmlingen ihre Retter, ihre Ablöse oder zumindest ihre Hilfe in dem beschwerlichen Alltag des Bergabbaus. Doch im ersten Moment nach der Landung sollte kein trüber Gedanke an den Alltag die Stimmung drücken. Als Ninhursag den Raumgleiter gefolgt von den Offizieren des Leitschiffs verließ, hieß sie ein über das ganze Gesicht strahlender Enki mit weit ausgebreiteten Armen willkommen. Die Teilnehmer der ersten Expedition hatten ähnlich wie auf Jahrmärkten auf Nibiru einfache Buden aufgestellt und Getränke sowie Willkommenshäppchen vorbereitet. Ninhursag erinnerte die Szenerie ein bisschen an das große Volksfest zur Befriedung der Stämme, das die ruhigen Jahre auf Nibiru eingeleitet hatte oder den Start der ersten Mission. Ein Hochgefühl übermannte sowohl die Ankömmlinge als auch die sehnsüchtig Wartenden. Enki umarmte seine Schwester und viele der Ankömmlinge taten es ihm mit den Wartenden gleich, wiewohl sich diese nicht kannten oder jemals zuvor getroffen hatten. Die Hochstimmung hatte alle fest ergriffen. Ninhursag und Enki waren beide sichtlich glücklich, nach langer Zeit der Trennung den jeweils anderen gesund und vital wieder zu treffen. Ninhursag bemerkte auch sofort die sichtbaren Veränderungen, die Enkis Verweilen auf dem siebten Planeten verursacht hatten. In der Zeit seit seiner Abreise von Nibiru war auch er ungewöhnlich schnell gealtert. Nicht dramatisch, aber Ninhursag meinte doch, die eine oder andere neue Falte in seinem Gesicht zu sehen. Ninhursag schien ihr Erstaunen über diese Erkenntnis nur schlecht zu verbergen, denn unvermittelt sprach Enki sie an, auf was sie denn so starre.

Noch ehe Ninhursag Antwort geben konnte, hörte sie eine ihr wohlvertraute Stimme, die lauthals ihren Namen rief: „Ninhursag!“

Ninhursag wandte sich von Enki zur Seite ab und erkannte Menerta, die auf sie zulief. Sie warf sich im nächsten Augenblick um Ninhursags Hals. Offenbar war es auch Menerta gut ergangen.

Das Ausladen der Raumgleiter hatte Zeit. Jetzt sollte erst einmal gefeiert werden. Sicherlich gab es unzählige Neuigkeiten, die ausgetauscht werden wollten. Viele Nibirianer hatten den Teilnehmern der zweiten Mission Nachrichten und Geschenke für ihre Stammesmitglieder aus der ersten Mission mitgegeben. Jetzt wurden die Geschenke überreicht. Im Gegenzug prahlten die Teilnehmer der ersten Mission mit den Erlebnissen auf dem siebten Planeten. Das Fest dauerte sieben Tag- und Nachtwechsel im Rhythmus des siebten Planeten. Danach rief Enki auf, die Arbeiten wieder zu starten und sich noch härter für das gemeinsame Ziel einzusetzen.

Als Erstes galt es die neuen Ausrüstungsgegenstände, vom kleinen Frequenzschneider bis zum großen Lastenrover, in den Bestand zu integrieren. Die zusätzlichen Arbeitskräfte mussten eingeteilt und ihrem Können entsprechend den Tätigkeitsfeldern zugeordnet werden.

Auch für Ninhursag war es an der Zeit, sich ihrer Aufgabe zuzuwenden.

„Kommt, ich will euch die künftige Arbeitsstätte zeigen“, forderte Enki seine Schwester und Tumudingir auf, ihm zu folgen. Während in Sippur alles zweckorientiert ausgerichtet errichtet worden war, merkte man in Eridu die Sehnsucht der Missionsteilnehmer nach Nibirus Alltag, nach der Normalität, die hier alle so deutlich vermissten. Die Wohnstätten waren zwar in Eile errichtet worden, um sich mit größtmöglicher Aufmerksamkeit dem Missionsziel und damit dem Bergbau hinwenden zu können, doch in der Zeit seit der Landung der ersten Mission bis jetzt waren viele Details an den Wohnhäusern ergänzt, liebevoll ausgestaltet worden. Man versuchte die Kolonie als Spiegelbild der Heimat der Stämme auszuschmücken.

„Folgt mir“, wiederholte Enki seine Aufforderung und Ninhursag und Tumudingir bestiegen ihre Rover. Der Weg führte quer durch das Lager Eridu, nach Westen. Als sie eine Gruppe im Verbund marschierender Nibirianer überholten, stoppte Ninhursag. In der Mitte der Nibirianer wurden zwei Wesen geführt, die jener Rasse entsprechen mussten, die Tumudingir angesprochen hatte. Enki merkte die Verzögerung und drehte bei. Umringt von vier Nibiruanern trotteten einige Zweibeiner den Pfad entlang. Sie waren merklich kleiner als die Nibirianer, knapp größer als halb so groß. Ihr Körper wirkte drahtig und muskulös zugleich. Die Muskel ließen eine hohe Ausdauer der Wesen vermuten. Die Arme schlenkerten neben dem Oberkörper einher. Ninhursag vermutete, dass zwischen dem aufrechten Gang und der Fortbewegung eines Vierbeiners noch nicht viele Evolutionsstufen gelegen hatten. Die Augen in den seltsam länglich verformten Schädeln saßen in tiefen Stirnhöhlen und – soweit Ninhursag das von ihrem Rover aus sehen konnte – glänzten dunkel bis schwarz. Der ganze Körper schien nach vorne geneigt, ein weiterer Hinweis auf die bis vor kurzem übliche Fortbewegung auf allen vieren. Er war über und über mit dichter Behaarung besetzt.

„Ja, das sind sie. Es gibt draußen auf dem siebten Planeten viele von ihnen, es sind unterschiedliche Rassen, aber im Grunde alle auf gleicher Evolutionsstufe. Es ist uns bislang nicht gelungen, sie praktisch einzusetzen, aber du wirst schon sehen“, meinte Enki, drehte ab und versicherte sich aus dem Augenwinkel, dass Ninhursag und Tumudingir ihm auch folgten. Ninhursag wandte den Blick von den beiden Wesen ab. Sie beschleunigte mit Tumudingir, um den Anschluss an Enki nicht zu verpassen. Der Pfad führte sie aus dem Zentrum Eridus hinaus unmittelbar hinter die Grenze des ersten Bollwerkes. Hier konnte man erkennen, wie das Bollwerk Stück um Stück immer weiter nach Westen verlegt worden war, bis es schließlich die ganze Ebene umfasste, auf der Enki, Ninhursag und Tumudingir nun anhielten.

„Seht“, deutete Enki auf einen Hügel in vielleicht 500 bis 600 Meter Entfernung. Dort habe ich euch eure Arbeitsstätte errichten lassen“

68 **Bitschimti**

siebter Planet im 975sten Schar, 419.200 v. Chr.

Für den Bau des Hauses hatte Enki nur die Besten der Besten beauftragt. Auf der weiten Ebene mit den hübsch angelegten Gärten erhob sich ein sanfter Hügel. Diesen hatte Gärtner mit hohen Zypressen umzäunt. Der Anweg führte in einer leichten S-Kurve durch eine schmale Lücke dieser himmelhohen Zypressen. Dahinter begann sich der Hügel zu erheben, so sanft, dass man am Scheitel des Hügel freien Blick über die höchsten Spitzen der Zypressen in die rundum liegenden Felder und Gärten genießen konnte. Just auf diesem Scheitel hatte Enki das Anwesen errichten lassen. Auf schweren Granitquadern, so lang und so breit, dass sich die Handwerker trotz der Frequenzlifter mühen mussten, sie an Ort und Stelle zu bringen. Im Kreuzungspunkt ihrer Längs- und Querachsen fehlten die Spitzen der Blöcke. Hier hatten die Handwerker den Zugang zu den verborgenen Räumlichkeiten unter dem Haus vorgesehen. Von hier gelangte man in die verschiedenen Labors. Ihnen angeschlossen waren die sogenannten Keimzellen, wie die Unterkünfte für die Austrägerinnen der genetischen Experimente genannt wurden. Hier fanden sich die Lagerräumlichkeiten und das Versorgungsequipment. Im Untergeschoss befand sich in Summe eine kleine Stadt, mit allem, was Enki für nötig gehalten hatte. Es reihten sich Pferche aneinander, in denen die Nutzobjekte gehalten wurden, bevor sich Ninhursag ihrer annehmen sollte. Es gab Wohnzellen für Ninhursags Schöpfungen, damit Ninhursag ihren Eingriff oder besser dessen Auswirkung kontinuierlich mitverfolgen konnte.

Von alledem ahnte man beim äußerlichen Anblick nichts. Über die fast im Erdreich versenkten Granitquader erhob sich in feiner, beinahe filigraner Steinkunst gestaltet, Enkis Geschenk für Ninhursag. Das Eingangsportal war gesäumt mit einer Reihe aus je drei schlanken Säulen, auf denen ein Vordach aus massivem und doch elegant gerafftem Stein ruhte. Hinter dem Portal eröffnete sich unmittelbar, wie auf Nibiru, der Lebensraum. Hier konnten Gäste empfangen werden, hier hielt man sich mit der Familie auf, hier wurde gefeiert oder nach Nibiruaner Tradition getrauert, wenn eine der schier unendlichen Lebensspannen zu Ende ging. Der Lebensraum beherbergte Sitz- und Liegemöglichkeiten. Die Abgrenzung zu den dahinter befindlichen Schlaf- und Arbeitsräumen gewährleisten in der Regel semitransparente Wände. Diese LED-flächen sorgten zugleich für Licht, Ausblick oder das gewünschte Unterhaltungs- oder Entspannungsprogramm. Enki hatte in Ninhursags Haus die raumtrennenden Bildschirme teils durch sanft gespannte warmweiße Tücher ersetzt, weil er fürchtete, Ninhursag könnte sich mit den Bildschirmen zu sehr in Ablenkung flüchten. Er wollte, dass sie sich auf ihre Aufgabe konzentrierte. Dafür hatte er im Abstand von wenigen Metern warmweiße Raumfluter aufstellen lassen, die den Lebensraum auch so, wie er jetzt war, nackt und ohne persönliche Accessoires Ninhursags, unglaublich gemütlich und einladend präsentierte. Enki war mit seiner Arbeit vollends zufrieden und freute sich schon, Ninhursag seine Entscheidung, seinen Auftrag und ihr mit diesem ihr neues Zuhause zu offenbaren.

Enki hatte Menerta bereits über seine Pläne mit Ninhursags neuem Domizil unterrichtet. Tumudingir war für Enki eine Überraschung, doch er ließ sich nichts anmerken. Er versprach, auch der wissenschaftlichen Assistentin in Kürze ein adäquates Zuhause errichten zu lassen. Er hoffte, Menerta würde auch hier am siebten Planeten wieder Ninhursags Haushalt führen. Zu diesem Zweck hat er Adeptos ein Anwesen in unmittelbarer Nähe zu Ninhursags Haus zugewiesen. Adeptos hatte mit Freude das neue Zuhause angenommen. Ungeachtet der Entwicklung am siebten Planeten hatte Enki Adeptos die Gründung eines eigenen Stammes zugebilligt. Sobald sie nach Nibiru zurückkehren würden, sollten er und Menerta die entsprechenden Ehren empfangen, ein ausreichend großes Siedlungsgebiet zugewiesen bekommen und selbst als Ältester seines Stammes in den Ältestenrat einziehen dürfen.

Ninhursag stoppte ihren Rover am schmalen Spalt zwischen den Zypressen und stieg aus. „Enki?"

„Hier oben, Ninhursag."

Und Enki ging ein paar Schritte vom Portal zurück, um über die Kante der Quader auf den Pfad zwischen den Zypressen hinunterblicken zu können. „Ich bin hier oben."

Enki hob die rechte Hand zu einem angedeuteten Winken.

Ninhursag folgte dem Pfad bis nach oben. Dabei wurde ihr trotz des nur sanften Anstiegs dank der hoch stehenden Mittagssonne unangenehm warm. „Warum in aller Namen hast du mich hierher gebeten? Es ist heiß."

„Ja, ist es", entgegnete Enki. „Du hättest mit dem Rover herauf gleiten sollen."

Ninhursag winkte ab und mühte sich zu verschnaufen.

„Ich wollte dir etwas zeigen", erklärte Enki. Er wandte sich mit einer schwungvollen, ausladenden Geste in Richtung Portal um.

„Das hättest du mir in den kühleren Abendstunden auch zeigen können", schnaufte Ninhursag aus. „Was ist das?"

„Das, liebe Schwester, ist dein neues Zuhause. Das ist ein Geschenk, das ich dir mache." Dabei entging Enki keineswegs der kritische Blick seiner Schwester. „Und ich nenne es Bitschimti."

Für einen kurzen Moment herrschte – bis auf das leise Säuseln des Windes – Stille vor dem Portal Bitschimti. Ninhursag hatte natürlich sofort verstanden: Bitschimti bedeutet „Haus, in dem der Lebensatem eingehaucht wird".

69 **Verschiedene Kreaturen**

siebter Planet im 975sten Schar, 419.200 v. Chr.

Mit den Neuankömmlingen drehte sich zusehends die schlechte Stimmung in den Bergwerken Apsus. Teils brachten die neuen Geräte Verbesserungen und Unterstützungen unter Tage. Teils sprang der frische, unverbrauchte Tatendrang der neuen auf die zermürbten Bergleute über. Am meisten aber trug die Hoffnung zum Stimmungsumschwung bei, welche die Bergleute in Ninhursag setzten. Natürlich war es den Bergleuten klar und auch von Enki so dargestellt worden, dass es eine Zeit dauern würde, bis Ninhursags Arbeit erste Früchte tragen könnte. Aber den Bergleuten reichte schon die Perspektive der bevorstehenden Erleichterung, um mit neuem Schwung anzupacken. Dies wirkte sich umgehend auf die Erträge aus, wie Enki zufrieden feststellte.

Ninhursag hatte sich mittlerweile mit Tumu und Menerta in Bitschimti eingerichtet. Menerta hatte sich primär um die privaten Bereiche und Ninhursags persönlichen Agenden gekümmert, während Tumu alles für die bevorstehenden Forschungsarbeiten vorbereitete. Sie hatte die Räume im Keller inspiziert und eine neue, dem Auge bekömmlichere Beleuchtung anbringen lassen. Eine übertriebene Fürsorge, wie manche meinten, für halb aufrecht gehende Kreaturen, deren Wesenszüge sich nicht bis kaum von einfachsten Tieren zu unterscheiden schienen. Aber Tumu bestand darauf. Sie wollte diesen Kreaturen, ob sie es nun zu schätzen wussten oder nicht, beste Entwicklungsmöglichkeiten einräumen. Licht, insbesondere Licht mit hohem Anteil einer bestimmten Spektralfarbe, so viel wusste Tumu aus den vorangegangenen Forschungsreihen auf Nibiru, spielte hierbei eine weithin unterschätzte Rolle. Tumu machte sich gemeinsam mit einigen wissenschaftlichen Mitgliedern der ersten Landung auch daran, die erfassten Varianten der Spezies noch weiter zu untergliedern. Es gab nicht nur große Unterschiede anhand der regionalen Verbreitung der Spezies. Die Spezies ließ sich auch anhand von typischen Merkmalen in verschiedene Gruppen und Untergruppen diversifizieren. Nicht alle diese Untergruppen belegten ihre Verschiedenheit durch äußerliche Merkmale. Offenbar waren Erscheinungsbild und äußerliche Merkmale weniger ein verlässlicher Indikator für die Gruppenzugehörigkeit, als die Wissenschaftler der ersten Landung angenommen hatten. Die erfolgten Einteilungen, ergänzend zur Herkunftsregion nach diesen Typisierungsmöglichkeiten, erwies sich leider als teilweise falsch. Tumu setzte nach Rücksprache mit Ninhursag bei der Einteilung somit völlig neu an. Die Einteilung erfolgte fortan nach Ermittlung des genetischen Codes der Spezies. So konnten nicht nur die verwandtschaftlichen Bande dokumentiert werden, es ergab sich auch ein Bild der Wanderungen der Spezies. So hatte sich die Spezies gedrängt von Klimaschwankungen vermutlich Flussläufen folgend im Laufe der Zeit über die Landteile des siebten Planeten ausgebreitet. Das war nur logisch, folgten sie damit doch auch ihrer Nahrungsquelle, die die gleichen Wege nahm. Interessant fand Tumu, dass sie bei ihren Spezifikationen immer wieder auf Verschmelzungen verschiedener genetischer Entwicklungsstufen traf. Das bedeutete, dass sich diese Spezies auch in der Vergangenheit nicht linear weiterentwickelt hatte. In geografisch schwer erreichbaren Regionen erfolgte dabei eher eine lineare Entwicklung als in gut zugängigen Regionen des siebten Planeten. Ninhursag stellte die Theorie auf, dass es durch die genetische Vermischung nicht zwingend zu einer steten Weiterentwicklung der Spezies gekommen sein musste. Dies war Ninhursag sehr willkommen. Für ihre Versuche sollten daher ausreichend verschiedene genetische Stadien dieser Spezies zur Verfügung stehen. Entsprechend breit wollte Ninhursag ihre Forschung anlegen. Sie beauftragte Tumu und ihr Team, möglichst viele Exemplare mit unterschiedlicher „genetischer Reife“, wie sie es nannte, nach Bitschimti zu bringen. So würde die Wahrscheinlichkeit des Erfolgs gesteigert. Dies würde die Zeit des Wartens der Bergleute in Apsu und Enkis gewiss verkürzen.

Während sich so die Kellerräume mit Kreaturen füllten, widmete sich Ninhursag Basisüberlegungen: Die Kreaturen besaßen grundsätzlich die gleichen anatomischen Voraussetzungen wie die Nibirianer. Selbst der Genstrang wich in nur manchen Bereichen von den Sequenzen eines Nibirianers ab. Das war erstaunlich, denn das würde bedeuten, dass es zwischen beiden Genursprüngen eine Art gemeinsamer Vorfahren gegeben haben musste. Dass ähnliche Lebensbedingungen zwingend ähnliches Leben gebar, konnte zwar möglich sein und würde auf eine Determination des Universums hindeuten, doch eher schien dies die Überlieferungen der Nibiruaner zu bestätigen, dass es zwischen Nibiru und dem siebten Planeten dereinst einen Austausch welcher Art auch immer gegeben hatte. Von da an folgte das Leben auf beiden Planeten der Determination aufgrund der vor Ort herrschenden Lebensbedingungen, auf Nibiru augenscheinlich in einem anderen Rhythmus als am siebten Planeten. Nur so konnte sich Ninhursag die Kompatibilität der Gene erklären. Das sollte ihre Arbeit um einiges einfacher gestalten. Denn so musste nicht erst der diffizile Aufbau einer genetisch fremden Bauanleitung erforscht oder entschlüsselt werden. Die Gensequenz der zur Modifikation in Frage kommenden Spezies lag auf dem Präsentierteller. Ninhursag entwickelte ein Anforderungsprofil für die zu entwickelnde Spezies, damit sie den Nibiruanern in Apsu bestens zu Hand gehen konnten. Allem voran – und das war die genetisch herausfordernste Aufgabe – musste ihr Gehirn auf solch einen Entwicklungsstand gebracht werden, dass sie die Aufgaben und Tätigkeiten, die sie verrichten sollten, verstehen konnten.

70 **Tumus Logbuch Eintrag 234**
siebter Planet im 975sten Schar, 419.200 v. Chr.

Habe heute entsprechend Ninhursags Vorgabe begonnen, die bereits in den Kellerräumen arretierten Kreaturen genetisch zu sequenzieren. Die Kreaturen zeigen ein waches Interesse an ihrer Umgebung und dem, was wir tun. Sie sind uns gegenüber weder aggressiv noch scheinen sie sich vor uns zu fürchten. Jedenfalls sehen sie uns nicht als Bedrohung, obwohl wir sie aus ihrer natürlichen Umgebung mehr oder weniger behutsam hierher verbracht haben. Einer der Fänger hat mir von einem offenbar älteren Exemplar berichtet, das sich dem Fangen heftigst widersetzt hatte. Vermutlich ist dieses Exemplar die Rudelführerin gewesen. Sobald diese in einem der Rover arretiert war, leisteten die anderen Kreaturen aus dieser Sippe keinen Widerstand. Sie ließen sich ohne Weiteres einfangen und ebenso in die Rover verbringen.

Einer meiner Pfleger hat sie in den letzten Tagen mit ausreichend verschiedener Arten von Nahrung sowie Wasser versorgt. Dabei scheint es innerhalb der Gruppe eine gewisse Reihenfolge des Nahrungszugangs als auch der Verteilung der Art nach zu geben. Ich habe die Pfleger gebeten, das Verteilverhalten zu dokumentieren.

Mit dem heutigem Tage sind auch die letzten Kellerräume mit Kreaturen besetzt worden. In Summe sind es nunmehr 28 Rudel mit jeweils zwischen 7 und 16 Geschöpfen. Unbesehen der heute neu hinzugestoßenen drei Gruppen haben 19 der bisherigen Rudel so etwas wie eine Anführerin oder eine Gruppenälteste, bei sechs Rudeln scheint die Rudelälteste den Fängern entkommen zu sein.

Die Pfleger haben begonnen, die Gruppen mit Buchstaben je nach Fanggegend zu bezeichnen und innerhalb der Gruppen entsprechend der bisher beobachteten Rangfolge mit ansteigenden Nummern. Bei den Rudeln ohne Gruppenältesten wurde die

Nummer eins bis auf weiteres ausgelassen. Ich habe die Pfleger gebeten, einen der Rover in das jeweilige Fanggebiet zurückzuschicken. Vermutlich befindet sich die Nummer eins noch dort und sucht nunmehr ihr Rudel. Auch wenn Ninhursag für ihre Arbeit weder die vollständigen Rudel noch deren Anführer benötigt, hielt ich es für nützlich, die Hierarchie innerhalb der Rudel zu dokumentieren. Vielleicht kann uns dies bei den später weiterführenden Experimenten hilfreich sein.

71 **Tumus Logbuch Eintrag 235**
siebter Planet im 975sten Schar, 419.200 v. Chr.

Habe heute die Kreaturen der Gruppen eins bis drei, die sich bereits am längsten bei uns befinden, über eine längere Zeit beobachtet. Nachdem mir die Pfleger nach wie vor keinerlei Aggression berichteten, entschloss ich mich, eine Zeitlang bei den Kreaturen in ihrer Unterbringung zu verbringen. Zur Sicherheit bat ich einen der Pfleger, mich über den Monitor zu beobachten. In den ersten Minuten nach meinem Betreten der Unterbringung bemerkte ich, dass mich die Geschöpfe zwar registriert hatten, mir aber bis auf Weiteres keine Aufmerksamkeit zuteilwerden ließen. Offenbar war ihre genetische Programmierung primär auf das Erlangen des täglichen Futters konzentriert. Nachdem sie mittlerweile wussten, dass ihnen ausreichend Futter beigebracht wurde, schienen sie an Weiterem kein Interesse zu verspüren. Sie saßen an unterschiedlichen Stellen der Unterbringung oder beschäftigten sich gegenseitig mit der Fellpflege. Wenn eine Kommunikation untereinander erfolgte, so nicht mit klarer Artikulation, sondern vorrangig mit kehligen Lauten. Ich habe Alexa angewiesen, sämtliche Laute aller Rudel aufzuzeichnen und nach wiederkehrenden, sich wiederholenden Mustern zu suchen. Ich bin schon gespannt, ob sich innerhalb eines Rudels oder vielleicht sogar innerhalb der mitunter nicht gleichen Gattungen gleiche Laute, Laute mit bestimmter Bedeutung finden lassen. Bislang hat Alexa noch keine Dopplungen oder sonstige Muster nachvollziehen können.

72 **Tumus Logbuch Eintrag 236**
siebter Planet im 975sten Schar, 419.200 v. Chr.

Wir hatten heute ein wahlloses Exemplar der Gruppe eins zum Scan im Labor. Die biologische Isometrik der Wesen ist grundsätzlich mit dem Aufbau von uns Nibiruanern vergleichbar. Es scheinen in groben Zügen ähnliche Organe (noch ohne Gegenvergleich derer Aufgabe) vorhanden zu sein. Auch ihre Skelettstruktur ist mit geringen Abweichungen in Bezug auf Anordnung, Länge, Breite, selbst Anzahl der Knochen, durchaus mit der unsrigen vergleichbar. Alexa GO hat dank einer kleinen unter Narkose entnommenen Probe die Konsistenz und Zusammensetzung der Skelettmasse analysiert. Dabei ist bei aller Vergleichbarkeit ein wesentlich geringerer Anteil an Kohlen- bzw. Grafitstoff in ihrer Zusammensetzung aufgefallen. Demnach müssten ihre Knochen ungleich weniger widerstandsfähig sein als unsere. Weitere Analysen werden das klären. Der Scan hat auch ihr Gehirnvolumen abgebildet. Wenngleich es sich bei dem Exemplar vermutlich noch um ein nicht ganz ausgewachsenes Exemplar gehandelt hat, ließ sich dennoch schon feststellen, dass das Gehirnvolumen deutlich unter dem für komplexe Aufgaben Nötigen liegt. Sofern die Neuronen nicht einer gänzlich anderen, insbesondere dichteren Anordnung gegenüber uns Nibiruanern unterliegen, wird es primär darum gehen, genetisch auch für das Vorhandensein von mehr Platz zu sorgen. Wir müssen also die schlichte Möglichkeit für mehr Gehirnvolumen schaffen.

73 **In den Kellern**

siebter Planet im 975sten Schar, 419.200 v. Chr.

Ninhursag war nach unten in die Gewölbe gekommen und trat an Tumus Seite. „Und?“

Zwischen dem eingespielten Team Tumu und Ninhursag hatte es noch nie besonders vieler Worte bedurft.

„Ihre Konzeption ist einfach. Eine doppelte Helix mit ähnlichen Genomen wie bei uns. Im Grunde sollte das Kreuzen neuer Genkonzepte nicht allzu kompliziert sein“, antwortete Tumu, ohne von ihrer Liste der einquartierten Kreaturen aufzublicken. Ninhursag und Tumu begannen langsam entlang der Unterkünfte über den Gang zu gehen.

„Aber?“

Es schien für Ninhursag, als ob Tumu trotz der Einfachheit größere Schwierigkeiten erwartete.

„Nun ja, auch wenn der genetische Code einfach in der Struktur ist, wissen wir doch nichts über das Verhalten der Kreaturen. Unsere Beobachtungen sind viel zu kurz, um Rückschlüsse auf ihr Verhalten und damit ihre Eignung für unsere Vorhaben abzuwägen. Die entscheidende Frage ist weniger, wie wir die genetischen Änderungen anlegen sollen, als vielmehr, welche genetischen Änderungen wir benötigen.“ Tumu blickte Ninhursag aus den Augenwinkeln an.

„Du meinst, die technische Frage ist subsidiär?“

„Sie scheinen keine Angst vor uns zu haben. Pro Gruppe gibt es einen Anführer, der von den anderen offenbar respektiert wird. Wir wissen aber nicht, worauf diese Position sich gründet.“

Ninhursag erwiderte Tumus Blick. „Wir können nicht warten, bis wir die sozialen Gefüge dieser Kreaturen hinterfragt haben. Selbst wenn sich durch die Ankündigung unseres Vorhabens die Aufregung in Apsu beruhigt hat, so erwarten unsere Arbeiter doch möglichst rasch Erfolge unseres Programms, allen voran Enki.“

„Enki wird aber nicht sehr zufrieden sein, wenn wir ihm eine Kreatur liefern, die sich nicht kontrollieren lässt weil wir deren soziales Verhalten nicht kennen."

„Ich würde vorschlagen, wir lassen den angesetzten Versuchen einige technische Experimente vorangehen. Eine technische Versuchsstrecke sozusagen, die dauert eben etwas", schlug Tumu vor. „Bei der wir verschiedenste Kreaturen und deren Genhelix miteinander kreuzen."

„So können wir unsere Hände in Unschuld waschen?", erkannte Ninhursag Tumus Vorhaben.

„Nun ja, wir würden jedenfalls auf ausreichend Versuche vorab verweisen können und die Verbesserung unserer technischen Fähigkeit im Umfeld des siebten Planeten würden zusätzlich davon profitieren. Vergiss nicht, alle unsere Geräte haben eine weite Reise hinter sich, wir haben hier ein anderes natürliches Umfeld ..." Tumus Finger blieb auf einem Kreaturnamen auf ihrer Liste hängen. „Und nebenher könnten wir die Kreaturen ausführlicher studieren, und gemeinsam mit der dann arrivierten Technik sollten wir auch weniger Fehlversuche haben", vollendete Ninhursag Tumus Satz, als sie sah, wie Tumu auf die Namensliste der Kreaturen starrte. Dann stieß Tumu einen Fluch aus, schüttelte den Kopf und schickte noch ein paar Flüche hinterher. Tumu schob Ninhursag die Liste in die Hand. Sie drehte sich wortlos weg und verschwand in einem der Seitengänge. Ninhursags Aufmerksamkeit suchte die Namensliste in ihrer Hand ab, bis ihr Blick auf jene Stelle fiel, die Tumu offenbar so aufgeregt hatte: Einer der Pfleger hatte einer der Gruppen augenscheinlich Tumus Namen gegeben. Es mochte unbedacht oder Böswilligkeit gewesen sein. Vielleicht wusste er auch nicht, dass Tumus Stamm bei einem der letzten Auseinandersetzungen auf Nibiru ausgelöscht worden war. Vielleicht mochte er Tumu mit der Namensvergabe Ehre erweisen, weil er sie heimlich verehrte. Tumu jedenfalls schien wenig begeistert von ihrer neuen Familie.

74 **Der Start der Experimente**

siebter Planet im 975sten Schar, 419.200 v. Chr..

Ninhursag hatte Enki Tumus Plan unterbreitet. Obwohl sich Enkis Begeisterung in Grenzen hielt, stimmte er Ninhursag zu. Er wusste, dass Ninhursag Tumus Vorschlag unterstützen würde und dass es durchaus Sinn machte, Ninhursag bei guter Laune zu halten. Von ihren Fähigkeiten hing nun der Erfolg seiner Mission ab. Er schätzte Ninhursags Fachwissen, wusste aber auch um die vielfältigen Schwierigkeiten, die der siebte Planet seit seiner Ankunft verursacht hatte. Er hatte gelernt, die augenscheinlich freundliche Aufnahme, das den Nibiruanern entgegenkommende Habitat des siebten Planeten nicht zu unterschätzen. Zu vielfältig waren bei aller Ähnlichkeit zu ihrem Zuhause die verschiedenen Kreaturen[4]. Zu verschiedenen präsentierten sich die einzelnen Zonen des siebten Planeten, als dass nicht Gefahren damit verbunden wären.

„Ich hoffe, die Vorlaufzeit ist gut investiert um am Ende bei der Projektumsetzung schneller voranzukommen", erlaubte Enki Ninhursag Tumus Vorschlag umzusetzen. Seit ihrer Ankunft hatte sich Enki in besonderem Masse um Ninhursag gekümmert. Das Labor für Ninhursag war im Verhältnis zu den anderen Unterkünften und Werkstätten der Expeditionsteilnehmer geradezu luxuriös. Mit den für Ninhursag abgestellten Mitarbeitern hatte er zu Lasten der sonstigen Infrastruktur viele Nibirianer bereitgestellt. Er wusste ganz genau – und hatte aufgrund des seinerzeitigen Genprogrammstopps auf Nibiru vermutlich noch ein mehr als nur schlechtes Gewissen –, dass ein Scheitern Ninhursags das Ende seiner Mission sein konnte. Wenn überhaupt konnten die Arbeiter in Apsu in der verbleibenden Zeit kaum die benötigte Goldmenge schürfen oder nur mit einer dramatisch hohen Todesrate. Rein zahlenmäßig waren die Bergleute den anderen Missionsteilnehmern zudem überlegen. Einen Machkampf oder gar einen Aufstand der Bergleute konnte Enki selbst mit Gewalt nicht niederschlagen. Oder wenn doch, dann nur mit dem Ergebnis, dass danach noch weniger Arbeiter für den Abbau zur Verfügung standen. Die Mission würde unweigerlich scheitern und – auch diese Variante hatte Enki durchdacht – das würde bedeuten, dass eine Heimkehr der Mission keine Priorität mehr hatte. Im Grunde, und im Wissen um den bevorstehenden Untergang Nibirus, würde ein Verbleib der Missionsteilnehmer und die Neugründung des Volkes die logischere Variante darstellen.

„Vielleicht ergeben eure Experimente auch einige unterhaltsame Kreaturen." Enki gab Ninhursag eine zweifelhafte Vorgabe. In der Tat hatte Ninhursag auch schon über die Variante nachgedacht, verschiedene Kreaturen des siebten Planeten zu kreuzen. Endlich konnte sie ihrem inneren Drang als Schöpferin ungebremst nachgehen. Die auf Nibiru verpönten Versuche könnten hier am siebten Planeten als hervorragendes und vor allem bestauntes Varieté Wiederauferstehung feiern. Ganz im Sinne Enkis.

„Wir werden zusehen, um dir rasch einige Exemplare zu entwickeln", versprach Ninhursag während sie und Enki auf die Terrasse von Enkis Wohnunterkunft hinaustraten.

„Der Planet ist wunderbar", sinnierte Enki.

„Vermutlich war auch Nibiru einmal so vielfältig, so prächtig, lange vor der Zeit der Stammesfehden, lange vor der Zeit der unsäglichen Gier."

„Glaubst du?", fragte Ninhursag.

„Während meiner Suche nach einem Ausweg für Nibiru bin ich in den verschlossenen Archiven bis tief in unsere Vergangenheit vorgedrungen."

Ninhursag unterbrach ihn: „Du bist in die verschlossenen Archive eingedrungen?"

„Du scheinst zwei Dinge zu vergessen: Erstens enthebt uns die prekäre Situation um Nibiru den althergebrachten Verboten. Zum anderen war ich bis vor kurzem Ratsvorsitzender. Wir erlassen die Gebote und als solches ist es an uns, jene Dinge zu kennen, die zu den Geboten und Verboten führten." Enki legte seine Hand auf Ninhursags Schulter. „Angesichts der Situation kann ich im Lesen der Archive nichts Verbotenes erkennen. Schlussendlich waren es diese Archive, die mich auf die Spur des siebten Planeten führten. Natürlich verliert sich die Erinnerung an die alten Zeiten im Laufe der Zeit.. Von Epoche zu Epoche wird die Detailliertheit dünner, doch in den mitunter ältesten Artefakten wird Nibiru als sanftmütiger Planet beschrieben. Es werden grüne Wiesen, endlose Wälder und Meere voll reinen Wassers beschrieben. Ganz so ähnlich, wie sich uns der siebte Planet präsentiert. Ich glaube, es war einst wunderbar auf Nibiru. Lange vor den Kriegen, lange bevor die Stämme begannen zu existieren."

„Aber wer sollte so weit in die Vergangenheit sehen, wenn selbst die Stämme noch nicht existierten?" wandte Ninhursag berechtigterweise ein.

„Es gab einen, den einen Stamm", antwortete Enki, nahm seine Hand von ihrer Schulter, stellte sich parallel zu Ninhursag und beide beobachteten von der Terrasse aus, wie die Sonne langsam hinter den Baumwipfeln in der Ferne versank. Keiner der beiden sprach ein Wort.

75 **Tumus Logbuch Eintrag 237**
siebter Planet im 975sten Schar, 419.200 v. Chr.

Nachdem Enki grünes Licht für die Versuche an anderen Kreaturen gegeben hatte, sind die Fänger mit den Rovern ausgeschwärmt, um auch andere Kreaturen des siebten Planeten einzufangen und in den Keller zu mir zu bringen. Als Ninhursag mir die Nachricht überbrachte, dass wir zur Erprobung der Genetiktechnik unserer Ideenflut freien Lauf lassen dürfen, bin ich schon sehr gespannt, welche Modifikationen uns gelingen. Heute kurz nach dem Frühstück habe ich die Pfleger auf die Namensvergabe angesprochen. Es hat sich herausgestellt, dass sich unter den Pflegern offensichtlich ein Verehrer befindet. Er hat sich bei mir gemeldet und gestanden, die Namensvergabe mir und meinem verstorbenen Volk zu Ehren gewählt zu haben. Seiner Meinung nach ist der Gruppenälteste der Tumu-Gruppe mit Abstand die imponierendste Kreatur, die die Fänger erwischt haben. Er ließ sich einfach mitnehmen, als er merkte, dass eine größere Gruppe seines Stammes von den Fängern erwischt worden war. Er kam, so die Schlussfolgerung, freiwillig mit. Eine interessante Beobachtung, die viel Aufschluss über das Sozialverhalten der Kreaturen gab, so es für alle Gruppen galt. Ich bat den Wärter von künftigen Namensvergaben zu Ehren wessen auch immer besser abzusehen und die Gruppe Tumu sowie das Verhalten des Gruppenältesten besonders genau zu verfolgen und zu dokumentieren.

Wenn die Wärter mit gleichem Eifer weiter auf Fang gehen, werden sämtliche Unterkünfte bald zur Gänze gefüllt sein. Insbesondere weil die Ausdehnung der Jagd auch auf andere Individuen eine gewisse Unverträglichkeit mit sich brachte. Einige der Gruppen standen offenbar in einem Jäger, Gejagter Verhältnis, wodurch die gemeinsame Unterbringung in einem gemeinsamen Habitat für jeweils eine der Gruppen letal endete. Die Wärter bemühen sich, dies zu verhindern und hoffen, mittels Analogien zum Verhalten der auf Nibiru beheimateten Tiere, im

Vorfeld dieses Verhältnis zu beachten. Wie dem auch sei, langsam wird der Platz hier und auch rund um unser Labor zu klein.

76 **Rat der Ältesten**

Planet Nibiru im 975sten Schar, 419.200 v. Chr.

Die jüngsten Nachrichten von Alexa waren alles andere als beruhigend. Selbst Zweckoptimismus ließ an der aktuellen Situation kein gutes Haar, keinen Schimmer von Hoffnung aufkeimen: Die Löcher in der Atmosphäre hatten sich wesentlich schneller vergrößert, als die Wissenschafter dem Rat vorausgesagt hatten. Die Ratsmitglieder horchten mit zunehmend versteinernder Miene Alexas Lagebericht zu. Enlil stand ohne sichtbare Bewegung am Fenster, den Rücken den am Tisch versammelten Kollegen zugewandt. In seinem Inneren tobte ein Zwiespalt zwischen dem letzten Funken an Hoffnung und der gänzlichen Kapitulation. Seine Fäuste ballten und entkrampften sich abwechselnd, während er spürte, wie sein Herzschlag das Blut durch seine Adern trieb. Alexa berichtete von den nunmehr aus dem Norden und Süden zugleich immer weiter in die Zivilisation mäandernden Löcher. Immer seltener zogen sich die Löcher in der Atmosphäre wieder zurück und gaben ihre eroberte Lufthoheit wieder auf. Es schien vielmehr, als würden sie darum kämpfen, jeden Zoll des im wahrsten Wortsinn befreiten Himmels behalten zu wollen. Konnte an einem bestimmten Punkt von einer Verkleinerung des Loches im Himmel berichtet werden, so gab es zeitgleich an anderer Stelle die gegenteilige Erkenntnis. Oft übertraf das im Gegenzug aufbrechende Loch das geschlossene.

Auch Enkis Nachrichten vom siebten Planeten lasen sich wenig heilverkündend. Hatte er vor dem Aufbruch der zweiten Mission noch mit Gewissheit den Erfolg der Mission versprochen, so wusste Enlil in den jüngsten Nachrichten zwischen den Zeilen von anhaltenden Problemen zu lesen. Auch wenn die Stimmung mit dem Eintreffen der zweiten Mission weitaus besser geworden war, so verstanden viele das Eintreffen der zweiten Mission als Datum ihrer Arbeitsniederlegung. Sie wollten fortan doch auf die leistungskräftigen Kreaturen aus Ninhursags

Labor warten. Verlorene Zeit, wie Enlil wusste, und noch war nicht absehbar, wann Ninhursags Kreaturen – so sie denn überhaupt geschaffen werden konnten – einsatzfähig sein würden. Noch ein Dämpfer war das Zugeständnis, erst einmal das soziale Gefüge der zur Genmodifikation bereitstehenden Geschöpfe zu beobachten und zu erforschen. Mochte das im Grunde wohl richtig sein, weil hiervon ja nicht unwesentlich die Führung Ninhursags Kreaturen abhing, so bedeutete das doch in erster Linie nur eines: den Verlust von Zeit.

Über Nibiru war die Nacht hereingebrochen. Jener Teil der Zeit, in den sich letztlich ein Großteil der Aktivitäten der Nibirianer verlagert hatte. Mit dem Schwinden der letzten Sonnenstrahlen hatte Alexa die Raumbeleuchtung aktiviert und auf ein sanftes, gelbes Licht getrimmt. Umso gespenstischer wirkte die Situation: Ein Reigen stummer Ältester saß regungslos und vor allem lautlos um die große Tafel. Durch das sanfte Licht aus den Seitenwänden warfen sie sich auf der Tischplatte lange Schatten entgegen. Über dem Tisch rotierten, unter Alexas emotionsloser Kommentierung, dreidimensionale Charts und Statistiken, die in blassen Farben ihre Worte unterstrichen. Enlil starrte in die Ferne über die nächst gelegenen Häuser und Parks hinweg, bis weit hinaus auf den Horizont, wo Stück um Stück mit der einfallenden Dunkelheit die Beleuchtung erglomm. Am fernen Flughafen zogen die Triebwerke lange faserige Fäden hinter sich nach, die in der Mixtur aus künstlicher Beleuchtung und verfallendem Licht wie Spinnweben am Himmel zu kleben schienen.

„Meine Ältesten“, wandte er sich um, „wenn wir jetzt aufgeben, dann bedeutet dies, wir geben unser Volk auf.“ Er ging ein paar Schritte auf den Tisch zu. „Wir wissen alle, dass die Situation keineswegs wünschenswert ist, aber wir wissen auch, dass wir sie durch Verharren nicht aussitzen können.“ Enlil setzte sich auf den Vorsitz. „Mehr noch scheint die Situation unserer Mission ebenso auf Messers Schneide zu stehen. Ihr wisst alle, das Enki und ich über lange Zeit gemeinsam stets auf Nibirus Wohl bedacht waren und dass man uns als gute Freunde bezeichnen konnte. Doch jetzt halte ich den Punkt für erreicht, an dem die Freundschaft dem Wohl Nibirus hinten angereiht werden muss."

„Wie meinst du das?", wollte Rentil wissen.

„Wie auch euch sicher nicht entgangen ist, hinkt unsere Mission trotz der zweiten Welle dem Zeitplan hinterher." Enlil seufzte hörbar. „Dies in Kombination mit den neuesten Erkenntnissen des immer schneller voranschreitenden Zerfalls unserer Atmosphäre gefährdet Nibirus Bestehen."

Es war nicht ergründbar, ob das verschiedentliche Nicken der Ältesten auf Selbsterkenntnis oder Zustimmung schließen lassen sollte. Vielleicht hatte Enlil die Wahrnehmung der Ältesten überschätzt und sie hatten das drohende Scheitern der Mission doch nicht aus dem Subtext der Nachrichten herausgelesen. Entsprechend vorsichtig wählte Enlil seine weiteren Worte.

„Uns allen ist klar, dass wir mit und für diese Mission alles in die Waagschalen werfen müssen, was zu einem Gelingen beiträgt. Noch wissen unsere Verwandten, Freunde und Kinder auf dem siebten Planeten nichts von der exponenziell steigenden Zerfallsgeschwindigkeit unserer Atmosphäre. Sie folgen daher dem festgelegten Zeitplan. Ich denke aber, es gilt, diesen Zeitplan zu straffen. Da ich überzeugt bin, dass Enki ohnedies alles daran setzt, die Mission schnellstmöglich zu finalisieren, würde es wenig bringen, auf zusätzliche Eile zu setzen. Vielmehr ..." Enlil nahm einen langen Schluck zu sich. „Vielmehr wird eine weitere Aufstockung der Mission unter den neuen Vorzeichen unumgänglich sein, um Nibiru zu retten."

Jetzt trank er sein Glas aus. Er stellte es mit einem leisen Klirrton auf den Steintisch zurück, behielt es aber in der Hand und schob es abwechselnd wenige Zentimeter nach links und rechts.

„Und du würdest selber gehen", unterbrach Rentil das Schweigen.

Enlil nickte, ohne von seinem Glas abzulassen.

„Nun, dann halte ich es für eine beschlossene Sache." Rentil sondierte reihum die Gesichter der Ältesten, bis er wieder Enlil zugewandt war. Rentils fragende Haltung bejahte Enlil mit kaum wahrnehmbarem Blick. Hierauf gab Rentil Alexa den Auftrag, die Präsentation über dem Tisch einzustellen und die Nibirianer der Sitzung wieder zuzuschalten. Diesmal hatte Enlil den Beschluss einer weiteren Mission zu verkünden.

77 **Tumus Logbuch Eintrag 341**
siebter Planet im 975sten Schar, 419.200 v. Chr.

Ninhursag hat ganze Arbeit geleistet. Der Keller quillt über von neu geschaffenen Kreaturen. In nur sechs Zyklen des siebten Planeten schuf Ninhursag jene Wesen, die ihr auf Nibiru verwehrt worden waren. Ninhursag legte ein berauschendes Tempo bei der Sequenzierung der Gencodes der gefangenen Spezies an den Tag. Ich staune, wenn ich die langen Fensterreihen der Kellergewölbe entlang gehe. Die Sequenzierung und die nachfolgenden Kreuzungen stellten sich dank der einfachen Genstruktur der Geschöpfe des siebten Planeten als wesentlich einfacher als gedacht dar. Ihre nur zweiteilige Helix schien Ninhursags Fantasie und Schöpfungsgabe geradezu zu beflügeln. Alles was sie auf Nibiru erträumt hatte, ging hier am siebten Planeten offenbar einfach, leicht von der Hand. Einzig vor der ersten auf dem siebten Planeten gefangenen Gattung schien Ninhursag bislang zurückzuschrecken. Offenbar hatte sie erkannt, dass mit den Versuchen an dieser Gattung mehr einherging als mit dem Kreuzen der einfacheren Formen. Zudem glaube ich, Ninhursag durchschaut zu haben. Ninhursags Begeisterung über meinem Vorschlag, Enki auf langwierige Tests vor der eigentlichen Schaffung einzuschwören, könnte auch einen anderen Grund haben. Ich glaube, Ninhursag hat sehr bald schon durchschaut, dass die Geschöpfe des siebten Planeten im Vergleich zu unseren gewohnten Tieren auf Nibiru relativ leicht genetisch zu manipulieren waren. Mit den Testreihen schuf sich Ninhursag das Zeitfenster, um endlich die lang verwehrten Genversuche zu betreiben, die ihr Enki und der Ältestenrat dereinst untersagt hatten. Offenbar hatte Ninhursag auch keine Angst, die erfolgreichen Genkreuzungen würden Enki motivieren, von ihr schneller die Kreatur für Apsu zu erschaffen. Mit der ausgelegten Angst vor der Ungewissen, sozialen und gesellschaftlichen Entwicklung einer solchen Kreuzung hatte sich Ninhursag zwei Trümpfe gesichert: Sie konnte ihre unzweifelhafte Brillanz in der genetischen Forschung zur Schau stellen und ausleben; ihr Ruf als exquisite Forscherin konnte dadurch nur unterstrichen werden. Und somit hing alles von der Beobachtung der ersten Kreaturengattung ab, die natürlich ebenso ihrer Aufsicht unterlag. Würde Enki sie nun drängen und sich die erste Gattung als sozial ungeeignet herauskristallisieren, so würde Ninhursags Ruf unbeschadet bleiben. Blieb Enki auf der für ihn sicheren Seite des Abwartens, bis Ninhursag ihre Beobachtungen für abgeschlossen erklärte, würde sie dank der dann ebenfalls einfachen Kreuzung als Urheberin des Erfolgs gefeiert. Vielleicht wollte Ninhursag Enki auch nur nicht die kleinste Chance auf Überprüfung der Eignung des Kreaturenmaterials geben und hielt sich deshalb so strikt von Experimenten mit der ersten Gattung zurück. Enki sollte keine Anhaltspunkte durch Analogien von gekreuzten Wesen auf das Endgeschöpf ziehen können.

Teilweise schaudert mich, welche Mixturen Ninhursags Genetiklabor hervorgebracht hat. Auch wenn die Tiere des siebten Planeten uns Nibiruanern von Grund auf fremd waren, so konnten wir doch rasch zusammengehörige Gattungen und deren Hauptmerkmale identifizieren. Kaum zeigte sich die Abgrenzung einer Gattung als einigermaßen abgeschlossen, zweigte Ninhursag just diese Hauptmerkmale dieser Gattung ab, um sie einer anderen mit einzupflanzen. Die langen transparenten Sichtreihen, die den Gang von den Kojen trennten, zeigten auf der rechten Seite unverfälschte Exemplare der jeweiligen Art. Links hingegen, und man konnte fast meinen, mit jedem Schritt den Gang entlang, weiter eine Steigerung der Mixfreudigkeit Ninhursags zu erkennen, links hingegen fanden sich die ausgewachsenen oder im Heranwachsen befindlichen Mischwesen Ninhursags. Ein befremdlicher Anblick, schien man beim Betrachten, obwohl das ganze Tier einem als Nibirianer nicht vertraut war, dennoch jene Körperteile als fremd zu empfinden, die nicht durch Evolution, sondern durch Ninhursags Willkür beigefügt worden wu-

ren. Besonders lange bin ich heute vor einer Art vierbeiniger Paarhufern gestanden. Diese hüfthohen Tiere ernährten sich augenscheinlich von Gras, das sie auf den Wiesen und den Lichtungen in den Wäldern fanden. Sie zogen so von Wiese zu Wiese, von Lichtung zu Lichtung. Fast würde ich es einen Schauer nennen, als ich heute diese Tiere beobachtete und ein prachtvolles Exemplar plötzlich große, seitliche Schwingen ausbreitete und sich sichtlich mühte, in seiner engen Koje in die Luft aufzusteigen. Ja, es hatte Flügel und doch schienen diese nicht nur mir fremd, sondern auch dem Tier offenbar kaum begreiflich. Das genetische Beifügen solcher Flügelextremitäten war sicherlich leichte Kunst im Verhältnis zu dem aber ebenso nötigen Upgrade zur Steuerung dieser Extremitäten. Ganz zu schweigen von deren Einsatz in der Luft samt der damit verbunden, mehrdimensionalen Fortbewegung in völlig neuem Terrain. Ninhursag hat mich heute ertappt, als ich vor den Kojen dieser Mutantenwesen ausharrte. Sie hatte sich mit einem „Sie sind wunderbar" an mich herangeschlichen und ich konnte nicht umhin, ihr beizupflichten.

„Sie sind wunderbar", habe ich wohl erwidert und aus Sicht der Genexperimente sind sie dies unzweifelhaft. Doch neue Extremitäten nützen nur, wenn sie von der Kreatur auch entsprechend genutzt werden können. Vermutlich hat Ninhursag den Zweifel in meiner Stimme erkannt. Sie bekräftigte ihre Absicht, nunmehr mit der Schöpfung jenes Wesens zu beginnen, das unsere Bergleute in Apsu entlasten sollte. Meine Frage nach der geplanten Kreuzung ließ Ninhursag unbeantwortet und ich hatte das untrügliche Gefühl, dass sie genau wusste, welche Kreuzung, welche Adaptionen sie gedachte vorzunehmen, um unser Arbeitsgeschöpf zu erschaffen. Meine Frage beantwortet hat sie nicht.

78 **Marduk lädt Enlils Kinder ein.**

Planet Nibiru im 975sten Schar, 419.200 v. Chr.

Nannar und Adad, Enlils Kinder, trafen als erste ein. Sie parkten ihre Rover auf dem weiten Areal vor dem Diner. Ninurta, Enlils drittes Kind, erreichte zeitgleich mit Marduk das Diner. Sie schlängelten sich an den Besuchergruppen vorbei, um in den privateren, hinteren Bereich zu gelangen. Die Hologramme im Vorraum spielten laute und eindringliche Musik, zu denen sich die Besuchergruppen im Takt wiegten und abwechselnd für ihre Selfies posierten. Im hinteren Bereich rieselte die Musik bedeutend ruhiger. In den Nischen saßen einige Stammesvertreter, um mit Händlern verschiedenster Zunft vermutlich vorwiegend illegale Geschäfte abzuwickeln. Marduk hatte eine Loge rechts von der Hauptbühne reserviert. Dort warteten Nannar und Adud bereits auf Ninurta und ihn. Über die Schars hinweg war die Bande zwischen den Kindern immer enger geworden. Marduk hatte Adad und Ninurta des Öfteren eingeladen, im Gebiet seines Stammes der Jagd nachzugehen. Ein Vergnügen, das mit zunehmender Unwirtlichkeit Niribus leider immer seltener möglich war. Gerade in den von den Löchern der Atmosphäre stark betroffenen Gebieten von Enkis Stamm gab es noch ausreichend gut bejagbares Wild. Doch die Atmosphärenlöcher bremsten das urtümliche, berittene Jagdvergnügen. Und von den Rovern mit deren schützender Hülle aus machte die Jagd schlichtweg keine Freude.

Ninurta und Marduk setzten sich zu den anderen in die Loge. „Wartet ihr schon lange?“

„Nein, gerade einen Drink lang“, hob Nannar lächelnd das Glas und deutete dem Barkeeper, auch Marduk und Ninurta einen Drink einzustellen.

„Es wird eine weitere Mission geben, aber das habt ihr sicher schon gehört“, unterbreitete Nannar den anderen, was sich als Gerücht unter den Kindern der Stammesältesten längst verbreitet hatte.

„Wissen wir“, konterte Marduk, „und das ist mitunter der Grund, warum ich euch hierher gebeten habe. Ich denke wir sollten unsere Väter begleiten und uns zu dieser Mission melden.“

„Das wird unser Vater nicht hören wollen“, widersprach Adud.

„Richtig, Enlil wird dem kaum zustimmen“, bekräftigte Ninurta.

„Noch weniger würde mein Vater meine Teilnahme an der Mission gutheißen.“ Auch Marduk unterstrich das Problem. „Doch findet ihr nicht auch, dass es unsere Pflicht ist, unsere Väter zu unterstützen? Ist es nicht an uns, deren Erbe fortzuführen, wenn sie einst nicht mehr sein sollten? Und wenn es um die Mission bisher nicht gut bestellt ist, wenn, wie ich höre, mit der dritten Mission alles aufgeboten wird, um den Missionserfolg doch noch zu gewährleisten, ist es dann nicht an uns, diese dritte Mission und damit unsere Väter zu unterstützen?“

„Bangst du um den Ruf Enkis?“

Auch wenn Marduk das niemals zugegeben hätte, so fürchtete er tatsächlich, ein Scheitern der Mission würde seinen Vater zerstören. Dabei fürchtete er weniger die öffentliche Meinung als vielmehr, wie sein Vater sich selbst gegenüber mit einer solchen Niederlage umgehen würde. Aber das war Familiensache und ging die anderen nichts an.

„Es ist weniger der Ruf meines Vaters, um den ich mich sorge, als vielmehr unsere eigene Zukunft. Gelingt es Enki oder Enlil nicht, die Mission zum Guten zu wenden, dann werden unsere Stämme mit uns voran auf Nibiru untergehen. Das ist nicht die Perspektive, die zu akzeptieren ich bereit bin. Ihr seht, dass es nichts gibt, das uns von dieser Mission abhalten sollte. Wird die Mission ein Erfolg, selbst wenn wir vor Ort nur Bescheidenes beitragen konnten, dann werden wir im Ansehen unserer eigenen Familien und Stämme nur gewinnen können. Versagt sich der Mission ein Erfolg, gibt es hier und dort nichts, was wir nicht ohnedies verlieren würden.“

„Du vergisst, dass Enlil uns die Teilnahme an der Mission

nicht erlauben wird, selbst wenn wir ihm deine Argumentation unterbreiten. Er wird die Mission für zu gefährlich und sohin den Verbleib auf Nibiru als für das kleinere Übel halten."

Adads Einschätzung war sehr pragmatisch aber zugleich zutreffend.

„Das ist richtig, Adad. Wir werden an der Mission nicht teilnehmen dürfen, wenn wir Enlil darum fragen."

Marduk schwieg.

„Und was außer ihn zu fragen stellst du dir vor?", wollte Ninurta wissen.

„Wir werden nicht fragen, sondern ihm unsere Teilnahme als feststehend erklären." Marduk gab sich überzeugt.

„Wieso sollte das etwas an der Sache ändern?"

„Weil wir eine Möglichkeit haben, Enlil zu überzeugen, dass er uns besser im Stillen mitnimmt und so nicht riskiert, dass in der Öffentlichkeit das Gerücht aufkeimt, die Missionen seien verloren und wir, die Kinder der Stammesältesten, drängen, um diesen sterbenden Planeten zu verlassen."

79 **Tumus Logbuch Eintrag 347**
siebter Planet im 975sten Schar, 419.200 v. Chr.

Heute habe ich zum ersten Mal eines von Nimus Geschöpfen außerhalb der Kojen gesehen. Wieder waren es Paarhufer, doch statt des zu erwartenden Kopfes hatten sie fast so etwas wie einen zweiten Körper an der Stelle des ursprünglichen Halses. Auch einer der mit den Flügelextremitäten versehenen Paarhufer hatte sich darunter gemischt. Es war traurig mit anzusehen, wie er immer wieder versuchte, seine neuen Flügel irgendwie einzusetzen. Dank des unheimlich schnellen Sonnenzyklus auf dem siebten Planeten waren unter den Paarhufern schon deren zweite und dritte Generation geboren. Es ist, verglichen mit Nibiru, unglaublich, wie der rasche Zeitlauf hier die genetischen Experimente zum Aufblühen bringt. Ich konnte Enki beobachten, wie er nicht nur lange mit Ninhursag diskutierte, sondern auch, wie er regungslos über lange Zeit Ninhursags Geschöpfen hinterherblickte. Vermutlich hält auch Enki die Zeit für gekommen, um den immer ungeduldiger werdenden Bergleuten in Apsu endlich ihr Geschöpf zu erschaffen.

80 **Die dritte Mission**

Planet Nibiru im 976sten Schar, 415.600 v. Chr.

Auf Nibiru liefen die Vorbereitungen für die dritte Mission auf Hochtouren. Enlil wusste die Mitglieder des Ältestenrates hinter sich. Auf dem großen Platz der ersten Zusammenkunft wechselten sich deren startende und landenden Triebwerke in so schneller Folge ab, dass ein stetes Brummen zu hören war. Enlil hatte in einer Ansprache vor den Nibirianeren den Erfolg der Mission Enki präsentiert und es geschickt vermieden, die wahren Hintergründe seiner Mission erfassbar zu machen. Demnach war es Enki in Verbindung mit der zweiten Mission bereits gelungen, derart gewaltige Goldvorkommen abzubauen, dass die bereitstehenden Schiffe für den Transport zu Nibiuru wohl nicht ausreichen würden. Da erschien es nur logisch, im Rahmen einer dritten Mission für ausreichend Transportkapazitäten zu sorgen. Vor allem auf die Transportkapazitäten zurück kam es an. Daher schien es angesichts der bereits abgebauten Goldmengen auch nicht nötig, in größerem Maßstab erneut Nibiruaner auf den siebten Planeten zu entsenden. Ganz im Gegenteil. Mit einer denkbar kleinen Besatzung sollte sichergestellt werden, dass möglichst viel Transportvolumen für das Gold zur Verfügung stand. Weniger Nibiruaner an Bord bedeutete daher weniger Vorräte und Kojen. Auf Geheiß Enlils wurden sogar einige der Raumtransporter kurzfristig umgebaut. Ein Großteil der Kojen und selbst einige für die Annehmlichkeiten auf langen Reisen vorgesehene Einrichtungen wurden kurzerhand aus den Raumtransportern herausgeschnitten und durch simple Ladebuchten ausgetauscht. Eine schmerzliche Einbuße für die Expeditionsteilnehmer, doch jeder verzichtete zugunsten der Rettung Nibirus gerne auf diesen Komfort. Wie auch schon während der Vorbereitungen zur ersten und zweiten Mission versammelten sich binnen Kürze wieder einige fahrende Händler rund um den Startplatz. Diesmal aber deutlich weniger als bei den vorangegangen Missionen, denn es sollten gegenüber der Mission eins

und zwei ja nur gut ein zehntel Nibirianer aufbrechen. Ein Umstand, der den fahrenden Händlern naturgemäß weitaus weniger Möglichkeiten für lukrative Geschäfte bot.
Enlil inspizierte den Startplatz. Er schritt die Gassen, die sich zwischen den der fahrenden Händler ergeben hatten, ab. Sagenhaft, um nicht zu sagen unbeschreiblich, was so einige der Händler als Ware für die lange Reise anpriesen. Enlil war sich nicht sicher, ob es Unerfahrenheit oder Dreistigkeit der Händler war, solche in seinen Augen als Schund zu bezeichnende Güter für eine Reise dieser Länge und Bedeutung anzubieten. Oder ob es die Teilnehmer der vorangegangen Reisen gewesen waren, die mit ihrer Nachfrage nach solchen Dingen dieses Angebot heraufbeschworen hatten. Das Angebot der Händler reichte von billigen Kopien klassischer Gebrauchsgegenstände auf Nibiru bis zu ebenso unnützen Produkten. Sonderanfertigungen, die auf dem siebten Planeten laut den Händlern unbedingt nötige Tools waren wie Strahlenschutzkleidung, ähnlich der Sonnenschutzangebote auf Nibiru. Sie offerierten Atemluftreiniger für die angeblich nachhaltig schädliche Atmosphäre auf dem siebten Planeten und vieles andere mehr. Das dubiose Angebot der Händler an Schutzkleidung wurde auch von professionellen Anbietern diverser Jagdsafaris übernommen. Gegen einen nicht moderaten Aufpreis boten die Jagdgesellschaften Jagden in die von den Löchern in der Atmosphäre dauerhaft betroffenen Gebiete rund um die Pole. Inkludiert in den hohen Preis war die Bereitstellung entsprechender Schutzkleidung für die Dauer der Safari, wie sie die Händler hier feilboten. Der Ältestenrat ließ sie gewähren. Es schien auf elegante Weise das Problem zu verharmlosen und eine willkommene Ablenkung zu sein. Marduk hatte eine Zeitlang versucht, Enki zur Eindämmung dieser Angebote zu überreden. Dabei stand für ihn weniger der Humbug mit der Schutzkleidung im Vordergrund als er vielmehr seine eigenen Jagdzüge durch die bestens organisierten Touren gestört sah. Die oftmals gut betuchten Jäger wurden mittels modernster Technik unmittelbar an die Jagdbeute herangeführt. Dies ent-

sprach nicht Marduks Verständnis einer fairen Jagd. Enki hatte nicht eingegriffen. Er verwies vielmehr auf die leider stetig wachsende Fläche der der Strahlung ausgesetzten Fläche. Ein Argument, dem Marduk außer der angesprochenen Fairness nichts entgegenzusetzen hatte.

Enlil wusste, dass über den siebten Planeten viele Gerüchte auf Nibiru verbreitet worden waren. Begonnen hatte das mit dem Auftauchen der Geschichte, dass Nibirus Vorfahren dereinst wohl auf dem siebten Planeten gelandet worden wären, diesen ob seiner Unwirtlichkeit aber schleunigst wieder hätten verlassen müssen. In Wahrheit - zumindest konnte man die ältesten Aufzeichnungen so interpretieren - hatten die Vorfahren nur einige Sonden zum siebten Planeten entsandt. Deren Berichte wiesen den siebten Planeten als durchaus freundliches Habitat aus. Doch diese alten Aufzeichnungen waren der Mehrheit der Nibirianer nicht zugängig. Niemand kannte sie daher. Diese Unwissenheit bot einen idealen Nährboden für die unterschiedlichsten Gerüchte. Gerüchte waren schon seit jeher beste Umsatzbringer, eine hervorragende Basis für ein Verkaufsgespräch.

81 **Die Helfer**

siebter Planet im 976sten Schar, 415.600 v. Chr.

Ninhursag rief Enki zu sich in Labor. „Endlich ist es so weit, dass ich dir erste Ergebnisse für Apsu präsentieren kann", hatte sie in der Übertragung angekündigt. Als Enki beim Labor ankam, dauerte es einige Zeit, bis er sich bis zu dessen Eingang durchgestaunt hatte. Rund um das Labor grasten auf den gerodeten Flächen die unterschiedlichsten Lebensformen.

„Man kann kaum einen Unterschied erahnen", begrüßte ihn Adeptos, der seit der Ankunft von Menerta kaum von ihrer Seite gewichen war. Er hielt sich stets in der Nähe des Labors und damit Ninhursags Haus auf. Trotz ihrer Erlaubnis, einen neuen Stamm zu gründen, hatte Menerta darauf bestanden, für die Dauer der Mission weiterhin Ninhursags Hausdame zu repräsentieren. Adeptos kümmerte sich um die Außenanlagen rund um Ninhursags Haus. Er war dank Ninhursags gentechnischem Eifer vollends damit beschäftigt, ihren neuen Geschöpfen akzeptable Unterkünfte, Weiden oder den weniger harmlosen unter ihnen stabile Gehege zu errichten.

„Das ist bei Weitem eine prächtigere Vielfalt, als ich mir vorgestellt hatte", erwiderte Enki.

„Das sind nur die Exemplare der zweiten und dritten Generation. Viele der Geschöpfe wurden von Ninhursag nicht für hier draußen freigegeben. Viele speziell der ersten Generation schaffen es auch nicht so lange." Adeptos zuckte mit den Schultern.

„Sie sterben vorher?"

„Ja. Manche sind ohne lebenserhaltende Apparaturen gar nicht lebensfähig. Einige unter ihnen wurden auch auf Geheiß von Ninhursag wieder getötet."

„Viele?", interessierte sich Enki.

Adeptos wies auf eine kleine Lichtung abseits der gerodeten Felder. Von dort wand sich ein schmales Rauchband in den klaren, blauen Himmel.

„Wir verbrennen sie", zuckte Adeptos erneut mit den Schultern, „auch die, die von alleine sterben. Sie werden nicht sehr alt. Wir wissen nicht, wie viele in den Kellern des Labors geschaffen werden, daher können wir nicht sagen, ob es viele oder wenige schaffen. In jedem Fall sind die Leute drüben am Scheiterhaufen jeden Tag ordentlich mit der Vernichtung beschäftigt."

Einer der Paarhufer ganz in der Nähe der Beiden wieherte laut und stob Luft aus den Nüstern, die sich in der frischen Luft als weisser Dampf abgrenzte.

„Das waren die Ersten, die Ninhursag für hier draußen freigab", bemerkte Adeptos, während Enki fasziniert auf das Geschöpf blickte, das nun seine breiten Schwingen ausbreitete. Es stob in langen Sätzen über die Wiese.

„Keine Sorge, sie können nicht fliegen", beschwichtigte er Enki, als er dessen besorgt staunendes Gesicht sah. „Noch nicht", fügte er dann gedämpft hinzu.

Enki erkundigte sich noch, wie es sich mit der Stammesgründung anließ. Adeptos verwies grummelig auf Menertas Eigensinn. Sie bestand darauf, erst ihre Aufgabe als Hausdame zu Ende zu bringen.

Enki stieg die restlichen Stufen zu Ninhursags Quartier hinauf. Menerta öffnete und schien den letzten Teil der Unterhaltung mitgehört zu haben.

„Ich möchte nur sicher sein, dass unser Stamm auf nachhaltigem Boden gegründet wird; bitte, tritt ein", kehrte Menerta hinter Enki Adeptos den Rücken zu und folgte ihm in Ninhursags Wohnung.

„Ich rufe sie gleich, sie ist unten im Labor."

„Lass nur, ich glaube, das, was sie mir zeigen möchte, ist ebenso unten im Labor", bremste Enki Menertas Eifer. Er eilte ihr voraus in Richtung Labor. Menerta war im Widerstreit mit sich selbst. Ninhursag hatte ihr aufgetragen, niemanden unangemeldet ins Labor hinunterzuschicken. Andererseits hatte Ninhursag selbst Enki gerufen. Sie konnte schlecht dem Missionsleiter den Zugang verwehren. Also eilte sich Menerta. Sie bat Alexa Go, sie möge Ninhursag Enkis Weg nach unten ankündi gen. Ninhursag war darob nicht erstaunt. Sie kannte die Zielstrebigkeit ihres Bruders. Er hatte schon vorab ihr Labor geräumt. Sie empfing Enki daher in einem klinisch sauberen Labor, in dem sich nicht der kleinste Hinweis auf die harte Arbeit der letzten Zeit fand. Enki fand das Labor so wieder, wie er es Ninhursag nach deren Ankunft übergeben hatte.

„Nun, Schwesterherz, wie sieht dein Erfolg aus?"

„Wie gewünscht", erwiderte sie betont sachlich.

„Ein Wesen, das unseren Leuten in Apsu die schwere Arbeit abnehmen kann. Alexa, bitte."

In der Mitte des Raumes verbildlichte sich das Hologramm eines gedrungenen Wesens mit zwei Beinen, geradem Rücken, zwei Armen und dazwischen auf einem kurzen Hals ein runder Kopf.

„Es sieht uns von der Statur her ähnlich", kommentierte Ninhursag. „Der gesamte Körperbau ist gedrungener. Die Arme und Beine konnten wir durch entsprechende Muskeln kräftiger gestalten. Sie sollten fester zupacken können als unsereins. Sie sind dabei ausdauernder und auch stärker. Die Muskeln erholen sich nach Ermüdung rasch und wachsen mit ihren Anforderungen."

Enki umschritt das Hologramm. Ninhursag fuhr fort: „Der Rücken ist kräftig. der Verstand ausreichend, um unsere Befehle zu verstehen und in Taten umzusetzen."

„Welche …?", wollte Enki unterbrechen, um die genetische Mischung zu hinterfragen.

„Keine," um deiner Frage zuvorzukommen. Es wurden keine Kreaturen des siebten Planeten in dieses Wesen eingekreuzt. Ich habe vielmehr das bestehende Ausgangsmaterial optimiert. Kräftigere Muskeln, erhöhte Ausdauer durch stabileren Kreislauf und wesentlich mehr Volumen für das Gehirn. Ein perfektes Arbeitsgeschöpf."

„Kann ich es sehen?"

„Ja, deshalb ließ ich dich rufen. Wir haben in erster Generation ausgewachsene Geschöpfe in den Unterbringungen. Sie verstehen unsere Anweisungen, sind genügsam in der Nahrungsaufnahme, aber sie können sich nicht fortpflanzen."

„Du hast männliche und weibliche Geschöpfe geschaffen?"

„Wir haben bei allen unseren Experimenten immer männliche und weibliche geschaffen, da wir vorab ja nicht wussten, welche Varianten eher überleben würden."

„Und?"

„Beide Varianten dieser Gattung hatten dieselben hohen Überlebensraten", betonte Ninhursag. „Daher gibt es jetzt auch beide. Das ist eine Besonderheit des Ausgangsmaterials. Bei anderen Versuchen zeigten sich manchmal weibliche, manchmal männliche Varianten als widerstandsfähiger. Deshalb mussten wir bei dieser Schöpfung auch sicherstellen, dass sie sich nicht unkontrolliert vermehren kann. Ein Lebenszyklus dauert rund 40 Sonnenwechsel des siebten Planeten. Ein erfreulich kurzer Rhythmus, der uns eine rasche Zucht garantiert. Komm."

Ninhursag nahm Enki an der Schulter und führte ihn zu dem angrenzenden Gewölbegang: „Alexa, öffne die Tür."

Enki war schon länger nicht mehr in diesen Gewölben gewesen. Jetzt wunderte er sich über die vielfältigen Kreaturen, die am siebten Planeten heimisch waren und nicht minder über die Kreationen von Ninhursag auf der gegenüber liegenden Gangseite. Ganz am Ende des Korridors bremste Ninhursag Enkis Schritt und drehte ihn sanft nach links. „Das war unser Ausgangsmaterial." Sie drehte Enki langsam im Halbkreis nach rechts. „Und das ist meine Lösung für Apsu."

In der Mitte einer offenbar frisch eingerichteten Koje, von weichem Licht beleuchtet, saß Ninhursags Kreatur. Haarig, wachsam, denn als es Enki erblickte, wandte es die dunklen Augen seinem Blick zu. Muskulös, wie Ninhursag es beschrieben hatte, doch im Grundsätzlichen einem Nibirianer nicht unähnlich.

82 **Enlil wird gezwungen**

Planet Nibiru im 976sten Schar, 415.600 v. Chr.

Enlil hatte Marduk, Ninurta, Adad und Nannar gestattet, ihn auf der dritten Mission zu begleiten. Zu seinen Bedingungen. Er hatte darauf bestanden, dass sich sowohl seine Sprösslinge als auch Enkis Sohn dem Ausleseverfahren für die Freiwilligen zur Mission unterzögen. So suchte er die Verantwortung in Bezug auf ihren Gesundheitsstatus zu delegieren. Für die Anmeldung zum Fitnesscheck bestand Enlil auf falschen Namen und verschleierten Stammeszugehörigkeiten. Letzteres war kein Problem, sahen die Gesundheitschecks, um keinen Stamm zu bevorteilen, ohnedies anonymisierte Stammeszugehörigkeiten vor. Schwieriger gestaltete sich die Anmeldung zum Check unter falschem Namen. Eltron, dem Enlil ohnedies ungeheuer war und der von Enlils Misere Wind bekommen hatte, bot Enlil seine Hilfe an. Eltron war sich sicher, dass sich der Gefallen positiv auf seine Akte auswirken würde. Die Freiwilligen bildeten links und rechts der Aufnahmezentren jeweils lange Warteschlangen. Alle Stämme hatten Freiwillige geschickt. Darunter mischten sich jene, die von ihren Stämmen verbannt worden waren. Stammeslose, die sich in der Peripherie der Hauptstadt in dunklen Ecken, in selbstgefertigten Verschlagen oder in aufgelassenen Häusern aufhielten und ihr geregeltes Leben längst verlassen hatten. Manche von ihnen, jene, die die Hoffnung auf eine Rückkehr in ihren Stamm noch nicht ganz aufgegeben hatten, sahen in der Missionsteilnahme ihre Chance auf Rehabilitation. Andere unter ihnen, die nichts zu verlieren hatten, sahen darin schlicht eine Abwechslung mit der Option auf einen geregelten Ablauf, ein festes Einkommen oder zumindest ein handfestes Abenteuer. Von diesen Bewerbern bestanden nur wenige den Check der Medicents. Zu lange waren sie schon ohne entsprechende medizinische Versorgung. Ihre Körper zeigten Spuren von schädlichen Genussmitteln. Viele waren einfach durch die Verwahrlosung geschwächt. Nur jene, die erst vor Kurzem von den Stämmen verbannt worden waren, durften sich berechtigte Hoffnung machen, den Check der Medicents mit positiver Empfehlung zu durchlaufen.

Wie nicht anders zu erwarten, meisterten alle vier Kinder den Fitnesscheck ohne Schwierigkeiten. Sie kamen somit in die nächste Runde der Freiwilligen und wurden in die Inkubationslager aufgenommen. Die Lager sollten sicherstellen, dass keiner der Kandidaten und Kandidatinnen einen noch unausgebrochenen Krankheitsherd mit auf die Schiffe brachten. Eine Gefahr, die bei den Freiwilligen aus den großen, prosperierenden Stämmen dank derem stetigen Gesundheitsmonitoring gering war. Anders war die Gefahr bei Herkunft aus den kleinen Stämmen oder aus den Peripherien der Hauptstadt einzuschätzen.

Die Auslese der Freiwilligen selbst geschah aufgrund der mit den Testergebnissen verbundenen Namensakten. Nunmehr war es ein Leichtes für Enlil, die vier für die Mission aufzunehmen. Viele, die es bis zu diesem Schritt geschafft hatten und in den Inkubationslagern auf Nachricht warteten, ob sie in die Missionsbesatzung aufgenommen werden würden, scheiterten an dieser Auslese. Nicht weil sie weniger geeignet waren, sondern weil sich weitaus mehr für die Mission meldeten, als Teilnehmer für die Mission benötigt wurden.

Enlils zweite Bedingung war, dass die vier möglichst unerkannt über eine der Ladeluken beim Beladen der Kreuzer an Bord gehen würden. Auf der Reise selbst sollten sie so gut wie möglich den Kontakt zu restlichen Besatzung vermeiden. Er wusste, dass über kurz oder lang die anderen Besatzungsmitglieder die tatsächliche Identität der vier erkennen würden. Bis dahin, so hoffte Enlil, würden sie soweit von Nibiru entfernt sein, dass die Nachricht, die Kinder einiger Stammesaältester seien an Bord, Nibiru nicht mehr erreichen würden.

83 **Unterwegs**

Planet Nibiru im 976sten Schar, 415.600 v. Chr.

Sie waren stabiler als die bisherigen Schiffe. Indem Enlil für die Schiff der neue Mission das organische Trägermaterial freigegeben hatte, war er ein Risiko eingegangen, aber ein kalkulierbares, wie er behauptete. Das neue Material war ein organischer Kompoundträger, der zugleich mehrere Vorteile aufwies. Bei gleicher Festigkeit wie die bisherige Trägerstruktur der Raumschiffe brachte er nur rund ein Zehntel des Gewichts des bisherigen Materials auf die Waage. Bei entsprechend dickeren Trägern konnte daher bei gleichem Gewicht wesentlich mehr Transportraum umbaut werden. Das kam dem Rücktransport größerer Mengen Goldes zugute. Zusätzlich regenerierte sich das organisch Trägermaterial regelmäßig, konnte auf dem langen Flug zum siebten Planeten daher nicht korrodieren oder aufgrund von Materialalterung schwach werden oder gar Risse bilden. Enlil strich über die rauhe Oberfläche der Träger an der Decke. Es fühlte sich an wie rauhe Haut. Knapp die Hälfte der Schiffe für diese Mission konnte auf Basis des neuen Materials aufgebaut werden. Die Haut schien seine Berührung zu spüren. Enlil wusste, dass dies Einbildung war. Das Material war organisch, streng genommen ein Abfallprodukt aus Ninhursags einstiger Genforschung. Damals hatte Ninhursag entdeckt, dass es ohne weiteres möglich war, die Zellbasis eines Organismus auszutauschen. Sie impfte den Zellen einlagige Grafitstrukturen, mit dem Effekt, dass die Zellen unglaublich robust wurden. Eigentlich gedachte Ninhursag damit einen kaum verwundbaren Soldaten zu schaffen, ehe der Rat ihren Experimenten das Aus beschied. Die organischen Materialien wurden dessen ungeachtet durch andere Forscher weiterentwickelt. Ein Großteil der Beleuchtung in den Ballungszentren auf Nibiru bestand inzwischen aus organischen, selbstlumineszierenden Materialien. Die Rover Kuppeln der Rover wurden mit organischen Trägern gefasst, um höchste Stabilität zu gewähren und eben nun auch um der Trägerkonstruktion der neuen Raumschiffe Stabilität zu verleihen. Keine dieser Materialschöpfungen fühlte, zeigte Emotionen und doch waren sie nicht tot. Enlil spürte, wie das organische Material das Schiff zusammenhielt und er wusste, dass er auf diesen Halt vertrauen konnte. Er hoffte, dass seine Mannschaft dieses Vertrauen auch spüren konnte. Der lange Flug zum siebten Planeten stellte die Missionsteilnehmer gewiss auf die Probe, inwieweit die Chemie untereinander stimmen und Harmonie unter den Mitgliedern herrschen würde. Enlil und allen Teilnehmern war klar, dass Harmonie auf einer Mission wie dieser nur subsidiär eine Rolle spielte. Primär hatte jeder Teilnehmer in seiner Funktion entsprechend seinem Auftrag und seiner Anweisung zu funktionieren. Dennoch setzte Enlil ein Stück weit auch auf Harmonie und, so seltsam es klingen mag, mit dem Einsatz der organischen Träger und weiterer, kleinerer organischer Elemente in den Quartieren hoffte Enlil auch die Harmonie an Bord zu fördern. Mit seiner Hand spürte er, dass von den organischen Trägern etwas Gutes ausging, etwas, das sich nicht messen ließ, aber das hoffentlich die Missionsteilnehmer, ebenso wie er, erfahren und spüren würden.

Als Nibiru in den Tiefen des Weltalls Enlils Blick entschwand, spürte Enlil eine ihm kaum bekannte Sentimentalität aufkeimen. Er starrte auf den nunmehr leeren Fleck im Weltall, von dem die dritte Mission aus gestartet war. Würde seine Mission je wieder nach Nibiru zurückkehren? Würde er seine Heimat, seinen Ursprung je wieder so vorfinden, wie er ihn in Erinnerung hatte? Lautlos glitten die Schutzschuber vor die Fenster des Raumtransporters und zerschnitten Enlils Erinnerung. Die Fenster wechselten zuerst zu opak, ehe Alexa Go versuchte, die matte, dunke Fläche in einer stimmungsaufhellenden Farbe leuchten zu lassen. Ein satter Orangeton spiegelte daraufhin ausgehend von den geschlossenen Fensterscheiben in sämtlichen glatten Flächen des Cockpits. Enlil wusste Alexa Gos Absicht zu schätzen, ließ sie aber die Farbe zu Moosgrün wechseln. Sämtliche Außenfenster des Raumfrachters übernehmen das Grün. Wer wusste schon, wie lange sie die natürliche Farbe der Felder Nibirus entbehren mussten.

„Alexa, berechne bitte den Zeitpunkt unseres Eintreffens am siebten Planeten. Ich glaube, es ist auch an der Zeit unseren Freunden der anderen Missionen unser Kommen an zu kündigen.“

Enlil hatte während der Zeit der Vorbereitung der dritten Mission bewusst Nibirus Kommunikation mit dem siebten Planeten unterbunden. Die eingehenden Nachrichten waren zuletzt nicht mehr so entmutigend gewesen wie zuvor. Offenbar war es Ninhursag gelungen, für die Nibiruaner in Apsu hilfreiche Helfer zu erschaffen. Enki hatte darauf gedrängt, möglichst viele dieser Helfer zu erschaffen. Erfolgreich, wie Enlil den Nachrichten entnehmen konnte. Seit Beginn der Missionen, die anfangs von vielen Verlusten der Nibirianer gezeichnet waren, hatte es noch nie so wenig Ausfälle zu beklagen gegeben. Enlil mochte sich gar nicht vorstellen, in welchem Ausmaß sich im Gegenzug die Ausfälle bei Ninhursags Kreaturen, wie Enki sie bei der letzten Übertragung genannt hatte, darstellten. Offenbar versuchte Ninhursag durch deren stetige Weiterentwicklung, dem entgegenzuwirken. Sie hatte ihrer Schöpfung in mehreren Etappen nicht nur stets größere Kraft und damit mehr Möglichkeiten, sondern auch Verbesserungen für ihr Verständnis und ihre Kommunikation verliehen. Selbst im Aussehen war es Ninhursag gelungen, ihre Schöpfungen weiter an das Erscheinungsbild eines Nibirianers heranzuführen. Offenbar hoffte Ninhursag, damit die Kluft zwischen den Nibiruanern in Apsu und den Arbeitern zu minimieren. Denn bei aller Begeisterung der Nibirianer über die willkommenen Arbeitskräfte, gab es doch eine nachvollziehbare Distanz. Das Moralverständnis der Nibirianer konnte sich offenbar nicht so recht entscheiden, welche Stellung und welches Verhältnis die neuen Helfer zu ihren Schöpfern einnehmen sollten. Während die ersten Generationen noch tumbe Arbeitshelfer waren – was mitunter die vielen Ausfälle erklärte – schienen die Nachfolgenden, sozusagen von Ninhursag getunten Helfer schon einige Verhaltensweisen und Charaktere ihrer Schöpfer zu antizipieren. Alexa initialisierte die Kommunikation mit dem siebten Planeten und schaltete Enlils Kanal frei.

Kaum merklich durchzog ein feines Rütteln den Raumtransporter. Die Steuerdüsen korrigierten sachte den Kurs, um die Solarhaut des Raumkreuzers in den optimalen Winkel zur Sonne zu bringen. Enlil hatte es gegenüber dem Ältestenrat nicht erwähnt, aber unter seinen Begleitern hatte er auch seine Kinder Ninurta, Nannar und Adad. Sie wollten ihn unbedingt begleiten und dies konnte er ihnen schwerlich untersagen. Immerhin konnte er Ninurta, Nannar und Adad überzeugen, sich mehr oder weniger unauffällig als Besatzung für diese Mission zu melden. Enlil fürchtete, dass in der breiten Öffentlichkeit das Verlassen Nibirus als Eingeständnis des sicheren Untergangs interpretiert werden könnte. Die damit drohende Anarchie wäre kaum im Zaun zu halten. Selbst während eines Großteils der Reise mied Enlil den Kontakt zu seinen Kindern. Paradoxerweise suchte in dieser Zeit Marduck, Enkis Sohn, vermehrt seine Gegenwart. Marduk hatte sich wie Ninurta, Nannar und Adad freiwillig zur dritten Mission gemeldet. Enlil wollte durch sein distanziertes Verhalten den Eindruck vermeiden, die vier würden in irgendeiner Weise bevorzugt. Zusätzlich war Vorsicht besser als Nachsicht. Solange sich die Frachter in Empfangsnähe Nibirus befanden, konnte selbst ein kleiner Funkspruch der Funke zur Anarchie sein: Die Enlil-Sippe samt Enkis Nachkommen verlässt den sterbenden Planeten. Auf dieses Szenario hatte Enlil keine Lust, genaugenommen fürchtete er sich sogar davor.

84 **Tumus Logbuch Eintrag 349**
siebter Planet im 976sten Schar, 415.600 v. Chr.

Enki hat unser Labor und die Gewölbe noch einmal vergrößern lassen. Dazu ließ er mit den Frequenzschneidern eigens besonders eindrucksvolle Steinquader aus den Felsen unten an der Küste schneiden. Ninhursags Geschöpfe brachten die Blöcke mit den Frequenzlevitatoren zu Ninhursags Haus. Einige der Quader waren so groß, dass darauf zwei Frequenzlevitatoren angebracht werden mussten, um die Schwerkraft zu überwinden. Die Floater zu synchronisieren stellte sich dabei als gar nicht so einfach heraus, da die Symmetrie der Frequenz auf die Dichte der zu transportierenden Felsen abgestimmt und zudem untereinander harmonisch sein mussten. Leider erwies sich das Gestein an der Küste, selbst innerhalb kleiner Umkreise, als sehr inhomogen. Für jeden Levitatorentransport benötigte es umfangreiche Dichteanalysen. Das bremste den Abbau und den Transport und spornte die Nibirianer an, ihre Helfer bis zu deren Erschöpfung anzutreiben. Die Grundfläche der umbauten Anlage hatte sich bestimmt vervierfacht. In noch größerem Ausmaß musste Adeptos für ausreichend gerodete Freiflächen samt geeigneter Unterstände sorgen. Die jüngste Generation der Helfer hatte sich geweigert, die noch aus der Anfangszeit von Ninhursags Wirken stammenden Unterstände zu beziehen. Ihr Anführer hatte Adeptos klargemacht, dass sie entsprechend ausgeruht und erholt sicher eine bessere Arbeitsleistung erbringen konnten. Enki hat erneut Ninhursags Arbeitseifer angespornt, indem er ihr noch größere und weiträumige Flächen für ihre Experimente zugestanden hat. Ninhursag selbst habe ich schon länger nicht mehr gesprochen. Manchmal verlässt sie über viele Sonnenläufe hindurch nicht jenen neuen Teil des Labors, den ihr Enki als private Forschungsstädte zugebilligt hat. Die andere Erweiterung des Labors mit den Brütern nennen wir schlicht die Geburtshalle. Unsere Geburtsquote seit der vierten Generation der Helfer liegt bei nahezu 100%. Das heißt, jeder verpflanzte Em-

bryo wird erfolgreich ausgetragen und lebend geboren. Dennoch ist Ninhursags rastlos. Selbst mir ist jüngst die Übersicht über die von Ninhursag angestrebten Verbesserungen entglitten. Ganz zu Schweigen von den Überlegungen und Forschungen, die sie in ihrer privaten Forschungsstätte durchführt. Menerta hat anklingen lassen, dass es Ninhursag gelungen sei, die Lebensspanne der Helfer auf viele Sonnenwechsel auszudehnen: von Anfangs 40 Sonnenläufen auf das über zehnfache. Damit wirkt sich die Produktion wesentlich nachhaltiger auf die Zahl der verfügbaren Helfer aus, weil nicht alle 40 Sonnenwechsel automatisch einer verstirbt. Wenn es stimmt, was Menerta mir noch gesagt hat, dann möchte Ninhursag weitere Eigenschaften von uns Nibiruanern auf die Helfer kreuzen. Das mag in Hinblick auf Lebensdauer und auch sonstiger Eigenschaften nachvollziehbar und verständlich erscheinen, doch aus meiner Sicht werden sich die schon jetzt vorhandenen Schwierigkeiten zwischen Helfern und Nibiruanern noch verstärken.

Menerta und Adeptos haben mich zu einem Ausflug in die anderen Regionen des siebten Planeten, wie wir den nicht erkundeten Teil nennen, eingeladen. Ich freue mich und bin unsicher zugleich, ob dem, was uns dort wohl erwarten mag.

85 **Der lange Flug**

Weltall im 976sten Schar, 415.600 v. Chr.

Enlil hatte viel Zeit in seiner Kabine verbracht, während der Raumkreuzer in Richtung siebter Planet durch das Weltall schoss. Viel Zeit, um über das Schicksal Nibirus nachzudenken. Viel Zeit, um auch sein Treffen mit Enki vorzubereiten. Er wusste, dass dieses Treffen bei aller Freundschaft, welche die beiden verband, von den jüngsten Ereignissen überschattet sein würde. Er hatte Enkis Platz auf Nibiru eingenommen. Es lag nunmehr an ihm, seinem bisherigen Weggefährten klarzumachen, dass er seine Mission umgehend neu ausrichten müsste. Dabei, und dies gestand Enlil ein, konnte er nicht einmal in Ansätzen jene Schwierigkeiten nachvollziehen, mit denen die beiden ersten Missionen auf dem fremden Planeten, unendlich weit weg von zu Hause, zu kämpfen hatten. Enki, so gut kannte er seinen Freund, würde ohnedies bis an die Grenzen des Machbaren gehen, um die Mission zu einem Erfolg zu führen. Umso schwerer lastete der Auftrag auf Enlil, Enki mitzuteilen, dass alles Bemühen, alles Streben nach der erfolgreichen Mission so wie es bislang gelaufen war, nicht ausreichen würde, um Nibiru zu retten. Dass es an Enki lag, die Missionen mit weitaus stringenteren Mitteln voranzutreiben. Er musste ihm klar machen, dass, falls dies nicht fruchten würde, er seinen Freund auch an diesem fernen Ort zu ersetzen trachtete. Nachdem ein Großteil der Habitatbereiche des Raumkreuzers zugunsten weiterer Ladefläche ausgebaut worden waren, gab es nur wenig Möglichkeiten, die anderen Crewmitglieder an Bord zu treffen. Enlil scheute sich auch ein wenig vor diesem Kontakt. Er wollte den neugierigen Fragen der Crewmitglieder nicht mit Ausflüchten beikommen und noch weniger wollte er ihnen die ganze Dimension der Mission offenlegen. Bevor er ihnen Halbwahrheiten auftischte, suchte er sein Glück lieber in der Einsamkeit seiner Koje. Eine Zeitlang versuchte er, sich die Zeit mit digitalen Brettspielen gegen Alexa Go zu vertreiben. Doch jeder Spielzug der künstlichen Intelligenz vergegenwärtigte ihm nur umso eindrücklicher seine aktuelle Situation. Schlussendlich beschloss er, nur auf seiner Liege zu liegen, um die Zeit zwischen den Schlafphasen in Gedanken versunken zu verbringen.

Ninurta hatte an Bord die schlechteste Unterkunft ausgefasst. Ihr Kabine lag weit vorne, kurz vor der Brücke, während Nannar, Adad und Marduk im hinteren Teil des Raumschiffes eine Unterkunft zugewiesen bekamen.

„Ich hätte nicht gedacht, dass die vorderen Kabinen um so viel kleiner sind als eure“, beklagte sich Ninurta.

„Dafür vibrieren unsere Kabinen durch die Frequenlevitatoren ordentlich mit und die Kabine gehört nur dir alleine“, versuchte Nannar Ninurta zu besänftigen.

„Die laufen doch nur bei Start und Landung“, erwiderte Ninurta.

Nannar zuckte mit den Schultern. „

Wir wollten eigentlich ausmachen, zu welchen Zeiten und vor allem wo wir ungestört und ohne Aufsehen zusammenkommen können“, unterbrach Adad die Geschwister.

„Und ich dachte, wir sollten unsere Kabinen am besten überhaupt nicht verlassen“, gesellte sich Marduk zu den anderen.

„Zwischen dem vorderen und dem hinteren Laderaum gibt es eine Art Zwischendeck. Dorthin können wir über die Aussengänge gelangen. Wenn wir uns vor der Schleuse zum hinteren Frachtraum in den Bereich der Versorgungsleitungen begeben, können wir das Zwischendeck mehr oder weniger unbemerkt erreichen.“ Ninurta hatte bereits eine Möglichkeit ausgekundschaftet.

Der Raum im Zwischendeck war nicht sonderlich komfortabel. Wie erwartet, war ihnen auf dem Außengang niemand entgegengekommen. Im Bereich der Versorgungsleitungen war ohnedies niemand zu erwarten und von dort gelangten sie unbesehen in das Zwischendeck. Hier war es muffig, dunkel und roch nach biologischem Abfall. Vom Zwischendeck aus wurden die organischen Träger mit Nahrung versorgt. Eine Pumpe fuhrten dem Trägerorganismus subcutan eine Nährlösung zu, die aus dem fermentierten Bioabfall gewonnen wurde. Daher auch der Geruch.

„Dachte ich mir doch, dass ich euch hier treffe.“

Die vier erschraken, als sie aus dem Halbdunkel die ihnen wohlvertraute Stimme vernahmen.

„Solltet ihr nicht in euren Kabinen beleiben? Ich dachte, das wäre Teil unseres Deals“, fragte Enlil.

Die Beleuchtung des Zwischendecks ging an und tauchte die vier ein grelles Licht, sodass sie geblendet ihre Gesichter verzogen. Sie wirkten betreten und fühlten sich ertappt. „Hier werden uns die anderen nicht sehen. Wir sind über die Außengänge und dann durch den Bereich der Versorgungsleitungen hierher gelangt“, versuchte Adad sich hinauszureden.

Enlil rümpfte die Nase. „Aber Alexa hat euch am Schirm und wenn die euch regsistriert hat, dauert es nur kurz, bis ein Besatzungsmitglied den Vitalzeichen aus dem Zwischendeck auf den Grund geht. Womöglich glauben die noch, das organische Trägermaterial hat sich emanzipiert.“ Enlils Stimme klang entsprechend verärgert.

„Glauben sie nicht“, hielt Ninurta dem Vorwurf entgegen, „niemand wird das annehmen.“

„Und wenn schon, dann werden sie annehmen, wir haben blinde Passagiere oder jemand von der Crew trifft sich heimlich. So oder so werden sie euch entdecken.“

„Das meinte ich nicht,“ stellte Ninurta klar.

„Ich meinte, niemand wird irgendetwas glauben.“ Enlil wirkte verwundert und fragend. „Alexa hat uns nicht am Schirm, das wollte ich damit sagen.“ Enlil drehte sein Armband um und kontrollierte das Hologramm des Raumes. Tatsächlich registrierte Alexa Go nur einen bioelektrischen Widerhall, seinen eigenen. Enlil war erstaunt. Das hätte er nicht erwartet. Zugleich war er auch neugierig, wie seine Kinder und Marduk das angestellt hatten. Adad nahm seine Frage vorweg: „Wir wussten, das uns Alexa verraten würde, ganz egal, wo am Schiff wir uns einen

Treffpunkt ausmachen. Deshalb haben wir einen Freund gebeten, uns unsichtbar zu machen."

„Einen Freund, sagst du?"

Adad nickte.

„Dieser Freund, den ihr da gebeten habt, der heißt nicht zufällig Eltron, oder?"

Die Kinder sahen sich zum zweiten Mal betreten an.

86 **Tumus Logbuch Eintrag 350**

siebter Planet im 976sten Schar, 415.600 v. Chr.

Ninhursag hat heute eine neue Generation von Helfern an uns vorbei durch die Gewölbe dirigiert, die augenscheinlich anders waren als alle bisherigen Generationen. Die neue Generation ähnelt uns Nibirianern noch weitaus mehr als die bisherigen Generationen. Sie besitzen die annähernd gleiche körperliche Statur und auch Kopfform wie unsereins. Ich will lieber nicht wissen, mit welchem Gengut Ninhursag dieses Ergebnis erzielte. Als Wissenschaftlerin muss ich ihr uneingeschränkt meinen Respekt für ihre grandiosen Genleistungen aussprechen. Zugleich halte ich es als Wissenschaftlerin für ausgeschlossen, dass es sich bei dieser Generation lediglich um Kreuzungen und Entwicklungen verschiedener Arten des siebten Planeten handelt. Leider gewährt Ninhursag auch mir keinen Zugang zu ihrem privaten Labor. Meinen Versuch, sie auf den Ursprung des Ausgangsmaterials anzusprechen hat sie abgeblockt. Ich nehme mir vor, diese neueste Entwicklung mit Enki zu besprechen. Doch auch Enki scheint aktuell unter besonderem Stress zu stehen. Einer der Mitarbeiter aus Sippur hat mir erzählt, dass wohl eine weitere Mission von Nibiru auf dem Weg hierher sein soll. Aber auch ihnen wurden keine Angaben über das Ausmaß dieser weiteren Mission gemacht, so es denn überhaupt stimmt. Vielleicht ist dies der Grund für Enkis Angespanntheit. Ich werde mit beiden, mit Ninhursag und Enki, bei nächster Gelegenheit erneut das Gespräch suchen. Offenbar gibt es hier, auf dem siebten Planeten, einige Dinge, die es zumindest Wert sind, hinterfragt zu werden.

Den Ausflug mit Menerta und Adeptos habe ich sehr genossen. Wir waren mit zwei Rovern in der südlichen Halbkugel des Planeten. Dort durchstreiften wir schier endlose Weiten eisiger Wüste. Ein totaler Gegensatz zu den trockenen und staubigen Hitzewüsten auf Nibiru, aber auch ein krasser Gegensatz zu unserer Landungszone. Weiße Eis- und Schneeberge, so weit das

Auge reicht, geformt von einem starken, eisigen Wind. Offenbar hindert die dichte Atmosphäre des siebten Planeten die Sonne daran, diese Eis- und Schneewüste zu schmelzen. Das blanke Eis spiegelt die Sonne tausendfach wider. Dazwischen liegen weite Ebenen mit hohem, vom Wind gepresstem Schnee. Einige der Ränder der Eiswüste scheinen auf dem endlosen Wasser, das den siebten Planeten überzieht, zu treiben. Sie sind völlig losgelöst vom Land. Eisblöcke, so riesig wie die größten unserer Raumkreuzer, wenn nicht sogar gewaltiger, sind vom Eispanzer abgebrochen und treiben, der Strömung folgend, im Wasser. Unsere Sensoren haben selbst in dieser Eiswüste Leben geortet, doch befindet sich darunter kein Leben jener Art, das Ninhursag als Basis für die Entwicklung der Helfer herangezogen hat. Vermutlich ist diese Gegend des siebten Planeten zu lebensfeindlich für diese Spezies.

87 **Was bringt Enlil**

siebter Planet im 976sten Schar, 415.600 v. Chr.

Sorge und Freude lieferten sich in Enki einen aufwühlenden Wettstreit. Enki war zu lange Teil des Ältestenrates gewesen, um nicht zu ahnen, dass es für die dritte Mission triftige Gründe geben musste. Entweder stand Nibiru unmittelbar der vorhergesagte Kollaps bevor oder der Ältestenrat war mit dem Vorankommen der bisherigen Missionen nicht zufrieden. Wäre es ein freundschaftlicher Besuch gewesen, so hätte Enlil genau dies ihm auch angekündigt. Offenbar wollte Enlil um ihrer Freundschaft Willen hier keine Unwahrheiten vorspiegeln. Er hatte sich daher in Schweigen rund um die Begründung der dritten Mission gehüllt. Enki wiederum hatte um ihrer Freundschaft Willen nicht auf einer Begründung der Mission insistiert. Er wollte Enlil nicht in eine ausweglose Situation manövrieren. War Nibiru bereits kollabiert, so hätte Enlil auch dies Enki von Angesicht zu Angesicht mitgeteilt, um ihm und den Missionsmitgliedern bei der Trauer um ihre Stämme beizustehen. Eine Pattsituation der Gefühle, wie es Enki treffend gegenüber Tumu formuliert hatte. Auf Tumus Vermutung mit Ninhursags Genquelle war er nicht näher eingegangen. Wiewohl er Ninhursag diesen letzten Schritt als Krönung ihres Schaffens sehr wohl zutraute. War es ihr wirklich gelungen, Nibirianergene mit den Genen einer Lebensform auf dem siebten Planeten zu kreuzen, dann hatte sie den Höhepunkt ihrer wissenschaftlichen Leistungen mit Gewissheit erreicht: Sie hatte eine neue Rasse erschaffen. Enki mochte nicht daran denken, welche Probleme damit auf die Missionen zukamen. Vielmehr beschäftigte ihn die Frage, ob diese neue Rasse geeignet oder sogar besser geeignet war, um den Gefolgsleuten in Apsu zu helfen.

Als Tumu wieder gegangen war, starrte er noch lange ihrem Rover nach. Aber sein Blick und seine Gedanken waren leer. Er hatte Tumu im Zweifel gelassen, ob ihn ihre Nachricht beunruhigte oder nicht. Er hatte selbst geschickt vor ihr verborgen, ob er sich des Ausmaßes von Tumus Vermutung bewusst war. Lange Zeit, nachdem Tumus Rover aus der Lichtung verschwunden war, wandte er sich ab. Er beschloss, sich noch einmal der Ankunft der dritten Mission zu widmen. Es sollte ein freudiger Empfang werden. Eine Schau der auf dem siebten Planeten erreichten Errungenschaften, eine Darstellung der ersten und zweiten Mission, auch wenn mit der dritten Mission vielleicht schlechte Nachrichten mitreisten. Zumindest der Empfang sollte sich hiervon nicht überschatten lassen.

Enki ging die Vorbereitungen der Reihe nach noch einmal durch. Er visitierte Sippur, um sicherzustellen, dass sich der Raumhafen in bestem Zustand befand. Mithilfe Ninhursags Helfern war die Lande- und Startplattform um einiges vergrößert worden. Ninhursags Wesen hatten nach anfänglichen Schwierigkeiten rasch die Transportmöglichkeiten mit den auf die riesigen Steinblöcke gehefteten Vibrationslevitatoren verstanden. Während sich die Nibiruaner auf das Losschneiden und Glätten der riesigen Blöcke beschränkten, übernahmen Ninhursags Geschöpfe deren Transport und positionierten die Blöcke nach Anweisung des Nibiruanischen Vorarbeiters auf der Start- und Landeplattform. Nachdem sich die Situation in Apsu nachhaltig entspannt hatte und Ninhursags Helfer dort gute Arbeit leisteten, hatte Enki einige der dortigen Helfer abgezogen, um Sippur auf die dritte Mission vorzubereiten. Er hatte auch die gerodete Fläche rund um Sippur und um ihre Landemission noch erweitern lassen. Das konnte aber großteils von den automatisierten Rovern oder den Bots übernommen werden. Enki hatte bei der Unüberschaubarkeit der Flächen samt der angrenzenden Wälder kein gutes Gefühl, Ninhursags Helfer mit den Rodungswerkzeugen alleine arbeiten zu lassen. Auch wenn sich bislang noch keiner von Ninhursags Geschöpfen gegen die Dominanz der Nibirianer aufgelehnt hatte, so würde der angrenzende Wald doch eine – wie Enki fand – nur allzu große Verlockung darstellen, dieser Dominanz zu entfliehen. Und dann konnte das Rodungswerkzeug mitunter auch anders, im schlimmsten Fall gegen Nibirianer, eingesetzt werden.

Die Lande- und Startplattform war der Breite nach fast verdoppelt worden. Das kam auch den Transportschiffen und deren ausladender Bauweise sehr entgegen. Zusätzlich zur neuen Rampe in Sippur ließ Enki gerade in jüngster Zeit einige kleinere Plattformen auch außerhalb des Raumflughafens anlegen. Die Rampen und Plattformen für die kleineren Rover lagen entsprechend des Missionsplans in fixem Abstand zu Sippur und untereinander. Somit waren die Landezone und Sippur von einem weit gefassten, wabenförmigen Netz kleiner Start- und Landeplattformen umgeben. Die am weitesten entfernten Rampen bildeten dabei so etwas wie einen Brückenkopf zur Erforschung und Entdeckung der Weiten des siebten Planeten. Manche hatten sich, nachdem Ninhursags Artenvielfalt- und Genmaterialbedarf verloschen war, zu regelrechten Ausflugszielen der Nibirianer entwickelt, um ihre karge Freizeit abseits der Landezone und vor allem abseits der Höllen von Apsu – wie die Bergbaugebiete zwischenzeitlich genannt wurden – verbringen zu können.

Selbst kleine Hütten und Stände hatte Enki rund um die zusätzlich gerodeten Fläche bei Sippur aufstellen lassen. Dort mochten die Teilnehmer der dritten Mission erste Eindrücke von der Artenvielfalt des siebten Planeten ebenso gewinnen wie Ablenkung von ihrer langen Reise durch das Weltall. Ein Empfangsfest, ähnlich wie Enki und seine Missionsbegleiter dereinst auf Nibiru beim Aufbruch zum siebten Planeten verabschiedet worden waren, nur eben bescheidener, den simplen Möglichkeiten der Kolonie auf dem siebten Planeten angepasst.

88 **Der lange Flug II**

Weltall im 976sten Schar, 415.600 v. Chr.

Enlil nutzte eine lange Zeit der Reise, um die unzähligen Berichte vom siebten Planeten immer und immer wieder zu studieren. Alexa konnte dank der ersten beiden Missionen ein schon sehr umfassendes Bild des siebten Planeten wiedergeben. Die gewonnenen Daten ließen Enlil auch in der Hinsicht aufhorchen, als dass der siebte Planet sich offenbar auch als langfristige Alternative für Nibiru eignen konnte. Viele der mineralogischen und biologischen Daten bestanden, abgesehen von minimalen Abweichungen, den Vergleich mit der ursprünglichen Konstellation Nibirus. Enlil hatte Alexa Go in einem getrennten, nur für ihn zugängigen Bereich sämtliches Material über den siebten Planeten von den Erkundungen der Alten mit auf die dritte Mission nehmen lassen. Vielfach banale Daten, die sich nach Eingang der ersten Daten durch Adeptos Mission, aber auch von den nachfolgenden Missionen, bestätigten, warfen in Enlil eine Frage auf: Warum hatten die Alten den siebten Planeten nicht schon verstärkt in ihre Erforschung mit einbezogen? Gewiss, ihre Technik war längst nicht auf dem heutigen Stand Nibirus gewesen, aber das hatte sie auch nicht vor anderen Expeditionen abgehalten. Selbst dortige Totalausfälle der Missionen regten sie immer wieder zu neuen Versuchen und Erkundungen an. Doch den siebten Planeten beließen sie unter seinem Schleier des Ungelüfteten. Selbst die im Grunde vielversprechenden ersten Messdaten des siebten Planeten hatten die Alten unter Verschluss genommen. Warum? Was beherbergte der siebte Planet, dass er offenbar bewusst so ins Abseits gestellt wurde? Die von Alexa Go in den Raum projizierten Bilder des Planeten zeigten nichts Bedrohliches, im Gegenteil. Mit den Daten der ersten beiden Mission waren schier unermessliche Mengen an holografischen Bild- und Tonmaterialien eingegangen. Bilder voll üppiger Vegetation, Bilder einer äußerst florierenden biologischen Diversifikation. Ein Artenreichtum, der bestätigt von den jüngsten Auswertungen keinen Vergleich mit Nibirus einstiger organischen Breite scheuen musste. Die unzähligen, teils sehr unterschiedlichen Lebensräume hatten ebenso unterschiedliche Lebensformen hervorgebracht, jeweils ideal auf deren Umgebung angepasst. Es herrschte eine den Umständen entsprechende, offenbar kalkulierte Rangordnung zwischen Jäger und Gejagten, zwischen raumgreifenden und sich zurückziehenden Arten. Auch wenn Alexa Go bei den Auswertungen längst nicht die ganze Fülle der Arten und Variationen erfasst hatte, so ließ sich nicht ansatzweise ein Grund für das offenbare Vernachlässigen des siebten Planeten in der Geschichte Niribus finden. Angesichts des Querschnittes der mittlerweile vorliegenden Informationen über den Planeten war es doch unwahrscheinlich, dass sich in den Aufnahmen und Auswertungen nicht zumindest Hinweise auf jene Art oder jenen Umstand finden ließ, der die Alten zu ihrer bedeckten Vorgehensweise brachten. Oder war es gar nicht eine Feindseligkeit der Arten, sondern des Planeten selbst? Doch das hätten die Missionen längst bemerken müssen. Aus deren überlieferten Materialien konnte Enlil keinen dahingehenden Anhaltspunkt finden. Dass die Arbeit in den Bergwerken Apsu ihre Opfer gefordert hatte, lag nicht am siebten Planeten. Das war der gefährlichen Arbeit unter Tage geschuldet. Diese Problematik war mit dem Einsatz der Kinder Ninhursags überwindbar.

Schlafphasen, das Grübeln und Suchen nach dem eigenartigen Verhalten der Alten prägten Enlils Reisealltag. Während die anderen Teilnehmer der dritten Mission wenigstens manchmal mangels ausreichender Gemeinschaftsräume in den Gängen oder in den sonstigen Nebenräumen ihrer Quartiere zusammenkamen, hatte sich Enlil hauptsächlich in seiner Unterkunft verbarrikadiert. Das heizte mitunter die Gerüchte an Bord des Raumkreuzers an. Die Missionskollegen entwickelten abenteuerliche Theorien über den eigentlichen Inhalt ihrer Mission. Genährt wurden die Gerüchte auch von einer kleinen Ladung Waffen, die die Lageristen im Zuge der Startvorbereitungen in den Laderäumen zu verstauen hatten. Hatte sich der siebte Planet gegen die erste beiden Missionen gewandt? War es innerhalb der Missionen zu Streit gekommen? Oder waren gar die Missionen von ihrem Auftrag zur Rettung Nibirus abgekommen und hatten sie sich offen gegen den Rat der Ältesten gewandt? Enlil, dem bei einem seiner seltenen Aufenthalte außerhalb seiner Kabine ebenfalls diese Gerüchte zu Ohren gekommen waren, war froh, dass seine Begleiter nicht auch noch seine Gedanken rund um die Vorgehensweise der Alten kannten. So beließ er es dabei, den Gerüchten nur in Hinblick auf die Abkehr der ersten beiden Missionen vom Ältestenrat und der Feindseligkeit des siebten Planeten zu widersprechen. Denn dann, so formulierte es Enlil, „würde unsere Mission nicht aus uns, sondern von Soldaten bestritten. Wenn der Planet selbst uns feindselig gegenüber getreten wäre würden wir wohl mehr als nur eine Kiste Waffen an Bord mitführen, statt neuer Gensequentierer für Ninhursag“.

Obwohl Enlil sie beim ersten Treffen ertappt hatte, hielten sie die Treffen die ganze Reise über aufrecht. Es tat ihnen gut, wenigstens untereinander Kontakt zu haben, wenn sie den Kontakt zur Mannschaft schon meiden mussten. Auch nachdem sie den einfachen Kontaktbereich mit der Bodenstation auf Nibiru verlassen hatten, behielten sie ihr bis dahin gewohnt gewordenes Versteckspiel bei. Sie empfanden es mitunter als Herausforderung, ein Spiel im wahrsten Sinn des Wortes, geisterhaft und ohne die anderen zu Treffen durch die Gänge des Schiffes zu huschen. Mehrmals hatte Enlil sie bei ihren regelmäßigen Treffen besucht. So konnte er über die lange Zeit den Kontakt zu seinen Kindern halten, ohne Argwohn auszulösen. Sie machten eine simple Strichliste und ergänzten bei jedem ihrer Treffen einen Strich. Während der Treffen unterhielten sie sich über alles Mögliche. Sie jammerten über das Essen an Bord, suchten sich gegenseitig darin zu übertreffen, wie vielen Besatzungsmitgliedern wie knapp und durch welche List sie in letzter Sekunde aus dem Weg gegangen waren, oder sie malten sich den siebten Planeten aus. Marduk hatte von Enki einige Eindrücke seiner

Mission übermittelt erhalten. Aufnahmen aus den verschiedensten Regionen des siebten Planeten und auch einige persönliche Nachrichten. Die Aufnahmen teilte Marduk mit Ninurta, Adad und Nannar. Der Siebte Planet zeigte sich darin von seiner vielfältigen Seite. Enki hatte einige VR-Aufnahmen der großen Wälder übermittelt. Er wusste, dass Marduk sich nichts lieber als eine Jagd in diesen Wäldern wünschen würde. Er übersandte Aufnahmen aus den Tiefen der Meere, mit zahlreichen interessanten Lebewesen darin. Andere VR-Contents eröffneten schier endlose, sandige Ebenen, in denen der Wind sanfte Hügel geformt hatte und sie beharrlich vor sich hertrieb. Adad war begeistert von einer Aufnahme, die, aufgenommen von einem Bot, den Anstieg auf einen der Berge des siebten Planeten zeigte. Er war fasziniert vom Wechsel der Flora und schließlich von dem mit Schnee und Eis überzogenen Gipfel. Schnee und Eis kannte Adad. Aber er kannte Schnee nur mehr aus den Erzählungen der Ahnen oder den künstlichen, den sie in Mengen und verschiedenen Farben im tiefen Tal Nibirus herstellten. Niemals zuvor hatte er weißen Schnee gesehen.

Nannar bevorzugte eine Aufnahme aus der Gegend rund um Eridu, dem Landeplatz der beiden ersten Missionen. Das niedere Buschwerk mit den eingestreuten Baumgruppen, das im Süden sanft anlandende Meer mit den vielen Buchten und der flachen, etwas kahleren Senke im Gegensatz zu der dicht bewachsenen, leicht hügeleigen Landschaft Richtung Norden und zu beiden Seiten bis zu den Armen des Flusses fand er sich an sein ursprüngliches Zuhause erinnert. Natürlich stritt er das ab. Doch sowohl Ninurta als auch Adad fühlten sich angesichts der Bilder ebenso stark an ihr Zuhause erinnert. Marduk hatte den drei Geschwistern eingeschärft, dass sie die Aufnahmen nur hier oder in ihren Kabinen genießen durften. Enki hatte mit jeder Übermittlung an Marduk die eindringliche Warnung in Form einer kurzen Ansprache verbunden, diese Aufnahmen niemand Fremdem zu zeigen. Adad, Nannar und Ninurta empfand Marduk jedoch nicht als Fremde. Vermutlich wollte sein Vater mit seiner

Warnung verhindern, dass sich unter den Nibiruanern vorschnell ein bestimmter Eindruck oder eine Vorstellung vom siebten Planeten verfestigte. Tatsächlich gab es in den öffentlich zugängigen Bereichen und Informationsquellen auf Nibiru nirgendwo Bildmaterial oder dezidierte Beschreibungen über den siebten Planeten. Entsprechend vielfältig war die Gerüchteküche auf Nibiru über den siebten Planeten. Die Mitglieder des Ältestenrates wussten um diese Gerüchte, aber sie folgten dem Gedankengang von Enki und jetzt Enlil, nach dem man ohne nachhaltige Kenntnis über und von dem siebten Planeten keine Erwartungshaltungen schüren wollte. Die Aufnahmen und Daten waren verlockend, um nicht zusagen, zu verlockend, um den siebten Planeten nicht als Rettungsanker für die Rettung Nibirus, sondern gar als möglichen Fluchtort zu inthronisieren.

89 **Enlils Kommen angekündigt**
siebter Planet im 976sten Schar, 415.600 v. Chr.

Zum ersten Mal seit der Landung auf dem siebten Planeten fühlte sich Enki müde. Er fühlte eine tiefe, seine Glieder und seinen Kopf umfassende Müdigkeit, von der er wusste, dass Schlaf nicht helfen würde, sie zu vertreiben. Enlil hatte sich und mit ihm eine weitere Mission angekündigt. Enki fühlte sich zu müde, um zu überlegen, ob Enlil als seine Ablöse, als sein Richter oder schlicht als unterstützender Freund kommen würde. Im Augenblick war Enki das alles egal. Mit seinen Missionsteilnehmern hatten sie die letzten Sonnenläufe mehr oder weniger durchgehend an der Umsetzung des Auftrages gearbeitet. Er war seinen Missionskollegen bei jeder erdenklichen Situation zur Hand gegangen. Er wusste, dass er damit Gefahr lief, den Überblick zu verlieren, aber er konnte nicht zusehen, wenn – wo auch immer – eine helfende Hand gebraucht wurde. In den seltensten Fällen war es ein Handicap, das der siebte Planet für die Mission bereit hielt. Meistens waren es gebrochene Teile, fehlende Ersatzteile, manchmal – aber das unterstrich Enlil in seinem geistigen Resümee – waren es auch Bedienungsfehler oder falsche Einschätzungen der Situation. Man konnte Missionsteilnehmern keinen Vorwurf machen, wenn sich Geräte, insbesondere die Frequenzwerkzeuge, trotz Kalibrierung bedeutend anders verhielten, als dies auf Nibiru der Fall gewesen wäre. Wann immer Enki helfend eingesprungen war, fühlte er sich an seine Zeiten auf dem Schlachtfeld rund um die Bunker erinnert. Das Improvisationstalent war ihm aus jenen Zeiten geblieben. Ebenso konnte er sich eines bedachten Umgangs mit seiner Autorität rühmen. Er mochte seine Tätigkeit und er würde in allen Fällen seinen Kollegen wieder zur Seite stehen, auch wenn dies am Ende de Auslöser für seine bodenlose Müdigkeit war. Enki blickte in den blassblauen Himmel hinauf und stellte sich vor, wie es auf Nibiru zu den Abschiedsfeiern für Enlil ein großes Fest gegeben haben mochte. Er ließ seinen Gedanken freien

Lauf. Er erinnerte sich an Ninhursags Garten und die verbotenen Pflanzen darin. Nirgendwo hatte er je eine so tiefe Ruhe verspürt wie in diesem Garten illegaler Genpflanzen. Dabei schien der Umstand, dass Ninhursag ihr Werk nicht wie verkündet aufgegeben hatte, sondern im Kleinen fortführte, eigentümlicherweise der Spross seiner Ruhe zu sein. In diesem Garten war er seiner Funktion enthoben. In diesem Garten musste er beim Betreten seine Pflicht und Verantwortung wie an einer Garderobe abgeben, ehe er ihn betrat. Enki fragte sich, ob all sein Bemühen, damals und jetzt, es wert war. Er dachte an Marduk, seinen Sohn, der lieber mit der Jagd in den nördlichen Gebieten Nibirus liebäugelte, als sich einer möglichen Verantwortung im Ältestenrat zu stellen. War es wegen Marduk, weshalb er sich dieses Mühsal auferlegte?

Ein dunkler Punkt kreuzte den Himmel. Ein Rover auf seinem Weg nach Sippur brachte Enkis Gedanken wieder zurück. Er ließ Alexa Go die Deckenabdeckung von Transparent wieder auf semitransparent ändern, band sich das Oberteil seines Overalls um die Hüfte und verließ seine Unterkunft in Richtung Kantine; Müdigkeit macht hungrig.

90 **Der Blick aus den Kabinen**

Weltall im 976sten Schar, 415.600 v. Chr.

Ninurta gab Alexa den Befehl, einen Teil der Kabinenaußenwand transparent zu setzen. So konnte sie den Anflug der Raumschiffe auf den siebten Planeten mitverfolgen. Zuerst passierten sie einen Trabanten des Planeten. Selbst auf die Entfernung hin, konnte Ninurta die sich hell vom Weltraum abhebende, von Kratern und Narben übersäte Oberfläche gut erkennen. Die Kraterränder warfen tiefe Schatten in die Kessel. Kreuz und quer über die Oberfläche mäanderten tiefe Furchen und Risse, so als ob sich vor langer Zeit Flüsse ein Beet gegraben hätten. Schräg darunter, gerade so, dass die nicht transparente, äußere Verkleidung des Trägermaterials ihr die Sicht nicht verdeckte, leuchtete von der Sonne bestrahlt die Sichel des siebten Planeten. Ninurta konnte den hellen Glanz der äußeren Schicht gut erkennen. Darunter schien die dünne Sichel milchig, weißblau. Der größte Teil des Planeten lag auf der von der Sonne abgewandten Seite und damit in dunklen Schatten. Sein runder Umriss hob sich nur schwach und nur in den äußeren Bereichen vom Schwarz des Weltalls ab.

„Der siebte Planet“, murmelte Ninurta zu sich selbst und nahm einige Hologramme auf. Sie stützte sich auf die Verkleidung und lehnte sich ganz nach vorne bis ihr Gesicht fast die transparent Hülle berührte, um den siebten Planeten besser sehen zu können. Da lag er, der Hoffnungsträger der Nibirianer, umkreiste auf seiner Bahn die Sonne und barg hoffentlich das ersehnte Erz um die Heimat zu retten.

„Kannst du ihn auch sehen?“, fragte Ninurta Adad über Alexa.

„Nur über die Schiffskamera“, antwortete Adad. Er saß in seiner Kabine und hatte Alexa gebeten, die Aufnahme der Schiffskamera vom Bug auf eine der Kabinenwände zu übertragen.

„Er sieht seher einladend aus, fast, als würde er auf uns warten“, sinnierte Adad.

„Wir werden sehen“, zügelte Ninurta Adads Erwartungshaltung. „Vergiss nicht, dass Enkis Aufnahmen nur eine Momentaufnahme sind."

„Immerhin bietet er für uns eine habitare Zone. Wer hätte gedacht, dass in solch relativer Nähe ein ähnliches Habitat wie auf Nibiru existiert?"

„Du hast recht, das ist bemerkenswert. Mindestens so bemerkenswert, wie dass in unseren zugängigen Archiven nichts über den siebten Planeten zu finden ist."

„Gar nichts?"

„Nur dass er existiert und auf welcher Bahn er die Sonne umkreist. „

„Das ist eigenartig", stimmte Adad zu. „Bei all den Unternehmungen unserer Vorfahren klingt es unglaubwürdig, dass ausgerechnet der Planet mit einer ähnlichen habitaren Zone nicht erforscht wurde."

„Wer weiß, was es damit auf sich hat. Unsere Vorfahren hatten vielleicht gute Gründe."

„Vielleicht haben sie ihn aber auch einfach nur übersehen."

„Das halte ich für sehr unwahrscheinlich. Ich gehe runter. Treffen wir uns dort?"

„OK", antwortete Ninurta, schloss ihre Aufzeichnung, ließ Alexa Go die Bordwand wieder opak setzen und machte sich auf in das Zwischendeck.

91 **Marduk liegt vorne**

Weltall im 976sten Schar, 415.600 v. Chr.

Marduk hatte sich im Zwischendeck eine Art Pritsche eingerichtet. Er verbrachte viel Zeit hier. Vermutlich hoffte er, irgendwann zu einer Art Mobiliar gezählt zu werden und so bei einer der Unterhaltungen Nannars, Adads und Ninurta etwas über die Motivation Enlils zu dieser Mission zu erfahren. Wenn Enlil seinen Kindern überhaupt etwas dazu erzählt hatte, was im Grund unwahrscheinlich war. Enlil wollte sie weder bei dieser Mission dabei haben noch involvierte er seine Nachkommen sonst irgendwie in seine Amtsgeschäfte. Als erste kam Ninurta in das Zwischendeck: „Du bist ja schon wieder hier unten, oder bist du etwa noch hier unten?"

Marduk nickte abwesend und streckte sich demonstrativ, um die lange Zeit die er hier unten schon ausharrte zu symbolisieren. Kurz nach Ninurta steckte Adad seinen Kopf durch die Tür zum Zwischendeck. „Full House, wie ich sehe!", begrüßte er Ninurta und Marduk. Dann schaute er sich um. „Und Nannar?"

Die beiden anderen zuckten mit den Schultern. „Nannar habe ich lange nicht mehr hier unten gesehen", antwortete Marduk.

„Vermutlich will er sich nicht der Schmach aussetzen."

„Welcher Schmach?", stieß Adad nach.

„Na dass ich mit Abstand die meisten Fastsichtungen habe?", verwies Marduk auf eine von ihm säuberlich geführte Liste.

„Du hast doch nicht wirklich alle unsere Fast-Sichtungen notiert?", fragte Ninurta.

„Und wie ich das habe", quoll der Stolz des Jägers aus Marduk. „Und siehe da, selbst Nannar ist weit zurückgefallen."

Tatsächlich war die Strichliste Marduks fast doppelt so lang wie Nannars. Mit großem Abstand folgten Ninurtas und Adads Strichliste. Marduk hielt die Liste noch eine Weile hoch, ehe er bemerkte, dass er mit diesem Thema nicht mehr punkten konnte. Dann ließ er den Arm mit der Liste zurück auf sein improvisiertes Lager fallen. Dabei fiel ihm die Liste aus der Hand und segelte mit einem kratzenden Scharren quer über den Boden bis fast zu Ninurta. Diese hob die Liste auf und legte sie auf einen Stapel Botskisten.

„Danke."

„Ich glaube nicht, dass deine Liste der Grund für Nannars seltenes Auftauchen hier im Zwischendeck ist. Ich habe erst jüngst mit ihm über Alexa gesprochen. Ich glaube, unsere bevorstehende Ankunft am siebten Planeten beunruhigt ihn", erklärte Ninurta.

„Warum sollte ihn das beunruhigen?", wollte Adad wissen, doch Ninurta ging nicht auf die Frage ein. Stattdessen wandte sie sich an Marduk. „Hast du ihn schon gesehen?"

Marduk schüttelte den Kopf. „Nur in den Aufnahmen meines Vaters."

„Er sieht sehr schön aus", beschrieb Ninurta ihren Ausblick.

„Schön und heimtückisch", fügte Adad an.

Ninurta blickte Adad erstaunt an. „Warum heimtückisch?"

„Er ist so schön, so einladend, da muss einfach etwas faul sein."

„Wenn dem so wäre, hätte uns Enki sicherlich gewarnt, meinst du nicht auch, Marduk?"

Marduk dachte einen kurzen Augenblick nach. Hätte Enki sie gewarnt? In seinen Aufzeichnungen hatte er darüber nie etwas erwähnt, andererseits wusste er, dass er mit der dritten Mission kam? Marduk war sich nicht sicher. Bei all der Politik konnte es auch zur Taktik Enkis gehören, keine Hoffnungen zu wecken. Das würde zu seiner den Aufzeichnungen vorangestellten Warnung passen. Oder er wollte die Angehörigen der Mission nicht beunruhigen. Marduk war sich nicht sicher. Er konnte nicht einschätzen, ob der siebte Planet die eine Chance war, wie es der Ältestenrat ihnen präsentierte, oder ob der siebte Planet nur eine gefährliche Ablenkung war, um vom Untergang Nibirus abzulenken und so die Massen ruhig zu halten. Also zuckte Marduk mit den Schultern.

92 **Enlils Landung**

siebter Planet im 976sten Schar, 404.600 v. Chr

Die dritte Mission hatte sich für die frühen Abendstunden am siebten Planeten angekündigt. Wie üblich war die Dunkelheit auf Höhe von Sippur rasch eingebrochen. Kaum hatte der Horizont begonnnen, sich von der im Westen versinkenden Sonne goldgelb zu verfärben, war diesem Schauspiel, das Enki seit den ersten Tagen auf dem siebten Planeten faszinierte, schon die erste Dunkelheit gefolgt. Die langen Schatten der untergehenden Sonne breiteten sich aus, bis sie schließlich nicht nur die Rückseite der großen Lande- und Startplattform, sondern ganz Sippur umgaben. Enki musterte den Himmel, bis er zwischen den ersten erglühenden Sternen den ersten Kreuzer der dritten Mission an seinen Positionslichtern auszumachen glaubte. Es war Enlils Schiff, der, kaum seinen Mitreisenden voraus, so doch als Erster auf den siebten Planeten zuhielt. Links und rechts, so vermutete Enki, flankierten Enlils Kreuzer zwei kleinere Frachtschiffe. Deren Positionslichter begannen ganz langsam sich von Enlils strahlender Positionsleuchte am Bug seines Schiffes zu differenzieren. Mit jedem Augenblick, die die Mission näher kam, glommen mehr und mehr ihrer Positionslichter auf. Man konnte sie inzwischen mit freiem Auge zwischen den Sternen ausmachen. Die Kontrolle in Sippur hatte den frühen Abend für die Landung errechnet. Enlil schien diese Prophezeiung zu erfüllen.

Langsam füllte sich auch die gerodete Fläche rund um die Landeplattform mit Neugierigen. Darunter auch Adeptos, Tumu, die Enki ein flüchtiges Nicken zuwarf, und Menerta, die Enki ihrerseits jedoch keines Blickes würdigte. Offenbar missbilligte sie sein Interesse an ihrer zögerlichen Stammesgründung. Enki ließ seinen Blick über die heranströmenden Schaulustigen wandern. Außerhalb der der Plattform am nächsten liegenden Zone hörte Enki die Rover ankommen und wegfahren. Offenbar waren auch aus den anderen besiedelten Gebieten viele Schaulustige angereist. Sie ließen sich bringen, um die Landung der dritten

Mission mitzuverfolgen. Enki konnte Ninhursag jedoch nirgends entdecken. Auch seine Rückfrage bei Alexa Go blieb ohne aufhellende Antwort. Vermutlich hatte sich Ninhursag wieder in ihr Labor verkrochen, mutmaßte Enki. Dennoch kam ihm dieses Verhalten eigenartig vor. Bei dieser Mission war doch Enlil an Bord. Zumindest seinetwegen hätte Ninhursag sich aus ihrem Versteck wagen können. Enki rief zu Tumu hinüber: „Und Ninhursag?"

Auch Tumu schaute sich kurz um, als würde sie Ninhursag hinter ihr oder gleich nebenan vermuten. Dann zuckte sie nur die Schultern und starrte nach dieser Geste des Suchens wieder in den dunklen Himmel. Die einzelnen Positionslichter ermöglichten es jetzt schon, die Schiffe der dritten Mission voneinander zu unterscheiden..

Die ersten Standbetreiber hatten begonnen, ihre Stärkungen und Erfrischungen an zu bieten. Enki mischte sich unter die Schaulustigen. Er gönnte sich einen Becher frischer Früchte, die auf den kleinen Feldern zwischen Sippur und Eridu so hervorragend gediehen, dass bei jeden Sonnendurchlauf mindestens zwei Ernten möglich waren. Adeptos hatte den Ausgangspunkt für die ersten beiden Mission wahrlich mit Bedacht und, wie sich im Nachhinein herausstellte, vortrefflich gewählt. Nicht nur die Lage unmittelbar an frischem Wasser, sondern auch der überaus fruchtbare Boden sorgten dafür, dass bei der harten Arbeit in Apsu ausreichend frische Nahrung hergestellt werden konnte. Ergänzt wurde der Feldertrag durch Fleisch von gejagten Tieren. Ninhursag hatte bei ihrer Anreise von Nibiru eigens Nutzpflanzen mitgebracht hatte. Nach einigen kleinen Änderungen in deren Gengut ließ sich die Nutzpflanze vortrefflich anbauen und vermehren. Dank ihrer Hilfe gelang es auch, Ninhursags Arbeiterscharen satt zu bekommen. So wurden sie für die Bergwerks arbeit gestärkt. Ninhursags Arbeiter liebten die aus dieser Nutzpflanze gewonnene Nahrung. Die kleinen Früchte, kaum größer als ein viertel Fingernagel, ließen sich zermahlen. Sie konnten wahlweise als Brei genossen oder zu prächtigen Laiben verbacken werden. Auf diese waren die Arbeiter wie auch die Nibiruaner selbst mindestens ebenso begierig wie auf gebratenes Fleisch. Mit den Laiben verbanden die Nibiruaner die Erinnerung an zu Hause.

Täuschte es Enki oder war das Schiff in der Mitte, Enlils Schiff, gegen die anderen zurückgefallen? Während sich der Lichterreigen der Begleitschiffe stetig vergrößerte, schien Enlils Schiff bewegungslos in der Ferne zu verharren.

Noch waren die Lichterscheinungen am Firmament winzig klein. Doch bevor mehr von den Schiffen zu erkennen war, vernahmen die Schaulustigen das hohe, langsam anschwellende Pfeifen, das die Schiffe beim Durchqueren der Atmosphäre hervorriefen. Ein leiser, anwachsender Singsang. Kein Zweifel. Enlils Schiff hatte angehalten, während die Begleiter sich unentwegt näherten. Erst spät konnte Enki das winzige Positionslicht zwischen den Begleitern erkennen. Offenbar war Enlil von seinem eleganten, eindrucksvollen Schiff auf einen kleinen Transportrover umgestiegen. Als gegen das Schwarz des Nachthimmels die Umrisse der Schiffe erkennbar wurden, war das hohe Pfeifen längst in ein tosendes, brüllendes Rauschen und Grollen übergegangen. Die Nibiruaner kannten das Geräusch, das die Triebwerke der schweren Schiffe im Landeanflug verursachten. Jene Arbeiter Ninhursags aber, die nicht in der Gegend um Sippur tätig waren, hielten sich die Ohren zu und kauerten sich verschreckt auf den Boden. Sie kannten lediglich das anschwellende Geräusch der startenden Rover. An dieses Geräusch hatten sie sich im Laufe der Zeit gewöhnt. Sie hatten gelernt, sich davor nicht mehr zu fürchten. Doch die Triebwerke der Raumschiffe dröhnten mit ganz anderer Intensität. Die Kontrollzentrale in Sippur schaltete die Bodenbefeuerung ein. Sie dimmten die Umgebungsbeleuchtung rund um die Rampen für Start oder Landungen. Enlils Mission war mit großen Schiffen gekommen. Gegen die Frachter wirkte sein Raumrover geradezu winzig. Trotz der Mühen, möglichst allen losen Sand und Staub rund um Sippur wegzukehren, stoben im Sog der sich langsam senkenden Triebwerke Staubsäulen auf. Sie vernebelten, samt ohrenbetäubendem Gebrüll, für kurze Zeit die Lande- und Startplattformen. Enki zog sich den Mundschutz seines Overalls bis über die Nase hoch. Während der letzten Augenblicke bis zum Aufsetzen der Frachter musste er sich, wie auch die anderen Nibiruaner, von der Plattform abwenden. Dann herrschte urplötzlich Stille und der Staub begann sich zu legen. Die Triebwerke der dritten Mission waren abgeschaltet worden, die Mission gelandet.

93 **Willkommen**

siebter Planet im 976sten Schar, 404.600 v. Chr

„Mein Freund“, trat Enlil Enki entgegen. Dieser hielt diese Anrede offenbar für richtig.

„Mein Freund“, erwiderte Enki und empfing Enlil mit ausgebreiteten Armen. Auch aus den Raumschiffen stiegen nach und nach Gefolgsleute von Nibiru aus. Sie wurden von den Mitgliedern der ersten und zweiten Mission bereitwillig Willkommen geheißen.

„Dein Besuch ehrt uns“, schmeichelte Enki gut hörbar für die Umstehendend und Enlil stimmte in den Canon gegenseitiger Preisungen ein: „Es ist uns eine Ehre, eure Aufbauarbeit zu bewundern.“ Enlil schien mit einer weit ausholenden Geste der Hand die nächstliegenden Bauten und die Hütten umfassen zu wollen.

„Wir haben unser Möglichstes getan“, erwiderte Enki. „Doch nun kommt erst einmal richtig an. Sicher war die lange Reise durch das Weltall erschöpfend. Wir werden Zeit und Gelegenheit haben, dir den siebten Planeten ausführlich vorzustellen.“

Enlil überhörte den letzten Halbsatz, weil er gebannt auf eine Gestalt in der Ferne starrte: Ninhursag. Ninhursag war am Rande der Rodung in das gedimmte Licht der Landezone getreten.

„Ninhursag!“ , rief Enlil aus und stutzte zugleich.

Ninhursag war umgeben von einer Gruppe gedrungen gewachsener Wesen.

„Sind das die Geschöpfe?“, erkundigte sich Enlil bei Enki, der jetzt auch Ninhursag ausmachte.

„Ja“, nickte Enki, „das sind Ninhursags Kinder, wie wir sie nennen.“

Im gleichen Augenblick nahmen die Techniker Sippurs die Dämpfung des Lichts wieder zurück. Enlil stoppte verunsichert auf Ninhursag zueilend auf halbem Weg. „Sie sehen aus wie ...“

Er hielt inne.

„Du wolltest sagen, sie sehen aus wie wir?“ Enki trat neben

den gestrauchelten Enlil. „Es ist wohl ihre jüngste Generation. Wenn ich ehrlich bin, auch ich habe diese Generation zuvor noch nicht zu Gesicht bekommen. Aber Tumu hatte mich schon gewarnt, dass meine Schwester in ihrem Labor wohl etwas besonderes entwickelt."

Enlil hatte sich wieder gefasst. Er ging weiter auf Ninhursag zu. Die Geschöpfe zu ihrer linken und rechten Seite wichen leicht zurück, als Enlil vor Ninhursag trat und begrüßend seine Arme ausbreitete. „Ninhursag."

„Sei mir gegrüßt Enlil." Ninhursag trat ebenso einen kleinen Schritt zurück. „Seid auch gegrüßt von meiner jüngsten Schöpfung."

Die Geschöpfe Ninhursags nickten leicht mit dem Kopf und folgten ihrem Beispiel. „Ich habe schon von deinen Wundertaten gehört", umarmte Enlil Ninhursag.

„Aber es ist eines, von deinen Geschöpfen zu hören, und etwas ganz anderes, sie selbst zu sehen oder von ihnen begrüßt zu werden. Ich grüße euch auch, ihr Geschöpfe Ninhursags", erwiderte Enlil deren Anrede. Enki stand unmittelbar neben Enlil und konnte seinen Augen kaum trauen. Tumu hatte nicht übertrieben. Die Geschöpfe waren wohl etwas kleiner, gedrungener als die Nibirianer, aber der Körperbau, ihre Haltung und ganz besonders ihre Gesichtszüge waren eindeutig an die der Nibirianer angeglichen. Diese Generation von Ninhursags Geschöpfen war unzweifelhaft mit keiner anderen bisherigen Generation zu vergleichen. Selbst die jüngsten anderen Generationen, die sehr wohl schon des Sprechens mächtig waren, unterschieden sich doch merklich von dieser Schöpfung. Ihr Körper war wesentlich grobschlächtiger, ihre Haltung, ihr Gang längst nicht so frappierend einem Nibirianer gleichend. Enki musste unwillkürlich an den Vierhufer denken und an dessen verzweifelten Versuch, die durch Ninhursags Genexperimente gewonnen Flügeln sinnbringend einzusetzen. Bei dieser jüngsten Generation an Arbeitern schienen die Haltung und der aufrechte Gang kein mühsam angelerntes Kunststück mehr zu sein. Diese Haltung war ihr natürliches Auftreten. Das Gesicht ... während die ursprünglichen Arbeiter aus Ninhursags Schmiede mit wulstigen, vorstehenden Knochen, tief liegenden Augenhöhlen gänzlich andere Gesichtszüge als ihre Schöpfer aufwiesen, präsentierten diese Wesen stolz ihre hohe Stirn. Die darunter liegenden, hellen und kaum in die Knochenhöhle des Schädels zurücktretenden Augen glichen denen der Nibirianer. Das war unzweifelhaft ein Nibirianer-Schädel, Nibirianer-Skelett. Nicht so hoch gewachsen vielleicht, wenn denn diese Exemplare schon ausgewachsen waren. Ganz sicher waren jene Geschöpfe mit weitaus mehr und vermutlich stärkeren Muskeln bepackt, als er es je bei einem Nibirianer gesehen hatte.

Da trat ein weiteres Geschöpf Ninhursags aus dem Halbschatten, der die gerodete Fläche begrenzte: ebenso aufrecht, ebenso mit der Kopfform eines Nibirianers oder einer Nibirianerin. Ebenso etwas gedrungener, wenngleich nicht derart mit Muskeln bepackt, sondern – im Gegenteil – mit fließenden, beinahe anmutig weichen Formen.

Unvermittelt stand Marduk vor Enki. Enki war sichtlich überrascht. Offenbar hatte Enlil ihm die Missionsteilnahme von Marduk ebenso verschwiegen wie das Mitreisen seiner eigenen Kinder. Auch Marduk war überrascht, um nicht zu sagen erschrocken. Sein Vater wirkte ausgelaugt. Seine Haut war stellenweise fahl und Marduk glaubte, Falten um die Augen und die Mundpartei zu erkennen.

„Was machst du hier?“, fand Enki als erster Worte, dann schloss er Marduk in seine Arme, ehe dieser seinerseits etwas sagen konnte. „Ich bin froh, dich zu sehen“, ergänzte er, „aber ich hätte niemals zugestimmt, dich auf einer Mission mitzunehmen.“

„Das hat Enlil auch nicht“, nahm Marduk sogleich die Schuld von Enlil. „Auch ich freue mich, dich zu sehen.“

Sie lösten die Umarmung und standen sich von Angesicht zu Angesicht gegenüber.

„Ich weiß“, entschuldigte sich sein Vater, „ich habe mich

durch die Zeit auf dem siebten Planeten verändert.“

Marduk nickte. „Aber es geht dir doch gut?“

Enki nickte ebenso. „Ich wollte nicht, dass du dir Sorgen machst, deshalb ...“.

„Deshalb hast du dich auf den Aufnahmen nie selbst ins Bild gesetzt“, unterbrach ihn Marduk.#

„Ich hoffe es ist nicht zu schlimm?“

Marduk musterte das Gesicht seines Vaters. „Ich würde sagen, du siehst etwas müde aus, so als ob du länger nicht geschlafen hättest und du bist etwas älter geworden“, zwinkerte Marduk.

„Ich hoffe, mit etwas meinst du nicht alt. Aber es stimmt schon, ich fühle mich auch gealtert. Der siebte Planet nagt an unserer Lebensspanne. Ein klein wenig, aber doch beständig und ja, ich habe längere Zeit nicht geschlafen.“

Enki forderte Marduk auf, ihn an seiner Seite zu begleiten und führte ihn in Richtung seiner Unterkunft.

„Und wie ist es dir auf dem langen Flug ergangen? Wie geht es auf Nibiru zu, außerhalb der offiziellen Kanäle?“

Enkis Neugier überflutete Marduk mit einem Schwall Fragen. Dann besann sich Enki. „Wir werden noch genug Zeit haben, uns auszutauschen. Komm erst einmal herein und sei willkommen in meiner Unterkunft.“

Enki hielt Marduk den Zugang zu seinem Zuhause am siebten Planeten auf.

94 **Ninhursags Verantwortung**

siebter Planet im 976sten Schar, 404.600 v. Chr

„Sie hätte es dir sagen müssen.“, beschwerte sich Enlil bei Enki.

„Sie konnte sich meine Antwort vermutlich denken. Das allein wird sie schon davon abgehalten haben, mich vorab einzubeziehen“, erwiderte Enlil. Er und Enki hatten sich unbemerkt von Ninhursag und den anderen von der Ankunftsfeier in Enkis Wohnbereich zurückgezogen.

„Du hättest es ihr untersagt.“

„Eben das meine ich. Deshalb zog sie es vor, mich gar nicht erst einzubinden.“

„Aber hast du nicht erwähnt, Tumu hätte dich gewarnt?“

„Gewarnt wovor?“, durchtrennte Ninhursag das Gespräch der beiden zu deren Überraschung. Offenbar war sie unbemerkt den beiden gefolgt und hatte die letzten Worte mitgehört. „Sag schon, wer hat dich gewarnt und wovor?“

„Vor dir, liebste Schwester, man hat mich vor dir und deinem Ehrgeiz gewarnt.“

„Gefallen dir meine jüngsten Geschöpfe nicht?“, reizte Ninhursag Enki.

„Es geht nicht darum, ob sie uns gefallen“, antwortete Enlil. „Es geht vielmehr darum, was du mit deinem letzten Schritt angerichtet hast. Unsere DNA mit jener der Bewohner des siebten Planeten zu kreuzen hätte mit uns abgesprochen werden müssen.“

„Ihr meint also, solange ich mich nur der DNA des siebten Planeten bediente, war es in Ordnung? Glaubt ihr, ich mache mir nicht auch selbst Gedanken, was es bedeutet, die Gattungen dieses Planeten untereinander zu mischen. Was es bedeutet, einige ihrer Eigenschaften zu stärken oder zu schwächen? Wo liegt der Unterschied? In jedem Fall mischen wir bloß vorgegebene DNA. Auch ich sehe, mit welchen Schwierigkeiten meine Geschöpfe mit ihren neuen Funktionen zu kämpfen haben. Auch ich bin mir durchaus im Klaren, dass nicht alles, was machbar ist, auch Sinn macht. Aber ich bin auch Forscherin, Wissenschafterin. Von dieser Seite betrachtet ist es mein Bedürfnis zumindest herauszufinden, was machbar ist."

„Aber das hättest du doch auch ohne unsere DNA vermocht."

„Gewiss, aber hättet ihr mir im Anschluss an meine neuen Erkenntnisse erlaubt, diese auf Nibiru einzusetzen? Mit Sicherheit nicht. So frage ich euch, was es für uns von Nutzen sein soll, wenn mir neue Modifikationsmöglichkeiten bekannt sind, ich sie aber an jenen nicht ausprobieren darf, für deren Wohl sie entwickelt wurden?."

„Sie wurden nicht für uns auf Nibiru entwickelt", wies Enki seine Schwester zurecht.

„Du vergisst, dass deine Versuche hier nur der Erschaffung eines Arbeiters dienten."

„Ja, eines Arbeiters, der Anfangs kaum zu gebrauchen war, weil er schlicht seine Aufgabe nicht verstand. Dadurch war es in Apsu kaum möglich, ihre Arbeit nutzbringend einzusetzen. Das wurde erst mit den nachfolgenden Generationen möglich."

„Du willst sagen, auch diese tragen schon Gene von uns Nibiruanern in sich?" Man konnte förmlich sehen, wie Enlil angesichts dieses Gedankens mit Widerwillen kämpfte.

„Nein, ihr könnt unbesorgt sein. Bis zur letzten Generation, die ihr heute gesehen habt, basieren alle Generationen nur auf Modifikationen und Kreuzungen von hier heimischer DNA."

„Und warum um alles in der Welt musstest du dann auch noch diesen letzten Schritt setzen?", schüttelte Enki den Kopf.

Ninhursag widerstand der Versuchung, ihrem Bruder und Enlil auf den Kopf zu die Wahrheit zu sagen: weil ich es kann.

„Diese Generation ist wesentlich effizienter. Sie versteht mehr von unseren Vorgaben. Wir werden sie als Vorarbeiter einsetzten können, um die bisherigen Generationen zu befehligen."

„Aber ...", warf Enlil ein. Doch weiter kam er nicht, denn Ninhursag setzte schon fort: „Und keine Angst, sie haben nur einen kleinen Teil von uns in sich. Ich habe ihnen das Metformin, einen synthetischen Komplex, der sich aus den Stoffen Galegin und Guanidin ableiten lässt, vorenthalten. Es reduziert die Neubildung von Glukose im Organismus. Das würde die Lebensspanne meiner Kinder stark erhöhen, ohne ist ihre Lebensspanne wesentlich kürzer. Weil ich ihnen das Metformin vorenthalten habe können sie sich auch nicht selbst reproduzieren."

„Du meinst, sie können sich nicht selbst vermehren?", präzisierte Enki Ninhursags letzte Aussage und dachte kurz nach: „Warum hast du dann von ihnen zwei Geschlechter geschaffen?"

Wieder lag Ninhursag eine schnippische Antwort auf der Zunge, aber sie zäumte sich abermals,.„Weil es in der Mission auch andere Aufgaben abseits von Apsu und dem Erhalt der Lager und Bauten gibt. Ich dachte, diese Wesen könnten uns hierbei zur Hand gehen."

Enlil winkte ab. „Lasst uns nicht streiten. Lasst uns das Glas erheben, auf die erfolgreiche Ankunft der dritten Mission, auf die erfolgreiche Arbeit, die ihr hier in und rund um diese Basis geleistet habt." Enlil hob das Glas. „Auf Nibiru, auf zu Hause, das sehnsüchtig auf die Früchte eures Erfolges wartet."

95 **Bei den Minen**

siebter Planet im 976sten Schar, 404.600 v. Chr

Schon lange, bevor die Rover die eigentlichen Minen erreichten, führte sie der Weg über die gerodeten Flächen, die die Minen in Apsu[5] umgaben. Ninhursags Kinder hatten nach Vorgabe der Nibirianer eine Unzahl an Rundhäusern und Stallungen erbaut. Sie nutzten sie als Unterkünfte. Die Rover schlängelten sich durch die Bauten, bis sie auf dem geplätteten Vorplatz zu den Minen zum Stehen kamen. Die eigentlichen Abgänge zu den Minen hatten die Nibirianer mit riesigen, schweren Felsquadern abgegrenzt. Dahinter führten in die Abhänge gegrabene Stiege in die Tiefe. Es wimmelte hier nur so von Arbeitern, die auf dem Weg in und aus der Mine waren. Dazwischen vereinzelt Nibirianer, die offenbar den Überblick gewähren sollten. Aus der kreisrunden Öffnung zur Mitte hin schwirrten ohne Unterlass schwer mit Gestein beladene Rover und brachten sie hinüber zur Erztrennung. Aus der Ferne konnte man dort die schweren Maschinen dumpf grollen hören, die sich mit der Zerkleinerung auf Aufsplittung des erzhaltigen Gesteins abmühten. Auch dort schien es von Arbeitern nur so zu wimmeln. Enki und Enlil stiegen von ihren Rovern und warteten einige Augenblicke, bis sich der Staub ihrer Rover rund um sie gelegt hatte. Kaum einer der Arbeiter hatte von ihrer Ankunft Notiz genommen. Enlil folgte Enki zwischen die Felsblöcke hindurch zum Rand der Grube: „Du siehst, wir waren tatsächlich nicht untätig“, präsentierte Enki stolz die Dimension der Grube. „Und wir haben hier in Apsu drei davon.“

Enlil trat einen Schritt zur Seite, um einer Gruppe Arbeitern Platz zu machen. Gedrungene Gestalten, kräftig mit Muskeln bepackt. Sie waren weit davon entfernt, einem Nibirianer zu ähneln. Enki schien Enlils Gedanke zu erraten. „Das waren die bisherigen Generationen von Ninhursag. Perfekt für die Arbeit hier in Apsu oder oben bei den Landungszonen, zumindest solange es galt, kräftig zuzupacken.“

Enki deutete auf die passierende Gruppe. Dann lenkte er Enlils Aufmerksamkeit auf den Ursprung des dumpfen Grolls: „Dort vor den Büschen zerkleinern sie das Gestein. Sie trennen es von unserem Rettungsanker für Nibiru. Leider können wir es nur grobmechanisch zerkleinern. Unsere Frequenzschneider leisten gute Arbeit beim Zerteilen und Herauslösen des Gesteins. Für das Brechen der Blöcke mussten wir uns einer anderen Technik bedienen. Direkt dahinter befinden sich die Kavernen, wo wir das goldhaltige Gestein aufbewahren, ehe wir es im Frequenzbad extrahieren. Von dort geht das reine Gold in die Lagerstätten nach Sippur."

Enlil zeigte sich beeindruckt von der Leistung der beiden ersten Missionen. Er hielt es nur für richtig, Enki nunmehr nicht mehr im Unklaren über den eigentlichen Zweck der dritten Mission zu lassen. „Wir machen uns große Sorgen auf Nibiru. Zum Zeitpunkt meines Abfluges von Nibiru lagen uns sehr unterschiedliche Meldungen über den Stand des Goldabbaus hier vor."

„Du meinst, du bist gekommen, um hier nach dem Rechten zu sehen?", fasste Enki Enlils bedacht geäußerte Begründung zusammen.

„Nunmehr sehe ich, dass ihr mit dem Einsatz von Ninhursags Kindern wahrlich einen großen Schritt nach vorn gemacht habt."

„Wir liegen mit der Menge des Abbaus exakt im Zeitplan", bBrach es aus Enki hervor, als ob er sich rechtfertigen müsste. Enlil wandte sich zu Enki und blickte ihm geradewegs in die Augen. Ohne dass Enlil etwas sagen musste, wusste Enki, wo das Problem lag. Der Zeitplan war falsch. Selbst wenn sie den Zeitplan einhielten, würde Nibiru sterben.

Mit jedem Schritt tiefer in die Abbauhöhle Apsu hinab konnten Enki und Enlil sich mehr ein Bild von dem Mühsal der Arbeiter machen. Es wurde mit jeder Stufe wärmer. Feiner Staub waberte aus den Tunneln im Auge des Apsu, der mit jedem weiteren oben aufsteigenden, überquellend beladenen Rover erneut aufgewirbelt wurde. Enki und Enlil zogen sich beide ihre Overallkrägen bis über die Nase hoch, um zumindest etwas vom Staub geschützt zu sein. Obwohl die Sonne schon so tief stand, dass sie nicht mehr über den Rand der Grube leuchtete, ließ die Schwüle in der Grube nicht nach. Am Eingang zu einem der Tunnel wurden sie von einem der Nibirianer angehalten. Er reichte ihnen je ein Atemgerät. Er hieß sie, sich geduckt voran zu bewegen, da an einigen Stellen der Stollen nur auf die Höhe Ninhursags Kinder ausgebrochen worden war.

„Seit wir diese Arbeiter hier haben", und der Mann verwies auf eines von Ninhursags Geschöpfen, „hat sich hier für uns vieles geändert. Vorher mussten wir einen Großteil selbst erledigen, weil die verdammten Maschinen auf dem siebten Planeten nicht so funktionierten, wie sie eigentlich sollten."

„Aber nun tun sie dies doch, oder?", erkundigte sich Enlil.

„Ja, und wenn nicht, gibt es immer noch diese Arbeiter. Die kennen keine Furcht vor herabstürzenden Felsen. Sie werden praktisch nie müde. Eure Schwester hat hier großartige Arbeit geleistet. Ohne ihre Arbeiter wären wir hier alle vor die Hunde gegangen."

„Was ist mit jenen Nibirianern passiert, die hier verunglückten?", wandte sich Enlil an Enki.

„Wir haben sie eingeäschert und ihre Urnen für den Heimtransport aufbewahrt. Wir mochten sie nicht diesem Planeten überlassen, der ihr Schicksal besiegelt hatte. Wir wollten den Familien ihre Stammesmitglieder wieder zurückbringen." Sein letzter Halbsatz verlor sich in einem Murmeln: „Wenn sie denn noch da sind, wenn wir zurückkehren."

„Sie werden noch da sein, weil wir Nibiru retten werden."

Enlil versuchte Enki Mut zu spenden. Sie zogen die Köpfe ein. Enlil knipste die Lampe an seiner Atemmaske an, ehe er sie sich überzog. Enki folgte seinem Beispiel. Sie gingen wortlos in den Schlund des siebten Planeten. Gelegentlich tauchte aus dem undurchblickbaren Staub, der den Tunnel ausfüllte, ein Arbeiter neben ihnen auf, verschwand aber ebenso schnell wieder im Staub. Zweimal mussten sie Rovern ausweichen, die offenbar auf dem Weg nach oben waren, um ihre schwere Last abzuliefern. Als sie sich dem Ende des Vortriebs näherten, erhellten starke Lampen den staubgeschwängerten Abbauraum. Die Arbeiter trugen lediglich ihren kurzen Overall, in den alle Geschöpfe Ninhursags gesteckt wurden. Ihnen schienen der Staub und auch die Hitze wenig auszumachen. Sie trieben unermüdlich Frequenzbohrer in das feste Gestein, sodass sich nach je drei oder vier Bohrungen große Blöcke von der Höhe eines halben Mannes herauslösen ließen. Enlils Finger strichen über die Tunnelwand. In den Schweißperlen auf seinem Handrücken verfing sich der Staub, verklebte sich mit der Hand. Er tropfte in schmierigen Fäden zu Boden.

„Hierin ist also die Rettung Nibirus verborgen", sinnierte er.

„Es sollen laut unseren Sonografen die ergiebigsten Goldvorkommen des siebten Planeten sein," bestätigte Enki.

„Ich weiß, ich habe die Datenauswertungen studiert. Selbst in den alten Aufzeichnungen noch aus der Zeit vor den Kriegen wird auf diese Vorkommen bereits Bezug genommen – aber ich habe keine Ahnung, warum das bei all dem Kriegstreiben um das Gold von den Alten in Vergessenheit geschwiegen wurde."

96 **Ninhursags Vertraute**

siebter Planet im 976sten Schar, 404.600 v. Chr

Enki hatte Tumu gewarnt. Er wusste nicht, wie viel seines Gespräches mit Enlil Ninhursag mitgehört hatte, ehe sie sie bemerkten. Also hatte er Tumu gewarnt, dass Ninhursag von ihrem Verrat wissen konnte. Doch Ninhursag ließ sich nichts anmerken. Sie hatte tatsächlich nicht mehr als die letzten Worte der Unterhaltung mitgehört.

„Wie hat Enki und Enlil auf deine jüngste Generation reagiert?", wollte Tumu von Ninhursag wissen.

„Wie ich es mir erwartet habe. Sie scheinen sich mehr vor diesen neuen Geschöpfen zu fürchten, als dass sie deren Vorteile in der praktischen Arbeit zu schätzen wüssten."

„Wer sagt denn, dass diese auch weiterhin für uns arbeiten werden? Sie werden einen eigenen Willen entwickeln, uns nicht als ihre Schöpfer akzeptieren und dann?", bohrte Tumu.

„Keine Sorge, Tumu, mich als ihre Schöpferin werden sie ewig akzeptieren."

Ein kurzes Flackern des Lichts signalisierte, dass es sich wie allabendlich von den Photozellen auf den nächtlichen Batteriebetrieb umgestellt hatte. Der Farbton des batteriebetriebenen Lichts war weicher als das Licht aus den Photozellen, das bestrebt war, hier in den Labors bestmöglich das kurze Tageslicht des siebten Planeten zu imitieren.

„Und wenn nicht? Wenn es diesen Geschöpfen egal ist, dass du sie geschaffen hast? Was dann?"

„Dann werde ich sie wieder vernichten. So wie ich sie geschaffen habe, so werde ich sie auch wieder vernichten."

Just in diesem Moment brachte einer der Pfleger zwei Geschöpfe aus der jüngsten Generation in das Labor zu Tumu und Ninhursag.

„Danke."

Tumu übernahm die beiden und deutete ihnen, sich auf die Stühle zu setzen. Tumu musterte die beiden. Noch nie hatte sie die jüngsten Geschöpfe Ninhursags aus solcher Nähe gesehen.

„Kann ich dir helfen?“

Tumu erschrak, machte förmlich einen Sprung von den Sesseln zurück, als eines der beiden Geschöpfe sie ansprach. Tumu wusste, dass Ninhursags Geschöpfe sprechen konnten, und auch, dass sie sie verstanden. Diese Geschöpfe aber waren anders. Sie sprachen gleich wie sie oder Ninhursag. Die Nutzung ihres Sprachzentrums und der Stimmbänder war ihnen mit den Genen der Nibirianer quasi angeboren worden. Theoretisch wusste das Tumu, doch zwischen der Theorie und dem praktischen Erleben dieser Fähigkeit war ein himmelweiter Unterschied. Tumu war erschrocken.

„Darf ich euch bekannt machen?“ Ninhursag trat zwischen Tumu und die Stühle. „Das sind Nachfahren der Gruppe Tumu. Ich nenne sie Olbos und Nanos und das“, Ninhursag drehte sich im Halbkreis, „ist meine offenbar leicht schreckhafte Assistentin Tumu.“

Das war es, was Tumu befürchtet hatte. Deshalb war sie bei Enki gewesen. Diese jüngste Generation Ninhursags war unzweifelhaft ein Hybrid aus den weiter gezüchteten Einwohnern des siebten Planeten und aus ihnen selbst. Wo lag die Grenze? Bislang sahen die Missionsteilnehmer Ninhursags Geschöpfe als primitive Arbeiter, Angehörige einer anderen Gattung, einer anderen Art an. Man konnte sie auf den ersten Blick von ihresgleichen unterscheiden, speziell, wenn man mit ihnen sprach. Mit dieser neuen Generation war es eindeutig anders. Ja, der Körperbau war mitunter unterscheidbar, konnte aber auch als ein schlecht gewachsener Nibirianer durchgehen. Wenn sie dann den Mund öffneten, um etwas zu sagen, war all der bisherige Unterschied perdu. Was sollte mit ihnen werden, wenn sie nach Nibiru zurückkehrten? Sollten sie sie hier zurücklassen? Oder als neue Verbündete mit nach Nibiru nehmen? Was, wenn sie sich mit Nibiruanern mischten? Was, wenn ihre ursprüngliche genetische Programmierung stärker war als die beigefügten Gene der Nibirianer. Würden sie dann die Nibirianer ausstechen?

Im Bruchteil eines Atemzuges durchströmten alle diese Fragen Tumus Gehirn. Statt gefasster zu werden, verwirrte sie dies nur noch umso mehr.

„Entschuldigt", stammelte sie und lief aus dem Labor, als ob sie mit zunehmendem Abstand den Dingen entrinnen konnte. Am Gang musste ihr der Pfleger, der die beiden gebracht hatte, aus dem Weg springen. Sonst hätte sie ihn vermutlich umgerannt.

Tumu hielt erst an, als sie an der kühlen Nachtluft aus dem Bitschimi getreten war. Sie blieb auf dessen Aufgang stehen. Im Lichtgemisch der künstlichen Beleuchtung des Anweges und des Mondes wogen sich die Blumenköpfe der hier von Ninhursag gesetzten Arten. Mitbringsel aus ihrem genetischen Garten auf Nibiru. In diesem Augenblick realisierte Tumu, dass es kein Zurück mehr gab.

97 **Vermischung**

siebter Planet im 976sten Schar, 404.600 v. Chr

Seit Enlils Landung waren am siebten Planeten zwei Generationen verstrichen. Durch Ninhursags Eifer waren in dieser Zeit unzählige Geschöpfe alter und neuer Generation geboren worden. Die Wohnunterkünfte speziell rund um Apsu und um Sippur waren zu kaum überschaubaren Vororten angewachsen. Wiewohl die Bauweise der Rundhütten unverändert geblieben waren, legte Ninhursags jüngste Generation bedeutend mehr Wert auf ihre Unterkünfte. Sie suchten darin, außerhalb der Hölle Apsus, Ausgleich zur harten Arbeit. Eine kleine Gruppe der neuen Generation sollte unbestätigten Gerüchte zufolge aus der Überwachung geflohen sein. Sie galt seither auf dem siebten Planeten als verschollen. Während Enki diesem Gerücht keinen Glauben schenkte, hielt es Enlil ohnehin für unbedeutend. Daher gab es auch keine Suche nach den Abtrünnigen. Man nahm an, dass sie ohne Kenntnis der Überlebenstechniken ihrer Vorfahren ohnedies bald an Hunger verenden würden.

Die Rundhütten der Arbeiter waren alle nach dem gleichen Muster der fließenden Energie gebaut. An den runden Wohn- und Schlafraum schloss sich eine Art Wirtschaftsraum an, der in einen Gang führte, der sich wiederum – wie beim Gehäuse einer Schnecke – um diese Räume schlang. Auf einfache Art und Weise konnten so auch mehrere Wohn- und Schlafräume jeweils an einen Wirtschaftsraum angeschlossen werden. Umwindende Gängen fassten mehrere dieser Einheiten zusammen. Soweit wie möglich nutzten die Arbeiter umliegendes Geröll oder die Steine aus den Tiefen der Bergwerksstollen, um die Kreisbehausungen zu errichten. In seltenen Einzelfällen durften die Arbeiter auch die Frequenzschneider nutzen. Etwa um verbundene Steinbrocken in kleine Teile zu unterteilen oder damit den steinigen Untergrund zu planieren, um eine ebene Fläche für den Aufbau ihrer Unterkunft zu schaffen. Dabei war die Nutzung der Frequenzschneider innerhalb der Siedlung gar nicht ungefährlich.

Die Mauern und Gänge der Arbeiterunterkünfte dienten aufgrund ihrer Bauform nämlich auch der Leitung und Bündelung der Wellen-Energieströme. Nur so war es möglich gewesen, die Unterkünfte der Arbeiter ohne Aufwand von einem zentralen Punkt aus mit ausreichend Energie zu versorgen. Geriet die Frequenzabsonderung des Frequenzschneiders versehentlich in diesen Sog, mochte man sich dessen fatale – weil vervielfältigte – Auswirkung gar nicht erst vorzustellen. Aber die neue Generation von Ninhursags Kindern bewies sich als auffallend geschickt. Sie war es auch, die begann, neben dem Schlaf- und Wirtschaftsraum eine weitere Wohnzelle anzufügen. Sie fügten eine Art Hygienebereich an, der es den Arbeitern fortan ermöglichte, sich ebenso wie die Nibirianer frisch zu machen. Die neue Generation wusch sich. Ab diesem Zeitpunkt sah man immer wieder Ninhursags jüngste Geschöpfe, die sich in Apsu, in Sippur, in Eridu und sogar rund um Bitschimi unter die Nibirianer mischten. Man gewöhnte sich mehr und mehr an ihren Anblick. Dank Ninhursags Fleiß gab es für Apsu sowie die sonstigen Arbeiten inzwischen mehr als genug Arbeiter, sodass man die Arbeiter entsprechend Enkis Freigabe auch für persönliche Dienste einsetzen durfte. Mitunter galt es bei den Missionsteilnehmern sogar als schick, hier, fern der Heimat einen Service zu genießen, der auf Nibiru undenkbar gewesen wäre: Lebendige Assistenten halfen bei den alltäglichen Verrichtungen.

Binnen weniger Generationen von Ninhursags Kindern war Eridu gewaltig gewachsen. Während zu Beginn der Mission Bitschimi außerhalb der Grenzen Eridus auf einem sanften Hügel mit Ausblick über die Ebene bis nach Eridu lag, war Eridu beiderseits wie eine Zange an Bitschimi herangerückt. Die Behausungen der Arbeiter lagen dicht an dicht, allesamt kreisförmig angelegt und mit frequenzleitenden Wegen verbunden. Gegen Osten reichten die Behausungen der Arbeiter meist unmittelbar bis an die Stallungen für Ninhursags Experimentalgeschöpfe heran. Adeptos hatte eigens einen hohen Sichtschutz errichten lassen, damit Ninhursags eigenwillige Kreationen unter den

Arbeitern nicht zu viele Fragen aufwarfen. Auch so, ohne Blickkontakt, rumorten dank einiger weniger Sichtungen entkommener Kreaturen sowohl bei den Arbeitern als auch bei den Missionsteilnehmern verschiedenste Gerüchte. Einige davon beschworen, Mischwesen zwischen der hiesigen Tierwelt und Arbeitern gesehen zu haben. Das beflügelte die Angst unter den Arbeitern vor Ninhursag. Sie fürchteten, Ninhursag könnte auch sie jederzeit in ein derartiges Mischwesen verwandeln. So kam es, dass Ninhursags Kinder nur in größter Ehrfurcht von Ninhursag sprachen. Von den Mischwesen wagten sie gar, nur zu flüstern.

Die Missionsteilnehmer wussten natürlich um Ninhursags genetisches Wissen. In Ihren Augen wurde ihr endlich der Ruhm zuteil, der ihr auf Nibiru mit dem Verbot ihrer Forschungen verwehrt worden war. Sie betrachteten die Mischwesen als lustige Laune Ninhursags und es gab nur wenige, die diese Experimente nicht gut hießen. Schließlich hatte sie mit der Erschaffung der Arbeiter doch dazu beigetragen, die Missionsteilnehmer großteils aus den Minen zu befreien.

Mit den näher an Bitschimi rückenden Unterkünften drang auch vermehrt Lärm in Ninhursags Haus. Je weniger Zeit sie in den Labors unter Bitschimi verbrachte, desto unbehaglicher fühlte sie sich in ihrem Zuhause. In die Labors drang kein Laut aus der Außenwelt. Die groben Steinblöcke und die verzweigte Lage unter der Oberfläche schirmten die zunehmenden Alltagsgeräusche perfekt ab. In ihrem Garten, teils sogar im Haus selbst, war das nur bedingt der Fall. Um den Arbeitern und deren Ehrbezeugungen zu entgehen, nutze Ninhursag seit einiger Zeit den rückwärtigen Ausgang aus ihrem Garten. Adeptos hatte neben dem Steinmonoliten, der das Zaunende markierte, ein Felsplateau angelegt, auf dem Ninhursag ihren Rover parken konnte. Von dort führte ein gepflasterter Weg durch den Garten bis zu ihrer Unterkunft. Während früher auch Tumu und die anderen Mitarbeiter über diesen Gartenweg Bitschimi betraten und nur Ninhursag den Hauteingang nutzte, hatte Ninhursag ihre

Mitarbeiter nun gebeten, den Haupteingang zu nutzen, während sie selbst fast ausschließlich den Gartenweg nutzte. Dieses für die Arbeiter nicht überschaubare Kommen und Gehen Ninhursags bestärkte unter ihren Kindern den Ruf der Unheimlichkeit, tauchte sie so doch unerwartet an verschiedensten Orten auf, während die Arbeiter sie in Bitschimi vermuteten.

98 **Lagerfeuer**

siebter Planet im 976sten Schar, 404.600 v. Chr

„Du weist schon, dass dies hier ein befremdlicher Ort ist, um uns den Kopf zu waschen?“

Enki begrüßte Enlil, der gerade seinen Rover in das begonnene Dreieck aus Enkis und Ninhursags Rovern parkte. Er schloss damit die dritte Seite ab. In der Mitte der Rover hatte Enki ein loderndes Feuer entfacht, das mit jedem weiteren dürren Ast, den Ninhursag und Enki hinzuwarfen, noch höher flackerte. In der Tat war das Treffen an Eigenartigkeit kaum zu überbieten. Enlil hatte Enki und Ninhursag gebeten, sich mit ihm hier zu treffen. Enlil war dieser erhöht gelegenen Ebene bei einer seiner Besuche eines der Außenposten aufgefallen. Sie schien ihm von Eridu und Sippur weit genug entfernt, um keine unliebsamen Gäste zu haben. Dennoch war sie nahe genug, um sie bequem mit den Rovern erreichen zu können.

„Wer spricht hier von Kopf waschen?“„lachte Enlil zurück und stieg behände von seinem Rover.

„Oder dachtest du eher an eine Hinrichtung?“, insistierte Enki.

Ninhursag schwieg. Sie hatte sich, nachdem sie die letzten Äste in das Feuer geworfen hatte, an dessen Rand gesetzt. Sie winkte Enlil stumm zu seiner Begrüßung. „Der Ort ist doch wunderschön.“

Enlil schritt dem Feuer entgegen. „Es mag Dinge geben, die sich besser hier draußen besprechen lassen als in unseren Unterkünften oder Arbeitsräumen.“

Enlil räusperte sich. „Habt ihr euch vergewissert, dass Alexo Go deaktiviert ist?“

Enki und Ninhursag sahen sich gegenseitig an. Sie nestelten an ihren Armbändern, um sicher zu gehen, dass Alexa Go deaktiviert war.

„Und in den Rovern?“ Enlil nickte in Richtung der Fahrzeuge.

„Deaktiviert“, bestätigten Enki und Ninhursag wie aus einem Mund.

„Dann lasst uns setzen, es gibt Dinge, die wir besprechen müssen."

Enlil ging bis auf wenige Schritte an das Feuer heran und setzte sich neben Ninhursag. Enki folgte seinem Beispiel.

„Irgendwo dort draußen …" Enlil ließ seinen Blick über das pechschwarze Firmament mit den tausenden leuchtenden Sternen gleiten. „Irgendwo dort draußen kreist unser Heimatplanet durch die Leere des Weltalls."

Enki und Ninhursag wechselten einen kurzen, fragenden Blick. Nach einer kurzen Pause setzte Enlil fort: „Irgendwo da draußen ist unsere Heimat. Sie steuert auf ihren Untergang zu."

Enlil ließ vom Firmament ab. Er fixierte abwechselnd Ninhursag und Enki. Nach einer weiteren Pause setzte er fort: „Euer und unser Bemühen hier auf dem siebten Planeten, um Nibiru zu retten, steht außer Frage. Es ist nur so, dass sich entgegen unserer ersten Berechnungen der Zerfallsprozess unserer Atmosphäre jüngst wesentlich beschleunigt hat. Selbst wenn wir unmittelbar aufbrechen, selbst wenn die Erträge aus Apsu mehr sind als jene Mengen, die Alexa und unsere Experten berechnet haben …" Enlil hielt wieder inne und schien mit den Gedanken nun im Feuer zu versinken.

„Was willst du uns sagen, Enlil, sprich es schon aus!", forderte Ninhursag ihn auf.

„Ist es in jedem Fall zu spät?", wollte Enki wissen.

„Nein." Enlil schüttelte den Kopf. „Es ist nicht in jedem Fall zu spät. So wie es jetzt aussieht, können unsere Experten nicht beurteilen, ob es noch eine Chance gibt, die Atmosphäre zu retten, oder ob es, wie ihr das formuliert, schon zu spät ist. Tatsache ist, dass wir durch das Warten auf Ninhursags Geschöpfe in gutem Glauben viel kostbare Zeit verloren haben. Natürlich wusstet ihr nicht, wie es um Nibiru steht, nicht zuletzt deshalb, weil wir die Dramatik der jüngsten Entwicklungen nicht nach außen getragen haben. Das ist auch der Grund, warum wir uns hier abseits anderer Ohren im toten Winkel von Alexa treffen. Diese Nachricht könnte verschiedene Reaktionen auslösen. Die einen werden aufbrechen wollen, um ihren Familien in der schlimmsten Stunde beizustehen. Andere würden versuchen, sich hier auf dem siebten Planeten eine nachhaltige Existenz einzurichten. Nur ein Teil würde die Bemühungen um die Bergwerke in Apsu intensivieren und mit uns gemeinsam versuchen, mit all ihrer Kraft den Rettungsplan umzusetzen. Deshalb treffen wir uns hier. Weil ich nicht möchte, weil der ganze Rat nicht möchte, dass diese Information den Fortgang der Mission gefährdet."

Das Feuer loderte auf, als ob es die Dramatik Enlils Worte untermauern oder verstärken wollte. Mit feinem Zischen stoben Funken aus der Glut. Sie sprangen bis vor die Füße der drei.

„Gibt es eine Einschätzung, einen Prozentwert, der es uns ermöglicht, eine Tendenz zu erkennen?", fragte Enki.

„Du meinst eine Tendenz, ob die Mission selbst bei Erfolg zum Scheitern verurteilt ist?"

„Ich versuche auszuloten, ob wir mit einem rascheren Abschluss der Mission etwas beitragen können, um diese Chance zu verbessern. Oder mit einer größeren Menge geförderten Goldes?"

Enlil schüttelte kaum merklich den Kopf.

„Was, wenn wir sofort aufbrechen und mit den ersten Schiffen das bereits geschürfte Gold zu Nibiru bringen?", warf Ninhursag ein.

Doch Enlil blieb bei seinem kaum merklichen Schütteln des Kopfes. „Die einzige Lösung ist, nach einhelliger Meinung aller Experten, die Mission als Ganzes möglichst rasch abzuschließen und mit dem Ende möglichst viel des geschürften Goldes auf einmal nach Nibiru zu verbringen. Es mag später genügen, laufende Nachbesserungen mit neuen, mit nachträglichen Missionen mit Gold zu versorgen. Der Start kann aber nur in einem Schwung erfolgen. Deshalb sind wir auch gekommen. Es gilt, die Missionen umgehend zu ihrem Ende zu führen, egal, ob dabei Nibiruaner oder unzählige deiner Arbeiter ihr Leben lassen. Es geht hier um mehr, als den Einzelnen. Es geht um unser aller Überleben."

Das Feuer flackerte, als würde es nun Zuspruch signalisieren wollen. „Wir werden den Zeitplan straffen müssen. Wir werden noch mehr Arbeiter von dir Ninhursag brauchen. Viel mehr."

Ninhursag wollte ihn unterbrechen, sie wollte Enlil sagen, dass es unmöglich war, in so kurzer Zeit noch mehr ihrer Kinder zu erschaffen, aber Enlil ließ Ninhursag nicht zu Wort kommen, sondern setzte fort: „Das wird natürlich nicht einfach werden. Wir haben im Ältestenrat die Möglichkeiten genau erörtert. Wir schätzen deine wissenschaftliche Kühnheit. Wir wissen, dass wir niemand Besseren für die Genexperimente hätten einsetzen könne als dich, Ninhursag."

Bereits zum zweiten Mal erwähnte er Ninhursag bei ihrem vollen Namen, was angesichts der Umstände dieses Treffens eigenartig anmutete. „Wir wissen, dass es trotz deiner hervorragenden Qualifikation nicht möglich sein wird, für diese Mission und den neuen Zeitrahmen ausreichend deiner Kinder zu erschaffen."

Ninhursag richtete ihren Oberkörper auf, gespannt, was Enlil wohl als Nächstes sagen würde.

„Deshalb gibt es unserer Ansicht nach …" Und Enlil bezog in seine Worte mit der Formulierung „unserer Ansicht" sicher nicht unbedacht die Meinung des Ältestenrates mit ein. „… nur einen Weg." Enlil verharrte ohne die kleinste Bewegung. „Du musst ihnen ermöglichen, selbst Kinder zu bekommen."

Enki und Ninhursag zuckten beide merklich zusammen.

„Aber dann ist unser Werk nicht wieder rückgängig zu machen." Ninhursag hatte sich eher als Enki gefasst. „Und wer weiß, ob wir diese Arbeiter dann auch noch kontrollieren können?"

Enki hob zögerlich die Hände. „Unkontrollierte Vermehrung und Aufzucht unter ihresgleichen, das war bislang ein Tabu. Mit unserer kleinen Schar Nibiruaner können wir unter diesen Umständen unmöglich langfristig die Kontrolle garantieren."

„Ich weiß", stimmte Enlil den beiden zu.

„Das ist der Grund, warum ich darauf bestand, selbst hierher zu kommen. Ich wollte euch selbst von der Notwendigkeit dieser Maßnahme überzeugen, denn – hört mir gut zu – es gibt keine Alternative. Wir müssen die Mission in der Hälfte der Zeit abschließen, die wir ursprünglich berechnet hatten, und wir dürfen deshalb nicht weniger Gold zurückbringen, wenn wir eine Chance für die Wiederherstellung der Atmosphäre haben wollen. Die Hälfte der ursprünglich geplanten Zeit sind ein halbes Schar. Das macht wie viele Generationen deiner Kinder? Ein halbes Schar sind 1800 Sonnenläufe auf diesem Planeten. Wenn ich richtig rechne, können wir bei jeweils 20 Sonnenläufen mit einer neuen Generation rechnen, vielleicht geringfügig kürzer, das würde 900 Generationen bedeuten."

Wieder loderte das Feuer auf. Es zeichnete schemenhafte Umrisse der drei auf die Rover und auf etwas, das sich dahinter plötzlich wegduckte, als es Gefahr lief, von einem Lichtschein der Flammen entdeckt zu werden.

99 **Enlil & die Außenposten**
siebter Planet im 976sten Schar, 404.600 v. Chr

Bereits kurze Zeit nach seiner Ankunft konnte Enlil von sich behaupten, alle Minen und Außenposten besichtigt beziehungsweise besucht zu haben. Er war vom Fleiß und dem Erreichten der vorangegangenen Missionen sichtlich beeindruckt. Die Goldausbeute war gut, wenngleich es galt, aufgrund der neuen Berechnungen zusätzliche Minen zu eröffnen. Ersten Minen nördlich von Apsu und weit sowohl im Osten als auch im Westen des siebten Planeten sollten weitere folgen. Enlil beriet sich mit Enki. Sie wählten sieben weitere Standorte aus, die nach Alexa Go und mehrfachen Oberflächenscans vielversprechend in Bezug auf Ertrag und unkomplizierten Tagbau schienen. Enki machte je nach geschätztem Ertrag ein oder zwei Missionsteilnehmer für den Aufbau des Abbaus verantwortlich. Ihnen wurden jeweils unterschiedlich spezialisierte Kinder Ninhursags sowie das nötige Werkzeug, vornehmlich Frequenzschneider und Levitatoren, sowie einfache Lastrover mitgegeben. Auch rund um diese neuen Minen wuchsen binnen weniger Generationen mittelgroße Ansiedlungen.

Der Goldabbau lieferte bereits in der ersten Generation nennenswerte Erträge. Bei den Minen ganz im Osten bremste einzig das heiße, feuchte Klima des siebten Planeten den Eifer der Arbeiter. Sie klagten über die unerträgliche Hitze, die ihnen schon nach wenigen Handgriffen dicke Schweißperlen auf die Stirn treten ließen. Während die Minen in Apsu, tief im Inneren des siebten Planeten gelegen, zumindest in den Stollen kühle, wenn auch staubige Arbeitsbedingungen boten, zollten die Arbeiter im Osten beim Tagbau durch die schwüle Luft und die hohe Luftfeuchtigkeit ihren Tribut. Ältere mussten das Arbeiten einstellen. Pünktlich zum Sonnenuntergang türmten sich am Himmel hochragende Wolken auf. Wenig später entluden sich im Inneren dieser Wolken grelle Blitze unter infernalem Donnergrollen. Schwere Tropfen kündigten dann jene Regenflut an, die den Tagebau bis zum nächsten Sonnenaufgang regelmäßig zur Pause zwang. Trotz dieses Hindernisses kamen die Arbeiter gut voran. Sie fertigten auf Geheiß der Nibirianer Drainagen an, die die Wassermengen möglichst rasch aus dem Gebiet des Tagebaus lenkten. So konnte wenigstens tagsüber gearbeitet werden. Ähnlich erging es dem Schürfteam tief unten in den endlosen Wäldern zu Füßen das hoch oben auf einem Bergkamm weit im Westen gelegenen Außenpostens. Regelmäßiger, heftiger Regenfall und eine wuchernde Natur, die sich unter den Augen der Nibirianer jene Bereiche zurückholte, die ihr entrissen worden waren. Die Pflanzen, Büsche und Bäume wucherten mit einer Geschwindigkeit, dass sich eben abgeholzte Flächen in weniger als einer Generation kaum mehr finden ließen.

Ein gänzlich anderes Los widerfuhr den Betreibern der Mine hoch im Norden, unweit des ersten Kommunikationsturmes, den Adeptos aufstellte. Die stets tiefen Temperaturen machten weniger den Arbeitern zu schaffen als den Frequenzschneidern. Der Boden zeigte sich bis tief hinab fest gefroren. Die Schneidetechnik der Frequenzschneider bedurfte zur erfolgreichen Anwendung fester Strukturen. Das gefrorene Wasser erwies sich in dieser Hinsicht als zu wenig körperhaft. Wenn sich auch die eingeschlossenen Gesteinsbrocken zerteilen ließen, so scheiterten die Frequenzschneider am sie umgebenden und alles durchdringenden Wasser. Auf Nibiru kam Wasser in seiner gefrorenen Form so gut wie mehr nicht vor. Die letzten Gletscher auf Nibiru waren noch zu Zeiten der alten Vorfahren unter dem beginnenden Einfluss der zerfallenden Atmosphäre abgeschmolzen. Man kannte derwohl das Problem. Im Gegenteil, man hatte sich für bestimmte Gebäude mit künstlicher Kühlung der Wandstrukturen genau dieses Effekts bedient, um sie vor dem Zugriff Unberechtigter zusätzlich zu schützen: Eistresore sozusagen.

Für das unzerteilbare Wassergesteingemenge fanden die Kinder Ninhursags eine ebenso einfache wie effiziente Methode. Sie legten großflächige Feuer. In Ermangelung anderen brennbaren Materials entfachten sie dieses mit der schweren, dunkelbraunen

Paste, die unmittelbar vor Beginn der großen Eisfläche aus dem gefrorenen Boden quoll. Jeweils eine Fuhre eines Lastrovers reichte, um während mehrerer Sonnenauf- und Untergänge den Abbaubereich ausreichend tief frostfrei zu halten. Dennoch blieb es eine schwere Arbeit, den zähen Brei auszukoffern, bis sie die Lage mit dem gesuchten Erz erreichten.

Enlil konnte auf seinen Wegen nicht umhin, durch die unterschiedlichsten Regionen des siebten Planeten dessen beeindruckende Schönheit zu bemerken. Je mehr Enlil über den Planeten reiste, desto mehr schwoll in ihm der Ärger über die Zerstörungen auf Nibiru. Er war überzeugt, dass Nibiru einst ein ähnlicher Ort von unterschiedlichsten Eindrücken mit vielfältigsten Arten war. Enlil bestaunte die Artenvielfalt des siebten Planeten. Selbst in den oberflächlich unwirtlich wirkenden Gegenden, den Eiswüsten und den schwelenden Wüsten schlug der Detektor regelmäßig an. Er bestätigte, dass das Leben sich den unwirtlichen Bedingungen angepasst hatte. Mehr als einmal unterbrach Enlil seine Routen, um innezuhalten, um Tierherden zu beobachten oder um Schwärme von Fischen zu verfolgen, die durch die großen Wasserflächen zogen. Er betrachtete Vögel, die sich, wie von Geisterhand gelenkt, zu tausenden auf einem bestimmten Baum in der Mitte des Dschungels niederließen.

Konnte Nibiru wieder so hergestellt werden? Enki hatte unmittelbar nach der nächtlichen Zusammenkunft am Feuer sämtliche Missionsteilnehmer versammelt. Er eröffnete ihnen, dass alle Kinder Ninhursags ab sofort in Apsu und am Weltraumhafen gebraucht würden. Vorbei war die Zeit, wo Ninhursags Kinder in den Unterkünften der Nibirianer zur Hand gingen. Ninhursag tüftelte inzwischen am Gencocktail für ihre jüngste Generation, um ihren Kindern das zu ermöglichen, was von Beginn ihrer Forschung an als unumstößliches No-Go gegolten hatte: die Zeugungsfähigkeit. Das brachte nicht nur die schon am Feuer besprochenen Probleme mit sich, sondern legte ein weiteres, bis dahin kaum öffentlich bekanntes Faktum offen: Im Wissen um die Zeugungsunfähigkeit Ninhursags Kinder hatten offenbar weibliche Missionsteilnehmerinnen gefallen an den muskulösen Mischwesen Ninhursags gefunden. Anscheinend leisteten die Arbeiter nicht nur in Apsu oder in den Haushalten ganze Arbeit. Mit dieser Entdeckung ging eine zweite Erkenntnis für Ninhursag einher: Auch den männlichen Nibirianern gefielen die schlichten, wenn auch gedrungeneren, weiblichen Kinder Ninhursags. Schließlich befanden sich darunter auch wahrlich ansehnliche und adrette Mischwesen. Ninhursag hatte schon von dieser Art der Verbindung beiderseits gehört. Immer wieder waren Gerüchte zu diesem Thema durch die Missionsgemeinschaft kolportiert worden. Doch Ninhursag hatte diese Gerüchte stets eher als mögliche Komplikation für künftige, noch mehr den Nibiruanern angepasste Genvariationen gehalten. Irgendwie konnte und mochte sie sich diese unheilvollen Verbindungen nicht als Realität vorstellen. Das lag vermutlich an ihrer, als Schöpferin dieser Wesen, entrückten Beziehung zu ihren Geschöpfen. Wusste sie als einzige doch, aus welchem Genmix und mit welchen Modifikationen ihre Kinder geboren wurden. Schließlich waren sie alle irgendwie ihre Kinder, das schien Ninhursag zusätzlich den Blick zu trüben. Enki und Enlil mussten davon erfahren. Sicher hatten sie auch diese Gerüchte gehört, denn insbesondere seit ihre Kinder aus den Haushalten wieder in die Minen von Apsu oder den Weltraumhafen verbannt wurden, hatten einige Nibirianerinnen ganz offen ob ihrer entrissenen Liebhaber aufbegehrt. Ob Enki und Enlil auch der zweiten Variante gewahr worden waren und ob die beiden sich der Folgen ganz im Klaren waren, das mochte Ninhursag nicht beurteilen. Aber es war mehr als an der Zeit, diese Problematik zu erörtern. Nämlich bevor es zu ersten gemischten Verbindungen mit anschließendem Nachwuchs kam. Denn was, diese Frage beschäftigte Ninhursag auf ihrem Weg vom Labor zum Weltraumhafen, wo Enki sie erwartete, wären diese Nachkommen dann? Nibiruaner?

Ninhursag staunte, als sie mit dem Rover aus dem Wald auf die Lichtung fuhr. Sie war schon einige Zeit nicht mehr hier in

Sippur gewesen. In der Zeit hatte Enlil dafür gesorgt, dass die Rahmenbedingungen für den späteren reibungslosen Transport neu adaptiert wurden. Die Startrampe war hell erleuchtet. Das Dickicht, dass sich seit der Errichtung Sippurs wieder bis an die riesigen Felsquader herangerankt hatte, war wieder bis zur Waldgrenze zurückgedrängt worden. Ein hoher Zaun grenzte die Lichtung ab. Er wurde von starken Lampen fast taghell erleuchtet. Im hinteren Bereich Sippurs hatte Enlil begonnen, eine dritte Rampe anzulegen. Vermutlich sollten so möglichst viele Schiffe in kurzer Zeit aufbrechen können, wenngleich diese Rampe um einiges kleiner ausfiel als die ersten Steinrampen.

Rund um die Rampen herrschte reges Treiben. Viele von Ninhursags Arbeitern waren damit beschäftigt, alles für den finalen Transport vorzubereiten. Ninhursag fuhr zwischen den Rampen hindurch. Sie steuerte Enkis improvisierten Kommandostand an, den Enki seit Enlils Mobilmachung nur mehr selten verlassen hatte:

„Was führt dich hierher? Mir wurde mitgeteilt, dass die Generation der zeugungsfähigen Kinder ein großartiger Erfolg war. Wir dürfen schon bald erste natürliche Nachkommen erwarten. Stimmt das? Ist es dir tatsächlich gelungen, deinen Kindern die Zeugungsfähigkeit zu schenken?“

„Ja“, zögerte Ninhursag.

„Und genau diese Nachkommen führen mich zu dir.“

100 **Der Mithörer**

siebter Planet im 976sten Schar, 404.600 v. Chr

Adeptos parkte seinen Rover ganz am Anfang der Siedlung. Gerade so weit am Rand, dass der Schein der Lampen, die den länglichen Platz zwischen den Missionsunterkünften hell erleuchteten, ihm ausreichend Licht boten, um ohne Leuchtmittel mögliche Stolperfallen zu erkennen. Er dachte, ein Stück Fußweg würde ihm guttun. Er wollte sich beruhigen. So konnte er auf dem Weg über den Platz und durch die anschließenden Gassen zwischen die Container hindurch das überdenken, was er eben aufgeschnappt hatte. Als Pilot war er es eigentlich gewohnt, Situationen sachlich nüchtern einzuschätzen. Auch wenn er in der jüngsten Vergangenheit seine Zeit fernab von Sippur damit verbracht hatte, die Unterkünfte rund um Ninhursags Labor in Schuss zu halten. Doch so war er in unmittelbarer Nähe Menertas und allzu viele Flugmöglichkeiten, abgesehen von den kurzen Strecken zu den anderen Außenposten, ergaben sich hier am siebten Planeten ohnedies nicht.

Adeptos kickte einen Stein, der beinahe einen der Rover getroffen hätte. Statt zur Ruhe brachte ihn jeder Schritt noch mehr auf. Schließlich war er es gewesen, der diesen Planeten als Erster betreten hatte. Er und niemand anderes hatte sich damals auf die Reise ins Ungewisse eingelassen. Er hatte sich von Enki überreden lassen, angesichts der bedeutsamen Bürde, die er mit dieser Reise tragen, den grandiosen Ruhm, den er bei ihrer Rückkehr nach Nibiru ernten konnte. Ein Rover überholte ihn so knapp, dass er fast umgerissen worden wäre. Auch wenn Enki sein Wort mit der Gründung eines neuen Stammes gehalten hatte, so keimte in Adeptos doch der Verdacht, dass weder Ruhm noch glorioses Ansehen auf ihn warteten. Menerta wollte sich hier am siebten Planeten nicht mit der Stammesgründung belasten. Es schien mitunter zweifelhaft, ob es eine Rückkehr nach Nibiru denn überhaupt geben würde. Ob es Nibiru überhaupt noch geben werde, um dorthin zurückkehren zu können.

„Die Füße“, mahnte ihn Menerta. „Du sollst dir doch die Füße abtreten. Du sollst nicht den ganzen Staub und Schmutz vom Weg draußen mit hereinbringen“, schimpfte sie. Sie eilte dem eintretenden Adeptos entgegen und schob ihn sanft wieder bis zur Tür zurück. Hinter ihr folgte der kleine Cleaner. Er fegte und rotierte über den Boden, bis kein Krümel des Wegstaubes mehr zu sehen war. Adeptos seufzte. Er bückte sich und zog sich die Schuhe von den Füßen. Wie immer hatte Menerta ihr Essen von der Kantine mit nach Hause genommen. Sie mochte weder die Atmosphäre in der Kantine, noch war sie besonders erpicht darauf, dass Adeptos während des Essens noch immer über seine einsame Anreise ausgefragt wurde. Anfangs fühlte sie sich mit Adeptos‘ Ruhm geschmeichelt, inzwischen langweilte es sie nur noch. So hatte es sich eingebürgert, dass Menerta ihre Portionen in der Kantine empfing, sie nach Hause in den Container mitnahm, um sie dort in Ruhe mit Adeptos zu genießen: „Setz dich doch. Heute haben sie etwas Frisches gekocht, Fisch; gefangen auf diesem Planeten. Es soll ausgezeichnet sein.“

Menerta rückte Adeptos einen Sessel bereit. Doch der hatte keine Muße, sich zu setzen.

„Hast du keinen Hunger?“

„Doch doch“, erwiderte er. Er lief im Container auf und ab, ohne ein bestimmtes Ziel. Menerta beobachtete sein Tun, bis sie sich ihm schließlich in den Weg stellte. „Nun, was ist geschehen, das dich so auf Trab hält?“ Sie umtänzelte nun ihrerseits Adeptos. „Was ist passiert, dass du von innerer Unruhe zerfressen wirst? Warum kannst du dich nicht mit mir an diesen Tisch setzen?“

„Ich weiß es nicht genau“, antwortete Adeptos wahrheitsgemäß.

„Was bedeutet, du weißt es nicht genau?“

„Ich weiß es eben nicht genau.“

Es folgte eine lange Pause. Immerhin hatte Adeptos aufgehört auf und ab zu laufen. „Ich hab heute etwas gehört?“

„Was hast du von wem gehört?“

„Von Enlil, aber …“ Adeptos verstummte.

„Du hast Enlil heute getroffen? Ich dachte, du bist hinauf zu dem Aussichtsplatz, um nachzusehen, ob du dort den Emitter verloren hast.“

„Bin ich ja auch und voila“, Adeptos zog den Emitter hervor, „er war genau dort, wo Alexa Go ihn angezeigt hatte. Aber ich war dort nicht allein.“

„Du warst dort nicht allein? Im Dunkeln?“

„Nein. Genaugenommen war es dort auch nicht dunkel. Enlil hatte ein kleines Feuer aufgeschichtet.“

„Du hast also Enlil im Wald bei einem Feuer getroffen?“

„Nicht direkt“, versuchte Adeptos der Wahrheit näher zu kommen. „Enlil hat sich dort mit Enki und deiner Ninhursag getroffen.“

„Im dunklen Wald, was um ...“ Der fragende Blick Menertas motivierte Adeptos, noch ein paar Details wieder zu geben.

„Sie haben sich unterhalten, über Nibiru, über die Missionen und ...“

Menerta fiel ihm ins Wort: „Sie haben dich nicht gesehen? Du hast sie also belauscht?“

„Nicht direkt“, stellte Adeptos richtig. „Vielmehr war ich dort und sie waren dort. Ich war eben nahe genug, um zu hören, was sie sagen. Es hat sich so ergeben.“

„Sie haben dich nicht gesehen?“

„Nein, ich glaube nicht.“

„Und Alexa hat sie nicht gewarnt?“

„Sie hatten keine Alexa dabei. Soweit ich hören konnte, bestand Enlil darauf, dass Enki und Ninhursag Alexa Go deaktiviert hatten.“

„Aber du, du hattest doch deine Alexa dabei. Spätestens wenn die drei wieder online sind, wird Alexa ihnen deine Anwesenheit verraten, zumindest wenn sie eins und eins zusammenzählen kann.“

„Na dann wollen wir mal hoffen, dass sie das nicht kann“, beruhigte er Menerta.

„Was hast du denn gehört?“, war Menertas Neugierde geweckt.

„Vielleicht warten wir besser, ob Alexa mich enttarnt. Sonst bist du eine Mitwisserin und ich bin mir sicher, ob Enlil das gutheißen würde. Je weniger du weißt, desto besser für dich, für uns alle.“

101 Enlil ist beunruhigt
siebter Planet im 976sten Schar, 404.600 v. Chr

Enlil kam nicht zur Ruhe. Was ihm Enki erzählte, brachte Enlils ganzes Ideal der Mission ins Wanken: Nibiru entsandte eine Mission zur Rettung seines Heimatplaneten. Dank der alten Aufzeichnungen konnte auch tatsächlich ein nicht allzu ferner Planet, nämlich der siebte Planet ausfindig gemacht werden. Die dortigen Goldvorkommen sollten reichen, um die Atmosphäre auf Nibiru reparieren zu können. Die Mission barg das Gold, kehrte nach Nibiru zurück. Dank der dort zwischenzeitlich geleisteten Vorarbeit konnte das Gold als feiner Staub rechtzeitig in die Atmosphäre ausgebracht werden.

In diesem Gedankenkonstrukt war kein Platz für meuternde Nibirianer, die nur mit Ninhursags Kindern zur Raison gebracht werden konnten. In seinem Konstrukt hatte es keinen nachhaltigen Eingriff in den siebten Planeten gegeben, wenngleich – das gab er zu – dies Angesichts der Priorität der Rettung Nibirus in jedem Fall in den Hintergrund getreten wäre. Doch sowohl Ninhursags gemischte Generationen als auch, wenn dies denn stimmt, Nachkommen Ninhursags Kinder mit Stammesmitgliedern von Nibiru brachten Probleme mit sich. Die Gräben bei Apsu mochten mit Ende der Mission wieder geschlossen werden. Die Unterkünfte und sonstigen Errichtungen, wie auch die Startrampen in Sippur, die Außenposten, die Wohnsiedlungen in Eridu konnten kurz vor den letzten Starts wieder renaturiert werden. Genauso, wie dies bei der ersten Mission durch den Ältesten Rat gefordert worden war. Doch wie galt es mit den neuen und alten Arbeitern, wie mit den Mischlingen und nicht zuletzt mit den Missionsteilnehmern zu verfahren, die sich auf gemischte Beziehungen eingelassen hatten? Enlil schritt unstet hin und her. Er konnte sich nicht konzentrieren, keinen klaren Gedanken fassen. Die Sonne trachtete danach, seine Haut zu versengen, wiewohl sie nicht stärker schien, als zuvor. Die vorbeifahrenden Rover sponnen ein undurchblickbares Wegenetz, jederzeit in Gefahr, gegeneinanderzuprallen. Er fühlte sich unruhig, unbedacht, beobachtet. Speziell die Blicke der vorbeifahrenden und vorbeieilenden Kinder Ninhursags bohrten sich ihm unter die Haut.

102 **Keine Gefahr**

siebter Planet im 976sten Schar, 404.600 v. Chr

Bislang hatten sich weder Enki noch Enlil bei Adeptos oder Menerta gemeldet. Ein gutes Zeichen, dachte Menerta, vermochte sie dadurch doch anzunehmen, dass Alexa keinen Grund sah, Adeptos‘ Bewegungsprofil offen zu legen. Adeptos hatte reichlich Frühstück vorbereitet. Er lockte Menerta mit dessen Duft an den Frühstückstisch. Es schien, als hätten beide das Erlebte vergessen oder zumindest vergessen wollen.

„Guten Morgen.“

„Guten Morgen“, erwiderte Adeptos und schenkte Menerta die Tasse voll. Durch das semitransparente Paneel, auf dem die Wetterdaten draußen angezeigt wurden, schimmerte hell und freundlich das erste Sonnenlicht des Tages.

„Soll ich mit Ninhursag reden?“, fragte Menerta.

„Reden, worüber?“, wollte Adeptos wissen.

„Na, über dein nächtliches Erlebnis.“

„Du scheinst zu vergessen, dass Nimu Enkis Schwester ist. Wem wird wohl ihre Gunst gehören?“

„Du“, konterte Menerta, „scheinst zu vergessen, dass sich Ninhursag als Mutter der Arbeiter sieht. Sie hat sie erschaffen. Es sind ihre Geschöpfe. So wie ich Ninhursag einschätze, wird sie ihre Arbeiter schützen. Sie wird sie verteidigen, auch wenn es deren selbst hervorgebrachte Nachfahren sind. Ninhursag sieht sich als ihre Übermutter, als ihr Gott. Sie gefällt sich in der Rolle.“

„Wie meinst du das mit schützen?“, hinterfragte Adeptos Menertas Äußerung.

„Auch wenn du mir nicht erzählst, was bei dem Treffen im Wald besprochen wurde, so kenne ich doch die Gerüchte. Gleich nach dem Treffen hat Enki zu den Missionsteilnehmern gesprochen. Ninhursags Kinder werden fortan selbst in der Lage sein, Kinder zu zeugen. Nur so kann die nötige Anzahl an Generationen geschaffen werden, die wir benötigen, um das Gold für Nibiru abzubauen."

Adeptos verstand nicht, worauf Menerta hinaus wollte. „Ninhursags Kinder werden uns zahlenmäßig in kurzer Zeit weit überlegen sein. Auch wenn ihre Lebensspanne um Beträchtliches kürzer als unsere ist, wird Enlil dieser Übermacht nicht tatenlos zusehen. Er wird versuchen, diese Schar unter Kontrolle zu halten." Menerta hielt inne. „Und er wird sie vernichten, wenn die Mission abgeschlossen ist. Ninhursag wird das ahnen. Sie wird alles versuchen, um das zu verhindern. Das ist schlicht Mutterinstinkt."

Ihren Kindern die Zeugungsfähigkeit zu schenken, erfüllte Ninhursag mit Freude. Es stellte für sie kaum eine genetische Herausforderung dar. Bereits die ersten Adaptionen fruchteten im wahrsten Sinn des Wortes, sodass bereits in Kürze erste Geburten anstanden. In jeder namhaften Wohnstatt hatte Enki Niederkunftsorte errichten lassen. Dort füllten sich erwartungsgemäß innerhalb von 18 bis 20 Sonnenläufen die bereitgestellten Betten. Ninhursags Kinder zeigten sich stolz über ihre Nachkommen. Innerhalb kürzester Zeit bevölkerten die Kinder der Arbeiter die Wohnstätten. Sie brachten eine neue Erfahrung mit sich: Die Wohnstädten waren von unglaublichem Leben erfüllt. Kinder liefen zwischen den Wohnbauten umher, schrien, sangen und spielten gemeinsam. Ninhursag konnte, ob dieses neuen Anblicks, nicht umhin, gerührt zu sein. Umso mehr fühlte sie das Treffen im nächtlichen Wald als dunkle Bedrohung, die ihr Gemüt überschattete. Menerta hatte recht mit ihrer Vermutung. Zum ersten Mal in ihrem Leben verspürte Ninhursag das Gefühl, als Mutter diesem Stamm der Arbeiter vorzustehen. Wenn sie auch zu ihren auf Nibiru erschaffenen Blumengeschöpfen eine besondere Beziehung gehabt hatte, so ließ sich dieses damalige Gefühl nicht annähernd mit ihren jetzigen Empfindungen vergleichen. Sie hatte Leben erschaffen, sich selbst reproduzierendes Leben.

Enlil reagierte auf die Gerüchte der Vermengung von Nibirianern mit der Arbeiterklasse auf pragmatische Art. Er ordnete an, dass die weiblichen Kinder Ninhursags außer Haus stets verhüllt gehen mussten. Er begründete dies fadenscheinig mit der durch die Genexperimente empfindlichen Haut der Kinder Ninhursags. Ninhursag wagte nicht, zu protestieren. Sie malte sich aus, welch weitaus schlimmere Konsequenzen für ihre Kinder und damit ihren Stolz einhergehen mochten, wenn sie diese Idee Enlils hinterging. Den männlichen Kindern Ninhursags untersagte Enlil den Dienst in den Unterkünften der Nibirianer. Ihre Arbeitskraft war – und dies war ungelogen – ausschließlich in den Minen und den damit verbundenen Arbeiten von Nöten. Die nibirianischen Aufseher wies Enlil an, die Kinder Ninhursags bis zu deren völligen Erschöpfung zur Arbeit Untertage heranzuziehen. Damit hoffte er, zwei Fliegen mit einer Klappe zu schlagen: Der Goldabbau würde beschleunigt werden und für Aktivitäten außerhalb der Minen würden die Kinder Ninhursags wohl zu erschöpft sein. Auch hier wagte Ninhursag keinen Widerspruch. Sie sah ihre Kinder in den Minen leiden. Sie wiegte sich aber als Trost in der Gewissheit, dass sich ihre Kinder zumindest untereinander, quasi im Auftrag von Enlil, weiterhin exponenziell vermehrten. Die Arbeit in den Minen war schließlich mit einem fixen Zeitplan an ein absehbares Ende gebunden.

Enki sah Ninhursag leiden. Er sah ihre Kinder in den Minen leiden. Bei jedem seiner Besuche beklagte sie ihren Schmerz. Doch beide wussten, dass es kein Entrinnen gab. Enlil folgte nur der Raison, der Logik und seinem rationellen Verstand. Die Kinder Ninhursags klagten kaum. Die Weiblichen trugen fortan eine Art Schleier, um ihre empfindsame Haut zu schützen. Selbst in den Tiefen der Minen wurden kaum Klagen laut. Zu streng war Enlils langer Arm in Form der Aufseher, als dass Zeit geblieben wäre, sich zu beklagen. Nach der Arbeit in den Minen waren die Arbeiter so erschöpft, dass jeder zügig seines Weges ging, um sich für den nächsten Tag auszuruhen. In der Übergangszeit, als Ninhursags Kinder aus den ersten Tagen noch gemeinsam mit ihren jüngsten Mischgenerationen arbeiteten, stellte sich bald heraus, dass sich die Arbeiter untereinander nicht für ebenbürtig hielten. Ninhursags Kinder aus den ersten Tagen, die ersten Generationen, wurden alsbald nur noch für schwerste, gefährlichste Arbeiten eingesetzt. Schließlich waren diese Generationen zu alt und damit zu schwach für die Arbeit in den Minen. Die Aufseher entließen den Großteil. Sie zogen sich in die Wälder zurück. Irgendwann starben die letzten dieser Generationen, die in den Lagern verblieben waren. Man nahm an, dass auch jene, die sich in die Wälder zurückgezogen hatten, inzwischen an Krankheit, Hunger oder schlicht Alter verstorben waren. Ninhursags Mischwesen hatten bei weitem weniger Drang, sich im Alter in den Wald abzusetzen. Sie verblieben in den Lagern, ließen sich mit Nahrung und Medizin versorgen, bis sie schließlich an Alter starben. Enlil hätte sich dieser Last lieber entbunden und sie in den Wald geschickt, banden sie doch Nahrungsressourcen ebenso wie Unterkünfte. Doch Enlil wusste genau, wie Ninhursag und Enki zu ihren Kindern standen. Zu guter Letzt vermutete er noch weitere, emotionale Verbindungen zwischen Ninhursags Kindern und einigen Nibirianerhaushalten. So behielt er diese Idee lieber für sich.

Der Goldabbau florierte seit Enlils Ankunft vor allem wegen Ninhursags neuer Generationen. Diese wuchs dank der Selbstvermehrung nicht nur unglaublich rasch in der Zahl, ihre Arbeitsleistung war dank ihres hohen Verständnisses, um nicht zu sagen, ihrer Klughei,t um ein Vielfaches höher als die jener der vorangegangenen Generationen. Menerta hatte einige Gerüchte über Ninhursags Kinder in den Wäldern aufgeschnappt. Demnach hatten sich die wenigen Abtrünnigen Ninhursags jüngster Generation zu einer Gruppe zusammengeschlossen. Sie versuchten weitere Gefährten aus den Reihen der Arbeiter zur Flucht in die Wälder zu überreden. Angeblich mit überschaubarem Erfolg. Enlil hatte rund um die Minen und die Behausungen, aber auch rund um die Dependancen in den anderen Teilen des siebten Planeten, breitere Gürtel roden lassen, sodass es zunehmend schwieriger für die Abtrünnigen wurde, sich mit ihren Brüdern zu verständigen. Adeptos selbst hatte bei einer Erkundung der Anhöhen in Richtung Norden, unweit der Startanlagen von Sippur eine dieser abtrünnigen Gruppen getroffen. Sie zeigten keinerlei Feindseligkeit, im Gegenteil. Es lag ihnen daran, Adeptos zu vermitteln, wie gut sie sich an das Leben in den Wäldern angepasst hatten. Schlussendlich verbrachte Adeptos mehrere Stunden mit den Abtrünnigen, nicht jedoch, ohne zuvor Alexa Go deaktiviert zu haben. Er fühlte sich Ninhursag verpflichtet, ihre Kinder zu schützen. Die Abtrünnigen führten Adeptos bis zu ihren Unterkünften. Sie hatten die natürlichen Höhlen im schrägen Anhang, der die große Ebene abgrenzenden Bergketten, künstlich erweitert. Hinter dem naturbelassenen Eingang weiteten sich die Gänge und Räume beeindruckend. Deren Ausfräsungen waren sicher nicht mit bloßen Händen, sondern mit Sicherheit mit Frequenzschleifern hergestellt worden. Adeptos wagte aber nicht, nach deren Herkunft oder deren Verbleib zu fragen. Die Innenwände waren glatt gearbeitet, die Raumaufteilung an die ursprünglichen Rundbauten in den Lagern angelehnt.

Adeptos wurde zum Essen eingeladen. Er war höchst erstaunt, zu welchem Standard es diese Abtrünnigen geschafft hatten. Ihr Speiseplan setzte sich aus unterschiedlichsten Pflanzen- und Fleischarten zusammen. Das erwies sich als zwar ungewohnt, aber durchaus als schmackhaft. Beide Seiten mussten sich erst an die Situation gewöhnen. Dabei erfuhr Adeptos rasch, dass die Abtrünnigen ihn nicht ohne Hintergedanken zu sich in ihre Behausung gebeten hatten. Sie waren seit der Geburt dem Tod näher als dem Leben. Dem Nachwuchs ging es soweit gut, doch die Mutter hatte bei der Geburt offenbar viel Blut verloren. Die Abtrünnigen hofften auf Adeptos‘ Hilfe. Oft hatten sie in den Minen erlebt, wie verletzte Kollegen durch die Nibirianer geheilt und wiederhergestellt wurden. Ein ähnliches Wunder an der Mutter der Zwillinge erhofften sie nun auch von Adeptos. Tatsächlich musste Adeptos der Gruppe begreiflich machen, dass er weder qualifiziert für medizinische Notfälle war, noch dass er das entsprechende Equipment bei sich hatte. Er konnte versuchen, die benötigte Ausrüstung oder die Medikamente zu besorgen. Das stufte er aber als schwierig ein, zumal er nicht wusste, welche Geräte oder welche Mittel von Nöten waren. Er bot an, die junge Mutter in das Lager bei Sippur zu nehmen, um sie dort untersuchen zu lassen. Doch die Sippe argwöhnte, dass damit ihr Versteck enttarnt werden würde. Immerhin willigten Sie ein, dass er in den Raumhafen zurückkehren durfte, um Menerta mit herzubringen. Immerhin war sie eine Frau und mochte besser einschätzen, was der jungen Mutter fehlen konnte.

104 **Die Abtrünnigen**

siebter Planet im 990sten Schar, 353.400 v. Chr.

„Wir müssen los", unterbrach Adeptos Menerta, während sie gerade an den Schlaflaken nestelte, um sie möglichst glatt über das Bett zu streichen. Menerta blickte überrascht auf. Sie erkannte in Adeptos' Blick seine Entschlossenheit und widersprach nicht. Adeptos ging nach hinten in den kleinen Anbau. Er packte alle Medicentsachen zusammen, die er finden konnte. Dann wies er Alexa Go an, alle medizinischen Dateien rund um eine Geburt und die typischerweise damit einergehenden Komplikationen in den Offline-Part seines Speichers zu transferieren. Damit hoffte er, vor Ort eine Hilfestellung für die Diagnose zu erhalten. Er wusste, dass Alexa Go die bessere Alternative gewesen wäre, aber mit ihrer Aktivierung vor Ort hätte er seinen und damit den Standort der Abtrünnigen verraten. Nachdem er nicht wusste, was Enlil im Falle einer derart großen Gruppe Abtrünniger für Anweisungen gegeben hätte, wollte er die Gruppe diesem Risiko nicht aussetzen. Menerta wechselte rasch den Overall. Auf Adeptos' Geheiß deaktivierte sie ebenfalls Alexa Go und setzte sich hinter ihn auf den Rover. Adeptos hatte sich den Weg anhand von markanten Punkten in der Landschaft eingeprägt. Das hatte er in seiner Pionierzeit gelernt, für den Fall, dass er ohne Alexa navigieren musste. Er folgte dem Waldrand vom nördlichen Ende des Lagers um Sippur, bis dieser einen langsam fließenden Bach kreuzte. Von dort an folgte er dem Bach, entgegen der Fließrichtung, bis sich der Wald schließlich lichtete. Der Wald ging in eine von hohem Gras bestandene Ebene über, durch die sich der Bach wand. Die Ebene wurde zusehends hügeliger. Das Bachbett schnitt nunmehr scharf in die Hügel, bis der Bachlauf sich in einem Wasserfall von hoch oben in die Tiefe stürzte. Diesen Wasserfall umfuhr Adeptos, um an der oberen Bruchkante erneut dem Bachbett zu folgen. Die bewachsene Ebene ging nun in teil karstiges Gestein über. Es ähnelte eher einer Geröllhalde, von einzelnen Sträuchern und Bäumen durchzogen. Von hier leiteten die Bäume Adeptos. Er hatte sich verschiedene Baumgruppen eingeprägt, die ihn und Menerta bis zu jenem Platz führten, wo er die Abtrünnigen das erste Mal getroffen hatte. Er drosselte den Rover und parkte ihn im Schatten einer mächtigen Baumkrone.

Hinter dem Baumstamm trat einer der Abtrünnigen hervor. Er hatte wie vereinbart auf sie gewartet. Nun half er, den Rover zu entladen. Er hob die Taschen mit den Medicent-Sachen aus den Halterungen und hängte sie sich über die Schulter. Dann forderte er Menerta und Adeptos auf, ihm zu folgen. Menerta hatte unterwegs Adeptos mehrfach ausgefragt, er sie jedoch nur um Geduld gebeten. Er war sich nicht sicher, ob Menerta seiner Bitte sonst gefolgt wäre oder ob sie umgehend Ninhursag verständigt hätte. Das wollte er nicht riskieren. Auch wenn Ninhursag sicher die beste Ärztin gewesen wäre, wollte er weder Menerta noch Ninhursag diesem Gewissenkonflikt aussetzen. Er war sich gewiss, beide würden anstandslos helfen. Aber beide würden mit sich ringen. Als sie der Abtrünnige den schmalen Weg den Berghang hinan führte, begann sich das Wetter gerade umzustellen. Die hohen Wolkentürme hatten sich zunehmend zu einer kompakten Fläche zusammengeschoben, deren Innerem mehr und mehr Dunkelheit zu entwachsen schien. Aus der Ferne hörten sie das dumpfe Grollen erster Donnerschläge. Der Abtrünnige beschleunigte seinen Schritt. Menerta und Adeptos hatten Mühe, mit ihm mitzuhalten, obwohl er zusätzlich die schweren Medicent-Taschen trug. Keine Sekunde zu früh erreichten sie den Höhleneingang. Kaum waren sie eingetreten, begann ein heftiger Regen die Spuren hinter ihnen zu verwaschen. Zuckende Blitze erleuchteten die ersten Meter des Höhlenganges, ehe grüne Stableuchten die Beleuchtung der weiter in der Höhle befindlichen Gänge übernahmen. Menerta musterte wie Adeptos die Leuchtkörper. Beide wussten, das dies entwendete Gegenstände aus den Lagern bei den Minen waren.

Der Abtrünnige führte Menerta und Adeptos bis vor einen Trennvorhang, an dem er zur Seite trat. Er zog den Vorhang aus dem Weg. Offenbar hatten sie die junge Mutter umgebettet. Sie lag nun inmitten eines geräumigen Zimmers mit fein behauenen Wänden. Von der Decke fluteten zwei Organicstrahler weißes, reines Licht über die auf einer Art weicher Bahre liegende Mutter. Sie war eingehüllt in einige Laken jener Decken, die die Nibirianer den Arbeitern in den Lagern zur Verfügung stellten. Menerta kniete sich neben die Mutter. Sie musterte sie und hielt ihre Hand auf die Stirn. „Sie hat hohes Fieber“, konstatierte sie und begann aus den Medicent-Taschen die Ausrüstung neben der jungen Mutter auszubreiten. Adeptos durchforstete die Offlinedatenbank nach hohem Fieber, Blutverlust und all jenen weiteren Stichworten, die Menerta ihm zuwarf.

105 **Arbeit bis zur Erschöpfung**
siebter Planet im 990sten Schar, 353.400 v. Chr.

Enlil ermahnte die Vorarbeiter immer wieder, Ninhursags Kinder bis zur Erschöpfung anzutreiben. Doch selbst jetzt, wo viele aus den Reihen Ninhursags Kinder zusammenbrachen oder jenen Tod erleiden mussten, der bald den Beinamen die „Staublunge" trug, wurde keine Kritik laut. Zumindest nicht für Enlils oder Enkis Ohren hörbar. Die Aufseher schirmten Ninhursags Kinder sehr gut gegen die Obrigkeit ab. Dennoch wusste Enki, dass seit Enlils Anweisungen die Öfen zur Beseitigung der verstorbenen Kinder Ninhursags wieder fast ständig schwarzen Rauch abgaben. Enki konnte die Rauchabsonderer unmittelbar von seinem Kommandostand aus einsehen. Er wusste auch um die Bedingungen in den Minen, die seit Enlils Ankunft wieder besorgniserregend geworden waren. Er hatte die Gerüchte über die mit der Akkordarbeit einhergehenden Unfälle gehört. Zum ersten Mal seit der Eröffnung der Minen trat bei Enki ein Gefühl in den Vordergrund, das er gegenüber Ninhursags Kindern bislang nicht empfunden hatte. Er hatte Mitleid mit jenen Geschöpfen, die keiner Art so richtig zuzurechnen waren, die seinem Wesen auf der einen Seite so ähnlich und doch so anders waren. Er sah die Generationen heranwachsen, in einem Tempo, in dem sich auf Nibiru gerade mal Blumenblüten entfaltet hätten. Er sah diese Generationen offen und neugierig auf das Bevorstehende. Er konnte Ninhursags Schmerz nachfühlen, wusste sie doch ebenso wie er, wie diese Generationen ihr kurzes Leben verbringen würden. Er bemitleidete die Mütter und Väter unter Ninhursags Kindern, die ihre Kinder aufzogen und deren Schicksal vorbestimmt sahen. Würden sie ein besseres Leben kennen, da war sich Enki gewiss, würden sie nicht zögern, dies für ihre Kinder einzufordern. Enlil schien derlei Gewissenbisse nicht zu kennen. Mit keinem Wort hatte er je die Arbeitsbedingungen in den Minen thematisiert, mit keinem Erlass versucht, das Leben von Ninhursags Kindern zu verbessern, im Gegenteil. Sein Streben galt einzig der Umsetzung der Mission. Zudem schien etwas anderes Enlil mehr zu beschäftigen, doch Enki war es bislang nicht gelungen, dies herauszufinden.

Mit einem wohl durchdachten Schachzug hatte Enlil es geschafft, den Arbeitsdruck weiter zu erhöhen. Seinen eigenen Kindern Ninurta, Nannar und Adad, die ihn auf der dritten Mission begleiteten, übertrug er einige der neuen Minen im Osten und Westen sowie unweit von Apsu. Auch sie hatte er auf Strenge und Unerbittlichkeit gegenüber den Arbeitern eingeschworen. Nannar und Adad hätten dieser Vorgabe nicht bedurft. Sie schienen ihren Vater, wie in vielen anderen Dingen auch, hierbei überflügeln zu wollen. Ninurta handhabte die Aufgabe eher wie Enkis Sohn Marduk. Beide hielten die Minen und Siedlungen am Laufen, ohne sich allzu viel zu engagieren. Speziell Marduk zog es vor, seinem Hobby der Jagd nachzugehen. Statt in den Minen oder Eridu verbrachte er viel Zeit im Nordwesten in den ausgedehnten Urwäldern beiderseits des großen Süd-Nordflusses.

Enlil hatte einige besonders Begabte unter Ninhursags Kindern auserkoren, leitende Funktionen zu übernehmen. Diese erhielten von Ninhursag zusätzlich das Enzym Telomerase. Durch dieses Enzym wurden die Teleomere in den Zellen nicht mit zunehmendem Alter verkürzt, was zur Folge hatte, dass diese Kinder Ninhursags bei weitem ihre Brüder und Schwestern überlebten, oftmals über unzählige Generationen hinweg. Dadurch stiegen diese Vorarbeiter auch für ihresgleichen zu Unberührbaren, göttergleich auf und erhielten von jeder überlebten Generation noch mehr Autorität. Manche von ihnen standen ihrer Art über viele Schars vor. Megalarus und Eudoreschus erlebten 18 Schars (64.200 Erdenjahre). Selbst den Raumflughafen Sippur unterstellte Enlil einem aus Ninhursags Kinderschar: Lamech. Dieser hatte bereits erfolgreich einen Teil der Minen im Süden des siebten Planeten geleitet, über vier Generationen hinweg, ehe Enlil ihn zum Vorarbeiter in Sippur ernannte. Eine Entscheidung, die Enki nicht goutierte. Damit stellte Enlil eines der Mischwesen nicht nur in den gleichen Rang wie die Nibirianer, er übertrug ihm damit auch Befehlsgewalt über einige der einfachen Missionsteilnehmer. Das erachtete Enki schlichtweg als falsch. Auch Ninhursag beobachtete diese Entwicklung mit zunehmendem Argwohn. Durch die nahtlose Integration ihrer Kinder in die gehobenen Aufgabenbereiche schürte Enlil unter den Nibiruanern Neid und Eifersucht. Nicht zuletzt seine eigenen Kinder fühlten sich zurückgesetzt, selbst wenn Ninhursags Kinder sie wie Enlil, Enki und die anderen Nibirianer hoher Abstammung mit Digir oder Dingir als Götter betitelten. Ihnen hatte er weitreichende Territorien unterstellt, doch sie waren nur so etwas wie Statthalter in ihren Gebieten. Die Kinder Ninhursags bewunderten die Führer aus ihren Reihen, die sich Lugal (König) nennen ließen und gemessen am Standard der sonstigen Kinder Ninhursags göttergleich verehrt und verwöhnt wurden. Waren diese Wesen nicht geschaffen worden, um den Nibirianern in den Minen zur Hand zu gehen? Und wenn jetzt auch kein Nibirianer mehr in den Minen sein Leben lassen musste, so war es doch impertinent von Enlil, diesen Wesen nunmehr solche Verfügungsgewalt zu übertragen. Wiewohl Wesen wie Lamech ihre Verfügungsgewalt mit größtem Bedacht und Klugheit ausübten. So wusste Ninhursag doch, dass diese Entscheidung letztendlich den Unmut der Nibirianer gegen ihre Kinder nur schüren würde. Sie versuchte mehrfach, Enlil von diesen Dekreten abzubringen, stieß bei ihm jedoch auf taube Ohren. Im Gegenteil. Er sah sich falsch verstanden und heuchelte Unverständnis, müsste es Ninhursag doch zur Ehre gereichen, wenn ihre Wesen für solch verantwortungsvolle Tätigkeiten herangezogen werden.

107 **Bei den Abtrünnigen**

siebter Planet im 990sten Schar ,353.400 v. Chr.

Das Medicent bestätigte Adeptos‘ erste Vermutung. Die junge Mutter hatte bei der Geburt ungewöhnlich viel Blut verloren. Es gab keinen Hinweis auf weitere Verletzungen. Jedoch schien sich vom Geburtskanal ausgehend eine Art Sepsis auszubreiten, von der auch das hohe Fieber herrührte. Eine lebensgefährliche Situation für die Mutter. In ihrem geschwächten Zustand konnte ihr Körper nicht genug Abwehrkräfte aufbringen, um gegen die Sepsis und das Fieber erfolgreich anzukämpfen. Menerta injizierte der Mutter subkutan ein Antidot gegen das Fieber, ein an Nibirus Antibiotika angelehntes Antibakterium, das das Fieber in dem jungen Körper umgehend bekämpfen sollte. Intravenös spritzte Menerta drei Trockenkonserven Blutersatz, was rund zweieinhalb Litern Frischblut entsprach. Für das aktuelle Fieber setzte sie zusätzlich einen Tropf fiebersenkende Flüssigkeitslösung. Adeptos war froh, das Offlinearchiv überspielt zu haben. Er hätte sich kaum im Stande gesehen, alleine medizinische Eingriffe zu praktizieren. Doch die junge Mutter war mit Menertas Behandlung noch nicht gerettet. Zu weit war die Sepsis schon fortgeschritten, zu sehr der Organismus geschwächt. Zudem war sich Menerta nicht sicher, ob die gewählten Arzneien bei Ninhursags Kindern in gleicher Weise und Stärke ihre Wirkung taten wie bei Nibiruanern.

Der Abtrünnige, der Menerta und Adeptos bei dem großen Baum erwartet und sie den Pfad bis zum Höhleneingang heraufgeführt hatte, entpuppte sich als der Vater der Zwillinge. Entsprechend aufgewühlt und verzweifelt war er ob des Gesundheitszustandes seiner Frau. Menerta versuchte, ihn zu beruhigen. Zugleich sprach sie ihm nur gedämpfte Hoffnung zu. Von Menertas Bedenken wollte der junge Vater allerdings nichts hören. Er kniete neben seiner Frau und setzte all seine Hoffnung in Menertas Behandlung.

Adeptos packte das Medicent zusammen. Er setze sich mit einigen der anderen Abtrünnigen in einem anderen Raum des Gangsystems zusammen. Sie erzählten freimütig, wie sie das Leben in „Freiheit", wie sie es nannten, meisterten. Einige hatten sich darauf spezialisiert, mit einfachen Mitteln Wildtiere zu fangen. Andere durchstreiften die Wälder auf der Suche nach wilden Beeren. Sie suchten essbare Pflanzen und Früchte. Dabei hatten sie bereits umfangreiches Wissen darüber angehäuft, welche Pflanzen und Früchte sich als genießbar herausstellten.

„Wir beobachten die Tiere", erklärte einer der Abtrünnigen dem aufmerksam zuhörenden Adeptos. „Was sich für die Tiere als verträglich herausstellte, ist zumeist", und ein breites Grinsen überzog seine Lippen, als er das sagte, „auch für uns essbar."

Adeptos bemerkte, dass auch die anderen in das Grinsen eingestimmt hatten. Er beschloss, das zu hinterfragen.

„Was ist passiert?", fragte Adeptos mit Verweis auf das Grinsen.

„Wir haben dieser Theorie folgend auch von den schwarzen Beeren gegessen." Er hielt einen kurzen Ast mit reichlich schwarzen Beeren darauf in die Höhe. „Aber die Beeren sind uns nicht so gut bekommen. Zuerst wurde uns schwindlig." Er stand auf und deutete das Torkeln eines Betrunkenen an. „Dann mussten wir furchtbar lange auf den Toiletten verharren. Offenbar vertragen sich diese Beeren nicht mit unserem Kreislauf und schon gar nicht mit unserer Verdauung." Ein breites Grinsen beendete die Vorführung. „Aber man fühlt sich stark und frei danach, als sei man in einem anderen Körper. Möchtest du?"

Aber Adeptos winkte ab. Die anderen grinsten einmal mehr.

„Und?", erkundigte sich Adeptos leise bei Menerta, als sich diese auch zu ihnen setzte. „Wird sie es schaffen?"

„Ich hoffe es", erwiderte Menerta. „Und wenn sie noch weitere Kinder bekommen sollte, bin ich gespannt, wie sich das hier auswirkt." Menerta wackelte mit dem leeren Flakon aus Ninhursags Labor vor seinen Augen.

„Ist das …" Weiter kam er nicht.

„Ja, das ist das Enzym, mit dem auch Lamech zu fortwährender Jugend[6] kam: Telomerase, in hoher Konzentration. Ich denke, es wird ihr helfen, sich wieder vollständig zu erholen. Es wird wohl auch die Lebensspanne ihrer künftigen Kinder beeinflussen. Sie hat mir versprochen, den nächsten Jungen zu unseren Ehren gedenk ihrer Rettung nach meinem Vorahn Ziusudra zu benennen."

108 **Enlils Geheimnis II**

siebter Planet im 990sten Schar, 353.400 v. Chr.

Im Auftrag des Ältestenrates und dessen Vorsitzenden Rentil nahm Eltron mit Enlil Verbindung auf. Enlil staunte nicht schlecht, auf diesem Weg von Eltron zu hören. Noch mehr brachte ihn das zum Staunen, was Eltron ihm mitzuteilen hatte. Wie versprochen hatten die Wissenschafter Eltron Zugang zu den verschlossenen Archiven gewährt. Je länger Eltron diese Archive durchforstete, desto klarer wurde ihm die Gesamtsituation. Nibiru war bereits einmal, vor vielen Schars, also lange vor der allgemein zugängigen Geschichte in den Archiven, ins Trudeln geraten. Genau genommen schien sich dies alle 867 Schars mit berechenbarer Regelmäßigkeit zu wiederholen. Damals nutzten die Vorfahren die ungewöhnliche Nähe Nibirus zur Erkundung des siebten Planeten. Für einen kurzen Moment schien diese Erkundung die ideale Gelegenheit, den sonst kaum erreichbaren siebten Planeten näher zu erforschen. Aus dieser kurzen Phase stammten auch sämtliche, tief in den verschlossenen Archiven verborgenen Daten über den siebten Planeten. Ja, bereits damals waren Sonden der Nibiruaner in nächster Nähe zum Planeten unterwegs gewesen. Sie hatten unzählige Daten über diesen Planeten erhoben. Dieser war, umgangssprachlich formuliert, gerade seiner Kinderstube entwachsen. Erste höher entwickelte Lebensformen begannen sich auf dem Planeten zu verbreiten. Doch die Erkundungen der Nibiruaner nahmen ein jähes Ende: Die Anziehungskraft Nibirus war aufgrund der ungewöhnlichen Planetenkonstellation minimal höher als sonst. Dieser minimale Unterschied reichte offenbar aus, um das Magnetfeld des siebten Planeten zu beeinflussen. Mit dem Einfluss auf das Magnetfeld änderten sich auch die Bedingungen am siebten Planeten dramatisch. Binnen kürzester Zeit verschoben sich die Klimazonen. Das bislang an den Polkappen gefrorene Eis schmolz in kaum vorstellbarem Tempo, Wirbelstürme von gigantischen Ausmaßen brauten sich zu Unwetterzellen zusammen, die binnen Augenblicken ganze Landstriche verwüsteten. Das veränderte Magnetfeld des siebten Planeten brachte auch eine Destabilisierung der Landkruste des siebten Planeten mit sich. Landmassen erhoben sich, andere senkten sich; Wasserfluten ergossen sich in die Senken und legten ganze Meere trocken. Kurzum, eine den ganzen Planeten umfassende Katastrophe, die im wahrsten Wortsinn kaum einen Stein auf dem anderen beließ, fand statt. Der Großteil des bis dahin als Landmasse von den Sonden der Nibiruaner fotografierten Gebietes ging unter einer unvorstellbaren Sintflut unter und löschte ihre Spuren.

„Du willst mir also mitteilen, dass Nibiru in naher Zukunft so nahe an uns herankommt, dass wir einen idealen Zeitpunkt für unsere Raumkreuzer und deren Überfahrt nach Hause haben werden? Wenn wir aber diese Überfahrt nicht rechtzeitig antreten oder mit unserer Schürfarbeit nicht rechtzeitig vor dieser Annäherung fertig werden, wird unsere ganze Mission in einer ähnlichen Katastrophe wie damals untergehen?“, brachte Enlil die Botschaft Eltrons auf den Punkt. Die Leitung blieb einen kurzen Augenblick totenstill. Länger als Enlils Zusammenfassung gebraucht haben mochte, um Eltron auf Nibiru zu erreichen. Doch Eltron wollte für seine Antwort die Zustimmung des Ältestenrates einholen. Der Vorsitzende nickte.

„Ja“, bestätigte Eltron.

„Aber wir werden noch etwas Zeit benötigen, um den genauen Zeitpunkt der bevorstehenden Ereignisse zu berechnen. Noch sind viele kleine Ungenauigkeiten in unserer Berechnung. Es scheint in jedem Fall so, dass sich am planmäßigem Abschluss der neuen Mission nichts ändern müsste. Ich wiederhole: Allen unseren bisherigen Berechnungen zufolge tritt das Ereignis, so es überhaupt in der beschrieben Intensität eintritt, erst nach Abschluss der neuen Mission ein.“

109 **Über das Leben**

siebter Planet im 991sten Schar, 349.800 v. Chr.

Als Menerta und Adeptos in das Lager zurückkehrten, hatten beide ein gutes Gefühl. Sie wussten nicht, ob es gelungen war, die junge Mutter zu retten, aber irgendwie waren sie sich darüber einig, das Richtige getan zu haben. Sie waren sich hingegen unsicher, ob dies aus Enkis oder Enlils Blickwinkel anders zu bewerten war. Adeptos dachte nur an die unzähligen Gerätschaften, die sie in der Höhle gesehen hatten. Diese waren unzweifelhaft den Missionen entwendet worden. Menerta schätzte die Gefolgschaft auf über 50 Individuen, weitaus mehr an der Zahl, als Enlil oder Enki ihnen weismachen wollten. Darunter Alte und Junge. Menerta hatte keinen Zweifel, dass die Zwillinge nicht die erste Generation waren, die in den Wäldern geboren worden waren. Auch Adeptos schätzte, dass diese Gruppe sicher nicht die einzige Gruppe war, die sich abseits der unzähligen Nibiru-Stationen in den Wäldern aufhielt.

„Glaubst du, sie haben ein schönes Leben?“, fragte Menerta, während sie gekühltes Wasser aus dem Küchentank in zwei Gläser fließen ließ und mit Aroma versetzte.

„Du meinst die Abtrünnigen?“

„Ich meine die Waldleute“, widersprach Menerta.

„Wenn sie an keinen Krankheiten leiden oder irgendwelche Unfälle haben“, sinnierte Adeptos.

„Aber in Summe scheint es ihnen gut zu gehen. Sie schienen mir gut genährt, frei von Sorgen über das Morgen. Das mag viele Unannehmlichkeiten aufwiegen.“

Adeptos taxierte Menerta, die wiederholt an dem Fruchtwasser nippte.

„Ich dachte nur ...“ Menerta setzte das Glas ab.

„Du dachtest was, Menerta?“

Statt zu antworten, verließ Menerta den Raum. Adeptos konnte hören, wie sie im Nebenraum etwas suchte und dann mit ihrem seinerzeitigen Geschenk an ihn in der Hand zurück in den Raum kam. Sie wickelte es umständlich aus den Tuchlagen, die es vor fremden Blicken verbergen sollten. Es war das Buch, das Menerta ihrem Adeptos mit der zweiten Mission mitgebracht hatte. Für sie war es ein Stück Erinnerung an ihre Zeit auf Niribu. Die darin dokumentierten Pflanzen und Tiere, Ninhursags eigentümliche Pflanzengeschöpfe, die Menerta in dem Buch verewigt hatte, das alles war für Menerta ein Stück weit versinnbildlichte Heimat. Deshalb hatte sie dieses Buch von Nibiru mit auf die Mission genommen. Sie wollte Adeptos ihre Erinnerungen mitbringen. Sie wollte die Verbindung zu Nibiru bewahren, ganz egal, was die Zukunft bringen würde.

„Was willst du jetzt damit?"

„Ich bin mir nicht sicher", antwortete Menerta, es ist mehr ein Gefühl, das mir sagt, dass diese Erinnerung an Nibiru und unsere heutige Begegnung mit den Waldleuten einen Kreuzungspunkt in unserem Leben markieren."

Adeptos konnte ihr nicht folgen.

„In diesem Buch ist unsere Erinnerung an die Zeit auf Nibiru festgehalten", erklärte Menerta ihre Empfindung.

„Plötzlich, seit dem heutigen Treffen, glaube ich, dass dieses Buch nicht dazu bestimmt ist, unsere Erinnerung wachzuhalten, bis wir dahin zurückkehren."

Adeptos schien Menertas Gedanken langsam aufzugreifen.

„Du meinst, wir sollten mit der Vergangenheit brechen und uns auf unsere Zukunft konzentrieren?"

Menerta nickte.

„Aber du sprichst nicht von einer Zukunft zurück auf Nibiru wenn ich dich recht verstehe?"

„Nicht unbedingt", gab sich Menerta zurückhaltend.

„Du meinst, wir sollen uns diesen Waldleuten anschließen?"

Menerta schwieg. Adeptos hatte das ausgesprochen, was in Menerta, seit sie auf dem siebten Planeten angekommen war, seit sie dessen Schönheit gesehen hatte, schlummerte. Sie sehnte sich nach Vollkommenheit. Sie wünschte sich einen Neuanfang für sich und ihre Nachkommen. Dies schien ihr eine überlegenswerte Gelegenheit.

110 **Enlil ringt mit sich**

siebter Planet im 991sten Schar, 349.800 v. Chr

Enlil lag halb dösend auf seinem Canapé, einer Kombination aus mit dem 3D-Drucker gefertigten Formteile und einer mit schlichten Holzplanken gefertigten Verlängerung für die Füße. Eltrons Nachricht beschäftigte ihn. Sie hielt sein Gehirn hinter der dösenden Fassade auf Trab. Noch schien Eltrons Nachricht viele Unabwägbarkeiten in sich zu bergen. Der Hauptpunkt war der noch unsichere Zeitpunkt. Jedenfalls, so schien es, konnte die Mission in der jüngsten Zeitvariante unbeeinträchtigt abgeschlossen werden. Sollte sich dies bestätigen, war Enlil seine größte Sorge los. vielleicht konnte der Kataklysmus auch noch eine weitere seiner Sorgen im wahrsten Sinn des Wortes aus der Welt schaffen. Wie in den Vorgaben zur ersten Mission festgehalten, sollten sich die Missionsmitglieder nach Abschluss der Mission wieder völlig vom siebten Planeten zurückziehen. Da war aber die gesamte Missionsplanung von anderen Voraussetzungen ausgegangen. Es wurde mit ein paar Minen gerechnet, die von den Nibiruanern unter Zuhilfenahme ihrer Technik erschlossen werden sollten. Nach Abschluss des Goldabbaus sollten die Minen wieder renaturiert werden. Die Unterkünfte und sonstigen Anlagen wie Erztrenner und Startrampen sollten laut Missionshandbuch abgebrochen und mittels Frequenzteiler in kleinen Stücken der Natur des siebten Planeten zur Renaturierung überlassen werden. Enlils dösendes Gesicht verzog sich zu einem Schmunzeln über die Naivität, die die Verfasser – immerhin war er selbst unmittelbar daran beteiligt gewesen – bei der Erstellung des Missionshandbuches an den Tag gelegt hatten. Er musste schmunzeln, wie ausführlich die Missionsvorgaben jede erdenkliche Situation mit schrittweisen Vorgangsweisen abdeckten. Ein Scheitern der Mission wurde jedoch mit keinem Wort in Betracht gezogen. Allein schon das korrekte Annehmen von Schwierigkeiten beim Goldabbau hätte realitätsnähere Simulationen hervorgerufen. Doch in ihrem übermäßigen Selbstvertrauen war dies gar nicht erwogen worden. Demgemäß war es auch nicht verwunderlich, dass es keine Vorgaben für die nunmehr herrschende Situation gab. Ein rückstandloses Verlassen des Planeten war keine Option. Selbst wenn alle Minen, alle Bauten trotz des engen Zeitfensters mit großem Aufwand geschlossen bzw. renaturiert hätten werden können, so blieben doch die unzähligen Individuen, die Ninhursag geschaffen hatte. Vor allem ihre Kinder, sowohl jene, die in den Minen Dienst taten, als auch jene, die sich – und da war Enlil realistisch in seiner Einschätzung – zu hunderten, vielleicht sogar zu tausenden in die Wälder abgesetzt hatten. Dort hatten sie sich den Fähigkeiten der jüngsten Generation entsprechend mit Sicherheit rasend schnell vermehrt. Was sollte aus ihnen werden? Ein Streiflicht der Sonne fiel zwischen den Rollos genau auf Enlils Augen und ließ ihn blinzeln. Würde das ursprüngliche Missionshandbuch auf deren Aulöschung bestehen? Was würde Ninhursag zu dieser Auslegung des Missionsauftrages sagen? Wie sollte es technisch möglich sein, die Abtrünnigen in ihren Verstecken aufzuspüren, um sie zu eleminieren? Bedeutete das, Krieg auf den siebten Planeten zu tragen? Auch hier war Enlil realistisch, dass sie es nun nicht mehr mit tumben Geschöpfen zu tun hatten, wie sie Enki zu Beginn der ersten Mission mit einfachen Mitteln orten und fangen konnte. Jetzt waren die Abtrünnigen schlau. Sie hatten mitunter die Technik der Nibiruaner gesehen und würden sich in Kürze davor zu verbergen wissen. Ein Gedanke schlich sich leise, fast verstohlen in Enlils Überlegungen. Wenn Eltrons Vorhersage zutraf, mochte er ihre Spuren ruhigen Gewissens dem Kataklysmus überantworten. Würde dieser, wenn er in der von Eltron beschrieben Weise eintrat, nicht ohnehin sämtliche Spuren samt dem aus ihrer Mission entstandenen Leben wieder auf den Anfang zurückführen? Einem Resetknopf gleichkommen? Enlil rollte unruhig auf dem Canapé hin und her, als sich Enki ankündigte. „Unsere Kinder verrichten gute Arbeit“, begrüßte Enki Enlil, der sich aufrichtete, als Enki eintrat.

„Du sagst es“, erwiderte Enlil. „Sie verstehen offen gesagt nicht, warum du ausgerechnet die Leitung Sippurs mit Lamech, einem aus Ninhursags Kinderschar, anvertraust.“

„Weil es uns den sozialen Frieden zwischen den Unsrigen und den Ihrigen“, er meinte Ninhursags Kinder, „eher sichert, als es einem unserer Kinder an Ehre bringt, diesen Ort zu leiten.“

Enlil bot Enki einen Platz neben ihm auf dem Canapé an, doch Enki stand lieber. Er lehnte dankend ab. „Und doch braut sich unter unseren Kindern Ungemach zusammen. Sie scheinen sich untereinander zu rivalisieren. Sie schätzen offenbar die ihnen zugeteilten Aufgaben und Gebiete als von zu unterschiedlicher Bedeutung ein, als dass sie mit ihrem Schicksal zufrieden wären.“

„Ich weiß, Enki, sie rittern, wie wir selbst dereinst. Sie möchten sich mit ihren Kräften und an ihrem Können messen. Erinnere dich, wir waren kaum anders.“

„Stimmt“, bekräftigte Enki, „doch wir wussten um das Leid unserer Vorfahren. Wir haben ob dieser Erfahrung unsere Kräfte nicht gegeneinander gerichtet, sondern sie gebündelt um Nibiru zu einen. Unsere Kinder kennen die Geschichte nur vom Hörensagen. Ich fürchte, dass dieser Planet mit seiner Schönheit und seinem Reichtum mehr als nur geeignet ist, unsere Kinder in die gleiche Falle tappen zu lassen wie unsere Vorväter.“

„Du sprichst wahr“. Enlil stand ebenfalls auf. „Und doch gibt es etwas, was du über diesen Planeten wissen solltest, das unserer Kinder überschäumenden Ehrgeiz und Eifer wahrlich bremsen wird.“

„Wovon sprichst du?“

Enlil trat an Enki heran, legte seine Hand auf seine Schulter und sprach in einem leisen, bestimmten Ton. So als ob er Angst hätte, belauscht zu werden und so, dass Enki wusste, dass das, was Enlil ihm nun sagte, nur für seine Ohren bestimmt war.

111 Tumus Logbuch Eintrag 567
siebter Planet im 991sten Schar, 349.800 v. Chr

Dieser Eintrag wird mein letzter in Ninhursags Labor sein. Nachdem Ninhursag ihren Kindern die Fertilität geschenkt hat, gibt es für uns kaum mehr Aufgaben. Ein Großteil unseres Labors wurde in eine Geburtenstation, Schuruppak, umgewandelt, die in hoher Frequenz von ihren Kindern besucht wird, um den jungen Müttern bei der Geburt beizustehen. Längst haben Ninhursags Kinder bei dieser Betreuung unsere Nibiruanischen Mediziner abgelöst. Nur in einzelnen, schwierigen Fällen bitten sie uns nach wie vor um Beistand und rufen uns nach Schuruppak. Es müssen tausende gewesen sein, die hier während eines Sonnenlaufs jeweils entbunden haben. Ninhursag selbst hat das Interesse an ihren Genexperimenten mit der Krönung ihres Schaffens weitgehend verloren. Ich habe mich aus Ninhursags Dienst versetzen lassen. Die seltenen Gelegenheiten, zu denen Ninhursag noch Zeit in den Resten ihres Labor verbringt, studiert sie an ihren einst geschaffenen Mischwesen. Sie erprobt gelegentlich neue Kombinationen. Mir scheint, diese Erprobung dient ausschließlich ihrer Belustigung, um neue Kreaturen zu erschaffen. Die meisten Kreaturen hiervon sterben kurz darauf. Einige wenige entlässt sie in die umliegenden Gehege. Sie erfreut sich an ihnen während ihres leider meist kurzen Lebens. Ihre letzte Meisterleistung war die Verlängerung des Lebenszyklus, die sie manchen ihrer Kinder zuteil werden ließ. Einer aus ihrer Kinderschar, Lamech, hat bereits mehrere Generationen der anderen Kinder überlebt. Er erfreut sich nach wie vor seiner Jugend. Das lebensverlängernde Elixier hat Ninhursag in ihrem privaten Gemach verschlossen. In keinem der Labortagebücher gibt es Aufzeichnungen über die Mixtur. Selbst mir gegenüber hüllt sich Ninhursag über die Details in Schweigen. Nicht zuletzt das bestätigte meinen Entschluss, mich versetzen zu lassen. Enki war nicht begeistert, ich denke, er sah mich als Redundanz zu Ninhursags Unterfangen. Ich habe Enki gebeten, mich in eine der fern von Sippur gelegenen Dependencen einzusetzen. Wenn ich ehrlich bin, fürchte ich Ninhursags Reaktion auf meinen Abgang, auch wenn ich ihr zuletzt nicht mehr wirklich zur Hand gehen konnte. Enki bot mir an, mich weit in den Westen auf einem fernen Gebirgszug des siebten Planeten zu verwenden. Nach Apsu sollen dort die zweitreichsten Goldadern liegen, die nun verstärkt abgebaut werden. Mit meinem Transport werden auch unzählige von Ninhursags Kindern zu diesen Goldadern verlegt. Ich habe mir die Gegend meiner künftigen Stationierung via Alexa Go angesehen: Ein schmaler Bergrücken, dicht bewaldet zieht sich von Nord nach Süd. Er grenzt nach Westen hin eine große Landmasse inmitten des blauen Wassers ab. Tief zu seinen Füßen erstreckt sich eine hügelige, dicht mit Urwald bewachsene, von zahllosen Flüssen durchzogene Ebene. In dieser Ebene haben unsere Sensoren reichhaltige Goldvorkommen angezeigt, die offenbar durch die Flüsse aus den Bergen in die Ebene geschwemmt wurden. Mir gefällt die Region. Die Landebasis auf dem Berggrad schmiegt sich kaum wahrnehmbar an den Bergrücken und die Lager der Arbeiter verschwinden im Dickicht der Ebene. Ich werde mich vor Ort vorrangig um die Gesundheit der Arbeiter kümmern. Das ist weniger anspruchsvoll als meine Tätigkeit im Labor, aber es wird mir im Gegenzug ausreichend Zeit geben, um mir den siebten Planeten näher anzusehen. Die Landmasse zieht sich dort Richtung Norden bis fast zur Polkappe, sodass ich ausreichend Möglichkeiten zu Erkundungen mit dem Rover haben werde.

112 **Marduk auf der Jagd**

siebter Planet im 991sten Schar, 349.800 v. Chr

Die riesigen Wälder gegen Norden und Westen von Eridu waren ein ausgezeichnetes Jagdrevier. Marduk packte seine Ausrüstung und startete den Rover. Am liebsten ging er allein auf die Jagd, auch wenn Enki das nicht gern sah, barg die Jagd doch unabwägbare Gefahren. Auf Nibiru hatte sich Enki schon damit abgefunden, dass Marduk seine Sorge nicht ernst nahm. Auf dem siebten Planeten war seine Sorge ungleich größer. Enki hatte sich das erstellte Verzeichnis der Fauna des siebten Planeten genau angesehen. Insbesondere die Wälder und Sümpfe bargen eine Vielzahl gefährlicher Tiere. Genau das war aber der Reiz für Marduk. Es gab eine Vielzahl interessanter Geschöpfe auf dem siebten Planeten. Die besondere Herausforderung war, dass deren Verhaltensweise nicht bekannt, nicht voraussehbar war. Marduk konnte sich nur auf die Erfahrungen aus der Jagd auf Nibiru zurückgreifen. Das beunruhigte Enki ebenso wie die Gewissheit, dass auf der Speisekarte zumindest einiger dieser Wildtiere unzweifelhaft Fleisch stand.

Marduk folgte zuerst der Roverroute Richtung Sippur. Auf halbem Weg verließ er die Route und bog mit seinem Rover scharf Richtung Westen ab. Während die Roverrouten von den Bots von gröberen Hindernissen frei gehalten wurden, änderte sich dies unmittelbar mit Verlassen der Route. Marduk stand von seinem Sitz auf, um einen besseren Überblick nach vorn zu haben. Auf den Roverrouten konnte man Alexa Go die Steuerung des Rovers überlassen. Begab man sich abseits der Routen reduzierte Alexa Go merklich die Geschwindigkeit der Rover. Indem sie mehr Energie auf die Frequenzlevitatoren legte, hoben sich die Rover deutlich höher über den Untergrund, sofern sie die Rover nicht überhaupt hoch über dem Boden quer durch die Luft steuerte. Marduk hatte Alexa Go deaktiviert. Er genoss es, den Rover mit hoher Geschwindigkeit selbst zu lenken und dabei möglichst knapp über den Boden zu flitzen. Geschickt wich er Ästen und Büschen aus, sprang über Baumstümpfe oder duckte sich unter Baumkronen hinweg. Je dichter der Wald wurde, desto mehr Spaß empfand Marduk. Statt die Geschwindigkeit zu drosseln, versuchte er so schnell wie möglich zwischen, durch und über die Hindernisse hinweg zu steuern. Nachdem der Wald über eine längere Zeit hindurch immer dichter wurde, lichtete sich das Dickicht nunmehr. Der Boden wurde zunehmend feuchter, sumpfiger. Marduk vermutete, dass er nun in die Nähe eines der beiden großen Flüsse gelangt war. Diese Gegend schien ihm für die Jagd vielversprechend. Er suchte einen geeigneten Platz für den Rover und parkte ihn unter den Baumkronen einer kleinen solitär stehenden Baumgruppe. Ein Platz, der leicht wieder zu erkennen war. Der Scan der bioelektrischen Impulse bestätigte Marduk bei seiner Wahl für den Ausgangspunkt der Jagd. Rundum indikatierte Alexa Go eine Vielzahl unterschiedlichster Lebensformen. Entsprechend der Ausschläge der Impulse schätzte Marduk die Lebensformen auf unterschiedlichste Größe. Manche Ausschläge standen nahe zueinander. Dabei dürfte es sich um eine Herde handeln. Marduk nahm an, dass Tiere, die sich in Herden bewegen, dies zu ihrem Schutz tun. Zumindest auf Nibiru war dies so. Er würde sich lieber auf die Einzelgänger auf dem Scan konzentrieren. Seiner Erfahrung nach waren Einzelgänger Jäger. Jäger bedeutete zugleich wehrhaft und das versprach die von Marduk gesuchte Herausforderung. Er deaktivierte Alexa Go an seinem Handgelenk, wie er das immer tat, seit Alexa Go ihm auf Nibiru mit einer überraschenden Nachricht, die sich durch lautes Vibrieren ankündigte, um eine verdiente Jagdtrophäe gebrachte hatte. Marduk knöpfte seinen Overall auf, rollte ihn bis zur Hüfte hinab. Dann tauchte er zu Fuß in das Buschwerk, um seinem Vergnügen nachzugehen.

113 Der Abschied

siebter Planet im 999sten Schar, 320.200. v. Chr.

„Es ist also beschlossene Sache?", nahm Menerta Tumu die Worte vorweg.

„Ja meine Lieben, ich werde dieses Lager verlassen. Enki hat mir eine Möglichkeit weit im Westen des siebten Planeten angeboten. Ich werde diese Möglichkeit ergreifen."

Tumu saß mit Menerta und Adeptos in deren Unterkunft. Ein einziges Mal hatte Tumu in letzter Zeit gegenüber Menerta eine Andeutung gemacht, sich von Ninhursags Labor zu trennen. Menerta hatte nicht die Kraft gehabt, ihr entgegen zu reden. War sie doch selbst von vielschichtigen Zweifeln geplagt. Menerta hätte Tumu auch gerne in ihre Überlegungen zum Verbleib auf dem siebten Planeten eingebunden, doch Adeptos hatte Menerta eindringlich gebeten, diese Idee niemandem anzuvertrauen. Nun war dies Tumus Abschiedsbesuch. Es fiel Menerta schwer, Tumu über ihre Zukunft im Ungewissen zu lassen. Mochte es doch das letzte Mal sein, an dem sie sich trafen. Adeptos hatte, von wo auch immer, einige Leckereien und sogar ein paar Konserven mit „Traumgel" aufgetrieben, jenem Halluzinogen, das in Verbindung mit Alexa das Eintauchen in die virtuelle Welt so eindrucksvoll und real erscheinen ließ, dass es sich wie die Realität anfühlte. Adeptos wie auch die beiden Frauen hatte Angst, Alexa zu involvieren, wussten sie doch nicht, zu welchen Äußerungen das Traumgel sie verführen mochte. Doch auch ohne Alexa wirkte das Traumgel ähnlich wie ein Stimmungsaufheller. Es wirkte wie ein starker Stimmungsaufheller und den konnten alle angesichts des Abschieds gut gebrauchen.

„Dort im Westen gibt es einen kleinen Raumhafen für die Verbindung nach Sippur oder Eridu. Es entsteht eine neue Mine mit relativ kleinen Lagern tief unten im Tal. Sonst ist dort nur die faszinierende Landschaft des siebten Planeten", schwärmte Tumu. „Ich habe Alexa Go beauftragt, mir erste Erkundungsrouten von meinem neuen Stützpunkt aus vorzuschlagen. Ich kann euch sagen, die Bilder, die die Drohnen Alexa Go geliefert haben, sind sagenhaft. Ich werde euch ein andermal, wenn Alexa Go on air ist, daran teilhaben lassen," setzte Tumu ihre Schwärmerei fort, mit der sie in Wahrheit ihre Wehmut zu übertünchen versuchte. Sie nahm ein bohnengroßes Stück Traumgel und rieb sich damit den Hinterkopf ein. Dann ließ sie sich langsam zurück auf das Sofa gleiten. Adeptos startete aus einem alten Offlinechip eine leise musikalische Berieselung, ehe er und Menerta ihrem Beispiel folgten. Die leise Musik tat ihr Übriges. Schon kurz später waren Tumu, Menerta und Adeptos dem siebten Planeten entschwunden.

114 **Opfer eines Unfalls**

siebter Planet im 1084sten Schar, 15.000 v. Chr.

Die Medizin Nibirus vermochte wahre Wunder zu vollbringen. Mit der lückenlosen Entschlüsselung der Gene vor vielen Generationen war ein goldenes Zeitalter voller medizinischer Wunder angebrochen. Auch wenn Ninhursags Forschungen zu weit gingen, so wurde doch anderen viel Ruhm zuteil, die statt weiter genetisch Experimente anzustoßen, auf Basis der vorliegenden Genentschlüsselung Heilmethoden und Verfahren wie auch Medikamente entwickelten. Viele dieser Forscher konnten an Ruhm und Ansehen Ninhursag überflügeln, ganz besonders, als ihr Stern mit dem Verbot weiterer Genexperimente, zu sinken begann.

Keine Nachricht trifft Eltern so, wie die von einem Unfall ihrer Kinder. Enkis Gesichtszüge verfielen. Sein sonst von den vielen Einsätzen im Freien eher sonnengebräuntes Gesicht unterbot die fahle Gesichtsfarbe der anderen umstehenden. Nicht via Alexa Go, sondern persönlich war ihm die tragische Nachricht vom Unfall seines Erstgeborenen überbracht worden. Noch war der Hergang des Unfalls nicht klar. Ein Absturz seines Rovers, ein Zusammenstoß mit einem anderen Gefährt oder gar einem Bergwerksrover. Marduk war nach der ersten Notversorgung schwer verletzt zu Ninhursag in die Labors gebracht worden. Sein Zustand war kritisch. Er konnte offenbar nur in einer Frequenzkammer am Leben erhalten werden. Ninhursag tat ihr Möglichstes, musste sich aber der Schwere der Verletzungen geschlagen geben. Aktuell konnte sie nichts für Marduk tun, außer ihn in der einzigen Frequenzkammer des siebten Planeten am Leben zu erhalten, gefangen in der Schwebe zwischen Leben und Tod. Als Enlil ebenfalls in den Labors ankam, war klar: In seinem gegenwärtigen Zustand konnte Marduk nur in der Frequenzkammer am Leben erhalten werden. Ninhursag schloss jegliche Transportmöglichkeit, geschweige denn die lange Reise zu Nibiru, kategorisch aus. Leider wusste Ninhursag trotz ihres fachlichen Vermögens keinen Ausweg aus dieser Pattsituation: Marduk war am siebten Planeten gefangen. Allein die Zeit mochte seine Heilung begünstigen. Das machte es Enlil nicht leichter, Enki vom bevorstehenden Kataklysmus des siebten Planeten zu erzählen. Er beschloss, einen besseren Zeitpunkt für diese Information abzuwarten. Gleichzeitig fühlte er sich schlecht, weil er dieses Geheimnis in sich trug. Ninhursag schrieb seine getrübte Stimmung dem Unfall Marduks zu. Sie versuchte beiden, Enlil und Enki Mut und gute Hoffnung zuzusprechen.

115 **Der Kataklyzismus**

siebter Planet im 1084sten Schar, 15.000 v. Chr

Enki haderte mit Marduks Schicksal, insbesondere da niemand voraussagen konnte, wie lange Marduks Genesung in der Frequenzkammer dauern würde. Würde die Mission schon abgeschlossen sein, ehe Marduk wieder zu Kräften kam? War Marduk bis dahin schon soweit genesen, dass er mit ihm den Rückweg nach Nibiru antreten konnte? Oder zwang seine Regeneration ihn länger, gar über die Missionen hinaus, auf dem siebten Planeten zu verbleiben? Enkis Verzweiflung war ihm auch während der nächsten Sonnenumläufe deutlich anzumerken. Enlil hingegen quälte sein Wissen um den Kataklysmus. Er beschloss, um seines inneren Friedens willen, mit Enki das Gespräch zu suchen. Er dachte sich, Enki würde die Nachricht am ehesten formal im Zusammenhang mit ihrer Bedeutung für die Mission richtig wahrnehmen und einordnen können. Also nutzte Enlil die Gelegenheit, als er mit Enki alleine im Flugkontrollzentrum von Sippur war. Lamech hatte seinen Dienst schon beendet. So trafen Enlil und Enki, abgesehen von den Lotsen, alleine im Kommandostand aufeinander. Enlil bat die Lotsen den Flugverkehr abzuschließen und den Raum zu verlassen. Dann qualifizierte er das anstehende Gespräch als Klasse A Aufzeichnung für Alexa, was soviel bedeutete, als dass niemand von geringerem Rang als die beteiligten Personen Zugang zu der Aufzeichnung haben durften.

„Setzen wir uns", leitete Enlil das Gespräch ein. Enki, nach wie vor ein Schatten seiner selbst, setzte sich zu Enlil an den kleinen, runden Tisch, der sonst als Holgrambasis für Alexa Go diente.

„Ich kann deine Sorge verstehen", begann Enlil und versicherte Eki erneut seine Anteilnahme am Schicksal Marduks. „Dennoch", Enlil räusperte sich hinter vorgehaltener Hand, „dennoch muss ich dir etwas mitteilen, das mir gerade angesichts deiner aktuellen Situation nicht leicht fällt."

Enki blickte auf.

„Es ist meine Pflicht, als Missionsbefehlhaber und als dein Freund zugleich.“

Enkis Aufmerksamkeit galt uneingeschränkt Enlils Worten. Spätestens seit Enlil für die Unterhaltung bei Alexa Go als Klasse A eingestuft hatte, klingelte in Enkis Hinterkopf so etwas wie ein kleines Alarmglöckchen. Dazu die Verbrämung mit Enlils Funktion als Missionsleiter. Enki ahnte, dass etwas Einschneidendes anstand.

„Wir haben auf Nibiru herausgefunden, warum es in den verbotenen Archiven bereits ungewöhnlich viele, zum Teil auch detaillierte Aufzeichnungen und Daten zum siebten Planeten gibt“, begann Enlil seine Ausführungen. „Alle rund 867 Schars nähert sich Nibiru aufgrund eines leichten Taumels und der damit verbundenen, kleinen Abweichung seines Kurses, dem siebten Planeten ungewöhnlich nahe an.“

Enki überstreckte die Schultern und lockerte seine Verspannung. Im ersten Moment dachte er, dies sei eine gute Nachricht, würde sich doch damit der Transportweg für Marduk möglicherweise entscheidend verkürzen. Doch wäre dies die ganze Nachricht, das begriff Enki, hätte Enlil um die Mitteilung nicht solch ein Prozedere initiiert.

„Während sich Nibiru dem siebten Planeten annähert, und das wird bereits innerhalb dieses Schars geschehen, wird der siebte Planet für die Dauer der Annäherung unweigerlich auch stärker der Masseanziehung Nibirus ausgesetzt sein.“ Nun wählte Enlil die Geschehnisse aus der in den verbotenen Archiven dokumentierten ersten Annäherung. „Damals“, betonte er, „„mussten unsere Vorahnen die Erkundigungen zum siebten Planeten ungewollt beenden. Sie verloren zu sämtlichen Datensonden die Verbindung, was mitunter an den Auswirkungen durch die geänderten Magnetfelder und Pole gelegen haben mag. Die terrestrischen Explorer konnten nicht mehr nach Nibiru zurückkehren. Sie galten als verloren. Die terrestrischen Explorer sendeten noch einiges an Datenmaterial, aus dem unsere Wissenschafter die Ereignisse auf dem siebten Planeten rekonstruieren konnten."

In Enki keimte eine Ahnung, wenngleich er bei seinen Recherchen in den verbotenen Archiven nicht auf diesen Teil gestoßen war.

„Um es kurz und frei von wertenden Emotionen zu machen, der siebte Planet wird in absehbarer Kürze erneut diese Veränderungen durchwandern. Am besten lässt sich dies wohl nur mit Kataklysmus umschreiben. Das Innerste wird nach außen gekehrt, Land wird zu Wasser, Wasser wird zu Land und wieder umgekehrt."

Enlil schwieg. Er war Enlil dankbar für seine Ehrlichkeit. Einen Kataklysmus würde die Frequenzkammer nicht überstehen, das wusste Enki.

116 **Marduks Haus**

siebter Planet im 1084sten Schar, 15.000 v. Chr

Enlil hatte Enki in ihrem letzten Gespräch nicht nur die fatalen Auswirkungen des Taumelns dargelegt. Er hatte ihm auch seinen Plan mitgeteilt, den Kataklysmus zur Renaturierung – wie Enki es umschrieb – des siebten Planeten nutzen zu wollen. Enki wusste, was das bedeutete. Entsprechend seiner Missionsvorgaben galt es, alle von den Nibirianer geschaffenen Bauwerke zur planmäßigen Zerstörung aufzubereiten. Wenn der Kataklysmus seinem Namen gerecht wurde, so war damit zu rechnen, dass durch die einschneidendenden Veränderungen nahezu sämtliches höher entwickeltes Leben sozusagen auf Neustart gesetzt wurde. Einzelne Lebensformen in begünstigten, vielleicht höheren Lagen oder generell an das Wasser angepasste Formen mochten diese Katastrophe wohl überstehen. Doch mit an Sicherheit grenzender Wahrscheinlichkeit würde diese Katastrophe das in Enlils Augen existierende Problem der Kinder Ninhursags endgültig lösen. Zumindest entnahm dies Enki Enlils Andeutungen. Nachdem Enlil auch keine Silbe in Bezug auf die Evakuierung von Ninhursags Kindern gemacht hatte, durfte Enki davon ausgehen, dass Enlil keine Evakuierung plante. Er schien sie dem siebten Planeten und dessen bevorstehender Katastrophe überantworten zu wollen. Auch Enlil trauerte um Marduks Sohn, doch das Angebot, das Enlil Enki machte, überraschte diesen dann doch. Enlil bot Enki an, eine soweit wie möglich katastrophenbeständige Feste zu errichten. In dieser Feste sollte Marduks Frequenzkammer über den Kataklysmus hinaus bewahrt werden. Er bot sogar an, Enki zu unterstützen, um nach Marduks Genesung diesen in einer weiteren Mission nach Nibiru zurückzuholen.

Marduk hatte sich hauptsächlich während seiner Aufsicht über Eridu oft in die Ebene südlich des weiten Meeres zurückgezogen. Dort liebte er es, zu jagen und die Natur zu genießen. Die Ebene mit dem großen Fluss aus dem Süden lag etwas westlich vom ersten Landeplatz Adeptus‘ in einem etwa gleichschenkeligen Dreieck zwischen Apsu und Sippur. Nach Alexa Gos Daten gab es hier keine tektonischen Platten, die der Kataklysmus aufwerfen oder gegeneinader reiben konnte. Einzig dessen Wasser konnte hier einer Feste gefährlich werden. Aber dem gedachte Enlil mit einem besonders raffinierten Bauwerk die Stirn zu bieten. Enlil zeigte Enki am Hologramm die Stelle, die er für die Feste ausgewählt hatte. Sie lag inmitten der großen Ebene, die Marduk bejagt hatte. Auf einem kleinen Felsplateau, an dessen Rändern sich Ausläufer des langen Flusses entlang zum weiten Meer wanden. Ein Plateau mit herrlicher Aussicht auf die von unzähligen Bäumen durchsetzte Ebene. Ein würdiger Platz für Marduk, wie Enlil und Enki befanden. Enki gab von Sorgen getrieben die Kraft des Wassers zu bedenken. Aber Enlil, der sich offenbar schon ausführliche Gedanken über die Feste gemacht hatte, bemühte sich, Enkis Sorgen zu entkräften. Er beauftragte Alexa Go, seine Überlegungen zu visualisieren. Alexa Go dimmte etwas die Beleuchtung und das Hologramm der Ebene erlosch. Stattdessen begann Alexa Go einen quadratischen Grundriss darzustellen, dessen Ecken zu Ehren Nibirus ausgerichtet wurden. Aus dem Grundriss extrudierte Alexa Go einen fünften, im Zentrum der vier Ecken gelegen Punkt nach oben, bis dessen Lage im gleichschenkeligen Dreieck zu allen vier Eckpunkten einrastete. Die gleichschenkeligen Dreiecke überzog Alexa Go an allen vier Seiten mit glatten Flächen. Als dies fertig war, lud Alexa Go Enki und Enlil, der die Konstruktion offenbar schon kannte, zu einem virtuellen Rundflug um die Pyramide ein. Dazu drehte Alexa Go das Objekt langsam und neigte es zuerst leicht nach unten, sodass für den Betrachter der Eindruck entstand, er würde die Flanke einer der vier Seiten nach oben fliegen. Dann kippte Alexa Go die Pyramide entgegengesetzt. Nunmehr hatte der Betrachter den Eindruck, die Umkreisung würde sich senken, bis Alexa auf etwas unter einem Drittel der Höhe die Animation stoppte. Die Kamerafahrt hielt langsam, aber beständig auf eine in der Flanke ersichtliche Öffnung zu: den Eingang.

Enki folgte gespannt der Animation, die nun durch mehrere Gänge innerhalb der Pyramide, teils abwärts, dann wieder schräg nach oben in eine Art Galerie führte, an die sich einige Räume anfügten. In dem hinteren Raum befand sich die in realen Bildern eingefügte Frequenzkammer.

„Du wirst sehen, wenn Alexa dir den Querschnitt zeigt, dass die Pyramide so ausgelegt ist, dass selbst, wenn sie gänzlich unter Wasser käme, dies aufgrund des Kammersystemes die Funktionalität der Frequenzkammer nicht beeinträchtigt."

Bei diesem Einwurf Enlils änderte Alexa Go ihre Darstellung vom Animationsmodus auf einen schlichten Querschnitt durch das Bauwerk, sodass sämtliche Kammern und Gänge samt deren Funktion dargestellt und ersichtlich wurden.

„Du siehst, wir haben sogar an eine Datenübertragung direkt aus dem Zentrum der Pyramide gedacht."

Enlil tippte mit dem Finger auf zwei diametral von der zentralen Kammer weglaufende, schmale Tunnel, die jeweils von zwei Seiten das Bauwerk durchschnitten und, im symmetrischen Winkel ausgerichtet, aus deren Außenfläche austraten.

„Während der Flut verschließen wir diese beiden schmalen Gänge mit Klappen, sodass auch hier kein Wasser eindringen kann," beschrieb Enlil die Funktion zweier kleiner Scharniere in den Tunneln. „Nach Abklingen der Flut entfernt ein Mechanismus diese Klappen. Die Steinschichten würden sonst die Übertragung hemmen", erklärte Enlil, während Enki seinerseits mit einem Finger begann, die Konstruktionsdarstellung zu drehen und zu schieben, um sie aus mehreren Winkeln betrachten zu können.

„Das willst du aus massivem Stein errichten lassen?"

Enlil nickte. „Und das wird jeder nur erdenklichen Katastrophe dieses Planeten widerstehen."

„Aber …", wollte Enki einwerfen, doch Enlil ließ ihn nicht zu Wort kommen, „Aber es wird unseren Bestimmungen der Missionen widersprechen, nichts am siebten Planeten zu hinterlassen“, bestätigte Enlil. „Ich weiß. Ich würde es eher als vorübergehende Maßnahme sehen“, beschwichtigte Enlil. „Wenn wir nach dem Kataklysmus und seiner Genesung Marduk abholen, können wir die Pyramide immer noch zerstören. Im Gegenteil, es würde für die Heimholung deines Sohnes auch ein guter Missionsauftrag sein, die letzten verblieben Bauwerke am siebten Planeten auszulöschen. Damit unsere Missionsteilnehmer, die nichts vom bevorstehenden Kataklysmus ahnen, nicht argwöhnisch werden, habe ich mir ein paar flankierende Gebäude ausgedacht, denen wir nur mehr eine glaubwürdige Geschichte zugrunde legen müssen.“

Alexa Go stoppte die Animation der Konstruktionszeichnung aus dem Inneren der Pyramide. Sie wechselte wieder in die gerenderte Aussenansicht. Mit der virtuellen Kamera überflog sie erneut das Felsplateau, das nun mit mehreren, mitunter auch kleinen Pyramiden samt zahlreichen diese umgebenden Bauten angereichert war. Darunter breite, befestigte Wege, säulengesäumte Skulpturen, überdachte Gänge, Arenen und etwas, das sich Enlil offenbar zu Ehren von Ninhursag hatte einfallen lassen. Etwas, das so aus ihrem Genlabor hätte entstammen können. Leicht erhöht, über einem der Flussarme thronte eine überdimensionale Figur: halb Löwe, halb das typische Antlitz eines von Ninhursags Kindern.

117 **Rettung für die Abtrünnigen**

siebter Planet im 1084sten Schar, 15.000 v. Chr.

Der Bau der Frequenzfeste samt der umliegenden Gebäuden für Marduk dauerte trotz der modernen Frequenzschneider und der Frequenzlevitatoren fast eine ganze Generation von Ninhursags Kindern. Marduks Gesundheitszustand, der immer noch in den Untergeschossen Ninhursags Laboren untergebracht war, hatte sich in dieser Zeitspanne, wenn überhaupt, nur marginal verbessert. Ninhursag hätte gerne Tumu in der Nähe der Frequenzkammer gewusst, doch Tumu war mit Beginn der Bauarbeiten ihrem Versetzungbefehl in den äußersten Westen des siebten Planeten gefolgt. Nicht unzufrieden, wie man betonen muss, hatte sie doch selbst darum ersucht. Ninhursag hätte sie natürlich zurückbeordern können, doch nach all der treuen Unterstützung, die Tumu ihr in den tausenden Sonnenläufen für ihre Forschungen gewesen war, schien ihr das eine unbotmäßige Ungerechtigkeit. Ninhursag sah selbst regelmäßig nach der Frequenzkammer und suchte nach Fortschritten der Genesung. Doch Marduks Überleben hing weiterhin an einem seidenen Faden. Zu schwer und umfassend waren seine davongetragenen Verletzungen. Irgendwie sah Ninhursag es auch als ihre Pflicht an, sich selbst um Marduk zu kümmern. Hatte Enlil ihr doch eröffnet, neben Marduks Frequenzfeste ein dauerhaftes Monument zu ihren Ehren zu errichten. Enlil hatte das nicht ungeschickt eingefädelt. Die Pyramide samt ihrer Umbauten sollte, so Enlil, in seiner offiziellen Verkündung zu den Missionsteilnehmern, ein ewig währendes Monument zu Ehren der Missionen sein. Sie sollte geeignet sein, um den künftigen Lebensformen des siebten Planeten dereinst von ihrem Besuch zu berichten. Dabei bezog sich Enlil auf die tief im Inneren der anwachsenden Pyramide verborgene Datenbank. Deren Chiffrierung sollte für die künftigen Lebensformen mit Erreichen der entsprechenden Evolutionsstufe kein Problem mehr darstellen. Er erwähnte auch das Kammer- und Gangsystem oberhalb dieses Wissenstresors, verschwieg aber deren Hauptzweck, nämlich die Konservierung Marduks in der Frequenzkammer. Es versteht sich von selbst, dass ein Bauwerk für die Ewigkeit von bestechender Dauerhaftigkeit und entsprechender Anmut sein musste. So stellte auch niemand der Missionsteilnehmer ungewünschte Fragen. Enlil hatte Alexa Go mit einer beeindruckenden Visualisierung des Monuments beauftragt. Alexa war diesem Wunsch vorbildlich nachgekommen. In Anbetracht des vorhanden Baumaterials, unweit der geplanten Errichtungsstätte, hatte Alexa die Bauwerke in solidem Gestein visualisiert. Die Außenflächen stellte sie geglättet dar und als weithin erkennbares Zeichen sollte die Spitze des Monuments mit funkelndem Kontrastgestein verkleidet werden. Die Sonne würde deren helles Obermaterial zu jeder Tageszeit zum Leuchten bringen. Ein Quarz mit besonderer Frequenzlänge an der obersten Spitze der Pyramide versorgte die Frequenzkammer beziehungsweise den Wissenstresor im Inneren der Pyramide mit der nötigen Energie. Enlil selbst hielt regelmäßig an der Baustelle Nachschau über deren Fortgang. Nur er wusste, wie in Wahrheit die Zeit bis zu Fertigstellung durch den sich unaufhaltsam annähernden Kataklysmus drängte. Der Abbau des Goldes hatte inzwischen fast die benötigte Menge zur Errichtung des Schutzschirmes ergeben. Eine entsprechende Bestätigung hatte Enlil in etwa mit Beginn des Pyramidenbaus in Richtung Niribu abgesetzt. Dadurch konnte Enlil auch die für den Bau der Pyramidenstadt nötigen Kinder Ninhursags aus den Minen abziehen. Die Außenposten ließ er von diesen Vorgängen unberührt. Er wollte keinen unnötigen Verdacht erwecken. Er hatte daher nur Lamech angewiesen, Sippur allmählich für den Rücktransport des Goldes vorzubereiten.

Allein Enki trug die Wahrheit in sich. Jedes mal, wenn er Ninhursag begegnete, regte sich wieder sein schlechtes Gewissen. Musste er Ninhursag über den Katklysmus, der ihre Kinder auf diesem Planeten vermutlich auslöschen würde, in Kenntnis setzen? Das würde Ninhursag nicht hinnehmen. Schlussendlich würde er als Verräter Enlil gegenübertreten müssen. Andererseits fühlte er sich gegenüber seiner Schwester als Verräter. Enki war in einer Zwickmühle, fühlte er sich doch beiden verbunden, speziell Enlil, der sich anschickte, seinen Sohn zu retten.

118 **Menerta gesteht**

siebter Planet im 1084sten Schar, 15.000 v. Chr

Menerta fuhr abrupt aus dem Schlaf hoch. Adeptos legte beruhigend seine Hand auf ihre Stirn. „Wieder der gleiche Traum?“

Menerta nickte und richtete sich auf. Seit mehreren Sonnenläufen hatte sie immer und immer wieder den annähernd gleichen Traum: Ninhursag kam darin vor. In dem Traum hatte Ninhursag Menertas Absicht, sich den Waldmenschen anzuschließen, entdeckt. Dabei fußte Ninhursags Enttäuschung nicht auf dem Umstand, dass sich Menerta den Waldmenschen anschließen wollte, dafür hatte Ninhursag sogar Sympathie. Doch die Geheimniskrämerei um diese Absicht hatte Ninhursag tief verletzt. Regelmäßig bei dieser Stelle erwachte Menerta.

„Du musst mit ihr sprechen“, forderte Adeptos sie zum wiederholte Male auf. Doch Menerta, die über so lange Zeit Ninhursags Hausdame gewesen war, fürchtete, Ninhursag könnte dies als ein im Stich lassen interpretieren.

„Besser das als diese wiederkehrenden Alpträume“, bestärkte Adeptos Menerta zur Aussprache.

„Und wenn sie es Enki oder Enlil erzählt?“ Menerta war verunsichert.

„Das würde Ninhursag nie tun. Dann müsste sie ihre eigenen Kinder verraten. Schließlich möchten wir uns diesen anschließen.“ Er dachte kurz nach. „Einer kleinen Gruppe Abtrünniger, die als nicht überlebensfähig nach kurzer Zeit im Wald verenden.“

Menerta streckte sich wieder waagerecht aus und ergänzte Adeptos‘ Zitat: „Und in der Wildnis keinen Bestand haben werden.“

„Siehst du, das ist es, was Enlil über die Waldmenschen denkt. Ninhursag wird einen Teufel dazu beitragen, ihn mit deiner Geschichte auf die Idee zu bringen, ihre Kinder könnten da draußen so etwas wie eine dauerhafte Existenz gegründet haben.“

„Vermutlich hast du recht. Ich werde mit Ninhursag sprechen, dann hören diese Träume hoffentlich auf."

„Du wirst sehen, uns allen geht es dann besser", versicherte ihr Adeptos.

„Und jetzt schlaf, du weißt doch, wie rasend kurz die dunklen Phasen auf dem siebten Planeten sind."

„Ich wünschte", schloss Menerta wieder ihre Augen, „die Nächte am siebten Planeten würde wenigstens annähernd so lang dauern wie auf Nibiru. Aber dieser Wunsch wird sich mit unserem Überlauf wohl nicht erfüllen."

Ihre Lippen wurden von einem zufriedenen Lächeln umspielt, ehe sie wieder einschlief. Adeptos blieb wach neben ihr liegen. Auch er würde die langen Nächten auf Nibiru vermissen, dachte er. Es fielen ihm noch viele weitere Dinge ein, denen er Menerta zuliebe auf dem siebten Planeten entsagen musste.

Am nächsten Morgen stellte sich Menerta ihrem Alptraum. Sie fand Ninhursag auf dem Weg aus ihrem Labor, wo sie nach Marduk gesehen hatte, hinauf in ihre Wohnräume.

„Ich würde dir gerne etwas erzählen", fing Menerta Ninhursag am Treppenabsatz ab. Ninhursag schien nicht überrascht.

„Ich möchte auch etwas mit dir besprechen", konterte sie und die beiden Frauen gingen in Ninhursags Wohnraum. Ninhursag legte ihren Finger an ihre Lippen. Sie bedeutete Menerta, nichts zu sagen. Dann deaktivierte Ninhursag Alexa Go und forderte Menerta auf, ihr in den Garten zu folgen. Wie schon auf Niribu hatte Ninhursag auch hier einen Garten selbst erfundener Genblumen angelegt. Der Garten lag nur nicht auf der dem Zugang zugewandten Seite, sondern nach hinten in dem für fremde Augen abgeschlossen Teil. Wegen des Sonnelaufs, hatte sie Menerta erklärt. Doch Menerta wusste, dass dies nur ein Vorwand war. Seit Ninhursag nicht mehr in den Laboratorien benötigt wurde, hatte sie viel Zeit in die Züchtung verschiedenartigster Blumen investiert.

„Mein jüngstes Kind", lächelte Ninhursag und hob mit der flachen Hand eine Blüte mit eigenartigen Fransen, fast Fangarmen, leicht nach oben in das Sonnenlicht. „Ein Fleischfresser,“ erklärte sie dazu. „Oder auch Insekten, eine Kreuzung zwischen Tier und Pflanze.“

Doch Menerta war nicht aufmerksam.

„Ich möchte mich noch bei dir bedanken“, fügte Ninhursag hinzu. Jetzt war Menerta ganz aufmerksam. Bedanken wofür? Ninhursag hatte die Gabe, mit einem Lächeln mehr auszudrücken, als mit vielen Worten.

„Dafür, dass du eines meiner Kinder gerettet hast.“

„Du wusstest davon?“

„Ziusudra hat es mir erzählt. Du hast seine Mutter vor dem sicheren Tod bewahrt. Ziusudra ist inzwischen ein erwachsener Mann. Er ist schon viele Sonnenläufe ein erwachsener Mann.“

Dabei glitt Ninhursags Blick von schräg unten auf Menerta, die unvermittelt rot wurde. Sie fühlte sich ertappt.

„Was wolltest du mit mir besprechen?“, ermutigte Ninhursag nun Menerta, da sie deren Erstaunen sah.

„Ich wusste nicht, dass du es bereits weißt“, gestand Menerta. „Aber das ist noch nicht alles“, fasste Menerta Mut. „Ich gaube, Adeptos und ich werden hier auf dem siebten Planeten bleiben. Wir werden hier unseren Stamm gründen. Wir könnten uns Ziusudra anschließen.“

„Das ist ein mutiger Schritt, der nachhaltig bedacht sein will“, ermahnte Ninhursag Menerta. Doch diese war gefasst. Ihr Entschluss war über die letzte Zeit hin zur festen Absicht gereift.

„Natürlich ist mir klar, dass ich auf einen Großteil der Errungenschaften unseres Standes verzichten muss. Doch irgendwie scheint für mich genau darin die Herausforderung zu liegen. Irgendwie spüre ich, dass meine Zeit auf Nibiru vorüber ist. Eigenartigerweise habe ich kein Verlangen, dorthin zurückzukehren. Vielmehr scheint mich der Siebte Planet magisch anzuziehen.“

„Und Adeptos?“

„Er wird bei mir bleiben. Ich bin mir nicht sicher, ob er sich mir anschließt, weil auch ihn das Abenteuer der Neuen Welt lockt, oder ober nur aus Liebe zu mir auf die Alte Welt verzichtet. Er war mit mir bei den Waldmenschen. Sie haben eine ganz besondere Art. Sie spiegeln eine besondere Ausstrahlung wider. Er hat deine Kinder kennengelernt. Sie scheinen zufrieden. Es schien ihnen an nichts zu mangeln. Sie leben im Einklang mit der Natur des siebten Planeten. Unser Entschluss“, und Menerta schloss damit unweigerlich Adeptos ein, „hierzubleiben steht fest.“

119 **Ziusudra**

siebter Planet im 1084sten Schar, 15.000 v. Chr.

Die Pyramide und die umliegenden Bauten waren bis rund auf die Hälfte der vorgesehenen Höhe fertig gestellt, als Enki überzeugt war, erste Vorboten der sich nähernden Katastrophe festzustellen. Seit fast einem Sonnenlauf, gut 300 Tag und Nachtzyklen, wehte ein unablässiger Wind. Er strich über Sippur und Apsu, über Eridu und auch über das Hochplateau, wo die Pyramide errichtet wurde. Einige Außenposten berichteten ihrerseits bereits über den ständigen Wind, der ohne eine sonstige Wettererscheinung unabhängig von Tag oder Nacht blies. Enlil spielte dies naturgemäß herunter. Selbst als der Wind über mehrere Sonnenläufe anhielt und sogar noch an Intensität zunahm. Enki ließ sich nicht täuschen. Für ihn waren dies die ersten Vorboten der Annäherung Nibirus. So unmittelbar permanent an die herannahende Katastrophe erinnert, vermochte Enki dieses Thema auch nicht mehr zu verdrängen. Sein Gewissen entbrannte erneut im Widerstreit zwischen der Loyalität zu Enlil und zu seiner Schwester oder besser gesagt deren Kindern. Ninhursag selbst hatte den Wind zwar wahrgenommen, aber augenscheinlich hatte sie noch keine Ahnung über dessen Auslöser. Zumindest ließ nichts darauf schließen. Sie klagte, warum der siebte Planet sich nun plötzlich so ungastlich präsentierte. Sie schien aber Enlils Erklärungen über normale Klimaschwankungen zu glauben, wiewohl derartige Veränderung seit der Landung der ersten Mission, also über viele tausend Sonnenläufe, nicht stattgefunden hatte. Vielleicht ahnte Ninhursag auch etwas. Enki vermochte nicht dies abzuschätzen. In ihm keimte der feste Entschluss, etwas unternehmen zu müssen. Sollte er Ninhursag einweihen oder ... Er hatte natürlich von Menerta und Adeptos gehört, die schließlich mit dem Segen von Enlil das Lager verlassen hatten. Seither lebten sie irgendwo da draußen in den Weiten des siebten Planeten auf der Suche nach ihrem Glück. Enlil hatte sie aufgefordert, ohne Rover und ohne einen Gutteil ihres Hab und Gutes ihr neues Leben zu beginnen. Einzig entsprechend medizinische Ausrüstung hatte er ihnen bewilligt. Menerta und Adeptos hatten kein Wort über die Waldmenschen verloren. Nachdem sie Alexa Go beim Verlassen des Lagers ebenfalls abgeben mussten, bestand bis auf weiteres keine Kontaktmöglichkeit. Enlil spekulierte darauf, dass sie ihres Lebens dort draußen in der Wilde bald überdrüssig werden und so vor Abschluss der Mission wieder in die Obhut der Mission zurückkehren würden. Wenn nicht, würde der Kataklysmus ihr Glück beenden.

„Hast du noch Kontakt zu Menerta?“, fragte Enki seine Schwester. Ja, hatte sie, dessen war er sich gewiss, auch wenn Ninhursag seine Frage nur mit großen, staunenden Augen abtat. Er kannte seine Schwester schließlich gut genug, um ihre Antwort zu deuten. Er musste einen anderen Zeitpunkt finden; hier und jetzt fühlte sie sich offensichtlich beobachtet.

Es dauerte eine ganze Weile, ehe er Ninhursag alleine inmitten ihres Gartens erwischte. Sie pflanzte gerade eine neue Züchtung mit, wie sie hoffte, ungewöhnlich lang währendem Blütenstand. Für das Zeitempfinden der Nibirianer waren die Blüten auf dem siebten Planeten, die sich oft nur Bruchteile eines Sonnenlaufes zeigten, ehe sie verwelkten, kaum länger als ein Wimpernschlag. Ninhursag gedachte, diesem Übel mit einer neuen Sorte entgegenzutreten. Eine Blüte, die über mehrere Sonnenläufe hindurch, ungeachtet der jeweiligen Jahreszeit und der jeweiligen Witterung ihre Schönheit entfaltete, das wäre es, wonach Ninhursag strebte. Enki zweifelte nicht an Ninhursags Erfolg. Wer es vermochte, Lebewesen über ihre natürlichen Gattungen hinaus zu kreuzen, wer deren Eigenschaften fast nach Belieben hervorheben und unterdrücken konnte und sich mit der Schöpfung einer neuen Spezies krönte, der sollte in der Blühdauer dieser einfachsten Lebensformen keine Herausforderung sehen. Ninhursag hantierte vorsichtig, umsichtig, ja fast liebevoll mit den Setzlingen.

„Alexa Go, deaktivieren“, befahl sie, als Enki zu ihr trat.

„Ich nehme an, dies ist ein besserer Ort, um über Menerta und Adeptos zu sprechen“, eröffnete Enki das Gespräch.

„Du wolltest wissen, ob ich noch mit Menerta und Adeptos in Kontak stehe“, replizierte Ninhursag seine letzte Frage.

„Nun ich stehe mit Menerta und Ziusudra in Kontakt. Ninhursag hielt triumphierend ein kleines, kaum einen Fingernagel großes Kästchen in die Höhe. Sie wog es anmutig vor Enkis Kopf hin und her. Es sah nicht aus wie eines der missionstypischen Geräte, das erkannte Enki mit einem Blick. „Ich will lieber nicht wissen, wo du dieses Ding her hast.“

„Das Ding, wie du es nennst, habe ich aus einer kleinen feinen Sammlung, die unser Freund Eltron angelegt hat. Das wurde konfisziert, als der Ältestenrat ihn hochnahm.“

Noch immer hielt Ninhursag das Objekt triumphierend vor Enki.

„Und nein, du willst wirklich nicht wissen, wie ich an dieses Ding kam. Wie dem auch sei, es ist mir wunderbar nützlich. Seine Frequenz wird weder von Alexa Go noch von den Schirmen in Sippur erfasst – und Menerta hat das Gegenstück. Ninhursag lächelte. „Wozu möchtest du denn Menerta erreichen?“

120 **Bilanz**

siebter Planet im 1084sten Schar, 15.000 v. Chr.

Der anhaltende Wind hatte sich in den jüngsten Tagen auf dem gesamten siebten Planeten ausgebreitet. Sämtliche Außenstellen und Minen berichteten von dem anhaltenden und ungewöhnlichen Wind. Selbst Tumu wusste im äußersten Westen des Planeten von zunehmend ungewöhnlichen Wetterkapriolen zu berichten. Auch auf ihrem Bergrücken bließ der Wind unablässig. Sippur meldete eine zeitweise Anomalie in den Magnetströmen, an denen sie die Routen der Rover ausrichteten. Zwei Rover waren aufgrund dessen beinahe kollidiert, konnten dank ihrer Kollissionswarner einen Zusammenstoß aber gerade noch verhindern. Die Anomalie hatte auch Auswirkungen auf Lamechs Vorbereitungen in Sippur. Dennoch hatte Lamech gute Arbeit geleistet. Erstaunlich, wie sich innerhalb kürzester Zeit Sippur unter der Leitung Lamechs entwickelt hatte. Der einstig überschaubare kleine Raumhafen mit einer Rampe für Start und Landung der Fähren mauserte sich zu einem verzweigten Geflecht an Zubringern, Lagerräumen und Versorgungseinrichtung für die Fähren. Wenigstens 18 weitere vollwertige Start- und Landerampen für Fähren hatte Lamech errichten lassen. Seiner Berechnung zufolge würde dies die Verlade- und Versorgungsdauer der Fähren zwischen den Transportflügen auf ein Drittel senken. Dank ausreichend Frequenzlevitatoren waren die massiven Fundamente für die Lande- und Starteinrichtungen rasch in Position gebracht und verlegt. Er war, unmittelbar bevor er seine Aufgabe übertragen bekommen hatte, in einer Art Schnellkurs[7] in den für seine Position nötigen Wissensgebieten unterrichtet worden. Dazu hatte Enlil ihn auch hoch in die geostationäre Basis seines Raumschiffes gebracht. Er gab ihm einen Überblick über die Technik und Möglichkeiten der Nibirianer. Lamech war der Erste und Einzige von Ninhursags Kindern, dem ein derartig umfassender Einblick gewährt wurde. Auch andere aus Ninhursags Kinder nutzten die Rover, aber stets nur um von einem

Punkt zu einem anderen auf dem siebten Planeten zu fliegen. Da Lamech die Startanlagen in Sippur über hatte, bestand Enlil darauf, seinen Horizont um die Erfahrungen des An- und Abreisens durch die Atmosphäre zu erweitern. Auch wenn Lamech nicht unmittelbar in die Kontrolle der Raumkreuzer eingebunden war, so schien es Enlil doch von Vorteil, Lamech auch über den Hintergrund seiner Tätigkeit in Kenntnis zu setzen. Das Angebot, das Enlil Lamech unterbreitete, war simpel: Lamech würde mit Ende der Mission mit zurück nach Nibiru reisen dürfen. Aus dieser Vereinbarung gedachte Enlil, bei seiner Rückkehr einen gewissen Schauwert für das nibirianische Volk zu erzielen. Er würde das von Ninhursag geschaffene Wesen wie einen gelungen Fang einer Jagd präsentieren. Dieser Fang würde die Aufmerksamkeit von Ninhursags grandioser Leistung insofern ablenken, als nicht die genetische Programmierung, sondern stattdessen vielmehr das Ergebnis, das Produkt das Interesse anziehen und damit ihn in den Mittelpunkt rücken würde.

Der Start fühlte sich an wie die bereits gewohnten Starts der Rover, nur dass die Parabel, welche die Fähre beschrieb, wesentlich steiler anstieg. Aus den Fenstern konnte Lamech bebachten, wie die Rampen in Sippur zusehends kleiner wurden. Seine Aussicht reichte bald über die ganze Ebene Sippurs, dann war er sich sicher, sogar bis zu Ninhursags Labor und über Eridu blicken zu können. Die Fähre beschrieb einen weiteren Sektor der Parabel. Schon nahm Lamech den gekrümmten Horizont wahr. Er sah die Grenzen zwischen Land und Wasser, bis der siebte Planet schlussendlich wie eine riesige, weiß-blaue Kugel vor seinem Fährenfenster im Schwarz des Weltalls tanzte. Die Fähre hatte an Enlils Kreuzer im Orbit angelegt. Hierher galt es einen Großteil des Goldes zu transportieren. Hierfür bot der Kreuzer große Ladeluken, in die die Fähren das aufgenommene Gold abladen konnten. Dann kehrten sie zu den Startrampen in Sippur zurück, um erneut Gold aufzunehmen. Lamech staunte insbesondere uber die schieren Ausmaße des Kreuzers, unterschieden sich dessen Ausmaße doch beachtlich von den kleinen Fähren, mit denen die dritte Mission auf dem siebten Planeten gelandet war. Zu beiden Seiten eines zentralen Versorgungsganges, der den Kreuzer von Heck bis Bug durchzog, reihten sich die Kammern zur Aufnahme für die Goldernte. Lamech war sichtlich beeindruckt.

Die ursprünglich in Sippur angelegten Startvorrichtungen nahmen sich im Verhältnis zu diesem riesigen Kreuzer, den Lamech bei seinem Ausflug erlebt hatte, als nahezu klein aus. Unter Lamechs Aufsicht waren die Startanlagen in Sippur zwar wesentlich ausgebaut worden, statt jeweils nur einer Fähre konnten nun gut achtzehn Fähren zeitgleich beladen und abgefertigt werden. Dazu hatte Lamech für breite, gut befestigte Zufahrten zu den Startrampen gesorgt, damit die schwer beladenen Rover bis unmittelbar an die Fähren heranfahren konnten. Das Gold in den Fähren lagerte in eigens gefertigten Kisten. Diese ließen sich trotz des Goldgewichtes mit den Frequenzlevitatoren ähnlich leicht bewegen wie die riesigen Steinblöcke, die als Basis der Startrampen für die Fähren dienten. Die Rover konnten die mit Gold befüllten Kisten aus Apsu und den anderen Minen auf einer eigens gerodeten, umfassten Fläche zwischen Sippur und Eridu stapeln. Von dort wurden die Kisten mit flachen Rovern bis hinauf zur Startrampe der Fähren verbracht. Eine Zeitlang experimentierte Lamech mit einer Art Förderband, das er aber schlussendlich wieder verwarf. Zu anfällig war die Mechanik zum Transport der Kisten, sodass er das Förderband zu guter Letzt wieder komplett abbauen ließ. Als Enlil verkündete, dass die Golddepots mit der nötigten Menge gefüllt seien, war auch in Sippur alles bereit für den abschliessenden Transport zu den Frachtkreuzern.

121 Enkis Verrat

siebter Planet im 1084sten Schar, 15.000 v. Chr.

Menerta und Adeptos hatten sich mit Enki an jenem Platz verabredet, an dem Menerta und Adeptos seinerzeit zum ersten Mal von den Waldmenschen erwartet worden waren. Der Baum, hinter dem damals der Vater von Ziusudra auf Adeptos gewartet hatte, war verdorrt. Er hatte sich unter dem stetigen Wind unnatürlich nach unten verkrümmt. Enki hatte eigens einen größeren Umweg in Kauf genommen, um sicher keine Spur zu den Waldmenschen zu legen. Alexa Go hatte er unmittelbar vor dem Start deaktiviert. Ninhursag hatte ihm das kleine runde Kästchen mit auf den Weg gegeben. Mit dessen Hilfe konnte Adeptos Enki zum Treffpunkt lotsen. Auch die Waldmenschen hatten die Klimaveränderungen wahrgenommen. Ihre ursprünglichen Behausungen in den Höhlen hatten sie aufgegeben. Sie hatten weiter im Norden einen neuen Unterschlupf, viel höher oben in den Bergen, gefunden. Seit mit dem ungewöhnlichen Wind immer mehr Regen einherging, hatten sie Angst, ihre alten Höhlen würden eines Tages überraschend vom Regen geflutet werden. Enki hatte als Willkommensgeschenk einige Dinge in den Rover geladen, von denen er annahm, die Waldmenschen könnten sie gut gebrauchen. Darunter einige Medikamente und Bestandteile älterer Medicents. Er musste mit Vorsicht und Bedacht vorgehen, denn das Fehlen im Bestand hätte das neuronale Netz Alexa Gos zu Rückschlüssen führen können, die möglicherweise ihn und sein Treffen verraten hätten. Menerta saß auf einem abgestorbenen Baumstumpf, während Adeptos den Rand der Lichtung nach Pilzen absuchte. Ziusudra hatte ein kleines Feuer entfacht. In den letzten Sonnenläufen war es mit dem Wind gegen Abend oft auch ungewöhnlich kalt geworden. Enki parkte den Rover am Rande einer Elefantengraswiese, auf einer flachen Felsplatte. Er stieg sich vorsichtig umschauend aus. Ziusudra winkte ihm von der kleinen Feuerstelle zu. Adeptos hatte den Rover ebenfalls gehört. Er eilte vom Rand der Lichtung in Richtung Ziusudras Feuer. Enki kam näher, nach wie vor musterte er die Umgebung, als ob er befürchtete, etwas Unerwartetes könnte passieren.

„Keine Sorge, auf dieser Lichtung ist niemand außer uns“, beruhigte ihn Menerta, die aus dem seitlichen Elefantengras an Enkis Seite getreten war.

„Willkommen in der Welt der Waldmenschen!“, begrüßte sie Enki, der ob der überschwänglichen Umarmung kurz stutzte. Auch Adeptos gesellte sich nun an seine Seite. Sie begleiteten ihn die letzten Schritte bis an das Feuer.

„Willkommen, Enki“, begrüßte Ziusudra Enki.

„Wahrlich, aus dir ist ein stattlicher Anführer geworden.“ Enki schüttelte die entgegengereichte Hand.

„Nun, was führt den Missionsleiter zu uns Waldmenschen?“

Ziusudra bot Enki eine Sitzgelegenheit auf einem abgerundeten Stein nahe des Feuers an.

„Das ist kompliziert“, leitete Enki sein Geständnis ein. „Deshalb ist es wichtig, dass ihr mir genau zuhört.“

Er wartete, bis auch Menerta und Adeptos eine bequeme Sitzgelegenheit neben dem Feuer gefunden hatten.

„Zuvor“, richtete sich Enki an Menerta, „Zuvor darf ich dich bitten, mir für die Dauer des Gesprächs das kleine runde Kästchen auszuhändigen, mit dem Ninhursag dich erreichen konnte. Ich möchte nicht, dass unser Gespräch ungebetene Zuhörher hat.“

Menerta und Adeptos wechselten kurze Blicke. Als Menerta sah, dass Adeptos fast unmerklich nickte, händigte sie das kleine runde Kästchen und damit ihre letzte Verbindung zu ihrer Vergangenheit aus.

„Keine Sorge“, beschwichtigte Enki sie, „du erhältst es selbstverständlich nach unserem Gespräch zurück. Nun hört genau zu. Ich möchte, dass ihr ein Schiff baut. Ein Schiff so groß wie ihr es in maximal vier Sonnenläufen bauen könnt. Ich habe euch hier Anweisungen mitgebracht, nach denen ihr dieses Schiff bauen sollt. Weicht nicht von diesem Plan ab. Er ist modular gestaltet, sodass sich die Dimension des Schiffes nach euren Möglichkeiten richtet. Könnt ihr mehr Mitarbeiter und Materialien bereitstellen, als der Berechnung des Plans zugrunde liegt, so wächst das Schiff mit diesen Möglichkeiten mit. Doch habt stets im Auge, die Zeit von vier Sonnenläufen auf keinen Fall zu überschreiten."

Enki schwieg. Ziusudra, Adeptos und Menerta sahen sich fragend an. Es war schließlich Menerta die das eigenartige Schweigen brach: „Warum sollen wir dieses Schiff bauen?"

Enki schien die Frage überhört zu haben. Er reagierte nicht. In Wahrheit suchte er nur nach den geeigneten Worten. Also wiederholte Menerta die Frage. Nach einem weiteren Moment des Schweigens hob Enki die Hand, als ob es erst gälte, die Aufmerksamkeit der kleinen Runde zu erlangen.

„Wir werden binnen drei, maximal vier Sonnenläufen den siebten Planeten verlassen." Enki sprach betont langsam. „Der Goldabbau ist so weit abgeschlossen. Enlil hat die Order ausgegeben, das Gold nach Sippur zu bringen. Lamech hat die nötigen Vorarbeiten für den raschen Abtransport des Goldes mit den Fähren zu den Raumfrachtern ebenfalls abgeschlossen." Wieder folgte eine längere Pause, so als quälte es Enki, weiterzusprechen. „Das Protokoll sieht vor, mit unserer Abreise unsere Bauten zu zerstören."

Adeptos nickte. Er kannte das Protokoll, daher überraschte ihn diese Maßnahme nicht. „Das Protokoll hätte auch vorgesehen, all das zu zerstören, das auf unseren Einfluss zurückzuführen ist." Dabei ruhte sein Blick stoisch auf Ziusudra. Menerta wollte einwerfen, was als Gerücht an die Waldmenschen kolportiert worden war. Dabei sollte angeblich ein monumentales Bauwerk am nördlichen Ende des langen Flusses errichtet worden sein, als Erinnerung an diese Zeit für spätere Generation. Doch Adeptos legte schweigend seine Hand auf ihre Hand, sodass sie davon abließ. Auch Adeptos hatte diese Gerüchte gehört. Er hatte aber auch von Marduks Schicksal gehört. Jetzt war er sich nicht sicher, ob dies anzusprechen gegenüber seinem Vater Recht gewesen wäre.

„Die Minen, die Außenposten, die Felder, die Lager, das Laboratorium, die Zwinger", Enkis Blick schwenkte auf Adeptos, „schließlich auch Sippur werden dem Erdboden gleich gemacht, nachdem die letzten Fähren den siebten Planeten verlassen haben."

Mochte Enki den Versuch unternehmen, sie zur Mitreise zu überreden? Wozu dann der Bauplan, wozu die Heimlichtuerei gegenüber Ninhursag? Ziusudra kam der Spur näher: „Es hängt mit dem Wind zusammen, nicht wahr?", warf er in die Runde. Menerta und Adeptos konnten sich darauf keinen Reim machen. Doch Enki nickte und senkte seinen Blick nach unten auf das Feuer.

„Der Wind ist nur der Vorbote." Jetzt sprach Enki nicht nur langsam, sondern zusätzlich leise, als würde die Katastrophe mit noch unbändiger Gewalt über den siebten Planeten hereinbrechen, wenn man sie laut aussprach.

„Nibiru wird sich diesem Planeten ungewöhnlich nahe annähern. Er tut dies wohl regelmäßig in so großen Abständen, dass es zuletzt zur Zeit unserer Ahnen passierte. Davon zeugen die verbotenen Archive. Schon damals gab es einige Unternehmungen, diesen Planeten zu erkunden. Diese mussten aber abgebrochen werden. Sie wurden bis zu den heutigen Missionen auch nie wieder aufgenommen. Mit gutem Grund. Durch die ungewöhnliche Annäherung Nibirus an den siebten Planeten verändert die Anziehungskraft Nibirus das natürliche Gefüge des siebten Planeten. Richtig, der Wind ist nur der Anfang. Das Magnetfeld des siebten Planeten ist bereits in Bewegung, das bestätigten unsere Koordinatoren in Sippur. Es wird als Nächstes ein Polsprung folgen. Dann gerät der siebte Planet im wahrsten Sinn des Wortes aus den Fugen. Es wird Wirbelstürme geben, sich auftürmende Landmassen, sich in neu entstandene Tiefebenen ergießende Meere, vielleicht Vulkanausbrüche, Feuerstürme und mit den wegschmelzenden Polkappen ganz gewiss unvorstellbare Sintfluten." Enki schwieg, als er das ausgesprochen hatte.

„Und so hofft Enlil auch das Problem mit Ninhursags Kindern, mit uns als nachhaltige Zeugen nibiruanischer Einflussnahme zu lösen, nicht wahr?“ Ziusudra hatte schnell verstanden. Die Katastrophe kam Enlil im Grunde gelegen. Er brauchte sich so nicht mehr um Ninhursags Genmutanten kümmern. Der siebte Planet würde sich ihrer ganz allein entledigen.

„Du denkst, mit einem Schiff können wir uns durch diese Katastrophe retten?“, wunderte sich Menerta.

„Es ist einen Versuch wert. Die Baupläne entsprechen euren technischen Möglichkeiten. Sie berücksichtigen die zu erwartenden Herausforderungen. Vielleicht können die Stürme und Fluten auch ganz weit oben in den Bergen überstanden werden. Doch was jetzt Berge sind, müssen nach dem Kataklysmus nicht immer noch Berge sein. Deshalb das Schiff.“

Wieder lag Schweigen über der Gruppe. Ihre Auslöschung stand bevor. Mehr noch, ihr Ende war eiskalt kalkuliert und vermutlich wussten die Nibirianer dies schon seit Generationen.

„Und Marduk?“ Jetzt zeigte Adeptos keine Zurückhaltung mehr.

„Marduk wird im Norden, dort, wo der lange Fluss aus dem Land der Bergwerke in das Meer fließt, die Zeit des Kataklysmus überdauern. Seine Genesung schreitet langsam voran. Er wird nicht rechtzeitig vor der Katastrophe transportfähig sein. Enlil lässt ein großes Bauwerk, eine Feste, stark und sicher gegen das Wasser, errichten. Dort soll Marduk genesen und warten, bis wir ihn in einer neuerlichen Mission heim nach Nibiru holen.“

Jetzt, da die Wahrheit gesagt war, fühlte sich Enki leichter. Zugleich fühlte er sich unendlich erschöpft. Noch nie zuvor hatte er sich so müde, so ausgelaugt gefühlt wie nach diesem Gespräch.

122 **Vier Sonnenläufe**

siebter Planet im 1084sten Schar, 15.000 v. Chr.

Vier Sonnenläufe waren eine ausgesprochen kurze Zeit, um all das Gold nach Sippur zu bringen und von dort auf die Raumkreuzer zu verladen. Die Fähren starteten unablässig. Der Schein ihrer Triebwerke erhellte die Nächte, während ihr Donnern bis weit in die Ferne zu hören war. Lamech hatte die Kinder Ninhursags fest im Griff. Enki und Enlil beobachteten, wie die Arbeiten vorangingen. Sie hofften, die Berechnungen Alexa Gos würden sich als richtig herausstellen, damit noch genug Zeit bliebe, um das ganze Gold auf die Raumkreuzer zu verladen, ehe der siebte Planet im Chaos versank. Beinahe täglich zeigte sich der siebte Planet nun unwirtlicher. Binnen kürzester Zeit waren die Winde zu tobenden Stürmen angeschwollen. Sie zwangen die Fähren zu immer längeren Pausen, um zwischen den Turbulenzen starten und landen zu können. Enlil hatte aus dem Kreis der Nibirianer eine kleine Gruppe ausgewählt. Er hatte sie angewiesen, bei allen Bauwerken außer bei Marduks Haus Vorrichtungen für deren planmäßige Vernichtung anzubringen. Die Truppe reiste von Mine zu Mine, von Außenposten zu Außenposten, bis schließlich sogar zu der von Adeptos vor vielen Schars im Norden errichteten Kommunikationsantenne. Irgendwie hatte auch Ninhursag von diesen besonderen Vorbereitungen für die bevorstehende Abreise Wind bekommen. Sie hatte Enlil direkt mit dem Schicksal ihrer Kinder konfrontiert, doch der war ihrer Frage ausgewichen. Ninhursag wäre nicht Ninhursag gewesen, wenn sie dies auf sich hätte sitzen lassen. Eine Zeitlang schien sie Enlil richtiggehend aufzulauern, um ihn immer und immer wieder mit dieser Frage zu penetrieren. Schließlich bat Enlil Ninhursag zu einem Vier-Augen-Gespräch, und dabei dürfte er ihr das Schicksal ihrer Kinder dargestellt haben. Ob er ihr nur mitgeteilt hatte, dass er vorhatte, ihre Kinder auf dem siebten Planeten zurückzulassen, oder ihr auch die Wahrheit über das Ausmaß der bevorstehenden Katastrophe gesagt hatte, ist nicht bekannt. Wahrscheinlicher ist, dass er sie nur über das Zurücklassen informierte. Vom Zeitpunkt dieser Aussprache an benahm sich Ninhursag jedenfalls eigenartig, fand Enki.

Während in Sippur Hochbetrieb herrschte und sämtliche Aufmerksamkeit auf das Beladen der Raumkreuzer gerichtet war, nutzte Enki immer wieder Gelegenheiten, um sich über den Fortgang des Schiffbaus von Ziusudra zu informieren. Er setzte dazu seinen persönlichen Account ein, um immer wieder mal eine der Drohnen aus dem Verbund mit Alexa Go auszuklinken. Sie fertigte aus großer Höhe Bilder vom Bauplatz an, die sich Enki übertragen ließ. Ziusudras Leute hatten eine ebene Fläche inmitten des Waldes, unterhalb ihrer neuen Wohnstätten, gerodet. Die gefällten Bäume hatten sie zu starken, mehrschichtigen Holzbohlen verarbeitet. Diese boten die für das Boot nötige Stabilität, ohne auf die modernen und für die Waldleute unerreichbaren Werkstoffe der Nibirianer zurückgreifen zu müssen. Enki konnte den Bau in groben Abschnitten mitverfolgen: Zuerst zeigten die Bilder den am Boden ausgelegten Grundriss, dann das Gerippe. Nach und nach wurden die verplankten Flanken des Rumpfes erkennbar. Stück um Stück wuchs das Deck. Enki war sehr zufrieden mit dem Fleiß der Waldleute. Offenbar hatten Ziusudra, Menerta und Adeptos die Bedrohlichkeit der Situation erkannt. Ihre Leute arbeiten beinahe Tag und Nacht, sodass Enki guter Dinge war, sie würden das Schiff rechtzeitig fertig bekommen.

Zum ersten Mal, seit Tumu sich in den Außenposten in den Westen hatte verlegen lassen, begann es zu schneien. Der Regen war langsam zuerst in eine Art Graupel übergangen, um noch am gleichen Tag mit Einbruch der Nacht in dichten Schneefall auszuarten. Tumu hatte dies in die Zentrale südlich von Sippur gemeldet. Zeitgleich gingen auch aus vielen anderen Dependancen beunruhigende Meldungen ein. Nicht nur Regen, Schnee und Stürme erschwerten den Abschluss der Mission. Erstmals seit Beginn der Wetterkapriolen bebte auch die Erde nachhaltig. Sie verwarf sich, sodass tief Risse aufklafften. In einem Teilabschnitt einer Mine im Osten des siebten Planeten war durch einen so entstandenen Riss das Wasser eines nahen Flusses in die Mine eingebrochen. Er hatte hunderte von Ninhursags Kindern verschüttet, viele ertränkt. Auch einige Nibirianer waren dabei umgekommen. Enlil entsandte einige Rover, doch bei deren Eintreffen konnte den Minenarbeitern nicht mehr geholfen werden. Schließlich verfügte er, die Mine ganz zu schließen. Binnen weniger Tag- und Nachtwechsel waren die wenigen nach Nibiru rückzuführenden Geräte verladen. Als die Rover mit den letzten Golderträgen die Halden der Minen verlassen hatten, konnte die ebenfalls abreisenden Nibirianer und Kinder Ninhursags an Bord der gestarteten Rover noch in hundert Kilometer Entfernung die gewaltige Druckwelle spüren, die die Sprengung der Minen hinter ihnen auslöste. Die Anlagen und Minen detonierten mit unvorstellbarer Wucht. An ihrer ehemaligen Stelle schossen riesige Wolkenpilze in die Atmosphäre, in deren Zentrum die Maschinen und Konstruktionen der Nibirianer auf ewig zu einer gläsernen Masse verschmolzen.

123 **Ninhursag entzweit sich**

siebter Planet im 1084sten Schar, 15.000 v.Chr.

Binnen eines halben Sonnenlaufes hatte sich der siebte Planet zu einem unwirtlichen Gastgeber verwandelt. Große Teile der nördlichen und südlichen Halbkugel wurden von einer Schneeschicht bedeckt, die die heftigen Schneefälle nach den Stürmen zurückließen. Im Gegensatz dazu aperten die ursprünglich von Eis bedeckten Polkappen zusehends aus. Ihr Schmelzwasser führte zu einem bedrohlichen Anstieg der Meeresspiegel und zu großräumigen Überflutungen. Viele der Minen in den tiefer gelegen Ebenen musste Enlil schon evakuieren lassen.

„Du willst mir erzählen, das dies eine vorübergehende, unvorhersehbare Veränderung sei?", herrschte Ninhursag Enlil an. Ninhursag war außer sich, als sie hörte, wie viele ihrer Kinder bei den jüngsten Minenschließungen den Tod gefunden hatten. Es waren Arbeiter, geschaffen, um sich die schwere Arbeit der Nibirianer aufzubürden, das wusste Ninhursag, aber es waren auch ihre Kinder. Jedes einzelne der Unglücke betrübte sie. Gerade, weil es in ihren Augen vermeidbare Todesfälle waren. Ninhursag hatte ohnedies schon genug mit sich zu ringen, weil die Lebensspanne ihrer Kinder so lange Zeit aus Nibirianer Sicht kaum mehr länger als einen Wimpernschlag gedauert hatte. Damals schon bedauerte sie ihre Kinder über alle Maßen. Dem war sie mit genetischen Änderung zumindest etwas beigekommen. Enlil stand ihr abgewandt gegenüber.

„Dass du die Minen sprengen lässt, kaum dass sie von dort abgereist sind, wie erklärst du das? Wenn alles so überraschend passiert, wie kannst du die Minen dann so schnell zerstören?"

Enlil dreht sich zu Ninhursag um. „Wir sind fertig, wir reisen ab. Es war von Anfang an klar, dass wir deine Kinder nicht mitnehmen können. Sie können sich auf dem siebten Planeten ein Zuhause aufbauen. Eine Zivilisation gründen."

Enlil pokerte, da er unsicher war, ob Ninhursag von der Apokalypse wusste oder nur wegen der jüngsten Todesfälle aufgebracht war. „Wir werden den siebten Planeten in spätestens zwei Sonnenläufen verlassen haben,“ versuchte er Ninhursag zu beruhigen. „Bis dahin wird sicher auch der Planet zur Ruhe gekommen sein.“

Ninhursag glaubte ihm kein Wort. Sie verstand aber, dass es nichts brachte, weiter zu insistieren. Schnaubend verließ sie Enlil und eilte aus dem Kommandostand. Für sie war klar, dass Enlil weder bereit war, über eine Evakuierung ihrer Kinder noch über deren Protektion nach ihrer Abreise hinaus zu verhandeln. Mit der Abreise und dem Ende der Mission würden ihre Kinder ein für alle Mal sich selbst überlassen sein. Es sei denn ... Plötzlich schien es für Ninhursag klar, was sie zu tun hatte. Es lag einzig und allein an ihr, ihre Kinder über das Ende der Mission hinaus zu beschützen. Das konnte sie nur, wenn sie hier bei ihnen auf dem siebten Planeten blieb. Enlil würde das nicht zulassen wollen, aber ihn nicht zu fragen, konnte auch eine Option sein. Ninhursag nahm Kontakt mit Tumu im Westen des siebten Planeten auf. Anfangs war Tumu zurückhaltend, um nicht zu sagen reserviert gegenüber Ninhursag. Sie wusste nicht, ob Ninhursag ihr gegenüber offen war, oder ob sie etwas im Schilde führte, bei dem ihr aus irgendeinem Grund an ihrer Hilfe gelegen war. Aber Tumu gedachte die Gelegenheit zu nutzen, um von Ninhursag ihrerseits mehr über die eigenartigen Wetterkapriolen und geologischen Aktivitäten des siebten Planeten zu erfahren. Beide Damen zeigten sich im Zuge des Gespräches mehrfach überrascht von den Informationen, die sie sich gegenseitig geben konnten. Ninhursag war sich nicht bewusst gewesen, dass sich die Veränderungen auf nahezu den gesamten Planeten, egal, ob Westen, Süden oder Norden, bezogen. Die von Enlil im Osten geschlossene und anschließend geschmolzene Mine hatte sie für versiegt gehalten. Umso mehr zeigte sich Ninhursag überrascht, dass auch dort der primäre Grund für die Vernichtung das alles überflutende Wasser gewesen war. Das rückte den Tod ihrer Arbeiter, den Enlil dem Einsturz der Mine zugeschrieben hatte, in ein neues Licht. Umgekehrt wusste Tumu nichts über die unabdingbare Vernichtung jeglicher Missionsspuren, die natürlich auch ihre Dependance und die Minen in der Ebene unter dem Bergrücken inkludieren mussten. Drei Tag- und Nachtwechsel später brach Ninhursag auf, um Tumu im Westen zu besuchen.

124 **In Sicherheit**

siebter Planet im 1084sten Schar, 15.000 v. Chr.

Die Arbeit an dem Boot war eine gewaltige Herausforderung. Ziusudra bestand darauf, alles entsprechend Enkis Plänen detailgenau umzusetzen. Die körperliche Arbeit wurde zusehends von widrigen Witterungsumständen erschwert. Dennoch ging der Bau rasch voran. Enki hatte es gewagt, trotz aller damit verbundener Gefahr, entdeckt zu werden, Menerta und Adeptos noch einen Besuch abzustatten. Dabei konnte er das Schiff schon fast fertig begutachten. Er konnte nicht umhin, Ziusudra und seinen Leuten ein dickes Lob auszusprechen. Er hoffte inständig, die Konstruktion würde sich in der Praxis als ebenso standhaft erweisen, wie er das berechnet hatte. Zur Überraschung von Menerta und Adeptos, die diese Geste zu würdigen wussten, hatte Enki heimlich aus Ninhursags Labor etliche Samenphiolen entwendet. Diese überreichte er nun Menerta und Adeptos als Abschiedsgeschenk.

„Vielleicht würden die Pflanzen auch so überleben, aber wenn nicht …“ Enki schüttelte die Phiolen, die bis zum Rand mit Samenkörnen gefüllt waren. „Wenn nicht, sollte euch hiermit das Anlegen zumindest einiger Felder für den Start gelingen.“

Er überreichte die Flakons Menerta und händigte Adeptos zwei Kisten gefüllt mit unzähligen weiteren Phiolen aus.

„Ich gehe davon aus, dass auch viele der Tiere nach dem Kataklysmus nicht mehr existieren werden. Es wird vielleicht schwierig, euren Nahrungsbedarf zu decken“, deutete Enki zu Menerta auf die Kisten. „Alles Nutzpflanzen. Viele davon von Nibiru. Es sind auch einige neu geschaffene aus Ninhursags Labor dabei.“

„Danke, Enki“, sagte Menerta. „Du bist dir sicher, dass du nicht auch hierbleiben willst? Ich dachte nur, wegen Marduk.“

Adeptos wollte Menerta zurückwinken, doch Enki bedeutete, es sei in Ordnung. „Gerade wegen Marduk muss ich mit zurück nach Nibiru. Enlils Bauwerk wird ihn vorerst ausreichend schützen. Doch wenn ich Enlil alleine nach Nibiru zurückgehen lasse, wird es vielleicht niemals eine weitere Mission zur Rückholung Marduks geben. Ich würde ihn hier aussetzen und das möchte ich verständlicherweise nicht. Es soll seine Entscheidung sein, so er denn tatsächlich hierbleiben möchte. Diese Entscheidungsmöglichkeit gibt es nur, wenn ich mit zurückgehe. Ich muss mich darum kümmern, dass Enlil wirklich eine Mission zusammenstellt. Ich wünschte, ich könnte euch mehr helfen."

„Du hast uns schon mehr als einmal geholfen. Vergiss nicht, ohne deine Hilfe würde es mich nicht geben." Ziusudra reichte Enki die Hand. „Auf diese Art und Weise bist du der Ahn unserer Zivilisation, sozusagen der Vater, wenn wir Ninhursag als unser aller Mutter ansehen."

Adeptos hatte die Kisten mit geflochtenen Seilen auf zwei Packtiere gebunden. „Das Schiff ist fast fertig und das, obwohl noch ein ganzer Sonnenlauf aussteht", unterstrich Adeptos Ziusudra Leistung. „Wir werden uns nun daran machen, einige der für uns wichtigsten Tiere in kleinen Gruppen oder paarweise an ihre Zeit in den engen Boxen am Schiff zu gewöhnen."

„Und wir werden hierfür einen sicheren Platz finden müssen." Menerta hielt die Aufzeichnungen in Händen, die sie Adeptos von Nibiru als Erinnerung an die dortigen Pflanzen und Tiere mitgebracht hatte. „Für unsere Nachkommen, damit wenigstens irgendetwas sie an Nibiru erinnern kann."

Adeptos nahm das Päckchen von Menerta. „Wir werden es nicht den Gefahren des Schiffs aussetzen. Ich werde es oben in den Höhlen vergraben."

Er umwickelte die Aufzeichnung[8] sorgfältig mit zusätzlichen Lagen wasserundurchdringlicher Jurte. Dann verschwand er hinter einigen Felsen und begann den Berghang hinaufzusteigen.

125 **Adeptos' Tagebuch**
siebter Planet im 1084sten Schar, 15.000 v. Chr

Seit vielen Tag- und Nachtwechseln haben wir keinen Himmel mehr gesehen. Der stetige Wind ist mit jedem Hell-Dunkelwechsel stärker geworden. Man könnte meinen, der Wind hätte die dichten, dunklen Wolkenberge am Himmel nur noch fester ineinander verwoben. Den ganzen Tag hindurch ist dunkles Donnergrollen zu hören. Aber es ist unmöglich, die Richtung der Herkunft zu bestimmen. Man hat den Eindruck, die Blitze, die im Übrigen die Nacht hindurch das Dunkel eindrucksvoll erleuchten, tanzen rund um uns.

Gestern ist ein kleines Grüppchen fremder Waldleute zu uns gestoßen. Sie wollen sich uns anschließen. Die Gruppe kommt aus dem Süden, wo sie einige Zeit am Ufer des großen Meeres verbracht hatte. Der Beschreibung nach dürfte der Ort unweit jener Stelle sein, die ich ganz zu Beginn meiner Tagebuchaufzeichnungen beschrieben habe. Wie dem auch sei, die Gruppe berichtete von einem tosenden Meer mit hohen, alles nahe dem Ufer verschlingenden, Wellen. Der Wind hat das Meer kontinuierlich aufgepeitscht. Nur die Ältesten unter ihnen konnten sich noch an ein glattes Meer mit kaum nennenswerten Wellen erinnern. Die Gruppe hatte auch Kontakt mit Roverlenkern aus Sippur. Offenbar bereitet man sich dort, wie von Enki angekündigt, auf die baldige Abreise vom siebten Planeten vor. Wenn es stimmt, was die Gruppe der Ankömmlinge gehört hat, haben die Wellen einen ganzen Rover verschlungen. Die beiden Nibirianer an Bord sind bei dem Unglück ums Leben gekommen, als die Wellen den Rover in der Brandung mit ganzer Wucht gegen die Felsen geschleudert haben. Noch sind wir mit dem Schiff nicht ganz fertig, aber wenn Enkis Angaben stimmen, liegen wir gut in der Zeit und das Schiff sollte mit Anbruch des Kataklysmus fertig sein. Leider ist der stetige Wind und dazu der unablässige Regen ein nicht zu vernachlässigendes Hindernis. Bei der Feuchtigkeit trocknet die Bitumenschicht außen nur schlecht ab.

Wir haben versucht, mit Feuern rund um das Schiff die Trocknungszeit zu verkürzen, doch der Regen lässt uns die Feuer immer wieder erlöschen, sodass wir effektiv nur die kurzen Regenpausen nutzen können. Immerhin konnte uns die Gruppe mit einigen Werkzeugen aus einer kleineren Mine nahe den Minen bei Apsu helfen. Anscheinend ist dort eine Gruppe Arbeiter aus den Minen in die umliegenden Wälder entflohen und hat dabei einige Werkzeuge und Materialien aus den Minen gestohlen. Der Umstand, dass keiner der Nibirianer oder der Aufseher unter Ninhursags Kindern der Gruppe nachsetzte, untermauert den Bericht der Gruppe, nachdem die Nibirianer das Verlassen des siebten Planeten vorbereiten. Die Wettervorzeichen lassen ohnedies keinen anderen Schluss zu, als dass die Katastrophe unmittelbar bevorsteht.

126 **Zurückbleiben**

siebter Planet im 1084sten Schar, 15.000 v. Chr.

Noch nie zuvor hatte Ninhursag bei einer ihrer Fahrten über den siebten Planeten durch so einen Sturm reisen müssen wie auf ihrem Weg zu Tumu. Der Rover wurde derart hin und her geschleudert, dass Ninhursag ganz entgegen ihrer sonstigen Gewohnheit sogar die Sicherheitsgurte anlegte. Der Autopilot steuerte den Rover hart auf Kurs durch die Unwetter. Zum ersten Mal spürte Ninhursag unmittelbar die Veränderungen des siebten Planeten. Durch das Cockpitfenster sah sie Felder, die sie bei früheren Reisen in saftigem Wiesengrün gesehen hatte, als verdorrte Erdkrumen. Andere standen unter Wasser, sodass nur mehr faulige Stiele des einstigen Grasbewuchses oder knorrige Äste einzelner Bäume daraus hervorragten. Nachdem der Rover das große Meer überflogen hatte, breitete sich unter Ninhursags Augen eine weiße Schneelandschaft aus. Dort, wo vor nicht allzu langer Zeit fast tropische Bedingungen geherrscht hatten, waren die unzähligen Flüsse zu Eisadern erstarrt. Die Äste der Bäume bogen sich unter der Schneelast bedrohlich nach unten. Der Rover überflog auch einen Teil der hiesigen Minen. Dort zeugten glänzende Schneeberge vom Versuch, die Arbeit in den Minen aufrechtzuerhalten. Die Wege wurden mittels der Rover vom Schnee befreit. Je näher der Rover zu Tumus Außenposten hoch am Bergrücken kam, desto dünner wurde die Schneedecke. So, als würde es nach oben hin wärmer werden. Und richtig. Als Ninhursags Rover den Bergrücken erreichte, hatte sich der Ausblick erneut verändert. Ninhursag sah niederen, von unzähligen Sträuchern durchsetzten Bewuchs. Keine Schneedecke mehr, im Gegenteil. Entgegen ihres Eindruckes bei einer ihrer früheren Reise schien hier jetzt mehr zu wachsen. Das Klima dürfte oben wärmer und auch feuchter geworden sein. Das widersprach Ninhursags Erfahrungen auf dem siebten Planeten.

Tumu war aus ihrem Kontrollstand herausgetreten, als sie den

Rover den Bergrücken entlang fliegen sah, um Ninhursag zu empfangen. „Sei mir willkommen." Tumu umarmte Ninhursag, die ihr aus der Staubwolke des Landetriebwerkes entgegentrat.

„Hier hat sich einiges ganz schön verändert." Auch Ninhursag umarmte Tumu.

„Ich wusste nicht, dass du schon mal hier gewesen bist."

„Doch, aber es ist schon lange her. Noch bevor unten in der Ebene die Minen errichtet worden sind. Das war in der Zeit, als unsere Droiden den Planeten scannten, um die ergiebigsten Lagerstätten für die Minen zu finden."

„Komm mit hinein, wir haben einige Kleinigkeiten für dich vorbereitet."

Tumu geleitete Ninhursag ins Innere der Kontrollbastion. Sie bemerkte, wie Ninhursag sich über die offenen Türen wunderte.

„Wir haben schon vor zwei Sonnenläufen sämtliche Klimaaggregate abgestellt. Zuvor war es zu heiß, dann eine Zeitlang zu kalt. Da hat uns das Klimaaggregat gute Dienste geleistet. Nunmehr ist die Außentemperatur hier oben ideal, ganz im Gegensatz zu unten bei den Minen."

„Ich weiß, ich konnte es im Vorbeiflug sehen. Das Klima scheint sich auf dem ganzen Planeten verändert zu haben", bestätigte Ninhursag.

„Es scheint nicht nur so, es hat sich komplett verändert. Es gibt das Gerücht, dass dies erst der Anfang sei. Der Planet wehrt sich auf seine Weise. Angeblich ist Nibiru daran schuld."

Ninhursag war verwundert. Sie hatte auch Gerüchte über die Veränderungen gehört, sie hatte Veränderungen mit eigenen Augen gesehen, aber bislang hatte sie in diesem Zusammenhang noch nie von Nibiru gehört. Ihr Ausdruck sprach Bände. Sie sah sich nach den typischen Alexa-Go-Kontaktpunkten an der Decke um.

„Wir haben Alexa Go in allen Räumen außer in der Kommandozentrale deaktiviert. Auch deine Alexa Go am Arm sollte hier herinnen deaktiviert sein."

Ninhursag überprüfte ihren Armreif. Sie sah, dass tatsächlich sämtliche Kontrollglimmen erloschen waren.

„Nicht alles, was wir hier fern von Sippur und den alten Minen in Apsu machen, muss für die Missionsleitung unter Enlil oder auch Enki einsehbar sein“, begründete Tumu die deaktivierten Systeme. „Wir kommen auch so ganz gut zurecht. Hier bitte.“ Tumu reichte Ninhursag einen Becher Fruchtsäfte. Durch den Zugang zum Inneren der Kontrollstation kam jemand auf die beiden Frauen zu.

„Darf ich dir vorstellen …“ Tumu bot an, den Mann Ninhursag bekannt zu machen. „Das ist Elbos, ehemaliger Vorarbeiter in den Minen unten in der Ebene, bis eine Verletzung ihn zu mir brachte. Das ist,“ stellte Tumu an Elbos gewandt Ninhursag vor, „Ninhursag.“

Elbos wusste, wen Tumu hier vorstellte. Tumu hatte in der letzten Zeit mit ihm viel über Ninhursag und ihre ehemalige Aufgabe am siebten Planeten erzählt. Elbos verbeugte sich kaum merklich. „Herzlich willkommen, Ninhursag“.

Ninhursag war einmal mehr gebannt von der Eleganz ihrer Schöpfung. Nichts wies mehr auf die Rohheit der einstigen Arbeiter hin. Im Laufe der Generationen hatten die Gene der Nibirianer offenbar ihren Einfluss mehr entfaltet, als dies ursprünglich Ninhursags Plan gewesen war. Das war sie also, ihre Schöpfung, ein Mitglied aus der Schar ihrer Kinder, die sie nunmehr auf diesem Planeten zurücklassen musste.

„Ich werde nicht nach Nibiru zurückkehren, Ninhursag[9].“

Ninhursag reagierte nicht, schien gedankenverloren bei ihren Kindern zu sein.

„Ninhursag!“

„Ja, Tumu, ich habe dich gehört. Du beabsichtigst nicht, mit uns nach Nibiru zurückzukehren, nicht wahr? Ich nehme an, du hast hier dein Zuhause gefunden.“

Elbos grinste fast unverschämt und Tumu legte ihren Arm um seine Hüfte. „Habe ich wohl.“

Ninhursag stand einem glücklichen Paar gegenüber, von dem einer den anderen um Jahrtausende überleben würde.

127 **Streit**

siebter Planet im 1084sten Schar, 15.000 v. Chr.

Als Ninhursag in das Kontrollzentrum Eridu nahe Sippur zurückkehrte, suchte sie umgehend Enlil auf. In den Jahrtausenden auf dem siebten Planeten hatte sich ihre einstige Verbindung verlebt. Enlil hatte sich weitgehend ausschließlich der Umsetzung der Missionen hingegeben, während Ninhursag in ihrer Arbeit im Labor völlig aufgegangen war. Dennoch glaubte Ninhursag noch an das einstige Band, das auf Nibiru die beiden seinerzeit vereinigt hatte. Im Namen dieses Bandes forderte sie Enlil auf, ihr die Wahrheit darüber zu sagen, was auf dem siebten Planeten vorging. Dazu hatte sie Enlil zu sich eingeladen. Enlil spürte förmlich, dass etwas Unangenehmes auf ihn zukommen würde. In gleichem Ausmaß, in dem er sich auf Nibiru um Ninhursag bemühte, hatte er sie am siebten Planeten vernachlässigt. Nicht beabsichtigt, wie er sich einredete. Er hielt es für angebracht, die Missionsleitung, die er nun innehatte, von jeglichen privaten Agenden zu trennen. Selbst auf Nibiru, als von der dritten Mission noch keine Rede war, hatten Gerüchte ihren Weg zu ihm gefunden, nach denen Enki seiner Schwester über alle Maße hinaus Bevorzugungen zu teil werden ließ. Diesem Vorwurf mochte er sich nicht erneut aussetzen. Er gestand sich ein, dass er diese Distanz mitunter auch als Vorwand genutzt hatte, um Abstand und einen klaren Kopf zu gewinnen. Ninhursag war allein. Enlil wusste, dass Menerta und Tumu Ninhursag verlassen hatten. Doch er dachte, sie hätte sich während des letzten Sonnenlaufes entsprechend ihres Standes wieder eine neue Hausdame gesucht.

„Komm herein, ich habe dich schon erwartet."

„Danke, irgendwie habe ich das befürchtet", gestand Enlil und trat ein. Sie folgten dem kurzen Gang bis ins Wohnzimmer, wo Ninhursag von Alexa Go die Wände mit älteren Außenaufnahmen bespielen ließ. Beruhigende Landschaften, im sanften Wind wogende Gräser, dampfende Seen und sich leise kräuselnde

Meereswellen, die gegen einen flachen Strand ausliefen. Enlil seufzte.

„Setzt dich doch“

„Danke, Ninhursag.“ Enlil setzte sich nicht auf das breite Liegesofa, sondern wählte einen der dagegen zierlich wirkenden Sessel. Seine Finger umspielten die Armlehen, zupften an den Borten und zeugten von seiner Anspannung. Er starrte die Einspielungen an den Wänden an, so musste er wenigstens Ninhursag nicht in die Augen sehen.

„Vielleicht kannst du dir denken, warum ich dich hierher gebeten habe.“ Ninhursag setzte sich schräg gegenüber von Enlil auf das von ihm verschmähte Sofa. „Alexa Go, deaktiviere dich.“

Enlils und Ninhursags Kontrollglimmen am Armreif erloschen, ebenso wie die Glimmen der Raumüberwachung. „Ich wusste nicht, dass du mich hierher gebeten hast, um Geheimnisse zu erörtern.“ Enlil zeigte sich erstaunt.

„Keine Geheimnisse“, widersprach Ninhursag. „Vielmehr bitte ich dich, mir die Wahrheit zu sagen. Die Wahrheit darüber, was mit diesem Planeten passiert.“ Ninhursag wies mit den Händen auf die sie umspielenden Aufnahmen. „Und warum all dies plötzlich der Vergangenheit angehört.“

Enlil zuckte mit den Schultern, aber nicht, um Unwissenheit vorzugaukeln. Vielmehr war es ein sich entschuldigendes Zucken.

„Es gibt Dinge“, begann Enlil, „die lassen sich nicht beeinflussen. Es gibt Vorgaben, an die wir uns halten sollten.“

„Fangen wir mit den Dingen an, an die wir uns halten sollten“, schlug Ninhursag vor.

Wieder seufzte Enlil leise. „Es war von Anfang an eine Bedingung der Missionen, dass wir uns nur die zur Rettung von Nibiru nötigen Ressourcen vom siebten Planeten holen. Du erinnerst dich vielleicht, dass wir uns vorab sogar sorgten, keiner Lebensform ihr Habitat streitig zu machen. Die Devise hieß, wir würden am siebten Planeten landen, das Gold abbauen und hinterher die Spuren unserer Aktivitäten wieder bestmöglich auslöschen.

Das war der Plan, den zu verfolgen ich auch beabsichtige."

„Darum lässt du jede aufgelassene Mine sprengen?", dachte Ninhursag laut weiter.

„Richtig, deshalb lasse ich alle unsere Bauwerke, Minen, Sendeanlagen und auch Sippur nach unserer Abreise vernichten."

„Fast alles", widersprach Ninhursag. „Du vergisst, den Pyramidenkomplex zu erwähnen."

„Wie ich schon sagte. Wir hatten einen Plan, den wir alle gemeinsam im Ältestenrat entwickelt hatten. Den Plan kanntest du auch. Doch die Realität hält sich nicht immer an Pläne. Marduks Unfall war ein schlimmer Schicksalsschlag für Enki. Seit diesem Zeitpunkt scheint mir dein Bruder verändert. Aber wie dem auch sei, ich halte es für richtig, aus diesem Anlass heraus den Plan geringfügig zu ändern. Wir haben für Marduk eine Bleibe gebaut, in der er genesen kann. Sie ermöglicht es uns, eines Tages zurückzukehren und ihn auch nach Hause nach Nibiru nach zu holen."

„Das erklärt aber nicht die Vorgänge auf dem siebten Planeten", insistierte Ninhursag auf ihrer Frage.

„Wie ich schon sagte, stimmen Pläne und die Realität nicht immer überein." Enlil zögerte. „Aber es sieht zur Zeit so aus, als würde unser eigener Heimatplanet Nibiru diese Veränderungen auf dem siebten Planeten auslösen. Nibiru taumelt auf seiner Bahn durch das Weltall, wie er es vermutlich schon zur Zeit unserer Vorahnen immer wieder einmal getan hatte. Zumindest geben uns die verbotenen Archive hierzu Hinweise. Das wussten wir nicht vorab, das konnten wir in unserem Plan nicht vorhersehen. Dafür wird unsere Rückreise sich etwas verkürzen."

„Enlil!", ermahnte Ninhursag Enlil. „Du hältst dich immer noch bedeckt. Wie hängen diese Wetterkapriolen mit dem Taumeln von Nibiru zusammen?"

„Der siebte Planet kommt durch das Taumeln der Anziehungskraft Nibirus geringfügig näher, als dies bei sonstigen Vorbeiläufen der Fall war. Jedenfalls aber nahe genug, dass sich der Einfluss dieser Anziehungskraft auf das Magnetfeld des siebten

Planeten auswirkt." Enlil nippte an dem gereichten Saft, während Ninhursag heimlich Alexa Go aktivierte. Auf ihr Zeichen hin wechselten die Wandbespielungen zu aktuellen Bildern von dürren Wiesen, überfluteten Ebenen, stürmischen Meeren und bebenden Bergen. Enlil sah die Kontrolllampe an seinem Armband aufleuchten. Daher forderte er Alexa Go auf, sich wieder zu deaktivieren, ehe er weitersprach. Mit dem Erlöschen der Kontrollglimmen am Alexa-Ribbon fuhr Enlil fort: „Das ist wohl nur der Anfang. Der Einfluss Nibirus auf den siebten Planeten ist zwar nur gering, er reicht aber aus, um dessen Magnetfeld nachhaltig zu stören. Dies bringt mit sich, dass sich der Planet an dessen Nord-Südachse neu ausrichtet. Damit gehen nachhaltige Umwälzungen auf dem siebten Planeten einher, die wohl kaum einen Stein auf dem anderen belassen werden. Das, was wir jetzt hier sehen, sind nur die Vorboten dessen, dem sich der siebte Planet stellen muss. Es stehen drastische klimatische Verschiebungen mit Trockenheiten sowie Dürre einerseits und lange währende Überflutungen andererseits bevor. Die Verschiebung der Nord-Südachse bedeutet Änderungen im Sonnenlauf. Durch das gestörte Magnetfeld wird die Landkruste des siebten Planeten instabil. Das kann zu Verwerfungen der Landmassen führen, vielleicht sogar Vulkanausbrüchen."

Enlil hatte eine seiner Ansicht nach verharmlosende Beschreibung gewählt, um Ninhursag nicht zu sehr vor den Kopf zu stoßen. Ninhursag schwieg. Es stimmte also. Das Gerücht, das sie bei Tumu zu hören bekommen hatte, war längst kein Gerücht, sondern bereits beginnende Realität: Ser siebte Planet lief auf einen Kataklysmus zu. Enlil hatte das gewusst. Er hatte das schon lange gewusst, aber weder ihr, noch den anderen mitgeteilt. Ninhursag dachte an ihre Kinder. Sie würden diesem Kataklysmus zum Opfer fallen. Damit erfüllte sich in Enlils Augen der Rahmenauftrag für die Missionen auf elegante Art und Weise selbst. Ihr schauderte vor Enlil, der so unbarmherzig den Auftrag des Ältestenrates zu Ende brachte: nichts zurücklassen, nichts verschonen – selbst ihre Schöpfung, ihre Kinder nicht.

128 **Ninhursag beklagt sich**

siebter Planet im 1084sten Schar, 15.000 v. Chr

„Er will sie alle sterben lassen.“ Ninhursag klagte ihre Verzweiflung bei Enki. „Und er sagt, du hast das gewusst!“

Enki rutschte unruhig auf seinem Sessel hin und her, während sich der Rover durch die wolkenverhangene Landschaft nach Sippur manövrierte. Ninhursag hatte extra diesen Moment abgewartet. Enki konnte ihr hier nicht ausweichen.

„Er hat gesagt, du wusstest es“, wiederholte Ninhursag ihre Klage.

„Ja, Enlil hat mir von dem bevorstehenden Kataklysmus erzählt“, gestand Enki in leicht zerknirschtem Ton.

„Und du hast es nicht für richtig empfunden, mir dies zu sagen?“

Enki betrachte die vorbeirauschende Landschaft. Am Seitenfenster des Rovers perlten die Tropfen des Regens waagrecht nach hinten.

„Ich wollte“, stammelte er. „Ich wollte es dir schon längst sagen, aber irgendwie wusste ich nicht recht, wie,“ gestand er.

„Da hast du dir gedacht, du sagst einfach nichts, oder wie?“ Ninhursag war aufgebracht. Ihr eigener Bruder hat ihr verschwiegen, dass Enlil vorhatte, alle ihre Kinder dem voraussichtlichen Ende auszusetzen. Ninhursag schäumte geradezu. Zuerst enttäuschte sie Enlil, dem sie Verrat an ihrer Beziehung vorwarf und dann, um nichts geringer, der eigene Bruder.

Es verging einige Zeit, ehe sie sich wieder an Enki wandte: „Du hättest es mir sagen müssen.“ Ninhursags Ton war ruhig, angespannt, aber ruhig.

„Ich weiß.“

Der Regen prasselte nun heftig gegen die Frontscheibe. Die prallen Tropfen erzeugten einen regelrechten Trommelwirbel.

„Ich habe dafür gesorgt, dass Menerta und Adeptos samt ihrer Waldmenschen, deinen Kindern, wie du sie nennst, den Kataklysmus überleben werden.“

Menerta und Adeptos, an die beiden hatte Ninhursag gar nicht gedacht. Auch für sie würde das das Ende bedeuten. Dafür schämte sie sich jetzt ein wenig. Zugleich war sie neugierig, was Enki ausgeheckt hatte.

„Ich habe Menerta und Adeptos da draußen geholfen. Sie haben mir einen sehr beeindruckenden Mann aus der Riege deiner Kinder vorgestellt. Er nennt sich Ziusudra. Er ist so etwas wie der Anführer einer Gruppe."

„Du warst draußen bei den Waldmenschen?", wunderte sich Ninhursag.

Enki nickte. „Seit ich wusste, dass ihr Schicksal ohne unsere Hilfe besiegelt sein würde, habe ich versucht, sie auf das Bevorstehende vorzubereiten."

„Wie kann ich mir das vorstellen, dein Vorbereiten?"

„Enlil meinte, der Kataklysmus würde zumindest in unseren Breiten hauptsächlich aus einer lang anhaltenden Sintflut bestehen. Also habe ich dafür gesorgt, dass deine Kinder die Anleitung zu einem besonders widerstandsfähigen Boot erhalten, das sie mit ihren Mitteln bauen können. Das Boot haben sie auch gebaut, ich habe mich regelmäßig vergewissert. Sie sind bereit. Und für den Fall ...." Enki brach mitten im Satz ab.

Ninhursag wandte sich ihm zu. „Für welchen Fall?"

„Nun für den Fall, dass sie mit dem Schiff die Zeit der Sintflut überstehen, habe ich ihnen einige deiner Flakons mit Samen aus deinem Labor mit gegeben."

Ninhursag wunderte sich nur umso mehr. Niemals hätte sie Enki so wagemutig eingeschätzt, nun war sie sogar dankbar, ihn so unterschätzt zu haben.

„Nichts Ausgefallenes, nur Samen, damit sie nach dem Rückgang der Wassermassen wenigstens einige Felder aussähen können. So sollten sie ausreichend Nahrungsmittel anpflanzen können."

Dass er Menerta auch einige Phiolen mit dem Enzym Telomerase zur Zellregeneration und damit Verlängerung des Lebens übergeben hatte, verschwieg er. Er wollte abwarten, wie Ninhursag das bisher Gesagte aufnahm.

Während sie durch den Regen hindurch die ersten Lichter von Sippur erahnen konnten, befiel Ninhursag ein eigenartiges Gefühl, das Gefühl, hier am siebten Planeten zu Hause zu sein. Sie konnte nicht sagen, woran es lag. War es die Wehmut, ihre Kinder in der Zeit größter Gefahr nicht verlassen zu wollen, war es die Enttäuschung durch Enlil oder das Gespräch soeben mit Enki. Auch wenn Enki auf seine Weise versucht hatte, einen Ausweg für seinen Konflikt zu finden, so fühlte sich Ninhursag seltsam entwurzelt. Entwurzelt von ihrer Familie, entwurzelt von ihrem Stamm und entwurzelt von Nibiru. Schließlich war ihr größter Erfolg hier am siebten Planeten entstanden, auch wenn das bislang nur die Missionsteilnehmer und vielleicht einige wenige auf Nibiru wussten. Der Rover senkte sich. Er visierte im Scheinwerferlicht die Landeplattform an. Der Regen hatte kaum nachgelassen. Er prasselte weiter unvermittelt auf die Cockpitscheiben. Ninhursag ergriff Enkis Hand.

„Ich glaube, ich weiß jetzt", drückte Ninhursag Enkis Hand fester, „dass auch mein Platz hier am siebten Planeten ist. Ich werde nicht mit dir zurückkehren. Ich werde dir und Enlil nicht zurück nach Nibiru folgen."

Der fragende Blick Enkis forderte Ninhursag auf, weiter zu sprechen.

„Ich werde in den Westen gehen. Dort hat Tumu so etwas wie ihr Zuhause, ihr persönliches Glück gefunden. Die Station liegt hoch oben auf einem Bergrücken. Dorthin wird das Wasser sicher nicht steigen. Wir müssen nur Enlil daran hindern, die Station mit dem Ende der Mission zu sprengen."

Enkis Antwort auf diese überraschende Ansage dauerte einige Augenblicke. Es schien, als würde er abwägen, ob es Sinn machte, Ninhursag zum Umdenken zu überreden. Er wusste schlussendlich, dass dies vergeblich sein würde. „Ich verspreche dir, darum werde ich mich kümmern."

Ninhursag ließ seine Hand los. Sie öffneten die Türen und gingen wortlos durch den vom Wind aufgepeitschten Regen in das Kontrollzentrum von Sippur.

129 **Die Evakuierung**
siebter Planet im 1084sten Schar, 15.000 v. Chr

Enlil hatte den Befehl für den Abbruch der Mission gegeben. Unter Lamechs und Enlils Aufsicht war die letzte Fähre mit Gold aufgebrochen, um ihre Ladung zu den Raumkreuzern zu bringen. Im Osten, im Süden und Norden, überall türmten sich Wolkenpilze in den Himmel[10]. Sie vermischten sich mit den finsteren Wolken der immer stärker und unberechenbarer werdenden Gewitterstürme. Enki hatte seiner Schwester Ninhursag gegenüber Wort gehalten. Im Westen waren die Minen und der Kontrollposten nicht detoniert. Ninhursag hatte sich schon vor mehreren Wochen dorthin zurückgezogen, allerdings nicht, ohne vorher mit Enlil reinen Tisch zu machen. Sie hatte ihm nach wie vor sein Schweigen nicht verziehen. Die letzte Mine, die Enlil sprengen ließ, war zugleich die erste, die auf dem siebten Planeten angelegt worden war: Apsu. Jene Mine, die so vielen Nibiruanern den vorzeitigen Tod gebracht hatte und die wie kein anderer Umstand auf dem siebten Planeten den ursprünglichen Plan des Ältestenrates durchkreuzt hatte.

Enlil verfolgte gemeinsam mit Enki die Explosionen in Apsu an den Monitoren in Sippurs Kontrollzentrum. Aus den Tiefen Apsus schossen fünf Wolkenpilze in die Dämmerung der anbrechenden Nacht. In ihren Rauchsäulen zuckten Blitze. In ihren dunklen Herzen schmolzen Feuerbälle die zurückgelassenen Gerätschaften zu einer klebrigen, gläsernen Masse.

„Verbleibt nur mehr Sippur und Eridu“, konstatierte Enlil ‚sich des finalen Aktes wohl bewusst. Die Lager und das Labor rund um Ninhursags Haus hatte Enlil schon Tage zuvor evakuieren und lassen. Sie würden gemeinsam mit Sippur der letzten Sprengung anheimfallen. „Die letzten der Mission sind mit dieser Fähre gestartet.“ Enki bestätigte die Vollendung des Rückzuges. Er dachte an Marduk, den er nun schweren Herzens in seiner Pyramide zurücklassen musste. Er dachte an Ninhursag, seine Schwester, und er dachte an Menerta, Adeptos und auch an Ziusudra, dessen Schicksal nun in deren eigenen Händen lag. Wie es den einen am Bergrücken und den anderen in ihrem Schiff wohl ergehen würde?

„Es ist Zeit“, ermahnte Enlil den sinnierenden Enki. Zugleich mit den beiden ehemaligen Vorsitzenden des Ältestenrates betraten die letzten Mitarbeiter der drei Missionen die wartende Fähre. Kaum hatten sie Platz genommen, gab Enlil das Zeichen zum Start. Die Triebwerke zündeten. Die Fähre erhob sich, vom Wind gebeutelt, röhrend von Sippur. Die Landeplattform begann unter ihnen zu schrumpfen, die anderen Landeplattformen, die Lamech unmittelbar an der Hauptplattform mit dem Kontrollzentrum errichten hatte lassen, rutschten ins Blickfeld. Auch sie schrumpften zusehends, bis dichte Wolken den Blick hinunter nach Sippur verschleierten. Schlussendlich waren auch die Positionslichter der Landeplattformen, des Kontrollzentrums und nichts mehr von Eridu erkennbar. Als sie die Wolken unter sich gelassen hatten und deren Oberseite durchbrachen, empfing sie gleißendes Sonnenlicht. Die Fähre beruhigte sich. Unter ihnen lag eine dunkle, undurchbringbare und endlos scheinende Wolkendecke. Die Berechnungen Eltrons und der Wissenschafter auf Nibiru hatten sich als äußerst genau herausgestellt. In einem Viertel Sonnenlauf würde der Kataklysmus vollends losbrechen. Schon jetzt hatten sich die Beben an Land und zu Wasser gehäuft. Die Erde kam kaum mehr zur Ruhe. Enlil gab Alexa den Befehl, die letzten Sprengungen in Sippur und Eridu auszulösen. Auf den Monitoren konnten sie diese aufgrund der schlechten Übertragung nur mehr erahnen. Selbst die Zuverlässigkeit der Technik hatte zunehmend unter den Auswirkungen der Annäherung Nibirus und dessen Anziehungsmasse gelitten.

Die Fähre dockte an Enlils Raumkreuzer an. Durch die runden Fenster des Kreuzers sahen sie die Erde. Einen kleinen, runden Planeten, der in der schier endlosen Leere des Weltalls seiner Wiedergeburt entgegenraste.

Endnoten zur Vertiefung und eigenen Recherche

[1] In fast allen Kulturen haben sich die Flugkünste der Götter verewigt. Egal ob in indischen, afrikanischen, chilenischen oder peruanischen Überlieferungen, im Chinesischen oder in den nordischen Göttersagen – überall spielen die Flugkünste der Götter eine wesentliche Rolle .Alle diese Erinnerungen basieren auf überlieferten Geschichten von einstigen Göttern und deren sagenhaften Möglichkeiten, sich in die Luft zu erheben und mit ebenso unerklärlichen Geschwindigkeiten über die Kontinente zu sausen. Bemerkenswert ist der Umstand, dass die Nibiru in alle jenen Kulturen über Jahrtausende hinweg ihre Minen betrieben, was sich nachhaltig auf die kollektive Erinnerung auswirkte: Götter, die mit Flugwagen reisten. Selbst im Alten Testament werden Wolkensäulen benannt, deren Urheber Engel oder Gott selbst waren. Tatsächlich handelte es sich nur um die Beschreibung moderner Technik, die zum Zeitpunkt des Erlebens unerklärlich und zum Zeitpunkt der Niederschrift nicht weniger erklärbar rationell mit bekannten Phänomenen der Natur umschrieben wurde. (An gleicher Stelle im AT ist auch die simple Übertragung von Tönen analog unserem Funk oder heutiger Wlan- oder Bluetooth-Technik erwähnt. Die Bundeslade stellt nach Meinung einiger Hobbyforscher den Gegenpart einer Sprechanlage dar. Mag sein, dass diese Erklärung zutreffend ist, das erklärt aber nicht die Frage, warum der Kontakt mit der Bundeslade, die nur gut abgeschirmt transportiert werden konnte, für jeden Unbedarften zur tödlichen Falle mutierte.)

[2] In den Texten der ersten Entdecker und Erforscher der gröβten Pyramide (später Cheopspyramide genannt) Ägyptens, im Al-Makrizi Hirat, wird ausgeführt, dass sich in den Vorzeiten selbst schwere Felsquader einfach bewegen ließen, indem eine Art Blatt auf die Blöcke gelegt wurde. Dadurch begann der Quader, ungeachtet seines immensen Gewichts, zu schweben. So konnte er von wenigen Arbeitern bewegt und passgenau an seinen Bestimmungsort eingefügt werden. Leider existiert von dieser einzigen Nennung abgesehen keine weitere überlieferte Beschreibung dieser Technik.

[3] „Donnergrollen erschütterte die Ebene und dunkle Wolken stiegen auf, ehe sich der Drache mit Gebrüll erhob. Feuer stieß er aus seinen Nüstern, das alles in seiner Nähe mit Tod überzog.“ So sind uns Begegnungen aus früher Zeit mit Drachen überliefert und doch beschreiben sie nur den Start einer der Fähren der Nibirianer. Glänzende, schuppige Haut, in der man sich spiegelte, ist nichts anderes als die damals unbekannte Hülle der Fähre aus einem modernen Material wie Edelstahl, Aluminium oder Ähnlichem.

[4] Über Generationen hinweg wurden die Arbeiter rund um Sippur, Eridu und primär den Minen in Apsu Zeugen der genetischen Experimente Ninhursags. Mischwesen, wie in den frühen Sagen beschrieben, bevölkerten die Stallungen rund um Bitschimi oder wurden zur Belustigung der Nibirianer in den Siedlungen ausgestellt. Auch wenn sich diese Wesen schlussendlich als Sackgassen für die Evolution entpuppten, so lebt, nicht zuletzt durch Marduk und den ägyptischen Aufzeichnungen erneut ins Bewusstsein gerückt, die Erinnerung an jene Gengestalten in unser aller Überlieferungen. Vom Minotaurus bis zum Horus haben Ninhursags Geschöpfe Eingang in unsere kollektive Erinnerung gefunden.

[5] Woher kommt die Bewunderung für dieses Metall? Es ist glänzend, wie andere Metalle auch, es ist ähnlich selten wie andere Metalle auch und doch hat sich seit Beginn unserer Kulturen einheitlich Gold als besonders begehrenswertes, wertvolles Metall durchgesetzt. Das ist kein Zufall, sondern rührt, ähnlich wie die Sagen und Überlieferungen rund um die Fabelwesen, aus der kollektiven Erinnerung. In dieser ist das Streben der Nibirianer nach dem Edelmetal lebendig. Als solches geriet Gold in den Mittelpunkt des Begehrens der nachfolgenden Kulturen.

[6] In zahlreichen Bibelstellen als auch in den mittlerweile übersetzten Textfragmenten der Sumerer können wir über für unser Anmuten lange Lebensspannen der seinerzeitigen Menschen lesen. Wenn diese Le-

bensspannen auch bei Weitem nicht an die Lebenslänge der Nibirianer heranreichten, so ist doch dokumentiert, dass die Nachkommen der Nibirianer, insbesondere die Mischwesen (und zu einem Teil auch Ninhursags Kinder), über Lebensspannen verfügten, über die wir heutzutage nur staunen können. Mehrere hundert Jahre bei wohlgemerkt guter Gesundheit waren den alten Texten entsprechend keine Seltenheit.

[7] In der Bibel wird überliefert, wie Hennoch nach außergewöhnlich langem Leben von Gott zu sich geholt wurde, „er stieg in den Himmel auf". Das entspricht den Tatsachen. Hennoch hatte sich als Verwalter von Sippur nicht nur bei dessen Ausbau verdient gemacht, er war auch von besonders wachem Geist. Nachdem er mit Ninhursags Hilfe ein überaus langes Leben, weit über die übliche Lebensspanne Ninhursags Kinder hinaus, am siebten Planeten erleben durfte, war Hennoch nach aktuellem Wissensstand der Einzige, der von den Nibiruanern unmittelbar vor der Sintflut aufgenommen und nach Nibiru eingeladen wurde.

[8] Das Voynach-Manuskript: Dieses Verzeichnis Menertas überstand in einer Bot-Transportkiste (vermutlich in den ehemaligen Höhlen der Waldleute) die Wirren der Sintflut. Bis zum heutigen Tag ist das Original in den Archiven des Vatikans erhalten. Im Mittelalter fertigten auf Geheiß des Papstes unter strengster Geheimhaltung die Schweigemönche der Karthäuser bildidente Kopien des Originals an, um auch diese in den Archiven des Vatikans in Rom und an zwei weiteren geheimen Orten für die Ewigkeit zu verwahren. Eine dritte Kopie des Verzeichnisses ging auf der Rückreise vom Kloster der Karthäuser in Saint-Pierre-de Chartreuse nach Rom, vermutlich im Auftrag Kaiser Rudolfs II., verloren. Es tauchte gegen Ende des 18. Jhdt. unter dem Namen Voynach-Manuskript unerwartet aus nicht bekannter Quelle wieder auf. Benannt wurde es nach Wilfrid Michael Voynach, der das Manuskript 1912 erwarb. Weder die enthaltenen Zeichnungen, noch die Sprache dieses Manuskriptes konnten bislang korrekt gedeutet werden. Der Vatikan schweigt zu den Übersetzungsversuchen und

bestreitet bis heute, das Manuskript nebst einer anderen Reliquie aus der Hinterlassenschaft der Nibiruaner zu besitzen.

[9] Ein seltenes Relikt aus der Zeit der Nibiruaner ist der in Peru bei Ausgrabungen entdeckte und wissenschaftlich dokumentierte Fund eines Kinderschädels. Dieser Schädel birgt ähnlich wie die ebenso in Peru exvacuierten Langschädel einige Besonderheiten. Während die Langschädel auf eine formende Wicklung der nach der Geburt weichen Schädel zurückzuführen sind und somit nur mittelbar auf die eigenwillige Schädelform der Nibiruaner hinweisen, ist bei dem gefundenen Kinderschädel die entnommene DNA die Besonderheit. Die Langschädel sollten offenbar die Schädelform der Nibiruaner imitieren. Vermutlich hofften die Eltern mit der formgebenden Wicklung für ihre Kinder Vorteile in Bezug auf die Akzeptanz der Nibiruaner für ihre Kinder zu schaffen. Vielleicht wurde die Wicklung aber auch als Ehrerbietung gegenüber den Nibiruanern lange nach deren Verlassen des siebten Planeten weitergeführt. Bei der DNA des gefundenen Kinderschädels wurde bei Analysen durch unterschiedliche, unabhängige Universitätslabors ein hoher Anteil nicht zuordenbarer DNA festgestellt.

[10] Ein seltenes Artefakt aus der Zeit der Nibiruaner ist die in Indien im Hof der Quwwat-ul-Islam-Moschee ausgestellte Säule deren Material aus derart reinem Eisen besteht, dass sie trotz widriger Umstände und hoher Luftfeuchtigkeit keine Anzeichen von Rost zeigt. Eine Hinterlassenschaft ganz anderer Art sind die an verschiedenen Stellen befindlichen Verglasungen der Erdoberfläche. Egal ob in Indien oder auf dem afrikanischen Kontinent, auf beiden wurden verglaste Flächen gefunden, bei denen unvorstellbar hohe Temperaturen den ursprünglichen Sand zu Glas verschmolzen. Ein Relikt des geplanten Rückzuges der Nibiruaner, bei dem die Minen und die zugehörigen Nebengebäude und Flächen mit Atomkraft vernichtet wurden. Speziell im Norden des heutigen Russlands wurden – im nicht zur Gänze verschmolzenen Erdreich – zahlreiche Rohrverbindungen und miniaturisierte Schrauben gefunden, die dem Rückzug trotz der Vernichtung der Spuren offenbar widerstanden haben. In Südafrika haben sich bis heute einige der

Rundbauten der groβen, die Minen umgebenden Siedlungen erhalten. In Minen der Neuzeit wurden verstrahlte Lagerstätten (und Reaktoren – Südafrika) aus der Zeit vor Christi gefunden. Experten schätzen das Alter dieser Funde auf über 300.000 Jahre, was zeitlich dem Beginn der Minen durch die Nibirianer entspricht.